旅游片区

每个区域划分为若干旅游片区，全面介绍。同时突出重要旅游点。

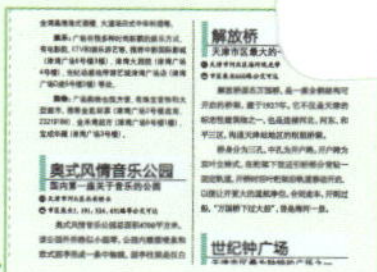

旅游景点

每个旅游景点包括介绍、攻略、链接等板块。力求景点收录全面。

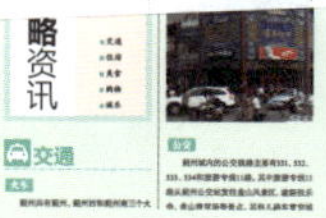

旅游资讯

每个城市旅游资讯板块，包括住宿、就餐、购物、娱乐等内容。

目录
CONTENTS

地图目录

专题目录

手绘 天津

▶ **中上元古界保护区**

位于天津市蓟州境内，主要保护对象为中上元古界标准剖面，是中国第一个国家级地质剖面自然保护区。

▶ **津门老十景**

20世纪80年代末产生的“津门十景”，是1989年在《今晚报》发动组织广大群众参与评选的基础上，由李世瑜、寇梦碧、张仲等文史专家拟定的。老十景分别为：天塔旋云（广播电视塔）、蓟北雄关（蓟州黄崖关长城）、三盘暮雨（蓟州盘山）、古刹晨钟（蓟州独乐寺）、海门古塞（大沽口炮台）、沽水流霞（海河风景线）、故里寻踪（古文化街）、双城醉月（南市食品街、南市旅馆街）、龙潭浮翠（水上公园）、中环彩练（中环线）。

▶ **鼓楼商贸区**

位于老城厢内，是集旅游、文化、购物、休闲于一体的大型商贸旅游步行街。

▶ **杨柳青景区**

中国北方历史名镇，明清时即为中国北方地区汉族民间艺术集散地，它孕育出了杨柳青年画、享誉津京的杨柳青风筝和剪纸等民间艺术奇葩。

▶ **五大道风情区**

在天津中心城区的南部，东、西向并列着以中国西南名城重庆、大理、常德、睦南及马场为名的五条街道，拥有20世纪二三十年代建成的具有不同国家建筑风格的花园式房屋2000多所。

▶ **金街**

位于天津市和平区中心繁华地带，是天津市最长的商业步行街。

津门十景

一座城市的代表景物，是这座城市的文化内涵与整体感官的标志。天津建城600余年，不同时代的文人雅士，对这座城市的典型景物，有不同的精选标准与艺术概括。2003年，由《今晚报》组织评选的“津门新十景”受到广泛关注，金街、“五河”、谦德庄危改新区、泰丰公园、鼓楼商贸区、五大道风情区、平津战役纪念馆、杨柳青景区、中上元古界保护区、天津博物馆等十个景点坐上了新津门十景的位置，熠熠生辉。

▶ 平津战役纪念馆

位于天津市红桥区，是反映中国解放战争三大战役之一——平津战役的专题纪念馆。

▶ 五河

即津河（包括南运河、墙子河、废墙子河）、卫津河、北运河、复兴河（西废墙子河）、月牙河。

▶ 谦德庄危改新区

坐落在河西区，1996年由百年棚户区建成高楼林立的新型居民区。小区绿树成荫，花团锦簇，景色美不胜收。

▶ 泰丰公园

位于天津经济技术开发区境内，是在昔日的盐碱滩上建造的大规模人工景观公园，是目前滨海新区最具特色的标志性城市景观。

▶ 天津博物馆

位于天津市河西区越秀路与平江道交叉口的文化中心，是展示中国古代艺术及天津城市发展历史的大型艺术历史类综合性博物馆，新馆位于天津文化中心区域内。

手绘天津

▶ 河北梆子

中国梆子声腔的一个重要支脉，有明朗、刚劲、华丽、委婉的特点。

▶ 拦手门

汉族传统拳派之一，由李金刚、封水伯等人于1650年创于天津大直沽天妃宫庙。

▶ 京东大鼓

发源于河北省的汉族说唱艺术，演唱者左手夹铜板，右手击鼓，并有三弦伴奏。

▶ 杨柳青木版年画

属木版印绘制品，是中国著名民间木版年画，与苏州桃花坞年画并称“南桃北柳”。

▶ 泥人张彩塑

著名的汉族传统手工艺品之一，是天津艺人张明山于19世纪中叶创造的彩绘泥塑艺术品。

▶ 京剧

中国五大戏曲剧种之一，腔调以西皮、二黄为主，用胡琴和锣鼓等伴奏，被视为中国国粹。

天津非遗

▶ 天津时调

天津独有曲种，在清代被统称为时新小曲，后又被统称为时调。

▶ 评剧

流传于中国北方的一个戏曲剧种，位列中国五大戏曲剧种。

▶ 汉沽飞镲

沿海渔村集民间音乐、民间舞蹈、民间武术为一体的综合性汉族传统民俗艺术。

▶ 京韵大鼓

由河北省沧州、河间一带流行的木板大鼓发展而来，形成于京津两地。

▶ 津门法鼓

以挂甲寺庆音法鼓、杨家庄永音法鼓、刘园祥音法鼓为代表，是天津的一种汉族传统音乐舞蹈艺术。

▶ 风筝魏

天津著名风筝艺人魏元泰制作的风筝，汉族传统手工艺术珍品。

▶ 天津皇会

旧称娘娘会或天后圣会，是一种汉族民俗及民间信仰活动。

▶ 相声

主要采用口头方式表演，表演形式有单口相声、对口相声、群口相声等。天津茶馆相声非常有名。

手绘天津

▶ 大理道

全长1745米，原名新加坡道，以各式欧陆风格的单体小洋楼著称。

蔡成勋旧居：法国罗曼式的三层砖木结构建筑，旁边建有家庙。

张志潭故居：为三层平砖木结构欧式小洋楼，现为部队招待所使用。

訾玉甫旧居：二层砖木结构西洋公馆式建筑，现为天津市卫生局幼儿园。

张伯苓旧居：二层（局部三层）的砖木结构楼房，淳朴厚重，线条简洁。

王占元故居：现为河北区税务局使用，砖木结构，分主楼、次楼、前楼三部分。

孙震方故居：砖木结构，具有西班牙建筑风格。

▶ 常德道

全长1219米，五大道中最短的街道。常德道2号曾是国民党政府财政部关务署长张福玉的故居。

曾延毅旧居：罗马柱式的欧洲中世纪风格三层楼房。

范权旧居：二层英庭院式砖木结构楼房，大筒瓦顶，木质门窗，室内装修精致。

毕鸣岐旧居：有琉缸砖大筒瓦尖顶的西式平房建筑，是著名爱国实业家毕鸣岐的旧居。

▶ 重庆道

建筑样式最多，五大道地区最包容、最丰富、最具胸怀的街道。

李爱锐旧居：为英式现代风格的建筑，砖木结构，墙体为琉缸砖，墙面新颖别致。

金梁旧居：砖木结构的连体楼房，呈座椅形，坐北朝南，朴实无华。

庆王府：是一所中西合璧的三层楼房，曾为第三代庆亲王奕劻的长子载振所有。

朱宪彝故居：建于1934年，为普通三层连排里弄式楼房，为著名医学家朱宪彝旧居。

张自忠旧居：为二层砖木结构西式楼房，自成院落。

张叔诚旧居：建于1936年，原是一座花园宅邸，著名文物收藏家张叔诚曾居住于此。

五大道

五大道在天津中心城区的南部，东西向并列着以中国西南名城常德、重庆、大理、睦南及马场为名的五条街道，是迄今中国保存最为完整的外国洋楼建筑群。其建筑形式从古典复兴式、罗曼式、哥特式、巴洛克风格、新艺术派、折中主义、摩登式，到当代后期摩登主义，丰富多样。

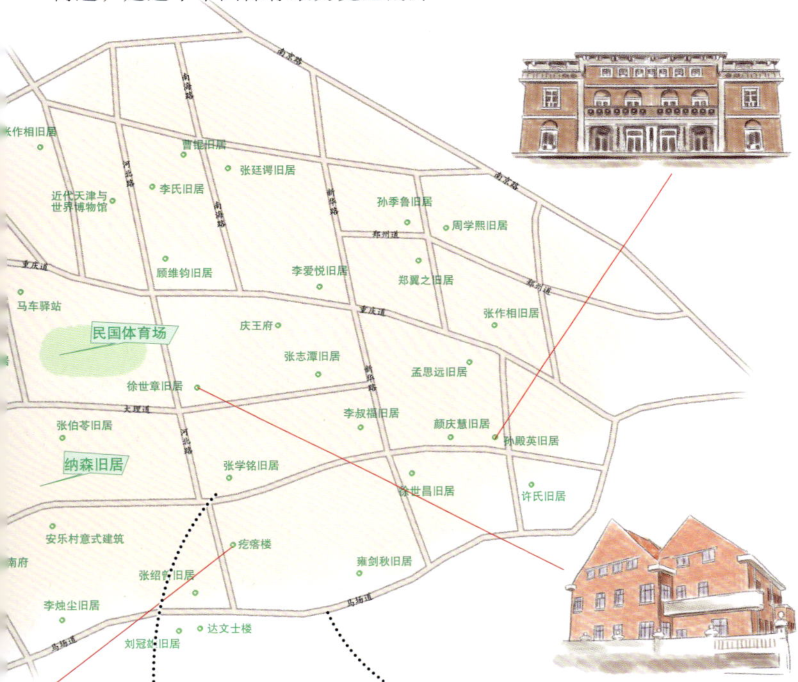

▶ 马场道

因通往英租界的跑马场而得名，五大道中距离最长、建筑最集中的道路，有小洋楼近300座，都很有特色。

潘福旧居：为三层欧式风格的花园式楼房，现为天津第二十中学行政楼。

香港大楼：为实业家李希明聘请奥地利建筑师盖苓设计建造，俯瞰大楼呈“L”形。

徐氏旧居：原为北洋总统徐世昌之女旧宅，是一座二层西欧乡村别墅式建筑。

雍剑秋故居：建于1920年，为砖木结构折中主义风格的三层楼房。

张绍曾旧居：一幢砖木结构的巴洛克风格二层小楼，现为贵宾楼饭庄。

达文士旧居：典型西班牙花园建筑，是五大道上最早、目前保存完好的建筑。

宋棐卿旧居：欧式二层砖木结构，是著名企业家宋棐卿的旧居。

▶ 睦南道

五大道中最幽静的一条道路，有数十幢风貌建筑、名人故居。

许氏旧居：张作霖的三姨太许夫人的私人住宅，为三层砖木结构的英格兰庭院式楼房。

颜惠庆旧居：为三层砖混结构楼房，曾是伪满洲国驻津领事馆，现为投资有限公司。

华蕴博物馆：天津市首家私人博物馆，专门展示中国古代石刻、木雕及瓷器等文化艺术。

纳森旧居：一座具有典型英国乡村别墅风格的私人花园住宅，主人纳森为英籍犹太人。

周叔弢故居：为一幢二层别墅式楼房，外观平易简洁。

高树勋旧居：为砖混结构的二层别墅小楼，左侧突出一伞状塔楼，造型小巧别致。

柯应夔旧居：建于民国初年，我国著名医学家柯应夔旧居。

安氏祠堂
曹家大
久家大院
韩家
御河人家
张家大院
御河人家
石家大院

杨柳青民俗大院

杨柳青民俗大院是津门最大的明清建筑群，坐落于千年古镇杨柳青，由近30座明清大院组成，集中展示了明清时期古镇石家、安家、董家、周家、曹家、久家、韩家、张家八大家的生活环境，再现了古镇浓郁的市井风情。

云松索道
双峰寺
舞剑峰
法藏寺
鹰松
盘谷寺
万松寺
凤翘松
普照禅师塔
太平禅师塔
塔林
神牛福地
宿云亭
东五台山
飞帛涧
古佛舍利塔
西甘涧
东甘涧
入胜索道
天成寺
云楼梨影
迎客松
漱峡
元宝石
入胜
二盘暮雨
游客服务中心
第三停车场
第一停车场
第二停车场

盘山

盘山风景区坐落在天津蓟州城区西北，为国家5A级景区。盘山始记于汉，盛建于唐，极于清，是自然山水与名胜古迹并著、佛家寺院与皇家文化共称的旅游胜地，历史上众多帝王将相，文人墨客竞游于此，清乾隆皇帝先后巡幸盘山32次。

手绘
天津

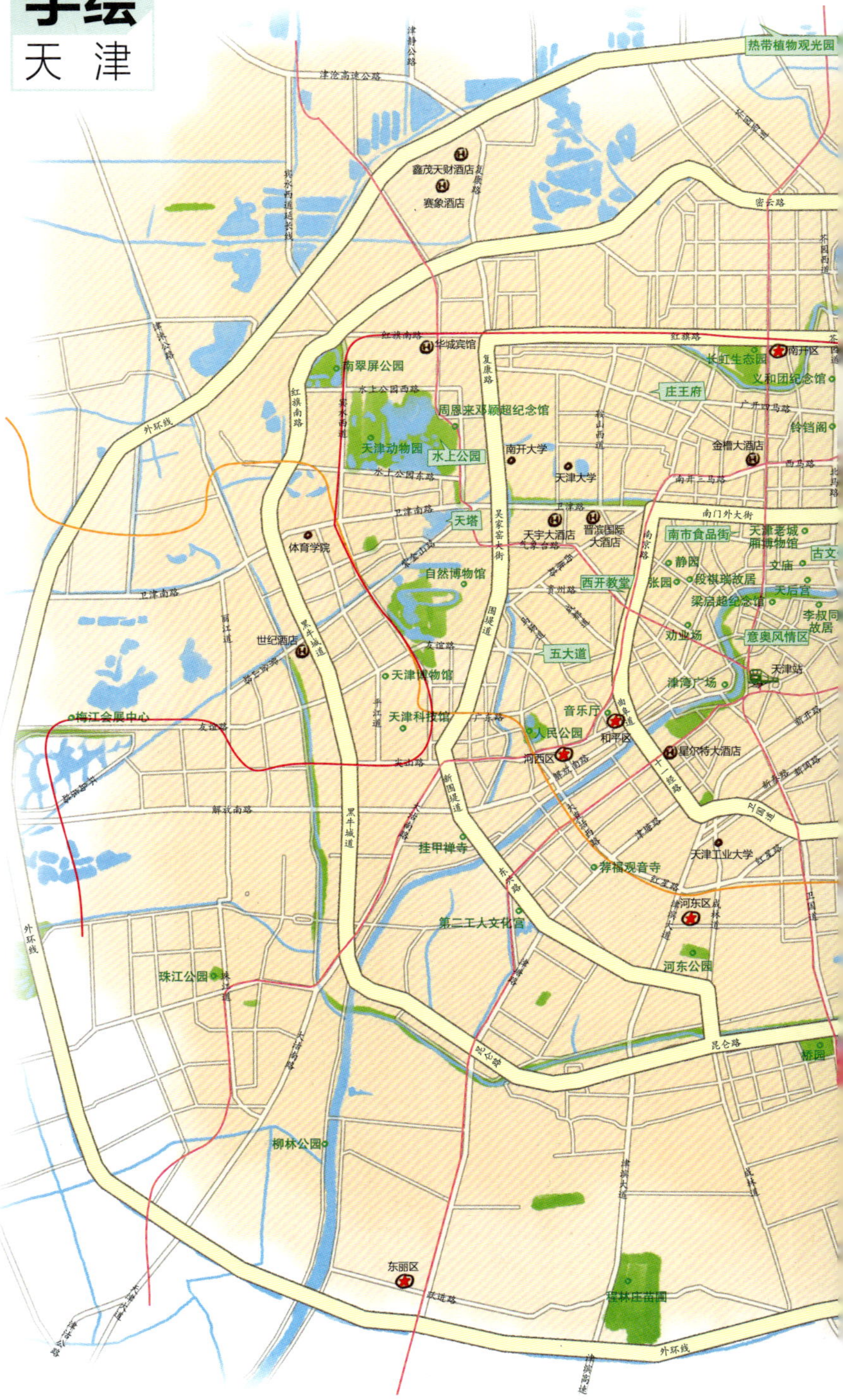

热带植物观光园
津沧高速公路
鑫茂天财酒店
赛象酒店
密云路
外环线
红旗南路
华城宾馆
红旗路
南开区
长虹生态园
义和团纪念馆
庄王府
南翠屏公园
周恩来邓颖超纪念馆
铃铛阁
天津动物园
水上公园
南开大学
天津大学
金穗大酒店
西马路
南门外大街
天塔
天宇大酒店
晋滨国际大酒店
南市食品街
天津老城厢博物馆
古文
体育学院
自然博物馆
静园
段祺瑞故居
文庙
张园
西开教堂
天后宫
梁启超纪念馆
李叔同故居
卫津南路
劝业场
意奥风情区
世纪酒店
五大道
天津站
天津博物馆
津湾广场
梅江会展中心
音乐厅
天津科技馆
和平区
人民公园
河西区
星尔特大酒店
解放南路
挂甲禅寺
荐福观音寺
天津工业大学
河东区
第二工人文化宫
珠江公园
河东公园
昆仑路
桥园
柳林公园
东丽区
程林庄苗圃

天津城区

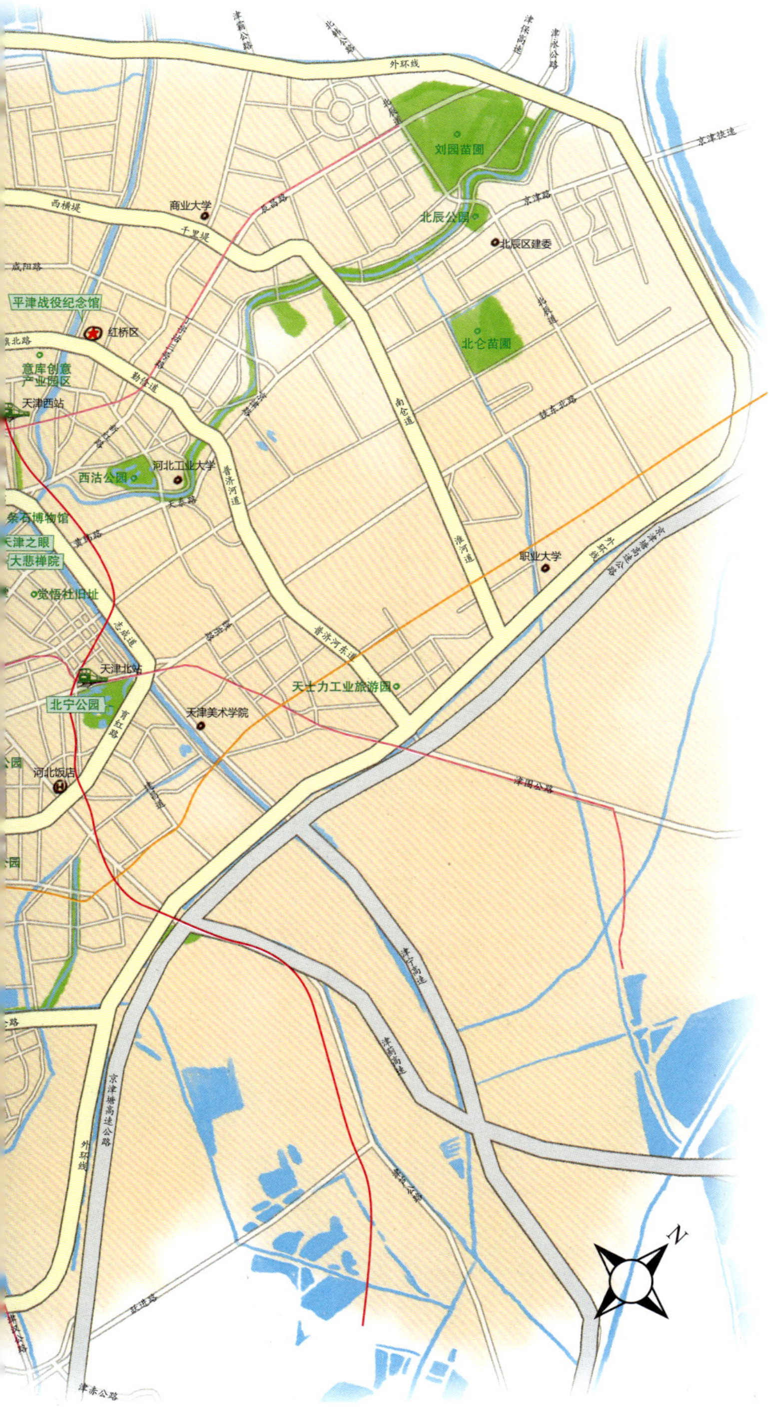

外环线
津霸公路
北辰道
津保高速
津永公路
京津快速
刘园苗圃
西横堤
商业大学
辰昌路
北辰公园
京津路
北辰区建委
千里堤
咸阳路
平津战役纪念馆
红桥区
北仓苗圃
北辰道
意库创意
产业园区
勤俭道
天津西站
南仓道
铁东北路
西沽公园
河北工业大学
普济河道
条石博物馆
天津之眼
大悲禅院
觉悟社旧址
淮河道
职业大学
京津塘高速公路
外环线
志成道
普济河东道
天津北站
天士力工业旅游园
北宁公园
天津美术学院
育红路
河北饭店
津围公路
津宁高速
津蓟高速
京津塘高速公路
外环线
津赤公路

摄影
天 津

绚烂的城市之光

天津是个古老而富有魅力的繁华之都，绚烂的海河如同玉带穿城而过，鳞次栉比的高楼大厦彰显着这里的恢宏气派，熹微的晨光点亮起这座庞大的城市，许许多多浪漫的故事又开始逐一发生。

五大道小洋楼

作为中国最早被迫开放的城市之一，也由于先天的地理位置条件，19世纪，天津渐渐成为英法等国在华的租借地，大批的欧式洋楼在此兴起。20世纪初期，更是有不少名人政客、商贾聚居天津，多座风情各异的花园式房屋又在天津拔地而起。时至今日，这些建筑大多得以完整保存，成为天津人有关历史的共同记忆。

壮阔俊美的黄崖关长城

天津的古老文明印象不仅仅是600多年的建城史，还有不少历史的痕迹散落津门大地的各个角落，细细数来，绝对不会落下历史长轴上的每一时期。随处的古迹遗存，都在诉说着一段传奇，都会让人惊叹不已。

奢华的津城新地标

“天津之门”是天津繁华时尚的新地标，它伫立在波光潋滟的海河之滨，造型奇特的建筑物傲然耸立，夜晚时建筑灯光亮起，倒映在荡漾的水影之中，浪漫多姿，彰显出天津时尚繁华、瑰丽多姿的一面。

灯光璀璨天津眼

有人说仰望摩天轮就是在仰望幸福，那不妨在一个美丽的夜晚前去仰望天津之眼，这座建在桥上的摩天轮，每当暮色四合之时，就会亮起璀璨的光芒，灯光变幻无穷，就如同那幸福的化身一般点亮绚烂的夜色。

蓟州盘山风光美

乾隆皇帝曾用“早知有盘山，何必下江南”来形容盘山之美，盘山风光的确可与江南的秀色相媲美。每当春夏之交，山花烂漫，桃杏争妍，层峦碧染，万壑堆青，只要登上盘山就可以领略那如诗如画的秀丽山水。

印象天津

天津建筑

劝业场

劝业场建于1928年，楼高7层，33米，曾是天津最大的一家商场，也是一个集商业、娱乐于一身的大型商贸区，是天津商业的象征。

天津之眼

天津之眼全称永乐桥摩天轮，是一座跨河建设、桥轮合一的摩天轮，兼具观光和交通功用，是世界上唯一建在桥上的摩天轮，天津的地标之一。

解放桥

解放桥是一座全钢结构、可开启的桥梁，建于1927年。桥长97.64米，桥面总宽19.5米，是天津的标志性建筑物之一。

世纪钟

天津世纪钟位于海河河畔，天津站西侧，解放桥环岛5000平方米的绿地上，是天津市为迎接新世纪在天津站前广场建成的大型标志性城雕建筑。

古文化街

作为津门十景之一，古文化街一直坚持“中国味，天津味，文化味，古味”经营特色，以经营文化用品为主。街内有近百家店堂，其中包括果仁张、皮糖张、蹦豆张、泥人张等多家津门老字号店铺。

洋楼

天津被称为“世界建筑博物馆”，这里保存着近千幢漂亮的小洋楼，英式、法式、俄式、意式、德式……各种不同的建筑争奇斗艳，它们大都集中在五大道地区，建筑风格各异，造型美观，装饰考究。

印象天津

天津美食

狗不理包子

狗不理包子是全国闻名的天津汉族传统风味小吃，为“天津三绝”之首，中华老字号之一，它始创于清朝咸丰年间，有着150多年的历史。

耳朵眼炸糕

耳朵眼炸糕用优质糯米做皮面，优质红小豆、赤白砂糖炒制成馅，以香油炸制而成。成品外形呈扁球状，淡金黄色，皮外酥脆内软黏，馅心黑红细腻，香甜适口。

桂发祥麻花

桂发祥十八街麻花以香甜酥脆、久放不绵的特点而名满津城，蜚声海外。每一根麻花都是一件可食的艺术品，不可复制的香甜酥脆，正是它最坚定的艺术表现力。

锅巴菜

锅巴菜俗称嘎巴菜，是天津独有的地方风味传统小吃，由山东煎饼演变而来。早年在天津谋生的山东人，常把绿豆煎饼切成细条，拌入制好的卤汁，配以小料出售，很受欢迎，并逐渐传遍天津全市。

八大碗

使用炖、扒、蒸、烩等多种烹饪方法烹制的菜肴筵席的统称，有粗细之分，指的是大碗内所盛菜品的档次高低。

南市食品街

食品街建成于1984年。高约数丈的灰色围墙，把食品街围成一个正正方方的四方形，城内十字交叉的两条大街，把食品街均分为四个分区，沿街设有上下三层店铺。第二层由环绕全街的平台式回廊相贯通。底层多是经营各色地方风味的小吃铺。

自驾天津

线路 1

天津全境
深度精华游

这条线路围绕天津全境游玩，囊括了天津城区、近郊、塘沽、蓟州等著名旅游之地，五大道的小洋楼、古文化街的明清古建、柔美的天塔湖、蓟州赛江南的美景尽在其中。

海河风情线
天津城区

杨柳青古镇
天津近郊

大沽口炮台
滨海新区

盘山风景区
蓟州区

第一站 天津城区。先沿着海河风情线游玩，走走古老的解放桥；之后游滨江道，逛劝业场、西开教堂；而后前往五大道，看各式优雅的小洋楼；晚上看夜色中绚丽的天津之眼，坐在摩天轮上俯瞰天津城市绚烂的夜色。

第二站 天津近郊。从市区出发沿着复康路、津静公路驶向杨柳青古镇，在那些雕梁画栋的明清小楼中探访石家大院和杨柳青年画；接下来前往不远的霍元甲故居；最后前往东丽湖泡温泉，在蒸腾热气中缓解身体的疲乏。

第三站 滨海新区。这里有现代的天津滨海航母主题公园，可以去感受基辅号航母的神威，这里还有悠久的大沽口炮台遗址，离大沽口炮台不远还有潮音寺，它始建于明朝永乐二年（1404 年），有六百多年历史，是全国少有坐西朝东的庙宇。

第四站 蓟州。从市区出发，沿着津蓟高速一路向北驶向风景秀丽的蓟州，先游玩盘山风景区，盘山曾被清乾隆皇帝称颂为“早知有盘山，何必下江南”，爬爬盘山，瞭望远处林木清幽之美景，感受清新空气之佳。之后可以前往蓟州著名的独乐寺和黄崖关长城。

线路 2

天津市区
休闲观光游

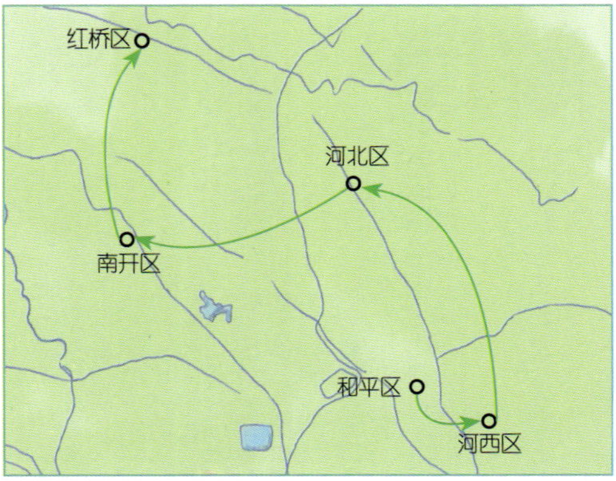

五大道 和平区

天塔湖 河西区

意式风情街 河北区

水上公园 南开区

西沽公园 红桥区

此条线路以休闲观光为主，主要游览天津城区内的精华景点。天津城区的风貌非常多样化，滨江道摩登繁华、现代时尚，五大道万国建筑尽显风情，南开区水上公园休闲惬意，古文化街韵味古朴；另外还有那笔挺耸立的天塔、绚烂的天津之眼、沧桑古老的解放桥、美丽的西沽公园等风景。

第一天 游玩和平区著名的商业街滨江道，逛逛著名的劝业场、百货大楼，之后前往五大道，看看疙瘩楼、名人故居，各式小洋房伫立在法国梧桐的长街上，别有韵味。和平区还有南市食品街、静园等景点值得一逛。

第二天 游玩河西区的天塔湖公园，碧水涟漪，云影波光，高耸的天塔如俊美的石柱直刺云天，进入天塔内部，还可以在高达400多米的观景台上眺望津城美丽的风光。

第三天 游玩河北区的意式风情街，民族路的长街两旁都是铸铁围栏、罗马拱券的洋式建筑，而后游览风情街中的著名景点马可·波罗广场，和平女神雕塑伫立在喷泉之中，格外秀美。

第四天 上午游玩南开区的古文化街，逛逛古街两旁的特色店铺以及古玩市场，古文化街附近的大胡同商业中心以及鼓楼等景点，也都值得一逛，下午游玩著名的水上公园，公园内波光倩影，景色清幽，附近还有周邓纪念馆可以免费参观。

第五天 游玩红桥区的西沽公园，园内植物茂盛，有海棠、紫薇、月季等植物观赏区，并存有银杏、水杉等稀有珍品。另外红桥区的平津战役纪念馆也值得一逛。

解读天津

地理

盘山

面积和区划

天津紧靠首都北京，是中国四大直辖市之一。它东临渤海湾和河北省唐山市，北靠承德市和廊坊市，西接廊坊市，南与沧州市为邻。全市面积约1.2万平方千米，其中中心城区面积530平方千米，滨海新区城区面积350平方千米。天津临海，海岸线南起歧口，北至涧河口，长153千米。

全市下辖和平区、南开区、河西区、河东区、河北区、红桥区六个中心区，东丽区、西青区、津南区、北辰区四个环城区，武清区、宝坻区、静海区、宁海区、蓟州区五个远郊区和滨海新区一个沿海新建区。

人口和民族

截至2018年年末，天津全市常住人口1559万人，其中城镇人口1296.81万人。随着天津市经济建设和社会的发展，尤其是滨海新区新一轮的开发开放，全市新增常住人口近几年来呈大幅上涨趋势，外来人口成为人口增长的主要因素。

作为中国四大直辖市之一，天津少数民族众多，但总人口不算多，大概有33万人。主要少数民族有回族、满族、蒙古族、朝鲜族等。

少数民族中，回族人口最多，主要分布在红桥区西北角一

带和大红桥两侧、河北区的余厂、北辰区的天穆村等地。早在天津刚形成聚落点时，回族就成了最早的居民之一。其次是满族，主要分布在市区和蓟州等地。

地形

天津市处于燕山山地向滨海平原的过渡地带，北部山区属燕山山地，南部平原属华北平原的一部分，东南部濒临渤海湾。全市总地势北高南低、西高东低，从蓟州北部山区向南部平原逐级下降，西从武清区永定河冲积扇尾部向东缓缓倾斜。蓟州九山顶海拔1078.5米，为市境内最高峰。

天津位于海河流域下游，是海河五大支流南运河、北运河、子牙河、大清河、永定河的汇合处和入海口，素有“九河下梢”“河海要冲”之称。境内地貌类型多样，有山地、丘陵、平原、洼地、滩涂等，其中，平原面积约占全市总面积的94%，且绝大部分在海拔20米以下，是中国海拔最低的城市。

天津临海，有着长达153千米的海岸线。海洋资源突出表现为滩涂、海洋生物、海水、海洋油气。其中，海水资源利用较充分，海水成盐量高，自古以来就是著名的盐产地，拥有中国最大的盐场——长芦盐场。另外海洋油气资源丰富，已发现45个含油构造，储量可观，目前已拥有众多海上采油平台。

气候

天津位于中纬度欧亚大陆东岸，属温带季风气候。由于主要受季风环流的支配，东亚季风盛行。

天津虽临近渤海湾，但半封闭的内海海湾对天津的气候影响不大。市境内主要气候特征是：四季分明，春季多风，干旱少雨；夏季炎热，雨水集中；秋季气爽，冷暖适中；冬季寒冷，干燥少雪。因此，春末夏初和秋天是到天津旅游的最佳季节。

天津季风盛行，冬、春季风速最大，夏、秋季风速最小，这也是北方地区常见的气候形态。在降水量地区分布上，山地多于平原，沿海多于内地。在季节分布上，6、7、8月三个月降水量约占全年的75%。

海河平原

海河是华北地区流入渤海多条河流的总称，是华北地区的最大水系，中国七大江河之一。

狭义上的海河指起自天津金钢桥，到大沽口入渤海湾的这段河流，又称沽河。广义上的海河还包括海河以及上游的北运河、永定河、大清河、子牙河、南运河五大河流及300多条支流。很多河流的上游均在河北省境内。纵横交错的多条河脉在河北省展开，再一齐汇集到天津的海河，注入渤海。

天津市除北部的蓟州有部分山区之外，其余地形属海河平原的北端部分。

历史上，由于古代黄河北流，破坏了原来平原水系平行东流的规律，所以也导致水患时常发生。天津以下，由于洪水集中，河道向曲流发展（有七十二沽），常成涝区，并使天津每年水淹上街，如1939年水淹天津的大洪水，1963年差点淹没津门的大洪水，都造成了巨大的经济损失。内部平原如黑龙港区也是个“南北七十二连洼，淹了上洼淹下洼”的内涝区。

另外，海河平原在半旱区，旱情也时有发生。如1920年大旱，很多县区受灾。现在上游兴建水库截去了不少水量，人口增加和工业用水又耗用大量地下水，致使天津市一些地面由于地下水减少而下沉，于是在华北平原上形成一个面积达7000平方千米的吸水盆。再加上减河排去大量河水，因此，海河平原缺水问题严重，1981年开始的“引滦入津”工程就是为了解决天津市的缺水问题而实施的。

海河夜景

天津七十二沽

历史上天津河多、坑多、水多，洼地形成的水沽也多，很多地区和村落以“沽”命名，所以，天津有七十二沽之说。“寻芳步步踏青来，柳外何人筑钓台？七十二沽春水活，午景声里野桃开。”清代诗人查昌业的《即景》诗，勾勒出了七十二沽风景如画的美景。“沽”的历史已经在天津深入人心，并早已成为天津的代名词。

据专家考证现存的沽中很多与清光绪年间的《重修天津府志》的历史记载相吻合。随着天津的历史变迁，特别是近几十年来，天津湿地面积不断减少，天津的七十二沽不断退化，大部分有名无实了，二百多年前的天津野景，已经很难找寻。

京杭运河天津段

历史上，通过漕运北上北京，必经天津大运河段的三岔河口。

天津段的大运河以三岔河口为界，向南称为南运河，流经河北沧州后一直往南直至杭州；往北的一段叫北运河，经过河北廊坊后直达北京通州区。天津段运河在历史上是隋代大运河的一部分。在当时，这段运河除了运输功能外，两岸的老百姓还引水用于灌溉农田、捕鱼晒盐，就连运河里的芦苇也被天津人制成了凉席和各种工艺品。

现在的三岔河口北运河东岸，有一座百米巨型浮雕《潞河督运图》，原图是清乾隆年间江苏镇江人江萱绘制。在图上，可以看到官船、商船、客船、渔船往来穿梭，运河两岸，码头、商铺、民宅、寺庙星罗棋布。街上市

天津七十二沽

天津自古有“七十二沽”之说，沽是一条古河名，沽河故道在今北京市通州区以东，并有东西之分。东沽河即今潮白河、蓟运河等，西沽河即今北运河、海河。所以沿沽河两岸的村庄名称多带有沽字，像三岔沽、小直沽、大直沽、塘沽、汉沽等。

宝坻二十九沽：鹳子沽、南寨沽、五道沽、小塔沽、又小塔沽、王家沽、曹家沽、葫芦沽、青稗沽、于家沽、梁家沽、豹子沽、西鲁沽、东鲁沽、菱角沽、矼石沽、塔沽、半截沽、大淀沽、玛瑙沽、大骆里沽、小骆里沽、大沽、滩沽、北李子沽、南李子沽、八道沽、傍道沽、西壮沽。（现存28沽）

宁河二十二沽：齐家沽、南沽、江石沽、大麦沽、傍道沽、捷道沽、麦子沽、东槐沽、中兴沽、北涧沽、盘沽、南涧沽、钩楼沽、汉沽、马杓沽、李家沽、又李家沽、蛏头沽、宁车沽、塘儿沽、田家沽、丰家沽（现存19沽）。

西沽：附近的西沽公园景色甚美，有道是“欲知今日春浅深，但看西沽花开未”。

丁字沽：因其“河形有如丁字之象”，故名丁字沽；

大沽：位于滨海新区，它包括东沽、草头沽、西开、坨地等小沽，该地区文化古迹很多，包括大沽口炮台、北洋水师大沽船坞遗址纪念馆、潮音寺等。

市区二十一沽：丁字沽、西沽、东沽、三汊沽、小直沽、大直沽、贾家沽、邢家沽、咸水沽、葛沽、元沽、草头沽、桃源沽、盘沽、四里沽、邓善沽、郝家沽、东泥沽、中泥沽、西泥沽、大沽。

大直沽：有话说“先有大直沽，后有天津卫”，大直沽古时曾是海运终点港，也是漕粮转运京师的中转码头。

民、游客、商人车水马龙，一派繁华景象。在那个时候，三岔河口不仅是中国航运的重要码头，也是当时中国海运的重要中转站。

在过去，海上的货船通过天津的海河来到三岔河口，然后在这里转换运河船只，运往全国各地。当时有首歌谣这样唱道："三岔河口停船口，南北运河海河口。货船拉着盐粮来，货船拉着金银走。九河下梢天津卫，风水都在船上头。"从这首歌谣中可以看出当时天津三岔河口的重要性。天津不愧是当时中国北方最重要的交通枢纽。

渤海湾

渤海湾，中国三大海湾之一，位于渤海西部，是一个相对比较封闭的海湾。中国北方区域经济新的增长极——天津市滨海新区就是紧靠渤海湾而发展起来的。

渤海湾有丰富的油气资源。由于渤海湾为陆上黄骅含油凹陷的自然延伸地带，生油凹陷面积大，第三系沉积厚，含油前景很大，为中国油气资源较丰富的海域之一。近10年来，中国新增石油产量的53%来自海洋，2010年更是高达80%以上。目前，中国海域石油产量已占全国总产量的1/4。中国的石油工业已经完成了以陆地为主，向陆海统筹、海陆并重的转变。其中，渤海湾已经成为世界上最大的海上稠油油田。

渤海海上石油是中国海洋石油开发的先驱，在全国六大海洋油气沉积盆地中，物

渤海湾

探工作开展最早、钻井数目最多、已建成的固定生产平台占全国同类平台总数的90%以上。其中，位于渤海波涛中的埕北油田是中国第一个按国际标准建造的海上石油生产基地，产量一直居全国海洋石油产量之首。

另外，渤海湾滩涂广阔，潮间带宽达3千米~7.3千米，淤泥滩蓄水条件好，利于盐业开发。长芦盐区是中国最大盐场，盐产量占全国的1/3。

长芦盐区的开发历史悠久。远在明朝时期，在沧县长芦镇就设置了管理盐课的转运使，统辖河北全境的海盐生产。到清代，这一机构转移至天津，但是仍袭用旧名，一直称长芦盐区。这里海滩宽广，泥沙布底，有利于开辟盐田；风多雨少，日照充足，蒸发旺盛，有利于海水浓缩；这里的盐民善于利用湿度、温度、风速等有利气象要素，具有丰富的晒制海盐经验。上述这些条件，都为该盐场大规模发展制盐业提供了良好的基础。

天津的自然景观

▼ 国家级自然保护区

古海岸与湿地国家级自然保护区

八仙山国家级自然保护区

蓟州中、上元古界地层剖面国家级自然保护区

▼ 国家地质公园

蓟州国家地质公园

▼ 国家地质公园

九龙山国家森林公园

历 史

陶瓷花瓶

先有大直沽，后有天津卫

天津有句老话："先有大直沽，后有天津卫。"史书《方舆纪要》中记载："在县东南十里，小直沽受群川之流。大直沽又在其东南，地势平衍，群流涨溢，茫无涯涘，固有大直沽之名。"

"直沽"二字，最早源于"直沽寨"。金代时，由于漕运与盐业的不断发展，南北运河与海河交汇的三岔河口一带日益兴盛。金代末年，为保障中都及漕盐储运的安全，约在贞祐二年（1214年），在三岔河口建立了"直沽寨"。因此"直沽"二字是天津城市发展过程中最早的名称，直沽寨也是天津最早的建制。

直沽寨北宋时期就有史载。当地还流传着两句话："先有大直沽盐粮兵屯，后有天津卫干戈拱北。"当年大直沽四周洼淀密布：南有河滩洼，东有义大湖、东大洼、东大湖，西有镜湖、薛家湖、西大湖，后台以北为龟湖。金代任命梁佐为都统，李咬住为副都统戍直沽寨，直到今天，大直沽的梁、李二姓仍然很多。今天的河东体育场，旧时是宋、金、元的教军场。新中国成立后修体育场的时候，还挖出过石棺和金属人头。

津门有句俗语："大直沽有三宝：古庙、烧刀（酿酒业）、台子高。"大直沽地名中有不少以"台"命名的地方，如前台、中台、后台、东观台、西观台、刘家台、东孙家台、西孙家台等，显示出大直沽地区成陆较早、地势多高台的地势特点。

天子经由地，始设天津卫

元朝末年，明太祖朱元璋占领南京之后，封他的第四子朱棣为燕王，率兵北上，攻打元军，民间称这次北征为"燕王扫北"。

明朝实行军屯制度，朱棣从江淮一带就迁走了大量百姓在京、津一带安家落户，开辟村庄。军队战时打仗，平时屯垦。

历史大事记

西汉时期

西汉时，汉武帝在武清设置盐官。

东汉时期

东汉末年，曹操北伐乌桓，自建安十一年（206年）开始，先后开凿了平虏渠、泉州渠和新河。平虏渠的开通，使华北平原上300多条大小河流汇流成的清河（今南运河）、呼沱河（今子牙河）、泒河（今大清河）汇合于泒河尾（今海河）入海，初步形成了如今天津境内呈扇面形的海河水系。

魏晋南北朝时期

曹魏至十六国时期，大约在今东丽区军粮城一带，先后有漂榆邑、角飞城著称于世，为当时重要海运转输港口和傍海煮盐之地。直到南北朝时期，史载此地盐业生产绵延不绝。

于是不到几年工夫，就改变了元朝时天津这片区域的荒芜面貌，朱棣也因此成为各地藩王之首。没料到朱元璋死时却将皇位传给长孙朱允炆。再加上后来朱允炆的削藩政策，严重影响到了朱棣的利益。于是在建文二年（1400年），镇守北京的朱棣在海津镇（天津元代称谓）统领大军，渡过大运河，浩荡南下，发动历史上有名的“靖难之役”，并一直打到南京，夺得皇位，是为永乐帝。

朱棣称帝后，虽然没有马上迁都北京，但是北京是他多年经营之地，迁都也只是个时间问题。而他已经想好了拱卫京城的地方，那就是他渡河南下的所在地，于是于永乐二年（1404年），朱棣以“天子经过的渡口”为意，正式赐名天津，筑城设卫，始称天津卫，作为拱卫北京的军事建制。后又陆续增设天津左卫和天津右卫。

“卫”是当时的军事编制，而不是行政建制。一个卫拥有士兵足额5600人，天津三卫士兵定额16 800人。在当时的天津卫拥有大量士兵，这也多多少少影响了这座城市的人文性格。天津作为一个完整意义的城市历史也由此开始。

链接

“天津卫”名称的由来

“天津卫”三个字，“天”是天子的意思，“津”是渡口的意思，“卫”是明朝的军事建制。天津得到赐名后，同时设置了军事部门——卫。当时天津设有天津卫、天津左卫、天津右卫，统称三卫。后来三卫合一，始称天津卫。至今人们经常提到的“天津卫”一词，便由此而来。

近代百年看天津

天津教案

1866年，法国天主教神父谢福音到津传教，并于1869年建成天津第一座天主教堂——胜利之后堂（圣母得胜堂），俗称望海楼天主堂。法国驻天津领事馆也搬到了教堂东面不远处的望海楼行宫遗址。

1870年春夏，天津地区流行疫病，法国天主教育婴堂所收养的婴儿大量死亡。而在当时，谣言四起，天津广泛流传一种说法，说天主堂的神父和修女经常派人用药迷拐孩子去挖眼剖心制药等，谣言越来越多，民众愤怒异常。而事实是，婴儿大量死亡的主要原因是育婴堂收留了许多本已奄奄一息的婴孩。

望海楼教堂

隋唐时期

隋代，隋炀帝开通大运河，天津三岔河口兼具河、海运输之便，发展成为北方重要的交通枢纽。三岔河口成为天津最早的发祥地。
唐朝，朝廷在芦台开辟了盐场，在宝坻设置盐仓。

北宋时期

北宋时，天津归辽国管辖，辽在武清设立了“榷盐院”，管理盐务。

金元时期

金贞祐二年（1214年），在三岔河口设直沽寨，在如今天后宫附近已形成街道，“直沽”之名始见史籍。天津成为畿南军事重镇。

在这个群情激愤的时刻，政府却火上浇油，天津府的告示中也暗示了天主教会确有此种行为，从而导致教会和民众冲突不断。就在这时，法国领事馆领事丰大业要求地方大员崇厚、张光藻调兵镇压而遭拒绝，气急败坏的丰大业在返途中遇到静海知县刘杰，双方争辩时，丰大业向刘杰开枪，射死了挡在前面的刘杰跟丁。丰大业的开枪杀人行为激起天津民变。数百名愤怒的围观百姓当即打死了丰大业及其随从，杀死了10名修女、2名神父、另外2名法国领事馆人员、2名法国侨民、3名俄国侨民和30多名中国信徒，焚毁了法国领事馆、望海楼天主堂等其他传教机构。

事后，法国方面要求处死中国方面负责的官员，清廷只好派直隶总督曾国藩与法方交涉，曾国藩查明事实真相，确认育婴堂并无诱拐伤害孩童之事。一时间民怨沸腾，曾国藩成为“卖国贼”，朝廷只好让李鸿章接替曾国藩解决此事，曾国藩成为清政府的“替罪羊”。李鸿章最后判决将原来20名死刑犯改为16名死刑、4名缓刑，其余不变。部分官员充军发配，清廷赔款，由崇厚向法方道歉。

北方洋务之源

1861年，清政府在天津设置了三口通商大臣。1867年，三口通商大臣崇厚在天津开办天津机器制造局，因设在城南海光寺，简称南局。投产一年后，崇厚又在城东贾家沽创建一座更大的机器局，当时称“东局”，成为天津在洋务运动中建成的第一个大项目。

望海楼教堂

1870年，由于曾国藩在处理天津教案问题上引发了巨大的民怨，清政府迫于压力，只好让李鸿章接替曾国藩出任直隶总督，并命其接办天津机器局，委以北洋大臣之衔，主持天津洋务工业。

李鸿章在津期间，大规模发展以军用工业为主的近代工业，并创设电报，建造铁路。李鸿章接办天津机器局后，对机器局大加整顿和扩充。招募技艺精湛的工匠，增建厂房，添置设备，把机器局扩大为东西两局。经过多次扩建，机器局的规模越来越大，设有火药厂、洋枪厂等十几个分厂。1888年，为了制造新式钢制炮弹，开始在东局建立炼钢厂，安装了从英国购买的全套炼钢设备以及铸钢炉等。炼钢厂于1892年建成，这是中国北方第一座近代炼钢厂。1879年，李鸿章在大沽北塘海口炮台与天津之间架设电线，发送电报，这也是中国最早试发成功的电报。1877年，李鸿章设立开平矿务局，开采唐山煤矿，供应天津机器局、北洋水师、轮船招商局等用煤。1888年，他主持修筑了唐山至天津段的北洋铁路。

金元时期

元代，元定都大都（今北京）后，大力发展漕运。改直沽寨为海津镇，这里成为漕粮运输的转运中心。设立大直沽盐运使司，管理盐的产销。三岔河口成为海运、漕运的南粮船队的必经之路，海河干流也成为上运京师的大动脉。

明清时期

明建文二年（1400年），镇守北京的燕王朱棣在海津镇渡过大运河南下，发动“靖难之役”。永乐二年（1404年），在直沽设卫，命工部尚书黄福、平江伯陈瑄、都指挥佥事凌云、指挥同知黄纲兴工筑城，并赐名“天津”，作为拱卫京城的军事建制，称天津卫。后又增设天津左卫和天津右卫。

小站练兵讲武堂

除了兴办近代工业之外，李鸿章还大力倡导新式教育。中国第一所培养电报人才的基地——电报水雷学堂，中国第一所陆军军官学校——天津武备学堂以及专为北洋海军培养人才的海军军官学校——北洋水师学堂先后在天津诞生。一时间西方先进技术与先进文化在此荟萃一堂，创造出诸多的全国第一。

城市工业化大力推动了这座城市的发展。可以说，现代天津的城市面貌，在很大程度上和李鸿章在天津时期的工作有密切关系。

小站练兵

中日甲午战争后，清廷认识到自身军事力量的落后，决定建立新式陆军。1895年12月清廷决定在较早建立的洋枪队——武定军的基础上，建立采用西方建制和装备的新式陆军，袁世凯在天津咸水沽南约10千米的小站负责督练新军。他招募新兵后，建成了一支7000人的部队，并正式更名为新建陆军，与当时董福祥的“甘军”、聂士成的“武毅军”并称为“北洋三军”。

新建陆军采用德国建制和德国新式装备，建有步兵、炮队、马队、工程队和辎重队等兵种，步兵队5000人，炮兵1000人，马队500人，工程和辎重队500人。部队装备德国最新式的手枪、步枪、马枪和克虏伯快炮。并设专门学堂，聘请德国教官操练新兵。

明清时期

清朝顺治九年（1652年），天津卫、天津左卫和天津右卫三卫合并为天津卫，设立民政、盐运和税收、军事等建制。

近代

晚清时，天津作为直隶总督的驻地，也成为李鸿章和袁世凯兴办洋务和发展北洋势力的主要基地。

1858年5月，英法联军侵占大沽炮台，并以进攻北京作为威胁。清朝廷被迫先后与俄（6月13日）、美（6月18日）、英（6月26日）、法（6月27日）签订《天津条约》。

1860年，英法联军再次攻占天津，进而占领北京，与清政府签订了《北京条约》，天津被迫开放，辟为通商口岸，列强先后在天津设立租界。

1870年夏，天津民众攻击法国天主教会机构造成大规模抗争冲突，酿成了震惊中外的“天津教案”。

霍元甲

清末著名爱国武术家，生于天津静海县（今静海区），他出身镖师家庭，继承家传的“迷踪拳”绝技。1909年，霍元甲经农劲荪介绍来上海，在陈公哲、陈铁生创办的“精武体操会”中主教武术，并多次在擂台中打败外国大力士，名扬四海，后因被害而不幸罹难。

人物历程

武术世家

霍元甲生在一个迷踪拳世家。父亲霍恩第以保镖为业，他的迷踪拳出神入化，为人刚正不阿，只镖穷苦百姓、清白之人，决不保贪官污吏。

学艺

霍元甲幼年体弱，父亲霍恩第不让他习武，但元甲志存高远，偷艺于父传兄弟之机，习得高超武艺，其父见其天资聪颖，毅力惊人，遂悉心传艺于他。后元甲以武会友，融合各家之长，并光大了迷踪拳。

四海扬名

霍元甲成年后在天津经营药材商店，后到上海办“精武体育会”发扬中华武术。在上海，他在擂台上击败俄罗斯大力士。后在日本大力士团挑战时，霍元甲因病派弟子刘振声接战比试，结果打败了日本大力士。

被害辞世

在刘振声打败日本大力士后，日本人宴请霍元甲，席间听闻元甲患有呛咳症并有外伤，就介绍医生为其治病。但在治疗期间，霍元甲病情越发严重，后于1910年9月长逝于上海精武体育会。其徒弟和朋友拿着霍元甲每日吃的药去化验，才知是一瓶慢性烂肺药，明白了这是日本人暗下的毒手。

人物档案

中 文 名：霍元甲

出 生 地：天津静海小南河村

出生日期：1868年1月18日

逝世日期：1910年9月14日

职　　业：武术家

成　　就：迷踪拳

近代

1900年夏，义和团及清军攻打八国联军军事据点紫竹林租界，参加共同保卫天津的战斗，直至天津沦陷。

民国初年，天津在政治舞台上扮演重要角色，数以百计的下野官僚政客以及清朝遗老进入天津租界避难，并图谋复辟。其中包括民国总统黎元洪和前清废帝溥仪。

1930年6月，南京国民政府行政院设立天津直辖市；11月，河北省会由北平迁至天津，后于1935年6月迁往保定。

1933年5月31日，国民政府与日本在塘沽签订“九一八事变”的停战协定《塘沽协定》，使得日本进一步打开了华北大门。

1939年，日军占领天津，对天津肆意烧杀抢掠，时值天津水灾，天津成为名副其实的人间地狱。在当时，被抓走的“劳工”就多达5万人。

这一时期，后来北洋集团的重要人物大多都已聚集在袁世凯的麾下，包括北洋三杰——王士珍、段祺瑞、冯国璋，智囊徐世昌，以及段芝贵、田中玉、曹锟、陈光远、王占元、张怀芝等。在此过程中，袁世凯专门培植属于自己的势力，形成一支近似于私人的军队。后来，这支近10万人的私人部队成为奠定袁世凯一生事业的奠基石，左右了全国的军事力量。

以袁世凯为主进行的小站练兵成为后来北洋军阀的诞生土壤，从小站练兵场上，先后走出了袁世凯、冯国璋、徐世昌、曹锟四个民国总统和段祺瑞一任临时执政以及9个17届民国总理。这些人先后影响了中华民族的命运，中国近代史上一系列重要事件也由此爆发。

九国租界

天津租界的出现，与中国近代历史上的第二次鸦片战争、甲午战争与八国联军侵华战争有关。

1860年，第二次鸦片战争期间，《北京条约》签订后，天津被开放为通商口岸。英国人首先擅自在海河西岸划分租界，随后，法国人和美国人也悄然划分属于自己的租界。

1895年中日甲午战争后，日本借战争胜利之机，也在天津划分了他们的租界。随后，德国人借口他们和法俄两国一起“干涉还辽”有功，也要求在天津划分一块租界。于是，在美租界的南面又出现了德租界。德、日的租界同样位于海河西岸。

意大利租界

1900年八国联军再次占领天津。此前在天津没有租界的国家，也纷纷划分属于自己的租界。俄国人在老龙头火车站（今天津站）周围划分了一大片作为俄租界。意大利和奥匈帝国在俄租界的北面划分租界，比利时看到其他国家的举动，该国驻华公使也提出在天津设立租界，清政府同意。于是，在海河东岸，又出现了奥意俄比四国租界。其中，意、比、奥三国，在亚洲也只在天津设立过租界。

塘沽协定

1931年九一八事变后，日军占领中国东北，并继续向关内挑衅。1932年1月，孙科（孙中山独子）政府垮台，蒋介石和汪精卫组成联合南京政府。1933年3月，日军占领热河，进攻长城各关口，并攻破冷口、古北口进入关内。

现当代

1948年11月，中国人民解放军东北野战军和华北军区发动“平津战役”，天津成为主要战场。

1949年1月17日，解放塘沽，天津全境解放。

1963年，天津遭遇特大洪灾，受灾严重。

1949年至1958年2月，天津是河北省境内的中央直辖市之一。1958年2月，天津划归河北省。1967年1月恢复为直辖市。

1976年7月28日，临近天津的河北唐山发生里氏7.8级大地震，地震波及天津，和平区和河西区受灾严重。

2008年，天津作为北京夏季奥运会的协办城市之一，成功承担了奥运会部分足球项目的比赛任务。

2009年11月，经国务院批准，撤销原塘沽区、汉沽区、大港区，设立天津市滨海新区。这也是继上海浦东新区之后的中国第二个国家级新区。

组建不久的联合南京政府选择了妥协。1933年5月22日，在蒋介石、汪精卫授意下，何应钦派熊斌为中方首席代表，与关东军副参谋长冈村宁次在天津塘沽仓库楼上谈判。31日，中国代表同意了日方提出的停战协定草案，一字不改，正式签署了《塘沽协定》。

协定规定中国军队撤至北京延庆、昌平、通州等一线以西、以南地区，不能越线前进；并规定日军可以随时进行视察，而中方应予以保护。该协定实际默认了日本对东三省以及热河的占领，部分华北主权丧失。后来，中国军队在6月上旬完全撤出协定规定的防线，日军将骑兵团留驻河北玉田，将铃木旅团留驻北京密云，以“监察中国军队”。实际上，日军此举，为后来发动七七事变准备了充足的力量。

十 新天津，新气象

京津城际高铁

当今中国，高铁时代已经来临。而说到高铁的领头兵，目光就得转到首都北京和天津之间的这条京津城际高速铁路。

京津城际高铁于2005年7月4日正式开工建设，2008年8月1日正式通车运营。列车由北京南站发出，终点天津站。当初一共设置北京南、亦庄、永乐（预留）、武清、天津五座车站。同年9月，天津市的终点站由天津站延至塘沽站。乘坐这条线上最高运营速度每小时350千米的高速列车，不到30分钟，就可以从北京到达天津。

京津城铁的建成不仅使北京和天津这两个人口超过千万的特大城市间形成“半小时交通圈”，实现了同城化，并且列车在客流高峰时发车密度调整为每5分钟一班，就像是乘坐公交车一样往返京津。天津这座北方大城市也因城际高铁而迎来了新一轮的“高速发展”时代。

乘坐城际高铁来天津旅游观光极为便捷，是个不错的选择。

城际高铁

滨海新区

2009年11月，经国务院批准，天津行政区划做出改动，撤销原塘沽区、汉沽区、大港区，设立天津市滨海新区。这也是继上海浦东新区之后的中国第二个副省级区、国家级新区。

新建成的滨海新区由天津经济技术开发区、天津港、中心商务区、南港工业区、天津港保税区、滨海高新区、东疆保税港区、中新天津生态城、临港工业区、滨海旅游区等各功能区组成。

其中天津港是中国北方货物吞吐量第一大港，也是中国最大的人工海港；中心商务区的建设也许就是下一个陆家嘴；而中新生态城是中国政府和新加坡政府继江苏苏州工业园后再一次战略性合作项目，是一座未来的生态宜居之城。与此同时，双层敞篷巴士首次行驶在天津的街道上。在滨海旅游的线路规划方面，推出全新的精品线路，既涵盖了具有浓郁新区特色的“十大战役游”，也有反映天津600年城市变迁的“津门民俗游”“津门故里游”等。

而近年来，世界经济论坛•新领军者年会（即夏季达沃斯论坛）也是天津的常客，除了常规的会议讨论外，还将有相关的达沃斯工业游活动在滨海新区开展，不少企业已成为工业游中的重要景点。

滨海新区的建设，让天津迎来了更好的发展机遇，如今的滨海新区，已成为中国北方地区经济增长最快的地区之一，为天津的发展注入了强劲的动力。

十 天津历史名人

天津近代史上名人辈出，且多为艺术家。主要有泥人张创始人张明山、京剧泰斗孙菊仙、著名国画家张兆祥、传奇英雄霍元甲、“南开之父”张伯苓、相声宗师马三立等。

张明山（1826—1906）：名长林，著名民间艺术家，天津泥人张彩塑开山鼻祖。12岁始作彩塑捏像。18岁成名后，常与著名文人画家交往，赋诗论画，提高了文化素养、艺术情趣、审美意识和彩塑技法。他一手创立的泥人张彩塑代代相传，在艺术上取得了巨大的成就，也成为天津这座城市的文化名片之一。

张兆祥画作

孙菊仙（1841—1931）：原名濂，字宝臣，号学年。著名京剧泰斗。早年是武秀才，曾参与镇压太平军。30多岁以后由业余爱好京剧而下海从艺，师事程长庚，唱老生，嗓音宽亮，唱腔淳朴苍劲，能以气行腔，吞放自如，形成自己的艺术风格。他一生不仅演技高超，品德也为人敬仰。90岁高龄时，还在京津两地为慈善事业举行义演。

张兆祥（1852—1908）：字和庵，晚清著名国画家。他是中国第一位将照相术运用于国画创作的，作画尤重实物观察，亲手养花以作临摹标本。后又学邹小山、恽南田诸家长处，并吸收郎世宁等人的西洋画技法，融会贯通，开一代画坛新风，自成一派。清末民初，天津居民以挂有他的画幅为荣，商店里也以挂他的花卉屏条为时髦。

滨海新区于家堡

霍元甲（1868—1910）： 清末著名爱国武术家，中国近代史上传奇英雄人物。一身武艺出众的他伸张正义，抱着为国雪耻、振奋民族的强烈愿望，在上海成立精武门，为发扬中华武术做出了巨大贡献。他先后在天津和上海，威震俄、英大力士，为中华民族雪洗了“东亚病夫”之耻，鼓舞了中华民众之志气，令人扬眉吐气，备受国人尊重、仰慕。

张伯苓（1876—1951）： 名寿春，近代著名教育学家，有“南开之父”之称。年轻时亲临甲午之战，愤然立下教育救国大志。1904年创办南开中学。1917年赴美国哥伦比亚大学考察教育，1919年回国后在江苏督军李纯的赞助下，创办南开大学。1923年创立南开女子中学。1928年，创建南开小学，从而完成了南开由小学到大学的教育体制。

曹禺（1910—1996）： 原名万家宝，字小石，中国现代杰出戏剧家。祖籍湖北潜江，生于天津。大学期间，广泛钻研从古希腊悲剧到莎士比亚戏剧及契诃夫、易卜生、奥尼尔的剧作。1933年创作四幕话剧《雷雨》，次年发表后，反响强烈，成为至今戏剧舞台上经久不衰的作品之一。另外，他还著有《日出》《原野》《北京人》等著名作品。

马三立（1914—2003）： 原名马福贵，回族人。深受广大民众喜爱的著名表演艺术家、相声“泰斗”。出生于北京的他从小在天津长大直至去世，一生为人民表演相声，是相声界的“祖师爷”级人物。他家学渊源，博采众长，承前启后，形成了独特的艺术风格，推动了相声艺术的发展，影响了后世几代相声人。马老最著名的相声段子是《逗你玩》。

天津的人文景观

全国重点文物保护单位

和平区：天津利顺德饭店旧址、天津劝业场大楼、天津盐业银行旧址、法国公议局旧址、天津五大道近代建筑群

河东区：天妃宫遗址

河西区：天津工商学院主楼旧址

南开区：南开学校旧址、天津广东会馆、天津天后宫、李纯祠堂

河北区：望海楼教堂、梁启超旧居、马可波罗广场建筑群

红桥区：义和团吕祖堂坛口遗址、北洋大学堂旧址、天津西站主楼、谦祥益绸缎庄旧址

滨海新区：大沽口炮台、北洋水师大沽船坞遗址、塘沽火车站旧址、黄海化学工业研究社旧址

西青区：石家大院

蓟州区：独乐寺、千像寺造像、蓟州白塔

宁河区：天尊阁

跨区域：大运河

国家历史文化名城

天津

中国历史文化名镇

西青区 · 杨柳青镇

中国历史文化名村

蓟州区 · 渔阳镇 · 西井峪村

杨柳青年画

文 化

十八街麻花

津门三绝

外地人来到天津，有三样美食一定要尝一尝，它们是狗不理包子、十八街麻花和耳朵眼炸糕。具有百年历史的这三种美食，是天津的招牌，富含着浓郁的天津味道。

另外，不知道你有没有发现，这三种美食吃的时候都可以不用碗筷，用纸一托，可边走边吃，省时又方便，其实这也是天津这座城市的码头文化在饮食上的一种典型体现。

狗不理包子

“狗不理包子”这个名字如雷贯耳，但好奇这个名字的也大有人在，至于“狗不理”的由来，还得从100多年前的清同治年间说起。

相传在清同治八年（1869年），天津运河码头边侯家后这个地方有个刘记蒸食铺，铺里招了一个徒弟，叫高贵友，小名“狗子”。学徒期满后辞职出号，自己摆了个包子摊，取名“德聚号”。为了能在竞争中取胜，于是他对包子进行改革，包子不仅比别人的大，价格还比别人的低。另外包子外观漂亮，为菊花顶，抓髻扣，看上去像一朵花一样美丽。而且为了保证质量，铺里剩下的包子决不回屉再卖，因此赢得了顾客。

由于生意兴隆，很多时候顾客还需要排队等候。自己手头又太忙，加上自己不善言辞，所以也就很少去回答顾客的各种问题，于是，一些熟客知道他的乳名，就笑着说“狗子不理人”，这话被当时天后宫的一位道士听见了，他就建议高贵友不如把德聚号改成狗不理，又新又奇，更能招揽顾客。于是，高贵友接受了老道长的建议，就挂起了“狗不理”的牌子。

后来，附近兵营一个带兵的将领尝过后觉得不错，就给当时的直隶总督袁世凯送了两大提盒。据说袁世凯品尝后，也觉得味道不同寻常，于是又派人提了两盒送给了慈禧太后。慈禧太后极为喜欢这种美味的包子，后来还经常派人去买。就这

天津卷轴

《解读天津六百年》张利民：这是一部叙述天津历史的著作，史料丰富、逻辑严谨，并结合历史分析当前天津发展的脉络，对天津进行多角度、专题性的解读。

《雷雨》曹禺：作为天津人，曹禺在这本书中，无论背景设定还是环境描写，都与作家在天津的回忆有关，作品中无不透露出天津的气息。

《高女人和她的矮丈夫》冯骥才：作为一部短篇小说，讲述了一对经历“文革”的平凡而又奇特的夫妻的日常生活，以市民文化心理作为写作视角，朴实而深沉。

《小说月报》：1980年1月，百花文艺出版社以敢为天下先的创新精神，在全国编辑出版了以选载优秀中短篇小说为宗旨的《小说月报》，这是中国期刊史上第一份“文选性”的文学杂志。

样，狗不理包子身价倍增，并逐渐在许多地方开设分号。

如今的狗不理包子，已经成为津门一绝。历经140多年的狗不理包子，常常吸引许多国外游客和国外领导人慕名前来一品。柬埔寨西哈努克亲王以及美国前总统老布什在华期间，都曾慕名品尝过天津狗不理包子。

十八街麻花

“十八街麻花”因店铺设在河西区十八街而得名，现在基本上都称“桂发祥麻花”。据说当时制作这种麻花的掌柜叫桂发祥。起初的“十八街麻花”是以什锦麻花闻名的，现在又制出了各种风味的麻花，并且在十八街麻花总店还摆放着创吉尼斯世界纪录的世界上最大的麻花。

桂发祥麻花的特点是香、甜、酥、脆俱全，色泽造型美观，且存放几个月都不会变质，所以很多游客来天津必购十八街麻花带回去。

桂发祥十八街麻花的所有原料均来自全国各地最佳产地，品质上乘。如桂花来自杭州西湖，冰糖来自亚洲最大的冰糖生产企业，小麦粉来自麻花专用名牌富强精粉。

关于十八街麻花的由来，流传说法甚多，有种说法说的是当时的少掌柜无意中将点心渣和做麻花的面拌在一起做麻花炸，结果就炸出了与众不同的麻花，不仅酥脆，而且很香，非常好吃。就这样，这项技艺就一直流传到今天。

耳朵眼炸糕

民国初年，天津旧城北门外有一条小胡同，叫耳朵眼。一个叫刘万春的小贩与其外甥张魁元合伙，在这条胡同里，挂起“刘记”的招牌，办起了炸糕店。

由于刘万春的炸糕选料和制作精细，主要以糯米粉、黄米粉作皮，红小豆作馅，经油炸后，细甜爽口，香味芬芳，引人食欲，并且物美价廉，因而在众多的炸糕中出类拔萃，赢得了“炸糕刘”的绰号，买卖兴隆。于是大家都幽默地管刘记炸糕店叫“耳朵眼儿炸糕店”。后来大家直呼其名，就这样，干脆刘记炸糕也改为了“耳朵眼炸糕”。

后来成立的耳朵眼公司虽然几经更名，但是作为一家经历了百年沧桑的老字号，它生产的耳朵眼炸糕仍然和当年一样，

耳朵眼炸糕

天津影像

《霍元甲》（2006年）：霍元甲是天津最著名的爱国武术家，从电影中我们可看到这位武艺出众、又伸张正义的英雄，虽然生命短暂，但却拥有轰轰烈烈、充满传奇色彩的一生。

《建党伟业》（2011年）：作为建党90周年献礼片，讲述了一代伟人们在风雨飘摇的时代为国家赴汤蹈火的故事，不仅明星云集，更是呈现了一些天津面孔和悠久的历史建筑的画面。

《大决战3：平津战役》（1992年）：这部三个小时的电影，是大决战三部曲的第三部，再现了解放战争中决定古老中华民族前途和命运的重要时刻。

《血溅津门》（1984年）：这部优秀的抗日题材剧，不仅因为全剧抗日爱国情绪浓郁，强烈的民族时代气息而备受欢迎，还因为地地道道的津味特色令天津人民备感亲切，也让全国人民耳目一新。

天津老字号

老美华

天津老美华鞋垫始创于1911年，是享誉津门的百年老店，百年来，以其选材精良、工艺精湛、服务精细，深得广大消费者特别是中老年朋友的信赖和赞誉。现在老美华又根据顾客的需求，生产了许多典雅、大方、轻软、耐磨的鞋子，受到各阶层中老年人的赞许。

传统工艺加工定型，使鞋的整体外形美观大方，经久耐穿，春秋保暖、夏季吸汗。

纯棉质布鞋，保证脚部不被磨破，保护软组织，达到保健养足的目的。

布鞋系采用纯棉，纯毛、天然麻等天然材料，传统工艺纯手工制作而成。

面料系采用精致缎面制成，花纹刺绣精致典雅。

千层底采用几十层新纯棉白粗布裱成袼褙，并使用纯天然萱麻线手工纳制而成。

果仁张

果仁张其果仁制品创制已有160余年历史，天津特产之一，有着香、甜、酥、脆、凉、麻辣等口感特点，其中最著名的当属琥珀花生仁、琥珀核桃仁、虎皮花生仁、奶香瓜子仁等。

达仁堂

达仁堂是有着三百年历史的"乐家老铺"的正宗后裔，以用药地道、炮制如法深得民间信赖，并于1723年承办御药，名声显赫，后在1914年于天津创办了达仁堂。

崩豆张

崩豆张是一种色香味俱全的汉族传统小吃。崩豆外形黑黄油亮犹如虎皮，膨鼓有裂纹，但不进砂，不牙碜，嚼在嘴里脆而不硬，五香味浓郁，久嚼成浆，清香满口，余味绵长。并含有多种营养成分。

桂顺斋

由回族人刘珍始创于1924年，是一家老字号清真糕点店铺。以经营各式清真糕点而闻名，主要产品有萨其马、蜜麻花、一品桃糕。其糕点味道好，做工细，这几样东西在不少老天津人的眼里特别亲切。

天津天籁

《剑阁闻铃》（骆玉笙）：是电视连续剧《四世同堂》（1985年）的主题歌，其旋律是采用京韵大鼓的音调素材写成，骆玉笙先生的演唱凄凉悲壮、铿锵有力。

《送别》（李叔同）：作为中国音乐史上的经典名篇，知道《送别》这首歌的人不少。不知身为天津人的李叔同，在创作这首歌时是否也想起过家乡？

《我是天津人》（蒋大为）：著名歌唱艺术家蒋大为离开家乡天津几十年，始终是念念不忘天津。歌曲曲调简单，表达的情感却与每个人对故乡的感情一样浓厚。

《弯弯的月亮》（刘欢）：作为中国流行音乐的领军人物，出生于天津的刘欢将这首歌演绎得真情动人，歌曲写的虽是南方故事，但表现的画面却如同发生在津门大地一样真实。

让人称道。如今，耳朵眼炸糕已成为天津地方名吃走向世界。

耳朵眼炸糕与狗不理包子、桂发祥麻花齐名，共同构成了享誉海内外的“津门三绝”。

十 天津四艺

杨柳青年画

有着600多年历史的杨柳青年画因诞生于天津西部运河古镇杨柳青而得名。它产生于元末明初，是中国著名的民间木版年画，与南方苏州桃花坞年画并称“南桃北柳”。

杨柳青年画的制作方法为“半印半画”，即先用木版雕出画面线纹，然后用墨印在纸上，套过两三次单色版后，再以彩笔填绘。它继承了宋、元绘画的传统，吸收了明代木刻版画、工艺美术、戏剧舞台的形式，采用木版套印和手工彩绘相结合的方法，创立了鲜明活泼、喜气吉祥的独特风格。

杨柳青年画题材广泛，其中以钟馗和胖娃娃居多。钟馗是神话传说中驱逐人间鬼魅和避驱凶邪的神仙，从最早的“门神”年画开始，年画中随处可见钟馗，杨柳青也不例外。另外就是胖娃娃了，这些娃娃体态丰腴、活泼可爱，他们或手持莲花，或怀抱鲤鱼，都象征着吉祥美好，非常惹人喜爱。

泥人张彩塑

泥人张彩塑，指的是天津民间艺人张明山于19世纪中叶创造的彩绘泥塑艺术品。“泥人张”在清乾隆、嘉庆年间享有很大声誉。其制作所用材料是含沙量低且无杂质的纯净胶泥，经风化、打浆、过滤、脱水，加以棉絮反复糅杂而成“熟泥”。但其具体的制作秘方一直不为世人所知。当然，彩塑的最后成型还得靠细腻的手上绝活。作品塑造成功后，再经自然风干、烘烧、打磨、整理、着色等工序后才算最终完成。泥人张彩塑传至今日，已经传承了六代。第五代传人张乃英仿塑的“泥人张”第一、第二代作品，被中国美术馆收藏。青年艺术家陈毅谦，是“泥人张彩塑”第六代传人，他的彩塑作品屡次获奖，为天津彩塑界的骄傲。

魏记风筝

魏记风筝

天津是中国北部风筝的主要产地之一。天津风筝之中，以“魏记”生产的风筝最为精美、著名。

“魏记”风筝创始人魏元泰技艺精湛，从艺70多年，先后研制了平拍类、图形立体类和软翅风筝，还创造了折叠风筝，在魏老手上，数以万计具有很高艺术性的精美风筝不断问世，1914年，他的作品在巴拿马万国博览会上夺得金质奖章，一炮而红，从此成为国内外众多博物馆青睐的珍贵藏品。

“魏记”风筝面多以丝绸和绢为材料，骨架则选用弹性较大、质地细腻的福建毛竹。制作时以高级真丝、纯纸、上等毛竹为原料，以冷暖色对比为着色手法，做工精细、造型逼真，并富于传统民族风格，飞行平稳。

天津地毯

第一次世界大战之后，西方列强忙于战争无暇东顾，中国民族工业包括手工作坊得以发展。当时国际地毯贸易逐渐兴盛，许多外商争先恐后来天津兴办地毯业，西方掀起了中国地毯热，对天津地毯的需求剧增，使天津成为“地毯城”。

天津地毯花色瑰丽，加之质地坚韧，绒面柔滑光亮，成为当时世界名牌工艺品。另外，天津地毯风格多样，品种繁多，织造地毯独特的水洗丝光工艺为天津艺人首创。天津地毯另一个重要的特征就是民族图案较多，采用剪片新工艺后，在地毯成型之后对地毯进行剪钩，使得地毯民族图案浮雕更具有立体感。

天津地毯在国内外展览会上曾多次获得殊荣，被誉为中国高级艺术品。中国政府赠送联合国总部的大型壁毯“万里长城”，就是天津地毯的代表作。首都人民大会堂所铺地毯中绝大多数也是天津地毯。

妈祖文化与天津

每天早晨，很多天津人和来天津游玩的观光客都会不约而同地来到古文化街上那座历史悠久的庙宇，开始全新的一天。他们在这里烧香祈福。然而有趣的是，他们拜的神仙，既不是菩萨，也不是佛祖，而是妈祖娘娘。这座庙宇便是天后宫。

天津当地有一首歌谣：“三月村庄农事忙，忙中一事不可忘。携儿结伴舟车载，好向娘娘庙进香。”每年三月妈祖的寿辰之日，老百姓都会来到这里拜谒妈祖娘娘。妈祖娘娘是典型的南方海神，为什么在这个千里之外的北方城市会有妈祖的遗迹呢？

老天津人说自己有三个母亲，除了自己的亲生母亲之外，一个是哺育了天津人的海河，另外一个就是天后宫里的妈祖。而“娘娘”两个字也正饱含着天津人对妈祖非同寻常的虔诚与信赖。

早在元代，政府大力提倡漕运。当时，造船技术相对落后，再加上运河水情复杂，

天后宫

常年洪水泛滥。天津靠海，当时还有很多渔船通过海河出海。行船是一项极为危险的工作。元泰定三年（1326年），泰定皇帝敕建天后宫供奉海神妈祖以保此地平安。妈祖庙修建后聚拢了旺盛的人气，吸引了无数南来北往的人来到这里落地生根，天津渐渐从一个人迹罕至的地方逐渐繁华起来。只不过天津民间自古就习惯于用皇封的称号“天妃”“天后”或“娘娘”尊称女神，从来就没有引用过南方福建闽南方言“妈祖”称呼女神。近700年来，妈祖庙香火不绝，并与福建莆田湄洲湾妈祖庙以及台湾云林县北港镇朝天宫并称“世界三大妈祖庙”。

随着天后宫的建立，在其周围迅速形成一个繁华的商业贸易区域，著名的“宫前集”是天津最早的集市，而宫南宫北大街可称得上是天津最早的金融街，其间当铺、银号比比皆是。如今这条长680米的古文化街依旧繁华，周边天津各老字号生意依然火爆。

妈祖信仰是妈祖文化中的重要内容，它随着漕运的繁荣而传入津门后，很快便融入天津本土的文化之中，形成了独具地方特色的民间信仰。一年一度的妈祖诞辰日庆典活动是妈祖文化的亮点所在。届时，天后宫前各路民间艺人云集，表演高跷、抬阁、节节高、法鼓、中幡等民间艺术。整个古文化街游人如织，格外热闹。

军旅文化与天津

北宋时，在北方形成了宋辽南北对峙的局面。当时的海河就是“界河”，北岸地区属辽，南岸地区属宋，所以当时的天津也就成为宋辽对峙的前沿阵地了。

为了抵御辽兵南下，宋朝政府在海河南岸设置了许多以“寨”“铺”等命名的军事据点，派驻重兵戍边屯垦。当时的寨名，如“独流寨”“沙窝寨”“当城寨”“双港寨”“泥沽寨”“小南河寨”等，绵亘至今依然沿用。清

末年间，天津西部的静海小南河村还出了一位享誉海内外的传奇英雄霍元甲。

金贞祐二年(1214年)，金朝在三岔河口设直沽寨。到了元代改“直沽寨”为“海津镇”。到了明永乐二年(1404年)改设“天津卫”。寨、镇、卫都是军事设置，到了清代，天津改“卫”为“州”，到此时天津才变成行政建制。

明代实行军屯制度，外地大量移民以军事组织的形式来到天津一带屯垦官田，由于军籍世代相传，所以聚落命名多以长官姓氏冠名，从而出现了“唐官屯”“陈官屯”“高官屯”等地名。后来，明成祖朱棣迁都北京，从老家安徽调来大量淮军镇守天津。来自江苏、安徽江淮平原上的军士及其家属，成为移居戍守天津的居民。这从今天的天津方言就可以看出个大概，很多词语的发音类似于安徽宿州以及蚌埠一带的江淮话。

在天津卫这块土地上，明清两代，军人及其家属是天津高度集中的群体。加之后来长期驻扎天津的李鸿章的淮军、袁世凯的新军，都为天津地域文化增添着军旅气氛，客观上也造就了天津人的性格主调——豪爽直率、爱憎分明、扶弱济贫、打抱不平。但同时，也形成天津民俗好管闲事、火气暴烈的风气。譬如在民国时期，天津码头青帮、混混横行。

不管是优点还是缺陷，这些都是天津军旅文化以及天津这座城市的一部分。

北方曲艺大码头

天津快板书

“竹板这么一打呀，别的咱不夸。”听到这样熟悉的开头，就知道一定是天津快板了。

天津快板用两块大竹板(大板儿)和五块小竹板(节子板儿)，从而得名。大小竹板儿合称为“七块板儿”。它一开始来源于贫民街头演唱的“莲花落”和“数来宝”，后来逐渐融合了天津民歌小调、天津时调，发展成为天津最重要的曲艺曲种之一。

20世纪50年代，天津业余演员对其进行改革，去掉了天津时调的前两句慢板，丰富了伴奏音乐。演出时，演员手持节子板数叙，唱调几言皆可，上、下句子要求对仗，对尾字的要求押韵即可，全篇既可一辙到底，也可用花辙。自由活泼，颇富韵律。伴奏乐器为大三弦和扬琴等，曲目多为反映现实生活的短篇，以天津话演唱。

后来，著名曲艺表演艺术家李润杰将评书和相声的艺术手法融合到快板书艺术中，丰富了数来宝原有的句式和板式，形成普遍流传的快板书。快板书在七言对偶的基本句式之外，增添了单字垛、双字垛、三字头、四字联、五字垛等句式，以及重叠、连叠句的长句式。随着句式的丰富，七块板的运用也有了新的演变。例如大小板的混合连奏多用于开书板和段落之间的过渡，说书中间的击节和烘托则多以小竹板为主，以大竹板为辅。

快板书的代表曲目有《千锤百炼》《劫刑车》《熔炉炼金刚》《燕子李三》以及《三打白骨精》《火焰山》等。

相声

相声有“生在北京，长在天津”的说法。天津是相声的重要策源地。

旧时天津的曲艺场有“四海升平”“宝和轩”、南市的连兴茶社、鸟市的声远茶社等。20世纪30年代以后又有剧场式的杂耍园子“小梨园”“大观园”等。天津是相声的“码头城市”，培养了众多相声名家。许多著名的相声演员都是在天津演出过多年，成名

天津相声

马三立

马三立，中国相声第五代演员，著名相声表演艺术大师。出生于北京，祖籍甘肃永昌县，从小生活在天津，直至去世。在父兄的熏陶下，打下“说”“学”“逗”“唱”的深厚功底。其师承周德山，以擅演“文哏”段子著称。

马三立演出的传统相声有200多个，主要有《吃元宵》《相面》《卖五器》《开粥厂》等。他创作、改编并演出新的相声节目六七十个，包括《买猴》《偏方治病》等。多年来他培养了阎笑儒、班德贵、连笑昆、方笑天、常宝华、高笑林等众多相声演员。

大事年表

1930年
开始登台演出，拜周德山为师

1947年
登上天津大观园剧场与侯一尘搭档，大受观众追捧

1952年
主动申请参加赴朝慰问团

1957年
被错划为右派分子

1961年
回团工作，与赵佩茹搭档在天乐戏院演出，首场演出的是《黄鹤楼》

1992年
从艺65周年。中国曲艺家协会、天津市曲艺家协会等联合举办马三立从艺65周年庆祝活动

2000年
被确诊为膀胱癌

2001年
在天津举办了从艺八十周年的告别演出

人物档案

中 文 名：马三立
民　　族：回族
出生日期：1914年10月1日
逝世日期：2003年2月11日
职　　业：相声大师
其他作品：卖挂票、黄鹤楼、文章会、逗你玩

人物成就

马三立在漫长的舞台生涯中，饱经风霜，历尽坎坷，矢志不移地以相声为武器，讽刺假恶丑，歌颂真善美，勤勤恳恳、兢兢业业地为人民服务，受到群众爱戴，在海内外享有相当高的声誉。他家学渊源，博采众长，承前启后，形成了独特的艺术风格，推动了相声艺术的发展，不愧为当代的相声泰斗、幽默大师。

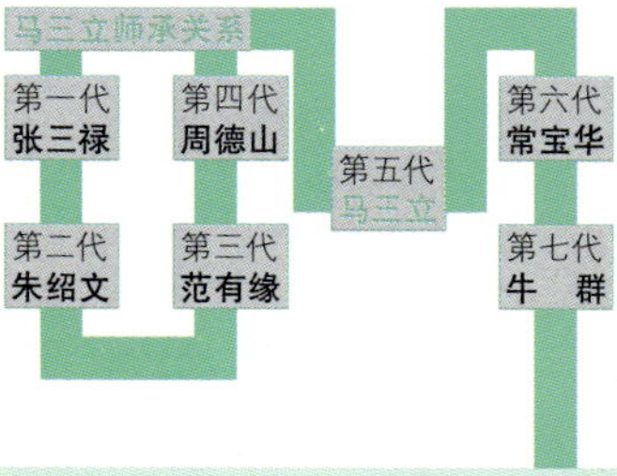

后才走向全国的，如张寿臣、马三立、郭荣起、侯宝林、冯巩、郭德纲等。

相声，是一种幽默的语言艺术，讲究说学逗唱。说一段儿，有头有尾；学一段儿，学谁像谁；名角儿逗一段儿，一说一捧；唱一段儿，几可乱真。说相声时，既要“抖包袱”逗哏，又要装傻充愣，惹人发笑。相声，有单口相声（一人说）、对口相声（一逗哏、一捧哏）、三人相声（一捧、一逗、一腻）。相声分“贯口活”“子母活”“倒口活”“柳活”“灯谜”“说字意”“西江月”“绕口令”等。

经常看到的双簧、太平歌词均属于相声的另一种表现形式。

京韵大鼓

京韵大鼓又名津音大鼓、小口大鼓，形成于清末年间。主要流行于包括北京、天津在内的华北及东北地区。

京韵大鼓由河北省河间一带的“木板大

鼓”和清代流传于八旗子弟间的“清音子弟书”两者结合而成。鼓书艺人胡十、宋五以及后来的刘宝全等人对木板大鼓进行了改革：在木板大鼓原有的伴奏乐器三弦之外，增加了四胡和琵琶；将河间方言改为北京方言；吸收了京剧的发音吐字与部分唱腔；采用了大量子弟书的曲本，形成了一直流传至今的京韵大鼓。京韵大鼓雅俗共赏、刚柔并济。

20世纪20年代是京韵大鼓发展的鼎盛时期，形成了以刘宝全、白云鹏、张小轩为代表的三大流派。其中刘宝全的造诣最高，有“鼓王”之称。后有女艺人小彩舞崛起，她兼容刘、白等人之长，结合自身特点，创出自己的艺术风格，成为曲坛女鼓王。

京韵大鼓传统曲目有《单刀会》《战长沙》《博望坡》等；有由刘宝全、白云鹏等人据子弟书作品整理的《长坂坡》《白帝城》《探晴雯》等；还有一些写景抒情的小段《丑末寅初》《风雨归舟》等。新中国成立后反映现代生活的优秀曲目有《黄继光》《光荣的航行》《韩英见娘》《刘胡兰》和新编历史题材作品《愚公移山》《满江红》《卧薪尝胆》等。

京东大鼓

京东大鼓是一种采用京东方言说唱表演的曲艺鼓曲形式。20世纪30年代初期形成于天津宝坻地区。曾称乐亭大鼓，但这和流行于河北乐亭县的乐亭大鼓名同实异。

表演京东大鼓时，一人击鼓站唱，另有人分持三弦、扬琴等乐器伴奏。在过去，还有过一种自弹自唱的演唱形式，演员坐抱三弦，边弹边唱，其右脚踩一鼓槌击鼓，左腿上绑一“节子板”，主要是打节奏。

京东大鼓形成初期，主要在小型曲艺演出场所演唱，曲目以大书为主。20世纪30年代初，刘文斌在天津商业电台播演《刘公案》，极受广大群众欢迎。京东大鼓的影响也因之日趋扩大，逐渐传播到北京、唐山等地，很受人们欢迎。

京东大鼓

新中国成立后，天津市业余演员董湘昆继承了刘文斌的演唱艺术，并在刘文斌唱腔特色的基础上，将宝坻方音改用京音，进一步加工、规范唱腔，不断创作出适应时代的新曲目，深得广大观众的喜爱。在董湘昆等人的不懈努力下，20世纪六七十年代，京东大鼓音乐出现了高峰期，其曲种的影响也遍及全国各地。但进入21世纪以来，由于传人减少，演出不多，京东大鼓的发展出现了空前危机，急需扶持和保护。为保护和传承这门曲艺，2006年京东大鼓入选国家级非物质文化遗产保护名录。

天津时调

天津时调是天津独有的曲种。清代，随着漕运和天津城市的发展，各地的民歌小调流入天津，它们以及天津土生土长的“老鸳鸯调”“新鸳鸯调”“靠山调”及“大数子”，被统称为时新小曲，后被统称为时调。

清末至民国初期，时调深受船工、搬运工、理发匠、车夫等天津劳动群众的喜爱。由于受群众欢迎，时调得以正规化，以演唱时调为主的艺人出现了。后来，时调还进入了妓院。妓女纷纷学唱，作为伴身技艺。经过她们及其弦师的加工，时调的唱腔、板式逐步规范并发展，反映妓女生活的曲目出现了，同时，还涌现出一批杰出的唱手。

新中国成立后，时调音乐取得了长足发展，其中，“靠山调”发展最好。20世纪50年代初，时调演员王毓宝、弦师祁凤鸣以及词曲作家通力合作，改编演出了《靠山调——

摔西瓜》，获得了成功。此后，天津的曲艺工作者，如王毓宝、祁凤鸣、马涤尘（弦师）及词曲作家们一直坚持改革、发展“靠山调”。王毓宝还创造、发展了时调的润腔技巧，伴奏音乐也渐渐成熟。

为保护和传承天津这一独有曲种，2006年天津时调入选国家非物质文化遗产保护名录。

天津话的“方言岛”

天津话是中国北方方言中比较有特色的一种，流行于天津及其周边地区。天津方言由上古音发展而来，其中保留了许多元、明朝代流行的词语，与普通话有明显差异。与普通话比较，天津话最主要的是语音和声调的不同。

天津地区虽然面积不算太大，但各处天津话仍有些许区别，并非所有的天津人都能讲一口流利的天津话。在天津，有个不大不小的方言岛，只有这个区域内的人才会讲地道的天津话。一般认为，方言岛的区域以南开区为主，这里语音最为纯正。南开区相当于旧城里地区以及附近的南市地区和娘娘宫附近地区。

方言岛以外的居民则操着各式各样的口音。方言岛以北的居民，说话接近北京话；东北的居民，说话接近唐山话；西南和东南的当地语言接近静海话。而五大道一带主要由租界开辟，多为后来的移民，当地人主要讲国语，也就是现在说的普通话。因而早期的天津卫有上下之分。老城内外称“上边”，五大道地区为“下边”，两个地区的人一听语调就可以轻易地辨别出来。

关于“方言岛”的形成，经专家考证，天津话的语源在安徽固镇、宿州等地为中心的皖北平原地区。燕王扫北时为天津带来了一大批江淮地区的士兵，建卫后就形成了军机要地。虽然军队建设刺激了地方上的经济发展，但天津卫的特殊军事位置决定了当地居民难以与卫中军民自然沟通融合。时间一久就形成“天津方言孤岛”现象。如今，天津人在安徽宿州附近的固镇，不论说“嘛话”问“嘛事”，当地人都听得懂，也印证了“方言岛”的成因。

天津老城厢

天津的文化景观

国家级非物质文化遗产

民间文学：杨七郎墓传说（宁河）

传统音乐：津门法鼓（河西、北辰）、汉沽飞镲（滨海新区）、香塔音乐法鼓（西青）

传统美术：杨柳青木版年画、天津泥人张

传统戏剧：京剧、评剧（宝坻、天津评剧院）、河北梆子（天津河北梆子剧院）

曲艺：京东大鼓（宝坻）、天津时调、相声、京韵大鼓（天津市曲艺团）、梅花大鼓、西河大鼓

传统体育、游艺与杂技：回族重刀武术、拦手门（河东）、戏法（和平）、李氏太极拳（武清）

传统技艺：天津风筝魏制作技艺（南开）、老美华手工制鞋技艺（和平）、天津“狗不理”包子制作技艺（和平）、桂发祥十八街麻花制作技艺（河西）

传统医药：达仁堂清宫寿桃丸传统制作技艺（达仁堂制药厂）、隆顺榕卫药制作技艺（南开）、京万红软膏组方与制作技艺（南开）

民俗：天津皇会（天津民俗博物馆）、葛沽宝辇会（津南）

行走天津

旅行者

带什么

背包

服装、背包、鞋袜

天津位于中国华北沿海，又临近渤海湾，春季多风，冬季寒冷，故春末夏初和秋天是到天津旅游的最佳季节，一般按季节携带衣物即可。若是春冬前往，可携带厚外套、羽绒服或是冲锋衣。

在够用的前提下，旅行携带的行李背包应越少越好。一般45升以下的背包就足以应付，如果参与一些野外徒步野营活动，那么一大一小两个背包也就足够。

既然是旅行，首选运动鞋和中低帮登山鞋，在天津绝大多数地区一双舒适结实的运动鞋即可。袜子方面，选择弹性较好、排汗良好的运动袜即可。

药品、食品

常规旅游准备一些感冒药品、胃肠类药品和一些祛热止痛的药品就可以了，如感冒片剂、感冒冲剂、泻痢停、复方阿司匹林、氯苯那敏（扑尔敏）、抗生素。

天津经济发达，交通便利，美食也很多，路上简单携带一些喜欢的食品即可，纯净水、红牛、功能饮料视消耗情况，随时补充能量。

洗漱用品

毛巾、牙膏、牙刷、香皂、护肤霜、洗发水、梳子、剃须刀、手纸、湿纸巾等。

防晒霜、太阳镜、帽子、雨伞

夏季带上防晒霜可以削弱紫外线的影响，避免被晒得“变色”；一副好的太阳镜和一顶带有边沿的帽子也起着相同的作用。

何时去

天津蓟州风光

天津四季分明，春季少雨多风，夏季炎热多雨水，到了秋天秋高气爽，冷暖适中，而冬季又寒冷干燥。因此，春末夏初与秋天是到天津的最佳旅游季节。

春天，到蓟州的山区、盘山、九山顶等地踏青、赏花是个不错的主意。每年盛夏，天津都会举办大型啤酒盛会。白天可以游景玩乐，到了晚上一边畅饮，一边观赏歌舞，体验一个完美的夏天。蓟州的山里也有不少避暑好去处。

金秋时节，东寻渤海，西赏民俗，南览生态，北观渔阳，城中享乐，无一不让人沉醉其中。寒冷的冬天，则可以选择在天津泡温泉。天津的温泉很多：帝景温泉城、东丽湖温泉度假区等。此外，春节期间，天津的民俗活动也不少，杨柳青更是游人如织。

▼ 天津旅游月历

月份	节日	
1月	糖瓜祭灶 独乐寺庙会 古文化街民俗旅游庙会 杨柳青民俗文化旅游节	
2月	填仓节 国际年画节 杨柳青国际旅游摄影节	
3月	天津港湾旅游文化节 观音诞 运河桃花节	
4月	航母风筝节 皇会 大运河桃花节 北塘海鲜美食节	
5月	俄罗斯风情舞蹈秀 滨海啤酒节 天津曲艺文化旅游节 黄崖关长城国际马拉松	
6月	关公祭	天津月季花节
7月	天津啤酒节 静海文化艺术旅游节	
8月	开海旅游节	
9月	滨海汉沽葡萄文化旅游节 航母焰火节 滑水旅游节	妈祖文化旅游节 相声旅游节 七里海湿地河蟹节
10月	海河旅游节 五大道旅游节	渔阳金秋旅游节 中国国际邮轮旅游节
11月	送寒衣	
12月	冰雪圣诞嘉年华 温泉康体旅游节	

吃什么

狗不理包子

天津可谓美食的天堂，既有不少老字号的名小吃，更有独具风味的天津名菜，其中尤以海鲜闻名遐迩。天津的口味比较大众化，一般游客都能接受。只是，美食当前，注意控制。

狗不理包子：以味道鲜美、制作考究而誉满全国。特别是包子褶花匀称，每个包子都是18个褶。刚出屉的包子，如薄雾之中的含苞秋菊，爽眼舒心。

十八街大麻花：正宗的大麻花整条由十根细条组成，由白条、麻条和一条多种小料配成的酥馅，拧成三个花，成为“什锦夹馅”的格局。不仅口感油润、甜口适度，而且造型美观、越嚼越香。

耳朵眼炸糕：成品外皮金黄，闻起来香味扑鼻，吃到嘴里酥脆可口，香甜黏软，外层炸得酥脆，趁热吸一口，馅汁烫甜黏美，不可错过。

锅巴菜：是具有浓郁的天津地方特色的早点。绿豆、小米水磨成浆后摊成煎饼，切成柳叶状，浇上特调卤汁，再撒上配料，轻轻搅拌后即可食用。其口感柔软滑润，清素芳香。

罾蹦鱼：是天津传统名菜之一，以带鳞活鲤鱼炸熘而成，成菜后鱼形如同在罾网中挣扎蹦跃，故而得名。罾蹦鱼的鱼骨酥脆，鱼肉鲜美，酸中带甜，使人食欲大开。

八大碗：老天津卫宴请宾朋必备的酒席，用 炖、扒、蒸、烩等多种烹饪方法烹制。每桌八个人，桌上八道菜，上菜时都用清一色的大海碗，看起来爽快，吃起来过瘾，具有浓厚的乡土特色，这就是天津八大碗。

七星紫蟹：紫蟹是天津特有的蟹类品种，此菜是津沽传统冬令贵重名菜。成馔后，以鸡蛋清蒸出的“芙蓉”白而柔嫩，蟹黄、蟹肉分布其上，犹如七星排列，滋味奇鲜。

石头门坎素包：是深受天津人喜爱的素食小吃。此素包选料讲究，所用馅料均为各地名产，制成的包子馅大皮薄，有咬劲，其浓郁独特的素香味，食之回味无穷，尤为老年人喜食。

煎饼馃子：是天津著名的早点小吃，早已风靡全国。煎饼馃子由绿豆面薄饼、鸡蛋、油条或者薄脆的“馃篦儿”组成，以面酱、葱末、辣椒酱（可选）作为佐料，口感咸香。

罾蹦鱼

煎饼馃子

住哪儿

露营

天津的旅游业十分发达，住宿选择相对来说也十分多样，对于天津这样的大城市，无论是青年旅舍，还是宾馆、酒店，都随处可见；若是前往西青古镇，也有不少宾馆方便入住；假如是山林寻趣，可能会选择露营的方式。

星级酒店

天津的星级酒店不仅数量众多，服务也十分优质。由于入住客人的需求较高，这些地区的星级酒店在交通、娱乐等设施方面也十分便利，尽可放心选择入住。

快捷连锁酒店

如家、7天、汉庭等酒店在天津城内各区均有分布，位于部分景区中的酒店可能需要提前预订。

普通宾馆及青年旅舍

天津各个区县广有宾馆分布，四季整体的价格较为合理，但住宿条件各有不同。青年旅舍只有在天津主城区有分布，风格各具特色，服务也十分周到，可选择入住。

农家乐

若是想体验山野农家的乐趣，天津也是个不错的选择。天津北部的蓟州自然景观丰富且集中分布，周边的村民建了许多颇具特色的农家庭院，游客不仅可以在这里品尝到山间野味，而且还能留宿在这里与山水相伴。

农家乐

怎么走

世纪钟

前往天津的交通方式有多种，方式也较为简单。在天津旅行时，所选择的交通方式背后，向我们所展现的天津风貌有所不同，带给我们的人生体验与感受更大不相同。

乘坐火车旅行是最为经济安全的选择，天津境内高速铁路已十分普及，铁路交通相当快捷。

天津市的滨海国际机场，是游客进出天津旅游的便捷通道，机场位于市区东部，有多条公交专线前往，交通十分便利。

作为中国经济最为发达的地区之一，天津的公路交通也十分成熟，整体来说中部和南部公路交通十分发达，呈现出南密北疏的状态。境内有京沪、京津塘、津蓟、津滨、津晋、海滨等多条高速公路经过，高速公路系统早已密结成网。

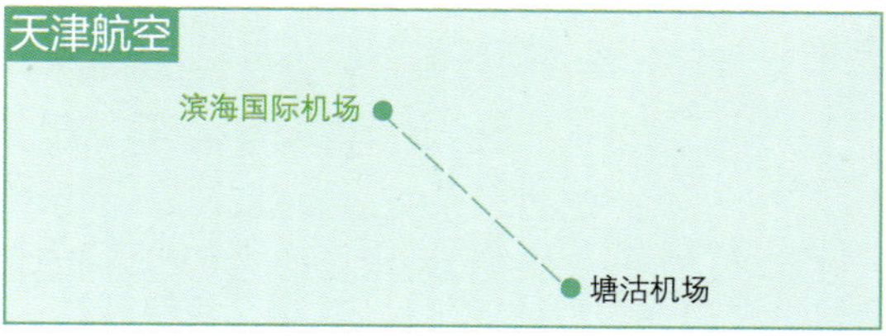

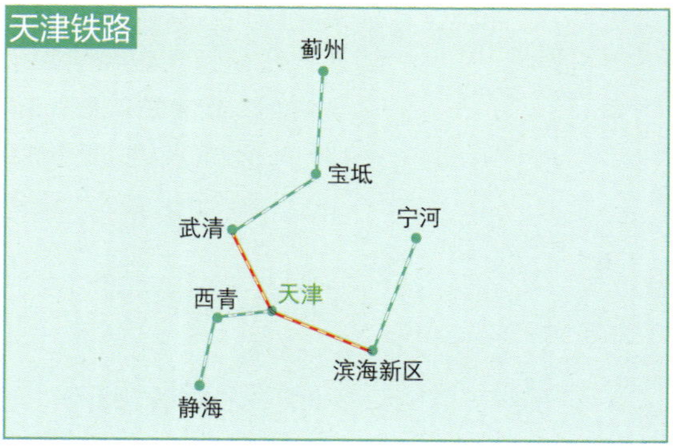

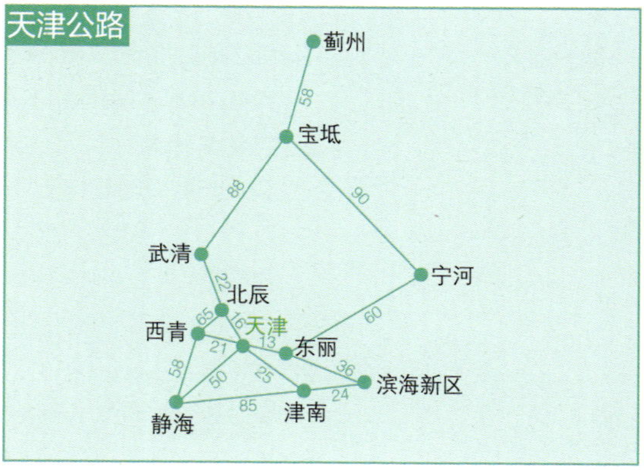

有用信息

旅游通信

天津话十句

天津话	普通话
干嘛（mà）	干什么呢
倍儿	副词，很、非常的意思
哏儿	有意思、风趣幽默
不觉(jiǎo)闷	不识趣，没有眼力见儿
介	代词“这”的天津音
老鼻子、海了去了	很多
夜儿个(ge)	昨天
白话(huo)	胡说、乱讲
嗔着	对孩子的责怪
德愣	收拾，摆平

通信

天津全境基本都通手机，信号覆盖全面广泛，从信号强度来说，三家运营商的信号均表现优秀，不分伯仲。一般除野外旅行可能会出现信号较弱的情况外，基本无须担心通信问题。

银行

天津众多区县中商业银行设施齐备，一般持具有银联标志的银行卡即可使用。天津市区还会有一定规模的外资银行机构。在小城镇，多是农业银行、邮政储蓄及农村合作银行等机构，若是持有农行银联卡或是邮政绿卡前往，则较为便利。

节约技巧

住宿：选择入住品牌连锁酒店时，除了订房网站外，不妨到团购网站和酒店官网看看，往往有更多惊喜；在天津，数量众多的青年旅舍，往往也是比较实惠的选择。

软件：要善于利用淘宝、大众点评及各种团购APP应用，不仅能吃到美味，还能得到众多优惠。

行程：合理安排行程，不仅可节省时间，又能减少交通费用，可参考第一步等网站的行程攻略。

公共交通：尽量选择公共交通。在市区游玩时，可使用公共自行车。往返各县区，可乘公交解决，会节约不少费用。

淡季出行：是省钱的撒手锏。淡季不仅食宿价格较低，避开众多的游人，也可以欣赏到别样的风光。如冬天的滨海，安宁纯净，风景美丽壮观。

纪念品：在天津市区购买旅行纪念品，可去商业街区的各种店铺。在各县区及农村，从当地人开的店铺或是从村民手中，也能买到理想的纪念品。

风俗禁忌

皇会：天津临海，每年农历三月二十三海神娘娘诞辰纪念日时，渔民们无论多忙都要驾船到市内东门外的天后宫进香朝圣，参加皇会（曾被誉为中国的“狂欢节”）。那些鱼商在出海前也要到天后宫许愿，祈求人船平安返回。

拜佛：在天津的寺庙佛殿里拜佛，正中间的拜垫是专供方丈和尚或主法师父在法会佛事上拈香礼佛时用的，一般的信众不宜在这个位置拜佛。拜佛时先拜中间的主佛，然后沿顺时针方向，依次去拜其余诸佛菩萨。

绕佛：在天津的佛殿寺庙内只能右绕，不可左旋，以示正道。大众共修绕佛时，注意转角处，不许住脚问讯，只要向上齐眉即可。

教堂：天津是中国开放的前沿，区内有不少教堂，前往望海楼、西开等教堂游赏时，特别是做礼拜时，不要穿暴露的衣服，赤脚、穿拖鞋也是不允许的。外表整洁，不要跷二郎腿，更不要大声喧哗。

清真寺：天津也有一些回族同胞聚居，前往清真大寺前，应当清理鞋子、脚、袜子等，不要使做礼拜的兄弟闻到不好的味道，进入清真寺时要先迈右脚。

突发状况

旅途中总会出现一些不希望发生的情况，但只要做到“事前认真准备，事后冷静处理”，一切都会迎刃而解。

汽车抛锚：开车自驾游前应当掌握一些简单基本的维修技术，若是途中出现汽车抛锚，先依据经验，判断是否可以自己解决。不能解决或无法判断，则要打电话给保险公司，寻求帮助，也可咨询天津交通局服务电话（23368069）或拨打114查询最近的修理厂。

钱物丢失：在旅途中是一件十分棘手的事，无论损失大小，都会给美好的旅行蒙上一层阴影。为避免财务损失，应以预防为主。最好做到少携带现金，把现金放到贴身衣物中，只把零钱放在包里；银行卡不要与身份证放在一起。若是钱物丢失，马上联系可以联系的朋友寻求帮助，切不可拖拉，并准确找到丢失地点。

水土不服、食物中毒或生病：因为水土不服、食物不洁或者天气因素，生病也是会发生的事情。特别是一个人的话，更是需要时刻注意。因此，旅途中应带足相关药品（如感冒类、胃肠类药品等），出行时要保护好自己，不随便吃东西、避免在太阳下暴晒、少在雨里蹚行等。不幸生病的话，要及时吃药或到医院就诊，若是严重的话要联系朋友及家人。

请守护天津卫的明天

天津位于渤海沿岸，境内地形以平原为主，河网密集，气候适宜，被誉为“东方小巴黎”。我们前往天津旅行收获了快乐的同时，也有义务尽量减少对旅游目的地造成不利的影响。每个人都应做到不随便破坏或是占有当地的动植物资源，旅途中尽量减少垃圾的产生，更不能乱丢垃圾，尤其是在远离市区的地区，应将其带回城市中，进行回收处理。天津卫的未来需要我们的守护。

西开教堂

发现者旅行指南

天津城区

概览

亮点

五大道景区

因小洋楼多、保存完整、建筑风格多样而著名，曾居住过两任民国总统、六任内阁总理。

天津古文化街

有近百家店堂，多为明清风格的仿古建筑。一直坚持“中国味、天津味、文化味、古味”经营特色。

意式风情区

拥有目前亚洲最大的、保存最完整的意大利风貌建筑群，距今已有百年历史。

永乐桥摩天轮

世界上唯一一座建在桥上的摩天轮，被称为“天津之眼”。

必逛街道

滨江大道·和平路：天津市内最繁华的两条相连的商业步行街，著名的天津三大商场（天津劝业场、华联商厦、天津百货大楼）就坐落于此，还有众多老字号。

鼓楼商业步行街：集旅游、文化、购物、休闲于一体的商旅步行街，传统味、文化味、天津味、民俗味、现代味相互融合。

线路

海河观光带二日游

第一天上午参观意式风情街，然后去金汤桥游览袁世凯故居、冯国璋故居等，接着去望海楼、狮子林桥，最后游玩古文化街。第二天早餐后观文庙、游鼓楼，然后去南市食品街、和平路金街，接着去大沽桥欣赏解放桥、天津站、津湾广场等建筑。

天津经典一日游

一下火车站第一眼就能看见世纪钟广场，还可以看看附近的瓷房子。沿海河一路走下去，1902年欧式建筑群就坐落在海河沿岸，漫步清幽的意式建筑中可领略不一样的欧洲风情，之后可以去逛逛五大道。

中午去南市食品街品特色美食，饱餐后到“津门故里”古文化街游玩。晚上建议住在天津之眼附近的酒店，这样就可以坐上摩天轮，欣赏天津夜色。

天津市区三日游

第一天先去五大道，再去老西开教堂，然后参观天津博物馆、天津自然博物馆、周邓纪念馆，晚上游览天塔。第二天漫步滨江道，进入意奥风情街区，拜谒望海楼教堂，在古文化街感受人文底蕴，晚上游览海河文化广场。第三天去和平路、鼓楼、南市食品街游玩。

为何去

美丽的海河、风光旖旎的北运河和充满异域风情的欧式建筑将天津城装扮得楚楚动人，名扬天下的津门十景，充分展现了近代中国百年风云的五大道，以天后宫为中心的古文化街已经成为享誉中外的观光胜地。如此美丽的天津，等待着每一位来客的眷顾。

北运河

何时去

天津四季分明，春季少雨多风，夏季炎热多雨水，到了秋天秋高气爽，冷暖适中，而冬季又寒冷干燥。春末夏初与秋天是到天津旅游的最佳季节。

每年盛夏，天津都会在市中心举办大型啤酒盛会。五大道的各式洋楼静静矗立，海河风景线上的天津之眼在夜色中幸福地旋转，古文化街上的古老建筑恭候着游客的到来……每一处美景，都是天津的友好表情。

景点推荐 五大道周边 AAAA

五大道是指和平区东西向并列着的马场道、睦南道、大理道、常德道、重庆道和成都道这一范围的总称，共有22条马路，总长度为17千米，总面积1.28平方千米。这里因拥有20世纪二三十年代建成的英、法、意、德、西班牙不同国家建筑风格的花园式房屋而闻名。被公认为天津市独具特色的万国建筑博览会。

在天津五大道的各式小洋楼中，有英式89所，意式41所，法式6所，西班牙式2所，庭院式46所，公寓式40所，西式平房5所，中西合璧式1所，其建筑形式丰富多彩，从古典复兴式、罗曼式、哥特式、巴洛克风格、新艺术派、折中主义、摩登式，直到当代后期摩登主义，依稀可辨，构成了一种凝固的艺术。

五大道地区作为近现代天津历史的一个体现，不仅遗留有大量的洋式建筑，而且许多历史名人，如大总统曹锟、徐世昌以及北洋内阁六个总理、爱国人士张学铭、起义将领高树勋都在这里留下了他们的足迹，每幢建筑里都蕴含着故事，充分展现了近代中国百年风云。

天津市和平区。

乘地铁1号线至小白楼站下车

玩家 解说

五大道是随着天津近代化的步伐发展起来的。天津自古以来地理位置就十分重要，古有“去神京二百余里，当南北往来之冲”之说。近代自鸦片战争以后，天津被辟为通商口岸，大量外国人涌入，天津城内出现了各国租界。到20世纪初，天津先后出现了九国租界，成为近代中国租界最多的城市。各国租界侵占时间最长的达八十余年，最短的也有十几年。从1919年至1926年，在这七年间，英租界工部局利用疏浚海河的淤泥填垫洼地修建道路。重庆道于1922年建成，当时名为爱丁堡道、剑桥道；1929年，大理道、睦南道、常德道、成都道先后建成，但当时却被命名为英国街名——大理道当时叫新加坡路，睦南道当时叫香港道，常德道当时叫科伦坡道，重庆道当时叫爱丁堡道，成都道当时叫伦敦路。

与此同时，由于租界在清末民国时期，享有管辖豁免权在内的许多特权；所以，五大道也引来了不少清室的遗老遗少、北洋军阀的大小政客以及当时的社会名流等携家带眷来此居住。

玩家 攻略

五大道观光马车游览路线：河北路与成都道交口—重庆道—常德道—大理道—新华路—马场道—睦南道—香港路—重庆道—南海路—河北路。行程约40分钟，有导游讲解。马场道不能行走马车，只能步行参观，这里老房子密布，不妨找车夫买一份《中国·天津五大道风情区旅游图》（2元1张），方便游览。费用：包车费用160元，可供8人乘坐。

美食：五大道周边餐馆众多，如Vista黔城（大理道店，和平区大理道，23321889）、成桂西餐厅河北路店（和平区河北路287~289号疙瘩楼旁，23311702）、华竹食府（和平区睦南道8号，23316538）、并蒂莲素食会馆（和平区常德道68号B座，23318629）、津城食府分店（和平区大理道65号三友别墅3号院，83605951）。

住宿：五大道地区住宿方便，有很多酒店，如和平宾馆（和平区大理道66号，23310520）、锦江之星和平五大道店（和平区常德道121号，58365888）、迎宾馆6号（和平区马场道335号，23371133）等，都是入住的不错选择。

购物：五大道周边商业设施发达，有很多购物的地方，推荐巴黎塔尖进口化妆品免税店（和平区马场道121号）、欧铂门服饰马场道店（和平区马场道110号，27059955）、希望书店重庆道店（和平区重庆道177号）、名仕皮具（和平区睦南道113号，23302371）。

娱乐：五大道附近娱乐场所和设施都很健全，如洋楼茶园A座分店（和平区重庆道239号，23397244）、群众艺术馆（和平区睦南道）、金龙苑娱乐城（和平区大理道）、朝日俱乐部（和平区重庆道64号，23128482）、嘉年华歌厅（和平区常德道55号，23306642）。

马场道 ⓦ

五大道中距离最长、建筑最集中的道路

马场道全长3410米，宽18~50米，其中两侧人行道各宽2米。因通往英租界的跑马场而得名，曾是达官显贵云集、交错往返的一条繁华道路。如今是和平区与河西区的分界街道。马场道上有小洋楼近300座，都很有特色。

□ 潘复旧居

潘复旧居位于马场道2号，现为天津第二十中学行政楼，旧居为三层欧式风格的花园式楼房。共有楼房、平房117间。主楼分东西两楼，砖木结构，院内西北角建有平房。其建筑设计突出圆形和五面形阳台，房间较大，装修高级。西楼一楼有两间大会客室，原墙壁、顶棚均有法国画家绘制的精美油画，墙壁有花、木、鱼、虫之类图案，顶棚为四个西方美女形象，画工精细，栩栩如生。

链接

潘复

潘复（1883—1936），清末举人，生于累世为官的名门望族。早年为江苏布政使幕僚，辛亥革命后，潘复跻身政坛，加入进步党，积极从事政治活动。后投靠东北军阀张作霖并深受器重。1927年，张作霖入关在北京成立中华民国安国军政府，任命潘复为国务总理，并兼任交通总长。至此，潘复终于登上了他仕途的最高峰，当上了北洋政府第32任总理，即末任总理。1928年初夏，北伐军节节胜利直取北平。北洋军阀政府日暮途穷，张作霖下总退却令。6月2日通电全国，潘复内阁也随之土崩瓦解。后居津门，从此过起寓公生活。1936年9月12日在北京病逝，终年54岁。

潘复旧居

香港大楼

香港大楼位于马场道10号，是实业家李希明在1937年亲自聘请奥地利建筑师盖苓设计建造的。香港大楼为清水与混合墙面相互对应的五层楼房，建筑平面呈大写“L”形，从外面看似乎没有什么特别，就像一座普通的居民楼。然而从平凡中还是能找到很多特别之处。

大楼平面布局紧凑，立面结构简洁大方，韵律之中富于变化。楼内走廊幽静，悬挂着精美的西洋吊灯；房间大门厚重典雅，镶嵌细长的磨砂玻璃；卧室的门上安装着一人高的凹凸花式玻璃，具有很好的私密性；菲律宾的木人字地板光彩照人、细滑软腻，踩上去感觉奢侈异常。

徐氏旧居

徐氏旧居位于马场道44号，原为北洋总统徐世昌之女旧宅。建筑面积408平方米，是一座二层西欧乡村别墅式建筑，砖木结构，白色水泥墙体，棕色门窗，人字形红色坡瓦顶，上开老虎窗及三角顶天窗，入口为小石台阶和方门厅。建筑造型小巧别致，风格鲜明。建筑基本保持原貌。

雍剑秋故居

雍剑秋故居位于马场道60~62号，建于1920年，为砖木结构折中主义风格的三层楼房。建筑面积1728平方米，水泥墙面，大筒瓦顶。建筑立面构图严整对称，还引入了西方古典建筑构图方式，比例协调，线脚细腻，整体性强，十分庄重典雅。首层为长方形洞门，二层两侧有阳台。一、二层立面对称，三层局部收缩，整幢建筑稳重大方，层次丰富。

链接

雍剑秋

雍剑秋（1875—1948），江苏高邮人，著名实业家和慈善家。少年时在上海学英文，早年入香港英国教会学堂读书，后又考入新加坡大学。1898年回到上海。1911年任天津造币厂副厂长。后经销克虏伯军火，成为国内最大的军火中介商，曾接受袁世凯奖励的勋章。袁世凯死后，雍剑秋开始经营房地产并创办学校。

后来雍剑秋用自己的财富从事了大量的慈善活动，他一直是天津的宗教和慈善界活动中捐款最多的一位。

马场道

安乐邨

安乐邨原名新武官胡同，位于马场道102～108号，因居住过英国武官而得名。原为天主教会“首善堂”所建，共有3幢楼，呈“品”字形布局。沿马场道一侧为南北向，共8个门，又称为“横八所”。

宋棐卿旧居

宋棐卿旧居建于1937年，位于马场道116号，为欧式二层砖木结构，红瓦坡顶、自成院落，环境幽雅。宋棐卿是中国20世纪三四十年代著名的企业家。出生在一个基督教家庭，年轻时在美国西大学商学院留学，学习商业。后回国创建“东亚毛呢纺织有限公司”，成为天津民族工商业中的佼佼者。

原工商学院

原工商学院位于马场道117号，为法国罗曼式建筑风格，现为天津外国语大学使用。学院主楼屋顶前后的墙上各嵌有一座巨大的圆钟，圆钟两侧是两根立柱，钟上方是状如彩虹的防护物。

原北疆博物院

原北疆博物院位于马场道117～119号，现为天津外国语大学使用，是中国早期的博物院之一，该博物院由法国天主教耶稣教会桑志华神父于1914年创建，主要收藏和研究黄河、海河流域的地质、动植物标本。

博物院由博物馆、试验馆两个建筑组成，两楼间用封闭式天桥相连。建筑为混合结构三层楼房（局部二层），清水砖墙，立面简洁大方。

达文士旧居

达文士旧居位于马场道121号，一直作为民居使用，为典型西班牙花园建筑。原为英侨学者、英国皮毛商人达文士居住，建于1905年，距今已经100多年了，是五大道上最早、目前保存完好、历史最悠久的建筑。该楼系砖木结构，外墙为浅黄色水泥砂浆疙瘩墙面，瓦垄铁房顶。长方窗为主，部分圆窗作为点缀，方、圆对比，严谨而活泼精巧。内装修为椭圆拱券甬道结构，天花板有灯光灰线。一楼有大客厅、饭厅、备餐室、厨房和厕所。二楼有卧室、书房和卫生间。装有菲律宾人字细木地板、双槽窗。

链接

刘冠雄

刘冠雄（1857—1927），福建福州人，福建船政后学堂毕业，1894年参加过中日甲午战争，民国元年（1912年）任南京临时政府海军部顾问，北洋政府时期曾任海军总长、交通总长、教育总长等职。1923年隐居于此。

刘冠雄

刘冠雄旧居

刘冠雄旧居位于马场道123号，建于1922年，现为天津财经大学分院使用。原为三幢西式砖木结构洋楼。该楼寓意深刻，具有其作为海军将领身份的象征。中楼是仿造航空母舰的上层建筑，西楼为巡洋舰式，北楼为望远镜造型。中楼和西楼均已拆除，现还保留着北楼。主、配两幢楼房，共有房81间。是一处砖木结构的带地下室的欧式建筑。一楼为大厅、饭厅、书房和会客厅；二、三楼为生活起居室。整个大楼装潢讲究，富丽堂皇。

朱启钤旧居

朱启钤旧居建于1922年，位于马场道164号。建筑风格为哥特式，为二层砖木结

链接

朱启钤

朱启钤（1871—1964），贵州开阳县人。光绪朝举人。曾任京师大学堂译学馆监督，北京外城警察厅厅丞等职。民国成立后，曾任代理国务总理。1916年移居天津，1929年创办中国营造学社，是中国研究古代建筑文化遗产最早的学术团体。

朱启钤

构楼房，有地下室，红瓦坡顶，清水砖墙。建筑二层设有拱券式开放柱廊，立面形象十分醒目。

原英国乡谊俱乐部

原英国乡谊俱乐部位于马场道188号，为天津市特殊保护等级历史风貌建筑。现为天津干部俱乐部。该建筑建于1925年，为混合结构庭院式二层楼房，建筑立面呈对称形式，造型稳重，红砖饰面朴素大方。内部装饰精美实用，各项娱乐功能在当时天津首屈一指。周围园林景观幽美无比。

俱乐部包括剧场、舞厅、室内游泳池、乒乓球室、保龄球室、图书馆等多项游乐设施，是外国侨民和上流社会娱乐消遣的场所。如今俱乐部绝大部分已对外关闭，唯有大舞厅可以进入。

张绍曾旧居

张绍曾旧居位于马场道河北路口（河北路334号），建于20世纪20年代初，现为贵宾楼饭庄。建筑为一幢砖木结构的巴洛克风格的二层小楼，红瓦坡顶，混水墙面。外观规整华丽，线条流畅。建筑平面布局规整，处理简洁大方。楼门口的东边有两根贴墙的罗马柱。

链接

张绍曾

张绍曾（1880—1928），1879年生于河北大城县一个寒士家庭，1895年，考入天津武备学堂，毕业后保送日本陆军学堂炮科深造。归国后光绪皇帝诏令觐见。辛亥革命爆发时响应革命。1915年袁世凯复辟帝制，张绍曾与蔡锷组成反袁讨逆军。1923年1月任北洋政府第23届国务总理兼陆军总长，半年后下野。同年他隐居于此。在隐居期间，被张作霖派人暗杀，成为轰动津门的谋刺案。

睦南道 ⓦ

五大道中最幽静的一条道路

沿马场道自西向东走300米，向右拐便是睦南道。睦南道全长2080米。这里有数十幢风貌建筑、名人故居。如东陵大盗孙殿英旧居，张学良之弟张学铭旧居，末代皇帝溥仪旧居等。行走其中犹如回到了几十年前的年代。

许氏旧居

许氏旧居位于睦南道11号，为张作霖的三姨太许夫人购置的私人住宅，该楼东南两面均抵马场道，为一座三层砖木结构的英格兰庭院式楼房，外檐采用外露式人字屋架，屋顶为大坡度多层式，错落有致。楼内设客厅、书房、餐厅、卧室等，装修考究。

孙殿英旧居

孙殿英故居位于睦南道20号，现为长芦盐务局。该建筑为三层砖木结构楼房，红瓦坡顶，清水砖墙。建筑高大舒展、富丽堂皇、错落有致，拱券窗、矩形窗以及绞绳状双柱等诸多立面装饰均有体现，带有折中主义建筑特征。据说孙殿英在此将自己在东陵偷盗的文物销赃。

颜惠庆旧居

颜惠庆旧居位于睦南道24~26号，为三层砖混结构楼房，建筑立面呈对称布置，端正规整，具有古典主义建筑特征，该建筑也曾是伪满洲国驻津领事馆。现为投资有限公司。

林崧旧居

林崧旧居位于睦南道67号，是折中主义建筑风格的三层楼房，砖木结构，清水砖墙，四坡瓦顶，大屋檐。室内设施完善，拥有菲律宾木地板和楼梯，漂亮的欧式壁炉。房屋规整，环境幽静。主人林崧为中国著名的医学家。

金显宅旧居

金显宅旧居位于睦南道69号，是折中主义的二层楼房，砖木结构，清水砖墙，局部为三层。主人金显宅为朝鲜人，后加入中国国籍，是中国著名的肿瘤外科专家。

华蕴博物馆

华蕴博物馆位于睦南道和河北路交叉处，是天津市首家私人博物馆，专门展示中国古代石刻、木雕及瓷器等文化艺术。该馆陈列的展品囊括了从西周至清朝各个历史时期的青铜器、铜器、石刻、木雕等100多种2000余件文物。如清道光年间的“圣旨”，北齐及隋唐的佛教造像、从汉至清各历史时期的陶瓷器等。

天津盐业银行旧址

天津盐业银行旧址大楼建于1928年，由中国著名设计师沈理源设计，当时为盐业银行的总部大楼，目前为天津工商银行天津分行营业部。

纳森旧居

纳森旧居位于睦南道70号，建于1928年，砖木结构，占地面积4362平方米，局部三层西式楼房，红砖清水墙，人字屋架，大坡度筒瓦顶，高低错落，风格别致。内部装修豪华典雅，高级大理石地面，硬木装饰，内设

天津盐业银行旧址

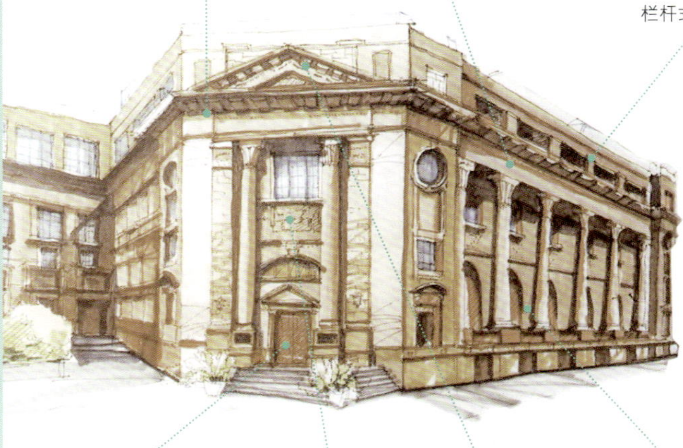

餐厅、舞厅、书房、客厅、卧室等。这是一座具有典型英国乡村别墅风格的私人花园住宅。主人纳森为英籍犹太人，青年时在英国军队中供职，后来华一直在开平煤矿、开滦矿务局工作。1928年以后任开滦矿务局副总经理、总经理。1935年奉调回国。

卞家旧居

卞家旧居位于睦南道79号，为砖木结构四层洋楼，具有典型的西班牙建筑风格。清水砖墙，顶部出檐，立面两侧前凸，各有一方形三层阳台。二层中部筑有一排半圆曲线形阳台，阳台正门两侧有绞绳式立柱，上部有欧式山花。整座楼房线条明快，庄重古朴，建筑现状良好。卞家是天津八大家之一，因创立了中国药业的老字号"隆顺榕"而闻名。

徐世章旧居

徐世章故居位于睦南道122号，为砖混结构三层摩登式建筑，天津大地震后削为二层。楼内设有书房、舞厅、客厅、餐厅等。楼房四周原有一庭院式花园，设有假山小亭，是一处环境幽雅的高级私人住宅。

链接

徐世章

徐世章(1886—1954)，天津人，是民国时期徐世昌的堂弟，著名的文物鉴赏家。也是天津房地产开发的先驱，他将所得的财富很多都投向了公益事业，在当时寓居天津的绅士中有较高威望。

徐世章

熊炳琦旧居

熊炳琦故居位于睦南道127号，是一座二层砖木结构的小洋楼，自成院落。前院种有花草树木，一楼有熊炳琦的书房、卧室、餐厅和厨房，其间还有一个可转动的窗户。二楼为卧室、卫生间等。

链接

熊炳琦

熊炳琦(1885—1959)，毕业于天津武备学堂炮兵科和参谋学堂。曾三度赴日本考察军事，深得大总统冯国璋的信任。1925年回天津经营兴中公司，后又投资于东亚毛呢厂，任董事长。1937年天津沦陷，拒绝给日本人任职。晚年信佛。

周叔弢旧居

周叔弢(tāo)故居位于睦南道129号，为一幢二层别墅式楼房，外观平易简洁，楼房和院落紧凑又舒展。一楼是客厅、饭厅，二楼是卧室和办公室。

链接

周叔弢

周叔弢(1891—1984)，中国著名的民族实业家、忠诚的爱国主义者和古籍文物收藏家。曾任天津华新纱厂经理，启新洋灰公司总经理，是中国民族工商业代表人物。

柯应夔旧居

柯应夔旧居位于睦南道139号，建于民国初年，建筑面积870平方米，砖木结构，红砖清水墙。主体二层，局部一层。层次丰富，环境幽雅，内部设施完善。柯应夔为中国著名医学家。

高树勋旧居

高树勋旧居位于睦南道141号，为砖混结构的二层别墅小楼，占地面积1275平方米，红砖墙，红瓦坡顶，左侧凸出一伞状塔楼，造型小巧别致，风格独特。

疙瘩楼

疙瘩楼是典型的意大利风格的洋楼，它的设计者为意大利建筑设计家保罗·鲍乃弟。

疙瘩楼上的疙瘩砖原为20世纪初天津西青龙潭某窑厂的产品，当时该窑厂烧砖时的火候过了头，烧制出了疙瘩砖并难以销售，但设计者保罗·鲍乃弟发现这种砖烧的时间长而且比耐火钢砖还坚硬，因此，他低价买下这些砖并砌筑成了“疙瘩楼”。

圆形的门楣之上设有圆拱半凹悬挑的曲尺形阳台并设有珍珠串式栏杆、窗边设有水纹花饰。

外立面为清水墙面，上面铺有琉璃砖并镶嵌着一些疙瘩砖，构成建筑主体的粗糙质感外观。

建筑为四层半砖木结构的八门联体洋楼，一层在半地下；二层为圆拱形正门所在，由高台阶通达；三层为阳台；四层为一排百叶窗，百叶窗上部设有绿色的遮阳棚。

链接

高树勋

高树勋（1898—1972），早年在冯玉祥部任职，后被国民党收编。1931年在国民党对红军进行第二次围剿时，愤然脱离反动军队，抗战胜利后，在国共内战中投诚共产党。

疙瘩楼

疙瘩楼建于1937年，位于当时的天津英租界的威灵顿道和香港道交口转角处，为天津历史风貌建筑。疙瘩楼最早曾是英国华俵公司的公寓，后为京剧表演艺术家马连良在天津的故居。现在为经营粤菜的粤唯鲜餐厅和华蕴博物馆。

大理道 ㊮

各式欧陆风格的单体洋楼

大理道东北到新华南路，西南到西康路，全长1745米，原名新加坡道。道路两旁的建筑修建于1929年，建筑风格属于各种不同的欧洲式样。这里曾居住过很多近代名人。

蔡成勋旧居

蔡成勋旧居位于大理道1号，是法国罗曼式的三层砖木结构建筑，旁边建有家庙，家庙是中国庙宇式平房建筑，古色古香。蔡成勋曾任北洋政府陆军总长、甘肃督军、江西督军等职。

张志潭旧居

张志潭旧居位于大理道4号，现为部队招待所使用。为三层平砖木结构欧式小洋楼。

链接

张志潭

张志潭（1884—1936），河北省丰润人。前清举人，曾任陆军部候补郎中。后在段祺瑞执政府内任交通总长。皖系军阀失败后，即辞职来到天津英租界这座欧式小洋楼内隐居。

卢弼旧居

卢弼旧居位于大理道36号，是坐落在两处小巷中的欧式楼房。三层砖木结构，四坡挂瓦顶，阳面有大阳台。木制门窗，房间较大，使用方便。院落宽敞，树荫浓密。主人卢弼是研究中国古文化的学者，著有《三国志精解》。

訾玉甫旧居

訾玉甫旧居位于大理道37号，现为天津市卫生局幼儿园。该楼为二层砖木结构西洋公馆式建筑，清水墙面，红色多坡瓦顶，正面顶层配以造型曲线优美的角楼式天窗，白色门窗，衬以白色水泥镶边，色调明快，正面入口处有石头台阶，四根白色方柱支撑一白色带装饰护栏的半圆形阳台，形成半封闭式门厅过廊。訾玉甫为知名的木器行经理。

张伯苓旧居

张伯苓旧居位于大理道78号，为现代建筑风格，淳朴厚重，线条简洁。建筑为二层（局部三层）的砖木结构楼房，坡层顶，带老虎窗。清水砖墙，腰檐及门窗套秀美。内部装修高级，房屋宽敞明亮，采光和通风效果好。后院很大，有花草绿地，形成庭院式的格局。

陈光远旧居

陈光远旧居位于大理道48号，现为机关幼儿园使用。建于1924年，为三层砖木结构楼房，平面布局不规则，立面高低错落，外墙用浅色混水墙面与深色琉缸砖搭配，简洁大方，颇具现代建筑风格。屋顶处为露台，设置琉璃瓦八角凉亭，使整个建筑呈现出中西合璧的特点。

链接

陈光远

陈光远（1873—1939），天津武清人，毕业于天津武备学堂。清末任北洋军统领，民国成立后，追随袁世凯、冯国璋，为北洋军阀直系骨干。后弃军职到天津经商。曾是五大道上最有钱的人。1939年病逝。

链接

张伯苓

张伯苓（1876—1951），原名寿春，字伯苓。南开大学的创始人和著名教育家。1876年4月5日出生于天津一个秀才家庭。早年入北洋水师学堂习驾驶，1897年毕业后服务于海军，不久离职回天津执教于家馆。1904年，张伯苓赴日考察教育，回国后将家馆改建为私立中学，定名敬业学堂。1907年，在天津城区南部的开洼地，即民间所称“南开”，建成新校舍，遂改称南开中学堂，从此声名渐著，现在的天津市南开区也由此得名。

1917年秋赴美国，入哥伦比亚大学研究教育，次年回国，着手筹办南开大学。1919年秋正式开学。1923年，创办南开女子中学。1928年创办实验小学。1937年以前，南开已形成了从小学、中学到大学的完整体系，他先后担任校长四十余年，培养出不少人才。

张伯苓

王占元旧居

王占元故居位于大理道60号，现为河北区税务局使用。建于1920年左右，占地面积4459平方米，建筑面积2256平方米，砖木结构，分主楼、次楼、前楼三部分。主楼为三层，外加阁楼，高坡顶，平面呈“Π”形。底层中间为五大开间，作接待室，二层是王占元卧室，三层中央为大厅。主楼前有花园，内建荷花池、假山等，富丽豪华。前楼三层，为仆人及警卫居用。主人王占元曾任湖北省督军兼省长、两湖巡阅使。

孙震方旧居

孙震方故居位于大理道66号，为砖木结构，局部三层，坡顶，外檐为白色水泥墙面，花岗岩台阶，配以造型各异的门窗，具有西班牙建筑风格。室内全为硬木装饰，院内原设有游泳池、草坪、藤萝架和欧式花坛，楼房四周种植各种花草树木，是一座欧式庭院式高级别墅。新中国成立后，该楼为和平宾馆，毛主席、周总理等国家领导人来津视察时均下榻于此。主人孙震方为民国时期通惠公司总经理。

常德道 ㊆

五大道中最短的一条街道

常德道全长1219米，在五大道中建筑名气较小，建筑风格也相对简朴，其间有几家档次不错的餐厅。常德道2号曾经是国民党政府财政部关务署长张福玉的故居。

曾延毅旧居

曾延毅旧居位于常德道1号，建于20世纪30年代。为罗马柱式的欧洲中世纪风格三层楼房，坐西朝东，正门有退台式圆台阶和扇形遮雨檐，整幢楼规整严谨，又不失活泼精巧。

曾延毅为保定军官学校第五期炮科毕业，曾在阎锡山部下任职。

范权旧居

范权旧居位于常德道24号，建于20世纪30年代，为二层英国庭院式砖木结构楼房，大筒瓦顶，木质门窗，室内装修精致，设施完善，院落宽阔，靠东侧临马路有一排牛舌瓦顶的平房，十分独特。范权为中国儿科医学奠基人之一。他发明的“范氏输液法”在国内得到广泛应用。

林修竹旧居

林修竹旧居位于常德道38号，现为和平区第四幼儿园使用。该建筑为三层砖木结构洋楼。楼下窗前有大平台，一进门的门厅，楼梯靠右为客厅，左为餐厅，正对着的一间为书斋，书斋名“澄怀阁”。二、三楼均为卧室，另设有书房。三楼顶为水泥平顶，是个大平台。洋楼带地下室，包括锅炉房、储藏室以及采暖用暖气。林修竹为中国著名的实业教育家。

过之翰旧居

过之翰旧居位于常德道51号，建于20世纪30年代，为砖木结构楼房。外檐通体水泥饰面，筒瓦坡顶，设有地下室。平面布局舒适合理，严整对称。建筑立面采用西方古典建筑三段式构图，比例协调，线脚丰富细腻，典雅而又温馨。过之翰为著名的抗日将领。

佟兆元旧居

佟兆元旧居位于常德道62~64号，为英式三层小楼，顶层前面呈坡形，在二层上面附带阁楼。首层是一个向前凸出的弧形，二层有阳台。建筑线条简洁、明快，楼外有一个院子。楼里装潢讲究，壁橱与地板用菲律宾木，卫生间铺设比利时高级地砖。

毕鸣岐旧居

毕鸣岐旧居位于常德道78号，占地916.67平方米，总建筑面积275平方米。建有琉缸砖大筒瓦尖顶西式平房13间，灰砖平顶房5间，设有卧室、会客厅、餐厅、厨房、卫生间、锅炉房、杂房等。室内装饰讲究，木地板、三槽窗，卫生和采暖设备俱全。毕鸣岐是著名的爱国实业家。

链接

佟兆元

佟兆元（1881—1948），辽宁抚顺人，清末举人。1907年毕业于奉天师范理科，民国年间曾任奉天省第一届省议会议长，曾创办奉天纺纱厂，任奉天交涉署署长。1931年为躲避日本人纠缠至天津落户。1948年因病去世。

佟兆元

重庆道 文

建筑样式最多的街道

重庆道上的小洋楼尽管不是最多的，但这条路上沿途百余座建筑却可称得上风格独揽，包容中西各类居住方式和理念。似乎散落于其他街道上的小洋楼样式在一条重庆道上都可以一一阅尽。从这方面说，重庆道也是五大道地区最包容、最丰富、最具胸怀的街道。

重庆道不但有多处公寓住宅，还有独栋别墅、花园庭院，更有唯一的一座王府。传统与现代、中方与西方的生活方式和居住理念在这里一一得以呈现。

英国联排式高级公寓

重庆道上的多处英国联排式高级公寓是路上的一大亮点，可细分为联排式、组团式、里弄式等。从东到西有山益里、剑桥大楼、鸿源里、津南里、世界里、兴富里、大兴屯、大兴新屯、民园大楼、生生里、育文坊、长乐里、协同里等。其中，有高档的剑桥大楼和民园大楼，中档的世界里、生生里等。

张作相故居

张作相故居位于重庆道4号，现为天津市房地产开发公司使用，建筑面积1620平方米。为二层结构带阁楼和半地下室，楼前原有花园。建筑立面呈白色，墙面凹凸多变，镶有西式雕花。楼两侧设有青石条阶进入正厅。底层六间，中央南侧为大客厅，内有雕饰精致的护墙板，厅前有大平台，其他房间作书房、接待室用。二层七间，为卧室、卫生间。阁楼为储藏室。地下室作锅炉房及仆人住用。主人张作相曾是张作霖的拜把兄弟。

张作相故居

孟恩远旧宅

孟恩远旧宅位于重庆道23号，始建于20世纪20年代，由英国建筑师设计，据说设计理念来源于英国首都伦敦泰晤士河上的双塔桥，此楼也因双塔而得名，号称“双塔楼”。

建筑是临街由外檐水泥墙面的围墙环绕的一处院落，院中为一座豪华典雅的西洋双塔式风格四层楼房，首层中央为宽阔石阶，大门首层、二层均做壁柱，两侧为尖顶塔楼，造型别致，外观雄伟。

链接

孟恩远

孟恩远（1858—1933），天津人，早年家贫，以卖鱼虾为生。由于生计艰难，后入淮军当兵。1895年，进入天津小站的“新建陆军”，官至北洋陆军第二十三镇统制。1916年7月任吉林督军、吉林巡抚。1919年，为奉系张作霖所迫去职，回天津做寓公。

罗尔夫·盖苓旧居

罗尔夫·盖苓旧居位于重庆道24号，建于1936年，建筑分前后两幢，为混合结构四层楼房，外檐为清水墙面，外檐各层间均用通长混凝土板作装饰兼窗台、雨棚，体现了现代建筑轻盈的结构美感。房间布局合理，暖卫设施齐全。具有典型的现代建筑特征。

链接

罗尔夫·盖苓

罗尔夫·盖苓（1884—1952），奥地利人，奥地利国家建筑鉴定议员，著名建筑设计师。曾在朱启钤统筹规划的北戴河建设中设计多处酒店、路桥等设施。在中国的30年间，他的设计作品遍布沈阳、大连、天津、青岛、南京、上海，其中尤其以天津最多，竟有250余座。香港大楼、剑桥大楼、民园大楼等公寓式建筑以及吴颂平旧居、章瑞庭旧居等均出自盖苓之手。

李爱锐旧居

李爱锐旧居位于重庆道38号，建于20世纪20年代，为英式现代风格的建筑。砖木结构，墙体为琉缸砖，部分沙石为鹅卵石，墙面新颖别致。阳台墙为砖砌，上部方透视孔有精巧的铁艺。室内设施齐全，装修高级。李爱锐于1902年生在天津，父母均为苏格兰人。1924年在第八届巴黎奥运会上摘取了400米跑的金牌，并打破世界纪录。1925年回到天津，在新学中学任教近20年。1945年在日本人的集中营里因患脑瘤去世。他的传奇人生被拍成了电影《烈火战车》，影片讲述了他的前半生，并一举获得奥斯卡金像奖。

金梁旧居

金梁旧居位于重庆道52号，建于20世纪20年代，是砖木结构的连体楼房，呈座椅形，坐北朝南，朴实无华。外跨水泥楼梯直上二楼，拱形门厦。一楼为平窨子，楼内房间宽敞，设施完善，住用方便。金梁为晚清进士，民国时代任北洋政府农商部次长。九一八事变后来津，与清朝遗老组织“俦社”等各类团体。新中国成立后迁居北京，在国家文物部门任顾问等职。

杨济时旧居

杨济时旧居位于重庆道116号，现今是天津市华夏未来第二幼儿园。小楼为砖木结构，呈前后两排对称分置，红瓦坡顶、清水砖墙，内部的地板、楼梯与门窗均为木质。楼前有高台阶，小院两侧还有几间放杂物的平房。杨济时为中国著名的医学家。

民园大楼

民园大楼位于重庆道与长沙路交口，建于1937年，由奥地利建筑师盖苓设计，因邻近民园体育场故命名。该建筑为四层混合结构平屋顶公寓建筑，建筑形象简约大方，比例协调，富有变化。

民园大楼有四个入口，人们习惯称为“甲楼”“乙楼”“丙楼”和“丁楼”。很多名家都曾住在这里，其中包括当时天津市工商联主委何宗谦、著名中医蒋伯鸾教授、慈禧太后的后裔张家、著名实业家王光英、名医顾学勤等。袁世凯的第六子袁心武，晚年也住在民园大楼。

龚心湛故居

龚心湛故居位于重庆道64号，为西式三层砖木结构，建筑面积936平方米，清水墙，平顶带护栏，有地下室。首层中央为高阶出檐门厅，门厅上方筑护栏式阳台。门窗作假柱，庄重典雅，自成院落。

链接

龚心湛

龚心湛（1871—1943），安徽合肥人，金陵同文馆毕业后驻英、日、美、法、比等国使馆随员多年，回国后又在广东、云南为官。1919年秋在财政总长任上代理国务总理三个月。后致力于兴办实业，任启新洋灰公司总经理、董事长。1926年去职移居天津，任中国实业银行董事长等。1943年12月在天津病逝。

龚心湛

孙桐萱故居

孙桐萱故居位于重庆道68号，现为办公用房。该楼建于1931年，建筑面积733平方米，为独具特色的三层砖混结构楼房，现代风格，平面呈不规则结构，右侧为半圆形，门窗均有雨厦。内部装修豪华，居住舒适。院落宽阔，遍植花草。

金邦平旧居

金邦平旧居位于重庆道114号，为仿德庭院式楼房，砖木结构，主体二层，局部三层。二层中部作梯形阳台，顶部为多坡顶，房顶左侧为陡峭的牛舌瓦顶，右侧为稍缓的大筒瓦顶，有老虎窗。金邦平在津期间曾任启新洋灰公司经理。

金邦平旧居

成都道

五大道中除了上面的说法之外，还有一种说法指的是马场道、睦南道、大理道、重庆道和成都道。其中成都道与五大道中其他四大道相比，既没有马场道的气派，也没有睦南道的神秘，既没有重庆道的典雅，也没有大理道的幽深，但成都道却有不张扬的高贵。

成都道上的建筑大多独立成幢，每幢都有或大或小的院落，但墙低门矮院窄，站在路边可一目了然楼内精致的楼梯与围栏，可尽览院落中的花架与长椅。

● 陶湘旧居

位于成都道14号，为三层砖木结构小楼，清水墙，具有现代风格。陶湘是天津近代藏书家之一。晚年专于印刻图书，在出版界享有盛誉。

● 金邦正旧居

位于成都道28号，建造于20世纪40年代的西式平房，砖木结构，清水墙面，装修精致。金邦正为著名教育家、林业学者和北洋政府官员。

● 张自忠旧居

位于成都道60号，建筑总面积1400余平方米。主楼三层，后楼二层，共16间，院内另有平房14间。主楼一楼有会议室，二楼设两座平台，三楼有屋顶平台；后楼一楼为餐厅，二楼为书房。进大门右侧平房也设有会议室，左侧平房为仆人住房及门房。该楼现被列为天津市尚未公布为文物保护单位的不可移动文物。

● 谷良民旧居

位于成都道77号，它正对着成都道和芷江路的交口，门口挂着天津市民族事务委员会和天津市人民政府宗教事务局的牌子，是成都道上一处颇有意义的地方。该建筑为西式风格楼房，主体三层，顶层缩进，外墙面饰以白色，风格别致。谷良民是抗日战争中的著名将领。

● 袁克文旧居

位于成都道93号，为三层砖木结构的英式里弄式房屋，造型一般。是袁克文在后来生活比较拮据时曾经居住过的地方。

袁克文是民国总统袁世凯的次子。生于朝鲜汉城（今韩国首尔），生母是朝鲜王妃之妹金氏。袁克文熟读四书五经，精通书法、绘画，喜好诗词歌赋，还极喜收藏书画、古玩等。后因反对袁世凯称帝，生活放荡不羁，触怒其父，逃往上海，加入青帮，并在上海、天津等地开香堂广收门徒。1931年，袁克文病逝于天津。

● 朱宪彝故居

位于成都道100号，建于1934年，这是一所普通的三层联排里弄式楼房，建筑面积254平方米，占地114平方米，全楼有房屋16间，房屋偏东南朝向，机砖墙身，水泥屋顶，木质地板，三槽窗户，有暖气卫生设备，有前后小院。房间虽不豪华，但布局紧凑合理，宽敞明亮，居住舒适。朱宪彝为著名医学家。

● 张叔诚旧居

位于成都道118号，此建筑落成于1936年，原为二层小洋楼（"文革"中加盖一层，变为三层）并有后楼，该楼装饰讲究，二楼有阳台，门窗地板均为菲律宾木。楼内许多房间用于收藏文物。楼周围庭院很大，包括现在人民体育馆那块地，原先是一座花园宅邸。张叔诚为著名文物收藏家。

● 乐达仁旧居

位于成都道131号，旧居建于1938年，由天津近代著名建筑设计师雍惠民设计。乐达仁为北京同仁堂乐氏家族第十二代子孙，天津达仁堂创始人。

□ 庆王府

庆王府位于重庆道55号，现为天津市人民政府外事办公室的办公地，是一所中西合璧的三层楼房，为第三代庆亲王奕劻的长子载振所有。楼房及附属平房共94间，占地4385平方米，总建筑面积5085平方米。1924年，冯玉祥发动"北京政变"，推翻直系军阀曹锟、吴

庆王府一隅

佩孚，把末代皇帝溥仪逐出北京紫禁城，溥仪迁居天津的次年，第四代庆亲王载振偕全家也离开北京来到天津。他买下了清末太监小德张在重庆道55号的楼房作为自己的王府。

天津小洋楼

小洋楼是近代天津城市特色和城市形象的代表，也可引申为近代天津的代名词。徜徉于天津的大街小巷，随时都会有一处处老式建筑出现在你面前，那幢幢风格迥异、几易其主的小洋楼，很容易使我们回忆起这座城市的历史。

● 小洋楼的兴起

19世纪60年代天津被迫开放成为对外通商口岸后，英、法、德、日等九国相继在天津开辟租界，一批新颖别致的西洋建筑先后建造起来。早期的建筑多为领事馆、教堂、银行等，其规模都比较大，也就是大洋楼。受这些大洋楼建筑风格影响，连住户也纷纷建起二至四层的具有西洋味道的花园式别墅，于是小洋楼便在天津“独领风骚”了。

● 小洋楼的种类

天津小洋楼大体可分三类：办公类洋楼——集中在被称为“东方华尔街”的解放路两侧，多为各国开设的行政、金融、贸易、通信机构；商业类洋楼——集中在被称为“东方小巴黎”的原法租界劝业场和小白楼地区，商厦林立，巍峨壮观；住宅类洋楼——集中在原英租界五大道和原意租界一带。每当夜幕降临，充满异国情调的幢幢别墅，在昏灯朗月映照下，隐约闪现着岁月风霜和时代沧桑，引发游客的无穷遐想。

在天津的小洋楼中，各式建筑的风格迥然有别。罗马式建筑的特色是采用券柱，增加构图的曲线；俄罗斯式建筑则以浑圆饱满、富于生气的葱头穹顶见长；而变化多端的巴洛克建筑，则运用了夸张变形的手法，表现建筑形体的凹凸起伏；意大利文艺复兴风格的建筑，是以科林斯柱式构成。各种风格的小洋楼争奇斗艳，难怪天津又被称为“世界建筑博物馆”。

重庆道风情

● 小洋楼的分布

天津的小洋楼，主要集中在五大道上，其他区域也零星分布着一些小洋楼，五大道的洋楼前面已经有列举，此处列举部分其他区域的名洋楼。

名称	地点	年代	备注
沈湘旧居	河北路86号	民国初年	中国著名的男高音歌唱家沈湘的旧居，主体为三层的砖木混合结构
顾维钧旧居	河北路267号	1921年	西洋古典式砖混结构三层楼房，红缸砖墙面，木楼板楼梯，楼门前一对巴洛克式麻花柱
开滦矿务局大楼	泰安道5号	1919—1921年	希腊古典复兴式，三层混合结构，外檐立面一、二层用高10米的14根爱奥尼克式巨柱支撑的空廊，主房间内设有木制古典壁柱，并装有古典式壁炉
法国公议大楼	承德道22号	1929—1931年	法国古典复兴式建筑风格，建筑主体突出，左右两翼对称，整个建筑造型稳重，装饰华贵。1945年，在这座楼前曾举行过驻津日军投降仪式
利华大楼	解放北路114号	1936—1938年	天津最早具有现代化功能和技术的高层建筑之一，主楼十层，平面呈“凸”字形，与东、西配楼围成方形庭院。整个建筑虚实对比，方圆结合，室内装修考究
段祺瑞旧居	鞍山道38号	1920年	三层欧式古典风格建筑，砖木结构楼房，柱式外廊，多坡屋顶。原在顶部有一八角凉亭，地震后被拆除，是当年日租界最为豪华的私人公馆式住宅
曹汝霖旧居	贵州路86号	1927年	四层砖木结构的英式不规则大坡顶别墅式楼房，大开间、大进深，室内设施完善，装修考究。外檐为棕灰色水泥混水墙，挂瓦顶，高低错落，造型别致
曹禺旧居	民主道23～25号	民国初年	为两幢意式风格的小楼，前楼砂浆罩面墙身，大筒瓦顶，后楼为中西合璧的建筑。童年时代的曹禺曾居住于此，后修整为曹禺故居纪念馆
曹锐旧居	民主道27～29号	民国初年	曹锐系曹锟之四弟，清朝监生。1924年冯玉祥发动“北京政变”，曹锐与其兄共同被囚于北京延庆楼，吞鸦片自杀。旧居为二层砖木结构，部分三层，高坡顶，为意大利建筑风格
陈亦侯旧居	西安道93号	1933年	由著名设计师沈理源设计，楼房带地下室，前后三个院子，前院配有汽车房、台球房等，中院为花园，后院用于晾晒衣服等。现为天津市胸科医院办公用房

重庆道民园广场

景点推荐

海河风景线

天津地处九河下梢，河道纵横交错，素有“北方水都”之称。72千米长的海河，逶迤穿城而过注入渤海，形成了独特的水路风光游览线。海河风景线始于三岔口，止于大光明桥，横穿繁华的天津市区。它宛如一幅长长的风景画卷，把天津装扮得楚楚动人。它的美丽，表现在令人流连忘返的海河公园、闻名于国内外的望海楼教堂、地中海建筑群的意式风情区……

玩家攻略

市区海河游：海河风景是天津最著名和最经典的一条旅游观光带，坐在海河上乘船游览更有一番风味。

包船：游程远近可以和船主商量，可以看到很多美丽的河滨风光，但价格也较昂贵。电话：58789911、58789955。

游船类型	游船名称	客位	价格
豪华游船	海河观光一号	48	9000元/小时
	海河观光二号	98	9000元/小时
	观光三号	81	8000元/小时
	观光五号（商务船）	10+10	4500元/小时
	津龙号	80	7000元/小时
	津祥号	60	5500元/小时
	观光四号	56	5500元/小时
	观光六号	54+12	6000元/小时
普通游船	银箭号	50	4000元/小时
	九河号	32	2400元/小时
	银河号、郑和号	30	2400元/小时
	观光七号、观光八号	24	1900元/小时
	津河号、卫津号	20	1600元/小时

日游：从天津之眼——永乐桥摩天轮开始，到解放桥结束，整个行程需要50分钟。

乘船码头位于古文化街码头、天津站码头或大悲院码头，票价80元/人。航班表如下：

月份	古文化街码头	天津站码头	大悲院码头
淡季3月、4月、11月	9:00、10:30、13:30、15:00、16:30	19:30	20:00
旺季5月~10月	19:30 20:30	20:30 19:30	19:30 20:30

夜游：从天津之眼——永乐桥摩天轮开始，到解放桥结束，整个行程需要50分钟。

乘船码头位于古文化街码头、天津站码头或

大悲院码头，票价100元/人。航班表如下：

月份	古文化街码头	天津站码头	大悲院码头
淡季4月15日～6月30日、11月	19:30	19:30	20:00
旺季7月～10月	19:30 20:30	20:30 19:30	19:30 20:30

海河一日游：是从海河上游乘船一直游览至海河入海口处，具体路线是解放桥码头乘船—二道闸—乘车参观潮音寺/大沽炮台/大沽船坞纪念馆—（救助站码头）乘船出海观天津港全貌—外滩公园—乘车返回解放桥码头。

乘船码头：解放桥海河游览码头（天津站对岸，解放桥与大沽桥之间）（解放桥下游和平区一侧）。

海河—杨柳青一日游：解放桥码头—子牙河—乘车前往石家大院—杨柳青年画作坊—中华石园/大柳滩采摘。

乘船码头：解放桥海河游览码头（天津站对岸，解放桥与大沽桥之间）（解放桥上游和平区一侧）。

永乐桥摩天轮 AAAA

梦幻美丽的桥上摩天轮

天津市海河源头三岔河口，毗邻鼓楼商贸文化区、大胡同商贸区 9:30～21:30 50元

永乐桥横跨子牙河，连接河北区五马路和红桥区三条石横街，全长330米，跨度100米。永乐桥分为两层，上层为机动车专用道路，下层为人行道桥，利用三条直线通道将桥面整体分为六个明快的区域，从北侧开始依次为：亲水散步区、店铺区、主路、观览车出入口、观光餐厅区、观光亲水区。

永乐桥最为引人瞩目的设计，还是耸立在桥上的巨大摩天轮，被称为“天津之眼”。摩天轮直径110米，设有48个360度透明座舱，可供384人同时乘坐。座舱旋转到最高点时，相当于35层楼的高度，游人能看到方圆40千米以内的景致。

天津之眼

摩天轮旋转一周所需时间为28分钟，有时会受到乘客人数、天气变化的影响，保持在20～40分钟。

天津之眼是世界上唯一一座建在桥上的摩天轮，兼具观光和交通作用。

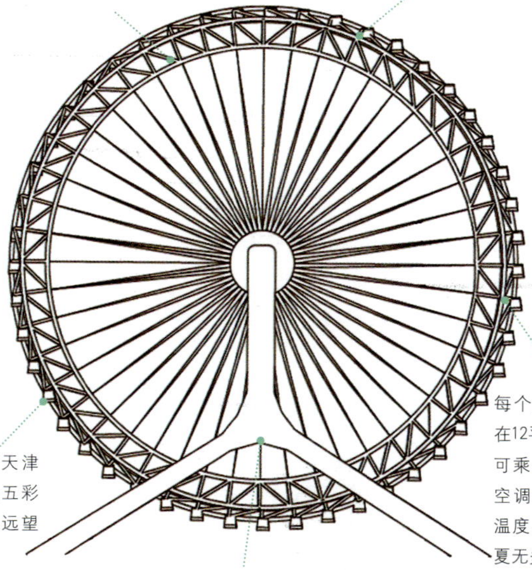

每到夜晚时，“天津之眼”会散发出五彩变化的亮光，远远望去，十分美丽。

每个座舱的面积在12平方米左右，可乘坐8人。内有空调和风扇调节温度，冬无寒冷，夏无炎热。

摩天轮的建造技术很高，其转动轴为德国制造的，目前，摩天轮已经通过了抗压、抗渗、抗折、抗冻等强度试验。

三条石博物馆

展示民族铸铁机器制造业发展史

天津市红桥区小马路16号 10元
27270970 市区乘坐516路公交到泰达城站下，或乘852路公交到振兴楼站下

三条石博物馆是以三条石地区民族铸铁机器制造业发展史为基本陈列内容的地方专业性博物馆。是在福聚兴机器厂的基础上建立的，博物馆共占地2000多平方米，馆内收藏了大量文物，其中还有一部分是博物馆在民间收集的。其中福聚兴机器厂旧址被包括在内，建筑格局分为前柜房、后柜房、锻工棚、机加工车间等。

博物馆馆藏文物、资料丰富，计5900多件。其中1959年9月周恩来题“三条石历史博物馆”馆名手迹和原“金聚成”厂自光绪年间到解放初期的全部账册等非常珍贵。

玩家 解说

博物馆所在的三条石地区指的是南北运河以及河北大街构成的三角地带，占地面积730余亩。这里水陆交通便利，是天津早期商贸繁华之地。1860年前就出现了为船家、商客服务的打铁匠人，之后，第一家手工作坊——秦记铁铺在此“定居”，成了最早的铸铁手工作坊。

玩家 攻略

博物馆毗邻三条石大街，周边有很多餐馆可以用餐。推荐津北小吃（永乐桥旁边）、宝来餐馆（三条石大街25号）、博物馆餐厅（三条石博物馆内）。

三条石博物馆

1915年至1930年，三条石地区铸铁、机器业迅速发展，到鼎盛期已明显分为两业——铸铁业和机器业。不少铁厂为了扩大规模，争相在天津和外地开设分号。到1937年前，三条石“两业”工厂达300家左右，成为当时有名的“铁厂街”。

大悲禅院 AAAA

中国唯一的十方丛林寺院

天津市河北区天纬路中段东北侧 5元（含3支香） 市区乘坐34、632、849、954路等公交可达 9:00~16:30，周一闭馆 26261769

大悲禅院因供奉大慈大悲观世音菩萨而得名，是天津现存规模最大、历史最为悠久的佛门十方丛林寺院。寺始建于明末清初，曾供奉过唐代名僧玄奘法师的灵骨，禅院分东、西两部，西院为清代旧庙，为今天天津市佛教协会会址，由文物殿、方丈殿组成；东院是禅院的主体，包括念佛堂、大雄宝殿、大悲殿、玄奘法师念经堂、弘一法师纪念堂等。

玩家 攻略

法会：每年农历的正月初一、正月十五禅院举办盛大的法会祈求身心康泰，三障消除，昼夜吉祥；每年农历四月十五为佛教吉祥日，大悲禅院都按时举办吉祥道场，祈祷世界和平。

购物：大悲院门前数百米之内，是一个繁华的宗教文化市场。街道两旁售货摊位云集，宗教文化商品琳琅满目。可以购买自己需要的宗教纪念品。

链接

大悲禅院院藏文物

寺内藏有铜、木、石、玉雕佛像和泥塑佛像以及龙、狮、虎、豹、鸾凤等飞禽鸟兽雕像及车、棺、碑等雕塑数百余件，大多都是魏晋以来的文物，极具赏鉴考古价值。

大雄宝殿

大雄宝殿内供奉缅甸玉佛三尊，每尊通高五米，重达三十吨，为北方玉佛之最。东西配像为护法二十诸天圣像，倒座正中为

千手千眼观世音像，两侧塑“六圣”观音法像，凸显大悲禅院为观音道场。大殿外墙刷红色涂料，台基周围环绕汉白玉栏杆，一眼望去，红墙黄瓦，玉阶丹楹，金碧辉煌，蔚为壮观。

大悲殿

大雄宝殿后面是大悲殿。殿内供奉泥塑千手观音像，高3.6米，表层贴金，神态庄严，姿容动人。殿内三面墙壁绘有反映释迦牟尼一生事迹的壁画。

地藏殿

大悲殿西侧是地藏殿，正中供奉的是地藏菩萨，右侧供奉禅院圆寂的历代住持和尚及十方僧众觉灵等众莲位，左侧是一些居士信徒众莲位。大悲殿东侧是讲经堂，内供观世音菩萨、南天消灾延寿药师佛、南海观音石刻像。

弘一大师纪念堂

弘一大师纪念堂建于1956年，纪念堂门前有横匾，上书龚望居士用鸡毫所写的汉隶“弘一法师纪念堂”。室内正面悬弘一法师油画像，这是临摹徐悲鸿1940年在新加坡为大师敬作的油画肖像。像两侧有影印联：“发心求正觉，忘己济群生”，两端是影印法师手书《阿弥陀经》前后段，像前设案，案上供奉弘一法师盘膝端坐的铜像，高约一米，神情安逸，满面慈祥。

玄奘法师纪念堂

玄奘法师纪念堂位于大悲殿右侧，与左侧的弘一法师纪念堂正好对称，是为供奉唐代高僧玄奘大师的顶骨而设置的专室。纪念堂庄严大方，清雅肃穆。进门迎面供奉着高约2米的玄奘法师绣像，绣像前面供桌上的高约1.2米的莲座金色塔，象征以往供奉玄奘灵骨的史实和因缘。堂内还展示着“玄奘法师生平”“玄奘法师西行求法路线图”“玄奘法师译经年代表”以及关于玄奘顶骨等文字说明资料。同时陈列由玄奘主译的部分经论与典籍，珍存许多有关玄奘生平事略及其墓塔、灵骨等真实照片。

引滦入津纪念碑

彰显改天换地精神的纪念碑

天津市区子牙河、南运河与海河交汇处的三岔河口岸

市区乘坐653、849、954路等公交可达

纪念碑为纪念“引滦入津”的水利工程而修建，碑高26.4米。碑座上耸立着用汉白玉雕刻的妇女形象。妇女面带慈容，怀抱婴儿，左手伸掌托天，面向海河，注视水面，似乎在凝思着海河的今昔。碑上刻着邓小平1986年8月20日亲笔题写的“引滦入津工程纪念碑”九个大字。在碑的背后，离碑座十多步远的半圆形水泥围墙上，嵌有碑文，记载着共产党对天津人民的关怀和引滦入津建设者的丰功伟绩。

玩家 解说

引滦入津工程是为解决天津市民饮水的问题，将滦河水调入天津市的工程。滦河发源于内蒙古和河北北部。上游水源水质好，水量大而稳定可靠，在河北迁西县境内又有滦河潘家口水库和大黑汀水库，即使在旱年也可以保证天津城市目前的用水量。在当时天津市政府组织实施下，几十万建设大军于1982年5月11日正式动工，兴建引滦入津工程。

引滦入津输水渠道从大黑汀水库引水，穿燕山余脉，使滦水西流，循黎河入于桥水库，经州河、蓟运河，转输明渠，注尔王庄水库，引入市区，全长共234千米，筑有隧洞、泵站、水库、水厂、暗涵、明渠、管道、倒虹、桥闸、电站等工程215项。这样浩大的工程只用了一年零四个月就完成了。

引滦入津纪念碑

金钢公园

天津八大特色公园之一

天津市河北区中山路286号 26353959

市区乘坐849、954、653、观光2路等公交可达

金钢公园原为慈禧在天津阅兵的行宫，1937年7月被侵华日军炸成废墟。新中国成立后改建，院内有仿古建筑和金钢桥微塑模型。2009年景区实行了重新改造，改造后的金钢公园采用了园林植物与假山、水体景石巧妙搭配的手法，充分体现了现代简约、大气稳重的中式山水园林风格。

玩家 攻略

美食：公园周边餐厅很多，如维多利亚自助餐厅（河北区中山路66号维多利亚国际大酒店1楼，26298888）、津菜典藏（河北区天纬路22号底商，26223333）、康美乐餐厅（河北区三马路11号）、天康餐厅（河北区三马路25号）。

住宿：公园附近有一些酒店，比较有名的有天津海河假日酒店（河北区海河东路凤凰广场A区，26278888）、天津假日饭店（中山路288号，26288888）、天津万笑酒店（河北区中山路288号，26288888—8140）。

海河亲水平台

海河岸边的景观带

天津市区海河沿岸

市区乘坐324、632、633路等公交可达

海河亲水平台指的是海河岸边的水泥路面，是整个海河风景线的重要组成部分。亲水平台大部分都用水泥板铺设，上面一尘不染，并设有多个座椅供来海河游玩的人休息。水泥板旁边用护栏相隔，可以趴在护栏上近距离观赏海河的荡漾绿波。

每年逢一些节庆日，如春节、元宵节、五一、国庆节等，亲水平台上将布置色彩缤纷的鲜花，营造出浓郁的节日气氛，也把美丽的海河装扮得更加迷人。

望海楼教堂 ㊫

天津最著名的教堂

✉ 天津市河北区狮子林大街西端北侧

🚌 市区乘坐15、461、633路等公交可达

天津市现在有许多著名的天主教堂，望海楼天主教堂就是其中之一。该教堂是1869年6月法国天主教徒修建的，是一座规模较大的建筑物，也叫“天主教大会堂”或“圣母得胜堂”。

教堂是典型的哥特式建筑，为砖木结构，高10米，长30米，宽10米，平面呈长方形。除塔楼外大部分建筑为二层，青砖墙面，尖拱式门窗，入口两侧设有扶壁，内部有三道通廊，中廊稍高，侧廊次之，另有平顶的塔楼。后来又在礼拜堂四角设立了小角楼。望海楼教堂还是天津近代史上的标志性建筑，1870年，它首次被烧毁，民间称为“火烧望海楼”，史称“天津教案”（详见“解读天津”部分）。

玩家 攻略

摄影： 教堂历史悠久，其建筑艺术也值得称赞。绝对是拍摄建筑的最佳场所。塔楼顶部镶有的8个兽头、远观教堂的宏伟景象、教堂内部的拱顶都是很好的拍摄对象。

望海楼教堂

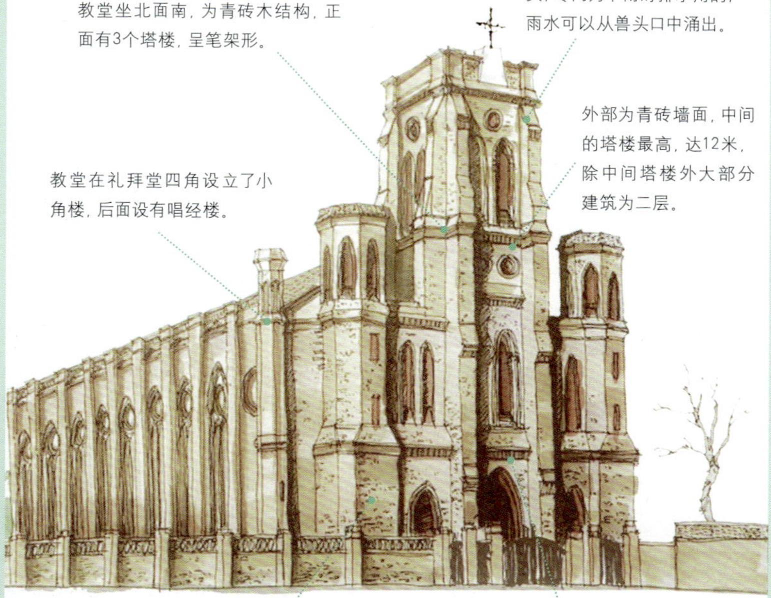

链接

李叔同

李叔同（1880—1942），原籍浙江平湖，生于天津，是中国近代史上颇有影响力的人物。集诗、词、书画、篆刻、音乐、戏剧、文学、佛文化于一身，在多个领域，开中华灿烂文化艺术之先河。李叔同生于乱世，目睹内忧外患，国事日非，终于心灰意冷，于39岁皈依佛门，法号弘一，世称弘一大师。

李叔同故居

李叔同故居

近代著名大师李叔同的诞生之地

天津市河北区海河东路与滨海路交口西侧

免费

市区乘坐324、15、461路等公交可达

纪念馆占地面积4000余平方米，包括1600平方米的故居和2400平方米的苏州式园林。为最大限度地保留老宅原有气质，景区将从原故居拆下的几千块具有100多年历史的青砖、青瓦完好保存，用在新故居的修建当中，再配上红色的木门及影壁、碑林等，真实还原了历史原貌。故居周围的园林风景幽美，很有一些江南水乡的婉约风格。

津湾广场

融现代风格与欧式风貌于一体的商业区

天津市和平区解放桥附近

市区乘坐地铁3号线至津湾广场站即可

津湾广场东侧和北侧有海河环绕、西临历史底蕴浓厚的解放北路金融街，它是天津金融城的标志性区域和富有高雅时尚文化气息的国际化商业聚集区。由5座地上商业建筑及地下商业街构成，并设有开放式广场与亲水平台，汇集了剧场影院、高端美食、时尚购物等休闲娱乐场所。

广场具体分为精致休闲、商务休闲美食等五大空间。精致休闲空间以高端消费展示中心、商务休闲美食为主；都市活力空间以高端商务美食、商务俱乐部为主；魅力视听空间以主演大型歌舞剧的津湾时代剧场为主；时尚娱乐空间以高端酒吧、咖啡厅、高档西餐厅、休闲KTV为主；欢乐时光空间以影院、时尚购物、美食娱乐为主。

玩家攻略

摄影：津湾广场每到晚间就会灯火辉煌，节日期间会燃放焰火，它们和新建的建筑群构成了最佳的摄影对象。

美食：广场作为商业区，汇聚了很多的美食店。比如上海小南国、易宴、花漾年滑、贤福汇、

津湾广场

金湾晶港港式酒楼、大道场日式中华料理等。

娱乐：广场有很多种时尚新颖的娱乐方式，有电影院、KTV和游乐游艺等。推荐中影国际影城（津湾广场6号楼3楼）、津湾大剧院（津湾广场4号楼）、世纪动感地带游艺城津湾广场店（津湾广场D座5号楼2楼）等处。

购物：广场购物也很方便，有珠宝首饰和大型超市。推荐金匙邮票（津湾广场2号楼底商，23219188）、金禾湾超市（津湾广场5号楼1楼）、宝成华藏（津湾广场3号楼）。

奥式风情音乐公园

国内第一座关于音乐的公园

天津市河北区北安桥头

市区乘坐5、191、324、651路等公交可达

奥式风情音乐公园总面积4700平方米，该公园外形酷似小提琴，公园内雕塑喷泉和欧式园亭形成一条中轴线，园亭柱梁是汉白玉装饰，园顶用铜瓦镀金制成，显示出园亭景致的华美。一座三层高、直径14米的喷水池构成了公园的中心建筑。水池中心用花岗岩雕刻成西方古典托盘式三层叠水雕塑。顶部有一座手托罐子的女神铜像，第二层由四个威猛无比的狮头相围，底层有四个形态各异的小天使和小动物在游玩戏水。

奥式风情音乐公园的四周安放着五位音乐大师的铸铜雕塑，从左至右依次是贝多芬、李斯特、海顿、巴赫、约翰·施特劳斯。音响设备就安装在这五座音乐家雕塑的底座下面，漫步公园可听到悠扬的乐曲声。

公园引人入胜的还有三块如地毯般漂亮的绿地，分别建在公园的“头顶”和两侧，面积达3000多平方米。这些绿地种有黄色的金叶女贞、红色的紫叶小檗和绿色的薯块三种植物，这三种颜色组合在一起就好像地毯图案的模纹。围起绿地的路面和台阶由金心麻、芝麻白、印度红、川白玉和中国黑五种色彩搭配而成，与模纹绿地形成鲜明的层次感。三块绿地的圆弧恰好围在雕塑喷泉周边。

解放桥

天津市区最大的一座开启桥梁

天津市河北区海河观光带

市区乘坐660路公交可达

解放桥原名万国桥，是一座全钢结构可开启的桥梁，建于1927年。它不仅是天津的标志性建筑物之一，也是连接河北、河东、和平三区，沟通天津站地区的枢纽桥梁。

桥身分为三孔，中孔为开户跨。开户跨为双叶立转式，在桁架下弦近引桥部分背贴一固定轨道，开桥时活叶桁架沿轨道移动开启，以便让开更大的通航净空。合则走车，开则过船，“万国桥下过大船”，曾是海河一景。

世纪钟广场

天津市区最为独特的广场之一

天津市和平东区海河东路

市区乘坐5、8、13路等公交可达

世纪钟广场因世纪钟而得名，广场面积广阔，周围广泛种植有各种花卉，每到春暖花开时广场上到处飘洒着各种清香。这座世纪钟为全金属材料，高近40米、重约170吨，分钟盘、摆架和基座三部分。石英钟盘面积154平方米，在直径约8米的内环上，盘芯和指针采取花挡镂空制作，直径约14米的外环与内环间镶嵌12个直径2.6米的青铜浮雕，图案为12星座。摆杆全高34米，总重约10吨，上顶太阳，下挂月亮。太阳的光芒和月亮的光环都在以每分钟3转的速度匀速旋转，速

解放桥

海河上的桥梁

海河上的桥梁变化很大，有的拆除了，有的改建了，有的新建通车了。海河一天比一天漂亮了。以下由上游至下游介绍海河风景区部分桥梁。

● 永乐桥（慈海桥）

详见本书“海河风景线——永乐桥摩天轮”。

● 金钢桥（彩虹桥）

原是一座始建于1924年的开启式铁桥，现桥于1996年年底建成。

● 狮子林桥

初建于1954年，重建于1974年，是中国公路桥梁建设史上最早采用预应力混凝土悬臂技术的一座桥梁。

● 金汤桥

建成于1906年，是海河桥梁中最年长者，也是全国唯一的平转式开启桥，是象征天津解放的标志性建筑。

● 进步桥

采用独特的“飞鱼”形状，双向六车道，2008年通车。

● 北安桥

这里原是一座木桥，现桥建成于1973年，2004年整体抬升1.7米，加宽9米，成为天津最宽的桥梁。

● 大沽桥

2005年通车，设计构思为“日月拱”。2006年获世界著名桥梁大奖——尤金·菲戈大奖。

● 赤峰桥

2009年通车，双向六车道，两侧设有非机动车道及人行道。

● 金汇桥（保定桥）

2006年通车，该桥最引人注目的是西岸桥头的“风帆”形主塔，高50米，向西倾斜75度，塔形简约。

● 大光明桥

1983年通车，因邻近大光明影院，故名大光明桥。2009年整修改造后恢复通车。

度可调。在双面大钟背后，设有一座30平方米的总控制室。大钟的动力源及全部运行设备安置其内。10万年的走时误差仅为1秒。

表盘的侧面为一个巨大的钟摆，摆架为S形，取材于太极分割线形状，寓意阴阳交替，互始互终。厚重的锻铜底座上布满大小齿轮与链条和巨大的螺丝，铆钉与古老的解放桥互相映衬，象征着中国近代工业从这里开始。这座世纪钟是目前资料可查的直径、重量最大的艺术钟。

世纪钟

在世纪钟的周围竖立了8个星空回转灯（分别发出红、黄、绿、蓝的颜色）、3圈射灯（白色灯光）、16杆水晶灯（每杆水晶灯上装有72个灯泡）。

玩家 攻略

美食：世纪钟广场毗邻天津火车站，周边有许多餐厅。如吉野家天津站店（新纬路1号天津站南站房东翼2楼，60537055）、肯德基东站店（天津站世纪钟旁）、海津酒楼（六经路11号近天津站，85580200）、大娘水饺火车站店（天津站候车大厅2楼美食街内）。

住宿：广场附近住宿很方便，酒店有锦江之星火车站店（进步路17号近天津火车站，58215018）、格林豪泰火车站店（七纬路3号近天津火车站，58190666）、宜必思火车站店（六经路11号近天津火车站，85580888）。

购物：广场周边有很多商店，购物非常便捷。如华馨楼商场（天津站后广场）、乐福津超市（华兴道天津站副广场裕阳花园底商59～61号）、土特产店（天津火车站2楼候车厅）。

景点推荐 西沽公园周边

平津战役纪念馆 AAAA

全面介绍平津战役的现代化展馆

天津市红桥区平津道8号　免费

8:30~16:00（周一闭馆）

26526255

市区乘坐628、657、700路等公交可达

平津战役纪念馆是反映中国解放战争三大战役之一的平津战役的专题纪念馆。纪念馆规模宏大，占地4.7万平方米。馆址总体环境呈长方形，主体建筑基本保持坐北朝南，总体布局包括胜利门、胜利广场、胜利主题雕塑、兵器布列、群雕、主展馆建筑、胜利花园等。展馆包括序厅、战史厅、专题厅等。

玩家解说

平津战役发生于1948年11月29日至1949年1月31日，是中国人民解放战争中具有决定意义的三大战役之一。这场战役是中国人民解放军东北野战军和华北军区第二、第三兵团及地方武装一部在北平、天津、张家口地区对国民党军进行的战略性决战。

1948年11月23日，东北野战军主力开始由锦州、营口、沈阳等地出动，向北平、天津、唐山等地挺进。25日，华北军区第三兵团由集宁地区东进，29日向张家口地区守军发起攻击，相继占领柴沟堡、万全、沙岭子等地，形成对张家口包围之势。傅作义急令在北平的第35军及怀来的第104军第258师乘汽车连夜驰援张家口；又令驻扎于北京昌平的第104军主力移至怀来，涿县（今涿州市）的第16军移至南口、昌平间，以确保北平与张家口的联系。人民解放军逐次歼灭新保安、张家口、天津国民党军。人民解放军在完成了对傅作义集团的战略包围和战役分割之后，按照毛泽东的指示精神，采取先打两头，后取中间的战法，逐次歼灭被围的傅作义集团。天津得到解放。

天津解放后，北平国民党守军25万人陷入了人民解放军的重重包围之中。中共中央军委为保护这一文化古城，决定继续进行谈判，争取以和平方式进行接管；同时，又训令部队做好强攻的准备。

自1948年12月中旬起，人民解放军平津前线司令部已就和平解决平津问题与傅作义派出的代表进行过多次谈判。1949年1月14日，毛泽东发表《关于时局的声明》，提出与南京国民党政府进行和平谈判的“八项条件”。在天津解放的第二天即1月16日，平津前线司令部致函傅作义敦促其当机立断，赶快投诚。同时，中共地下组织和爱国民主人士及傅部之开明人士也做了有力的工作，傅作义接受了人民解放军提出的条件，并派副总司令邓宝珊到人民解放军平津前线司令部谈判，于21日达成了和平解决北平的协议。22日，北平守军开始撤出城外改编为人民解放军。31日，古都北平宣告解放，至此平津战役取得伟大胜利。

序厅

序厅正中央有一座名为《走向胜利》的铸铜雕像，展现了时任中共中央领导人毛泽东、刘少奇、朱德、周恩来、任弼时领袖风采；墙屏上有一个毛泽东关于平津战役作战方针的浮雕手迹熠熠生辉。此外，还有一幅环周巨幅壁画，名为《胜利交响诗》，反映了东北、华北两大区军民英勇奋战、夺取战役胜利的宏大场面。

战役决策厅

战役决策厅展示了平津战役发生的背景与全国战场的关系，着力表现了中央军委的英明决策过程。厅内设置了毛泽东主席在西柏坡办公室办公的复原蜡像以及大量历史文物，通过多媒体影片播放展现了毛主席运筹帷幄的高超指挥艺术。

战役实施厅

战役实施厅通过大量照片、文献、实物等史实材料与图表、绘画等辅助展品全面、真实地展现了平津战役从发起到胜利结束的光辉历程。该厅设置有巨幅塑型电动图、大屏幕电视、战场景观、电动沙盘等，运用现代化的手段和形式，逼真地再现了战争场面。

人民支前厅

人民支前厅运用大量史料和图片，翔实地展现了东北、华北各级中国共产党组织、政府和解放区广大人民群众踊跃支前的历史场景。

伟大胜利厅

伟大胜利厅陈列了平津战役取得辉煌战绩的场景，并设置了缴获武器陈列台，里面放置了一些当时缴获的国民党军队的武器。同时对平津战役胜利后、新中国成立前发生的一些重大历史事件做了概要介绍。

链接

纪念馆珍藏精品

纪念馆在全面反映平津战役的同时，也收藏了不少革命人士的物件，具有很高的历史价值。如中国人民解放军高级将领苏静的签字笔，它是苏静参加北平和谈并做会议记录的见证；董其武的诗文手稿，反映了起义后董其武的激动心情及跟中国共产党走向光明的决心；刘亚楼的皮大衣则跟随刘亚楼经历了天津解放及平津战役胜利的全过程。

平津战役纪念馆内画作

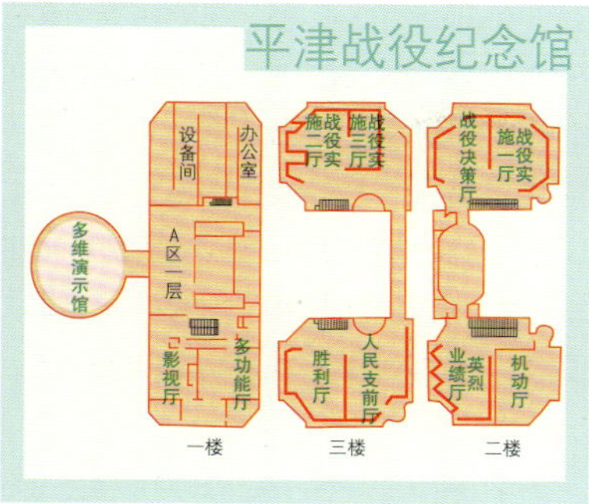

■ 英烈业绩厅

英烈业绩厅陈列了中国共产党领导核心毛泽东、邓小平、江泽民和其他领导同志的题词，还介绍了平津战役中牺牲的烈士事迹，展出了大量奖章、证书和英烈所用物品，英烈名录墙上镌刻了在战役中牺牲的6639名烈士姓名。

■ 多维演示馆

多维演示馆运用现代声、光、电高科技与多元化视听的技术手段，把全景式超大屏幕环球电影、背景画、战场微缩景观结合起来表现战争时空氛围的音响合成，创造出新颖、独特的视听艺术形式，气势恢宏地演示了平津战役多维空间历史画面。

■ 纪念广场

纪念广场规模宏大，两根高大花岗岩圆柱构成胜利门，柱顶分别矗立着人民解放军东北野战军和华北军区部队战士雕像。两壁是反映军民团结奋战、欢庆胜利的花岗岩浮雕墙，广场中央竖立着高64米的胜利纪念碑，不锈钢三棱刺刀直插云霄。广场东西两侧的大型锻铜群雕，烘托出人民战争的磅礴气势。

西沽公园

天津市区西北部唯一的大型综合性公园

天津市红桥区红桥北大街3号　免费

市区乘坐622、879路等公交到栖霞里站下车可到公园北门

西沽公园始建于1958年，是天津三大公园之一和北运河沿岸赏景的胜地。公园总占地面积33公顷，其中湖泊7公顷，2010年经过改造后，分为综合活动区、生态湿地区、历史文化展示区、演艺观赏区、健身休闲区、游乐区、植物观赏区、潞河风情区八个板块。

园区四季常青、花团锦簇、五彩缤纷。高大密植的乔木遮天蔽日，常绿灌木、白玉兰林、果木林等点缀其间，走在园内，五步一苍，十步一翠，沁人心脾。此外，景区每年都

西沽公园

举办大型的菊展和月季展；春节的迎春花市和正月十五的花灯展，游人更是趋之若鹜。

玩家 攻略

美食： 西沽公园旁边饮食比较方便，云集了不少餐馆。如四辈羊汤（红桥区咸阳北路近光荣道）、陕川风味馆（红桥区光荣道48号天骄公寓底商，86526399）、竹荪鹅火锅（红桥区光荣道大舞台旁，26530028）。

住宿： 西沽公园周边住宿设施也很便捷，酒店有锦江之星红桥店（红桥区光荣道105号，26568988）、如家长顺旅馆（红桥区光荣道风屏公寓底商，26527680）、格林豪泰泛洋大厦店（红桥区一号路泛洋大厦光荣道口，58337788）。

土特产： 西沽公园附近有一个顺鑫土产批发市场，里面有各种各样的土特产，价廉物美。

耳闸公园

海河边面积最大的公园

天津市河北区新开河与子牙河交界处

免费　市区乘坐324、34、607路等公交可达

耳闸公园是海河上游的第一座公园，由呈船形的新耳闸与老耳闸共同组成。老耳闸枢纽工程始建于1919年，主要功能为汛期分洪，平时挡水、通航。分洪闸共18孔，是天津市第一座水利工程。此外，天津历史上第一家纺织企业——恒源毛纺厂的遗址也在耳闸旁边，因此耳闸公园内不仅有美丽的自然景观，还展示了老水利物品、老工业设备等展品或牌文等。同时该公园还设有码头和露天咖啡屋等设施，市民在河边小憩、品尝咖啡的同时，还可以观赏有百余年历史的物品。

玩家 攻略

耳闸公园景区"天石舫"雕塑旁的码头被正式定为海河游的新起点。游客可以直接从此上码头游览海河风光。把海河沿岸古文化街码头、利顺德码头、大悲院码头、耳闸天石舫码头都连在了一起。

耳闸公园天石舫

觉悟社纪念馆

天津反帝爱国运动领导核心所在地

天津市河北区宙纬路三戒里49号

9:00~16:30（周一闭馆）　86280515

市区乘坐34、607、611路等公交可达

觉悟社纪念馆是以觉悟社旧址为馆舍建立起来的，是一座由7间青砖平房组成的小宅院。五四运动时期，周恩来、邓颖超等在此组织"觉悟社"。邓颖超亲自题写馆名。纪念馆分为复原陈列室和辅助陈列室两部分。

复原陈列室再现了原三戒里4号院的面貌和当年社员们活动时的情景，展出了社员抓阄儿决定代号的工具以及学习、生活用品等珍贵文物。辅助陈列室则以大量历史文献、照片、绘画及雕塑等，生动展示出觉悟社成员组织革命宣传活动的斗争事迹。

玩家 攻略

觉悟社纪念馆附近的餐馆有老铁熏鸡（河北区三马路华润超市底商近宙纬路）、韩禹轩自助烤肉城（河北区中山路宙纬路口，26273372）、韩顺吉烧烤自助（河北区宙纬路近中山路口）、新华轩（河北区宙纬路附近）。

玩家 解说

觉悟社是1919年五四运动中天津青年学生的进步社团，也是中国共产党成立前传播马克思主义的革命团体之一。是由天津学生联合会和女界爱国同志会中的骨干周恩来、马骏、郭隆真、刘清扬、邓颖超等二十余名青年组织起来的革命团体。觉悟社成立第六天，李大钊来到天津，给他们进行首次演讲，表示鼓励和支持。李大钊讲

完后笑着说："你们十男十女一个社，真是个创造。"为了不影响学习和研究，觉悟社成员规定，在社里不允许谈恋爱。后来觉悟社解散了，大家各奔东西，有的出国求学，有的在国内参加革命，终于有三对老社员结为革命伴侣。分别是周恩来和邓颖超、潘世伦和李愚如、谌小岑和李毅韬。

北宁公园

天津现存原貌保持最完整的近代公共园林

天津市和平区中山北路1号　26432406

市区乘坐1、27、609、619、622、641、646、670、671、818路等公交可达

北宁公园占地45.65公顷，是一座具有百年历史的公园。其前身是1906年筹办的大清官立种植园，1907年正式开湖建园，曾培育出著名的天津小站糯稻、青麻叶大白菜、卫青萝卜、卫韭、黄皮葱头等优质菜品。园中主要景观有九曲胜景、得月楼、湖心亭、叠翠山、畅观楼、鸳鸯亭、致远塔等。

致远塔位于公园北部，高70余米，共9层，塔身为八角形平面，塔内设置盘旋双向楼梯和电梯，使游人内能观画，外能观景。塔内有可供观赏的壁画122幅，壁画分石刻画和瓷板画两种。壁画内容丰富，包括仰韶文化、三代钟鼎乃至近代中国文化遗存。有甲骨文字、三代钟鼎、四大发明、《红楼梦》景物图和孔子、屈原、李时珍等历史人物画像等。

塔的四周三面建有长廊，与花展馆共同围合成长方形的庭院。长廊东、西、北部各设一座垂花门为出入口，院内广植花木，风景秀丽多姿。

玩家 攻略

表演： 公园不定期会有各种精彩的表演，如水上赛船、划艇、大象滑梯、花车巡游和歌舞表演等活动。

美食： 园内餐厅吃饭非常方便，有很多有特色的天津菜，价格也不贵；景区周围的餐馆推荐中山饭店（河北区中山北路27号，60592888）、鸿来顺饭店（河北区中山北路30号）、南洋饭店（河北区中山北路32号）、渤田风味食廊（河北区中山北路36号）。

玩家 解说

昔日的北宁公园，是无数天津人心目中的休闲天堂。民国期间，北宁公园被称为"天津唯一的游园地"。也是许多新时尚的发源地：这里举办的化装溜冰会、集体婚礼，这里建造的棒球、地球、高尔夫球练习场，这里设置的可移动天文望远镜，都曾引领时尚风气之先，留下了几代天津人的美好记忆。

景点推荐 意式风情区 AAAA

意式风情区占地面积10万平方米，该地区现存各类风貌建筑76栋，曾是意大利租界，距今已有百年历史。这里融汇了意大利各个时期不同风格的建筑，大多是近现代历史名人的故居，有袁世凯家族宅邸、冯国璋故居等，还有新整修的马可·波罗广场、马可·波罗俱乐部和音乐广场等。游人进入该风情区就仿佛置身于意大利的大街上，空气中弥漫着浓郁的地中海浪漫气息。

天津市河北区博爱道、自由道一带

市区乘坐5、8、27、324、638、645、806、836、961路等公交可达

玩家攻略

摄影：意式风情区保存了很多地中海式的建筑群，每一栋建筑都有自己的特点。周边花团锦簇，风景十分优美，是摄影和拍摄婚纱照的绝佳去处。

美食：意式风情区周边云集了众多餐厅，更是在天津寻找异国美食的好地方。推荐的西餐厅有意风区福楼、巴伐利亚啤酒坊、13CLUB摇滚酒吧、布鲁达红酒坊、LaVilla、塞纳河法国餐厅、芭堤雅泰国餐厅、成桂西餐厅、威尼斯酒吧、维罗纳小镇、普罗旺斯法式西餐厅、瑞士莱茵河西餐厅等。

住宿：意式风情区云集了很多酒店，住宿非常方便。推荐莲心宾馆（胜利路永元德旁）、新龙酒店（建国道1号龙门大厦A区1号，60532888）、千禧百地快捷酒店（进步道17号，23365843）、凯德大酒店（自由道15号，24451777）、如家快捷酒店火车站店（自由道5号，58199388）、天津远洋宾馆（远洋广场5号）、南苑e家（胜利路52号，58829666）。

冯国璋故居
民国大总统的居住之地

天津市河北区民主道52号

市区乘坐5、8、27、156路等公交可达　免费

冯国璋故居毗邻袁世凯故居，重现“左右冯袁”的民国建筑风貌，成为河北区奥式商务区内的地标性建筑，为海河沿岸再增添一抹亮色。故居为砖木结构的三层楼，共四座，连同从前的三所小楼，共有楼房110间，平房54间，多坡瓦顶。窗户为纱窗、雨淋窗、双槽玻璃窗多层结构。房屋造型整体呈奥式风格，布局大方，朴实典雅。

玩家 解说

眼下中国，不知道笑星冯巩的人恐怕不多，但知道冯巩的曾祖父是冯国璋的恐怕也不多。1919年冯国璋病逝后，冯家后代继续生活在故居内，1957年冯巩出生于此，此楼得到妥善保护。2003年，为迎接第二年天津建卫600周年，天津房产总公司花巨资将居民迁出，对房屋进行了彻底修缮。2005年，天津市政府将此楼定为天津市历史风貌建筑加以特殊保护。

链接

袁世凯

袁世凯（1859—1916），河南项城人，是中国近代史上著名的政治人物。曾是北洋军阀的领导人，在辛亥革命时期，成为中华民国首任大总统，后在杨度等立宪人士的蛊惑下复辟称帝，1916年在复辟失败后仅80多天就郁闷得病而死。

袁世凯

链接

冯国璋

冯国璋（1859—1919），河北省河间人。早年在保定莲池书院读书，后转天津武备学堂，1890年毕业。因得到袁世凯的赏识，民国后曾在北洋政府充任要职，直至1917年担任代理大总统，1918年被段祺瑞胁迫下台，1919年在北京病逝。

袁氏宅邸
天津小洋楼的代表

天津市河北区海河东路39号

市区乘坐5、8、27、156路等公交可达

袁氏宅第是天津仅存的一幢16至18世纪德式风格的小洋楼。建筑为一座欧洲古典式三层楼房，是中世纪“罗马风格”的演变，融合了日耳曼民族的建筑手法，红色的陡坡屋顶正脊中间建有扣钟状采光亭，仿意大利文艺复兴早期“圣马利亚大教堂”穹顶建造，而外形又比意式建筑增加一道反向曲线，形成德国建筑的独特风貌。

主楼东侧二楼上有拜占庭风格的小尖穹顶与塔楼相互映衬，院内还建有后花园，园内有假山、游廊、钓鱼亭台、花窖等。最值得一提的是，这幢楼内建有“隐身处”和“脱身处”。隐身处的位置是在二楼右侧拐角处有一个小门，门内有钢筋混凝土楼梯，上可到楼顶、下可直通地下室；若关上小门则找不到上楼和通往地下室的楼梯。“脱身处”是在三楼凉亭旁设有一铁楼梯，可直通后花园小门，从此门可脱身逃跑。

原奥匈帝国俱乐部
典型的奥式建筑风格

天津市河北区建国道153号

市区乘坐5、8、27、156路等公交可达

俱乐部建于1902年，为四层外廊式建筑，顶部有大屋檐阁楼，雄伟规整。是原奥匈帝国驻津领事馆和奥国兵营人员休闲娱乐的场所。

天津奥租界收回后，改由大北饭店（设在日租界）经营，梅兰芳等京剧名家来津演出时曾居于此。

梁启超故居 ㊫

规模宏大的宅邸

天津市河北区民族路44号

10元 24450856

市区乘坐324、640、841路等公交可达

梁启超故居建于1914年，由住宅和饮冰室书斋组成。风格典雅大方，建筑艺术颇有讲究。

住宅为二层西式楼房，整所建筑面积1100余平方米，前后共有两幢。前楼为主楼带有地下室。一、二层各有9间居室。整体建筑分为两部分，东半部为梁氏专用，有小书房、客厅、起居室等；西半部是家属住房。后楼为附属建筑。前楼与后楼有走廊、天桥连接。

饮冰室书斋与住宅相连，建于1924年，是一所浅灰色两层小洋楼，共有房34间，由意大利建筑师白罗尼欧设计，为天井外廊式带封闭罩棚。建筑造型别致，门前两侧是石台阶，当中有蓄水池，池中雕一座石兽，口中喷水长年不断。

链接

梁启超

梁启超（1873—1929），广东新会人，是中国近代史上著名的政治活动家、教育家、史学家、文学家

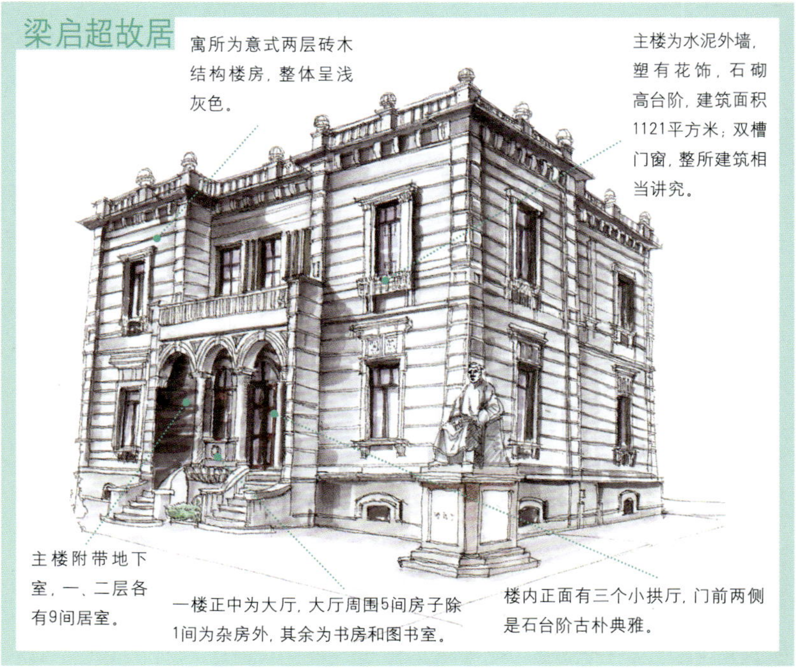

和戊戌变法领袖之一。武昌起义爆发后，梁启超试图使革命派与清政府妥协。1915年年底，护国战争在云南爆发。1916年，梁启超赴两广地区参加反袁斗争，后退出政坛。1922年起在清华学校兼课，1925年应聘任清华国学研究院导师，1929年病逝。梁启超一生勤奋，各种著述达1400万字。

玩家 攻略

梁启超故居的专题展览值得参观，里面再现了梁启超当年工作、生活的情景，分6个部分，分别是勤学苦读的“神童”、戊戌变法的主将、君主立宪的鼓吹者、反袁护国的组织者、享誉中华的学术巨擘、寓居津门的“饮冰室”主人。

马可·波罗广场 ㊮

意式风情区的中心建筑

天津市河北区意租界马可·波罗路（现民族路）和但丁道（现自由道）交会处

市区乘坐191、324、639路等公交可达

马可·波罗广场占地2200平方米，1924年建成。广场由和平女神雕塑和6座典型的意大利南部地中海风格别墅组成。和平女神雕塑位于广场中心，是为纪念第一次世界大战胜利而建，由意大利著名雕塑家朱塞佩·博尼设计，其中基座上部装饰了4个欧式人物雕像，柱顶为展翅飞翔的和平女神铜像，手拿一橄榄枝，象征着“友谊和平”这一永恒的主题。

链接

马可·波罗

马可·波罗（1254—1324），意大利人，元世祖时期，他怀着好奇和憧憬的心情，随同父亲和叔父，从意大利来到中国，受到当时的皇帝元世祖的友好

马可·波罗广场

接待，在中国住了17年。他回国后写成《马可·波罗游记》，这是欧洲人撰写的第一部详尽描绘中国历史、文化和艺术的游记。

玩家 攻略

美食： 广场周边有很多西餐厅，如堡康利西餐厅、补录达红酒坊（自由道56号）、普罗旺斯餐厅（自由道60号）。

但丁广场： 与马可·波罗广场相对，其西南角原先为一座临街的欧式坡顶小楼。现已为天津市职工经济技术大学楼所取代。东南角为张鸣岐故居，西、北各有一门，分别为自由道21号和民生路69号，为二层意大利式小楼，罗马风格，混合结构，红砖墙面，红色瓦顶，二楼三面建有不同形式的阳台，各呈其妙，特别是四联拱楼扇形阳台十分别致，在天津小洋楼中独树一帜。西北角为一座造型别致的欧陆风貌建筑。东北角为华北水利委员会旧址，建筑面积2000多平方米，二层带地下室。

安吉里胡同

拥有许多意式建筑的胡同

天津市河北区光复道中段南侧

市区乘坐5、8、27路等公交可达

安吉里胡同本来都是平房，1921年军界人士赵光裕在此建房成巷出租。胡同里的建筑拥有明显的意大利建筑风格，走在这个“异域胡同”中能充分感受到意大利建筑的唯美。从光复道一侧能看到“安吉里”三个字的门洞，从门洞中能看到马可·波罗广场上的角楼，给人以景中有景的美好视觉感受。

马可·波罗俱乐部

意式风情区的标志性建筑之一

天津市河北区民族路47号

市区乘坐17、28、660路等公交可达

俱乐部作为海河综合开发改造的亮点工程，是在原天津第一工人文化宫基础上改建的。俱乐部经过整修改造后，于2007年3月开始营业，是集娱乐、美食、住宿于一体的休闲娱乐场所。其建筑面积近1万平方米，一

玩家 解说

马可·波罗俱乐部原为天津市第一工人文化宫，简称“一宫”，成立于1950年1月1日，是新中国第一家工人文化宫。从解放初期到20世纪90年代初，“一宫”一直是天津市重大政治会议和文化活动的中心，几乎成了天津发展每一个重大事件的历史见证。

马可·波罗俱乐部

层大厅迎面墙上装饰着一幅以大海和欧式建筑为背景的巨大砂岩石浮雕。外檐恢复了原意大利回力球场的风貌特色，与新建的马可·波罗广场浑然一体。

天津市规划展览馆

宣传天津的新名片

天津市河北区博爱道30号（近北安桥）

免费　市区乘坐191、324、651路等公交可达

展览馆是一座雄伟的米黄色建筑，明快的现代格调、浓郁的异国风情，成就了整座建筑的恢宏与大气。展览馆主体共分为4层和16个展区。

历史展区风格古朴典雅、色调沉稳。走入其中可以亲身感受昔日三岔河口的沧桑与辉煌。中心城区展区规划模型及配套演示系统占据了展览馆的整个共享空间，也是整个展馆最具有吸引力的展区。滨海新区展区是展览馆极富时代特征的展区。海河之旅影厅运用180度弧幕、动感座椅、环绕音响等高科技手段，让公众可以全方位体验海河泛舟、漫步城市的真切感受。城市映像影厅设置了180度弧幕，循环播放8分钟的影片——《腾飞的天津》，使游客可以形象、具体地把握天津城市总体规划的情况。

海河历史风貌建筑保护展览馆

还原海河今昔的展览馆

天津市河北区北安桥头

免费

市区乘坐191、324、651路等公交可达

展览馆以海河两岸独特风貌建筑为主题，通过图片、文字、模型和实物等多种形式，在展示“天津小洋楼”古今变迁和中西文化交融的同时，真实详尽地反映了海河综合开发的城市建设成果。

展览厅共分两层，划分为古街新韵、金融名街、意式风貌区、奥式风貌区和五大道等九个主题区域。其中，涉及意、奥风情区的内容几乎占据了展馆二层的整个空间。丰富翔实的历史资料，让游人更加清晰地把握整个城市的沧桑与风采。

天津电力博物馆

融科技馆与博物馆于一体的电力专业展示馆

天津市河北区进步道29号

免费

市区乘坐189、19、5路等公交可达

24407193

天津电力博物馆原为1904年比利时“天津电灯电车公司”办公楼，建筑面积近3000平方米。展馆设“电的初识”“启蒙研究”“电力革命”“时代能源”“电力与生活”“回顾与展望”六个展厅，集专业性、科学性、艺术性和趣味性于一体，是中国第一家融科技馆和博物馆于一体的电力专业展示馆，馆中收藏再现了天津电力百年发展历程。

奥匈领事馆

奥匈帝国在其本国国土之外仅有的建筑

天津市河北区建国道153号

市区乘坐5、8、27路等公交可达

领事馆原为两座庭院式德奥风格二层建筑，其中一座于1976年被拆除，目前保留下来的是其主楼。此建筑建于1908年，整栋建筑的面积为1200余平方米，院落占地4728平方米，为砖木结构，砂浆水泥罩面，断块墙身，鱼鳞石片小方瓦屋顶，造型精妙典雅。建筑中最令人叫绝的是其内的楼梯，每一磴为一块悬挑式整石料，在外力作用下受力均匀。经历了近百年的风风雨雨，特别是1976年7月的大地震，领事馆墙面、地面均受损严重，但楼梯却丝毫未损，堪称奇迹。

2004年相关部门对该建筑进行了修复，再现了奥地利原味风情。在不影响外观的情况下，墙内全部增设了内置圈梁，并采用了钢丝网抹灰的修缮工艺。同时，对各建筑内部的龙骨进行加固，对楼梯及门窗外檐进行整修，并进行了上下水系统、供暖系统、电视、电话线路系统的修建。整修后的建筑为西式洋楼一座，砖木结构，造型别致，古香古色。

链接

奥匈帝国

奥匈帝国又称“匈牙利君主国”，成立于1867年，20世纪初，八国联军侵华，奥匈帝国派兵参加。奥国军队驻守天津河东地界后，奥政府即要求享有与西方列强相同的在华特权，于是在天津筹建领事馆、开辟专管租界。1902年底，天津海关道与奥国驻津副领事订立《天津奥国租界章程合同》，划出天津奥租界66.7公顷左右，范围为京山铁路以西、海河以东、金钟河（今为狮子林大街）以南，这是奥匈帝国在本国国土外建立的唯一一个租界地。

曹禺故居

“中国莎士比亚”的住宅

天津市和平区民主道23号和25号　免费

9:00~16:30（周一闭馆）

市区乘坐5、156、635路等公交可达

曹禺故居坐东朝西，为砖木结构二层小楼，始建于清末。带有意式建筑风格。现民主道25号楼就是他童年时住过的地方。上小学时，他曾一度住在当时他家的新楼（现在的民主道23号）内，后来因家境不好把新楼卖掉，又搬回原住处。前后两楼均为砖木结构，上下两层带阳台，青少年时代的曹禺居住于此，这里也是他艺术生涯的起点，著名话剧《雷雨》就是在民主道25号完成的。

故居通过摆放曹禺塑像、照片、手稿、书籍，以及曹禺曾用过的桌椅、餐具、煤炉、怀表等物品，并根据他的童年和青少年所处的家庭环境、社交氛围、文化熏陶、社会背景等各种因素，恢复客厅、书房往昔模样，全面展现了曹禺不同时期的生活场景。

链接

曹禺

曹禺（1910—1996），现代著名戏剧家，被誉为“中国莎士比亚”。祖籍湖北潜江，出生在天津。1928年考入南开大学，后转入清华大学西洋文学系。1933年写成处女作四幕剧《雷雨》，次年在《文学季刊》发表，以深邃的思想内容和卓越的艺术技巧，引起剧坛震动，成为暴露封建资产阶级大家庭罪恶的优秀现实主义悲剧作品。1935年写出四幕剧《日出》，揭露半封建半殖民地上层社会的种种腐败和罪恶。

原意大利兵营
原意租界内规模最大的单体建筑

天津市河北区光明道20号

市区乘坐地铁2号线在建国道站下即到

兵营建于1925年，典型的古罗马风格建筑造型，为砖木结构四层楼房（局部三层），占地面积4000多平方米，建筑面积8000多平方米，清水砖墙，建筑平面为“∩”形。前檐为大拱券式通廊，拱窗明廊，首层为办公房屋，二、三层为士兵宿舍，楼前空地为操场。东西两侧也为三层建筑，西侧原为军官宿舍，东侧的部分房屋为牢房和禁闭室，曾关押中国人。

玩家 解说

1902年，天津意租界划定后，意大利政府根据《辛丑条约》在天津派驻军队，并在租界内设立兵营。初期驻扎海军陆战队400人，至20世纪30年代增至500余人。驻军为营建制，司令官为上校衔。

张廷谔旧宅
规模较大的意式风格建筑

天津市河北区民主道33号、35号

市区乘坐324、640、841路等公交可达

张廷谔旧宅邸建于民国初年。总面积540平方米，意式风格建筑，砖木结构二层，八楼八底，带后楼和半地下室。前后坡顶，设老虎窗，门厅朝南，上筑阳台，底层与墙寓均仿砌基石筑法。一楼为会客厅，二楼为居室、卫生间等。原来院里有个车马房，是中华民国总理段祺瑞留下来的，当时张已拥有汽车，便修起汽车房。该房周围方砖墁地，种有丁香、枣、龙爪槐等树木，还设秋千架，两旁有很多鱼缸养着鱼。

链接

张廷谔

张廷谔（1890—1973），河北省丰润人。早年毕业于遵化学堂，1911年入北洋高等工业学堂。后历任直隶省议会议员、北京电报局局长、直隶电政监督。后弃政经商，任裕蓟盐务公司董事。1934年任天津市市长。抗战胜利后担任第一任天津市市长，1946年去职后，被任命为国民党政务顾问。后病死于台北。

张廷谔旧宅

汤玉麟旧宅
文艺复兴时期的巴洛克建筑

天津市河北区民主道40号

市区乘坐324、640、841路等公交可达

汤玉麟在意租界的寓所坐落在民主道，该楼整体为意大利风格，平面布局严谨对称，立面装饰丰富，开窗形式多样。分为两部分，左为宾客楼，右为居住楼。楼墙和墙基均为花岗石条石砌垒。楼前的廊厦下左右开坡道，有左右两门，汽车可一出一入。楼内设有正厅和附厅，门窗宽大。这座建筑在当时是很高贵的，至今仍很有特色。

链接

汤玉麟

汤玉麟（1871—1949），山东人，出身绿林，后被收编为奉天巡防队哨官。辛亥革命后，历任团长、旅长。后出任东三省巡阅使署顾问，镇守使，热河都统。1928年东北“易帜”后，任热河省政府主席兼第36师师长。日军入侵热河后，被冀察政务委员会收编为第39军总参议，北平军分会高级顾问。去职后寓居天津，投资房地产，曾参与经营惠中饭店等处房产。

杨以德旧宅
保存较好的中世纪拜占庭式西洋建筑

天津市南开区二纬路与南开二马路交口处

市区乘坐639、640、669、673、841、905、961路等公交可达

杨以德旧宅建于民国初年，分前后两楼，前楼为三层砖混结构的楼房，带地下室，

杨以德旧宅

建筑风格为中世纪拜占庭式，高坡顶，南面为二层空廊，转角用塔楼相连，顶窗也颇具特色。为杨以德在天津宅第之一。

链接

杨以德

杨以德（1873—1944），天津人。1906年任津浦侦查处侦探员，被袁世凯赏识，1916年收回天津奥、德租界改为特别区，任特别区管理局局长。1924年段祺瑞执政，任省警务处处长、天津警察厅厅长等职。在任期间，曾为天津做过一些公益事业，但因镇压爱国进步人士，最终还是毁多誉少。

耶稣圣心堂

典型的意大利式风格建筑

天津市河北区建国道与第一医院住院部毗邻处

市区乘坐14、27、462、570路等公交可达

耶稣圣心堂建于1910年，为意大利文艺复兴后期典型教堂建筑。砖木结构二层，局部三层，东、西、北三面外凸，檐口山花下为弧形半圆形窗，堂内大厅上层墙体呈八角形，各开一圆形窗，整个建筑异常华丽，具有人文思想内涵，它是教堂建筑向公共建筑转化的里程碑。也有人称它是“早期罗曼式”建筑。

孟氏旧宅

孟氏旧宅

现今保留最完整的中西合璧建筑

天津市和平区博爱道

市区乘坐901、191、324路等公交可达

孟氏旧宅建于1912年，曾是谦祥益创始人祭祖的地方，又称孟氏家庙。孟氏家庙为三层砖木结构，东西厢房二层，面阔五间，平面呈“口”字形，四合院格局，正中庭院天井式，正房与厢房檐廊环通，有花牙、额楣与雕饰，门窗皆为圆拱券式，前楼与厢房楼顶后坡作平台，建筑风格古朴典雅，大胆吸收了中西建筑之长，为典型的折中主义建筑，堪称近代天津中西文化交流的见证。

玩家 解说

据说孟家是山东邹县孟轲的后裔，但不是嫡系后代，孟家为当地首富，拥有包括谦祥益等在内的许多绸缎店。孟家所开设的绸缎店名称都带“祥”字，瑞蚨祥、谦祥益、益和祥、隆祥、瑞生祥、瑞增祥、庆祥、瑞林祥，通称为“八大祥”。孟氏家庙是谦祥益创始人孟养轩的家庙。孟养轩曾在此居住，这里一度曾为孟氏绸缎庄仓库。

家庙是过去大户人家祭祀祖先的宅院，家庙内设立祖先牌位，每年在祖先生辰、祭日以及大的节日进行拜祭，当时在天津的商人修家庙的比较多，不过，到现在，像孟氏家庙这样保存完好的建筑极其罕见。

曹家大楼

民国大总统曹锟家族的最大住宅

天津市河北区进步道48号

市区乘坐27、324、635、638、836路等公交可达

曹家大楼建于民国初年，属意大利建筑风格，砖木结构，局部三层，原由甲、乙、丙、丁、戊几幢建筑组成，平面布局紧凑。主体建筑运用拱券门洞石柱式、石条台阶等建筑形式，楼前为圆形台阶，入口由三连圆拱券与爱奥尼克式廊柱构成，立面正中山墙饰富于变化的弧形曲线和弧形矩形窗饰花卉，高坡楼顶。这幢正面楼座，连同后面民族路现武警干休所的楼房，中间有“天桥”连通，整个建筑宏伟庄严。大楼现为渤海商品交易所。

景点推荐 天津古文化街 AAAAA

古文化街旅游区是旧时天津最繁华的地方之一，这里是体验老天津民俗风情的地方，也是品味休闲生活的地方。旅游区从古文化街一直延伸到西马路为止。云集了各式天津特色店铺的古文化街、见证天津历史发展的鼓楼、象征天津悠久历史的天后宫……都让人流连忘返。

古文化街

天津民间文化荟萃之地

天津市南开区东北隅东门外，海河西岸

免费　市区乘坐4、619、641、908、观光1、观光2路等公交可达

古文化街北起宫北大街，南至宫南大街。街的南、北口各有一座大牌楼。南口的楼匾写有“津门故里”四字，寓示着今日天津市区就是以这一带为原始中心区域而逐渐开发的，而且在六七百年间这里始终是商业繁华地段，常会使人产生“思古之幽情”。北口的楼匾写有“沽上艺苑”四字，寓示着这里的街貌、店铺、商品，都带有浓郁的艺术气息。

作为津门十景之一，古文化街以元代古迹天后宫为中心，街道两侧林立数百家仿明清风格的店铺。以经营文化用品为主，有经营天津地方特色的杨柳青年画的杨柳青画社，经营泥人彩塑的泥人张彩塑工艺品经营部，有经营文房四宝、名人字画的四宝堂和春在堂，有经营文物古玩的文物公司萃文斋门市部，还有经营全国各地的景泰蓝、双面绣、牙玉雕、艺术陶瓷、中西乐器金银饰品等上万种名优工艺品的几十家店堂，各种商品

货真价实，物美价廉。

玩家 攻略

美食：古文化街上云集了很多特色小吃和餐馆，推荐桂发祥十八街麻花古文化街店、粤香苑美博城店、龙抄手、尤一刀蜂蜜软糕、崩豆张古文化街店、红帽炒饭、粤豪酒楼、老翟药糖、邦尼餐馆、广东湛江生蚝、桂林米粉、喜洋洋等。

娱乐：古文化街是民俗风情的汇集之地，可以在这里体会天津的民俗。推荐名流茶馆古文化街店、泥人张世家美术馆、民俗文化馆、语荷轩茶楼、金石画廊、博文画廊、墨龙斋画廊、草原宝贝画廊、华夏鞋文化博物馆、梨园小剧场等。

购物：古文化街上聚集了很多富有天津特色的商铺和其他店面，推荐杨柳青画店、津门蔡氏贡掸、古鼎银楼、三耕园扇庄、天津古玩城、联升斋刺绣专卖、老美华鞋店水阁大街店、天宝堂、乔香阁工艺品、文香商场宫北大街一店、谭木匠古文化街店、民间艺术品直销部、金环珠宝工艺品、紫云轩、聚家名人书画室、王星记扇庄、荣福斋工艺品商店、润土轩等。

玉皇阁

天津曾经规模最大的道教庙宇

天津市南开区玉皇阁大街　免费

市区乘坐34、653、702路等公交到东北角站下

玉皇阁始建于明朝洪武年间（1368－1398），距今已有600多年的历史，是天津现存的最古老的建筑之一。殿内主要供奉的是在道教神系中地位仅次于三清的玉皇大帝，它是道教世界中级别最高的神明之一。玉皇阁的原建筑群落十分庞大，由旗杆、牌楼、山门、钟鼓楼、前殿、八挂亭、清虚阁、南斗楼、北斗楼以及三清殿组成。其中清虚阁是庙内的主体建筑。现仅存的清虚阁是玉皇阁建筑群中唯一保留下来的一座明代建筑。

清虚阁建在砖石垒成的台基上，共有六级台阶，两侧设有垂带石。整个楼阁分为上下两层。上层檐下设有木制回廊，站在廊中可凭栏远眺；殿内供奉有玉皇大帝铜像一尊，双目炯炯有神，雕刻得栩栩如生。在玉皇大帝神像的两侧，还有两尊侍奉玉皇大帝的侍者，其中的一尊就是“三只眼的马王”，它是守护玉皇大帝的官员。楼阁的顶盖为九脊歇山顶，檐心为黄色琉璃瓦，脊、兽和檐头瓦件是绿琉璃，这种建筑做法在古代建筑中极为少见。

通庆里

民国四合院群落的集中处

天津市南开区古文化街附近　市区乘坐1、609、641、908路等公交到东北角站下

通庆里是位于古文化街附近的一条胡同，胡同两侧的房屋始建于民国初年。是目前天津独具规模的、中西合璧式的四合院群

通庆里

落，为早年天津大盐商卞家的宅院。胡同两头各有过街三层小楼，有十个独立的院落，各有各的清雅、幽静与古朴。走在甬道里都会看到地上有印着“通达吉庆”四个字的纯铜井盖。

通庆里东侧的路口两边都有壁画，一边是非常著名的《潞河督运图》，它体现的就是当时天津督运粮食的景象；另一边则是非常有名的杨柳青年画，叫作“黄大门”。后者体现了天津腊月二十三过小年一直到正月十五过年时候的习俗。从一头的腊月二十三祭灶开始，一直到画的另一头是正月十五闹花灯的景象。

玩家 攻略

通庆里有一个泥人张世家美术馆，进门摆着从泥人张本人开始的照片，一直到现在的传人的照片，还有一台电视播放着有关传人的采访和泥人张世家的故事。店里面有各种雕刻精妙的泥塑，价格不等，贵的有几千元，便宜的有几十元。

玩家 解说

通庆里还有许多过街楼，据说跟风水之说有关。过街楼的方位是一东一西，意味着站住两头把住东西。“东西”在中国人眼里有财物之意，那么就是站住了两头把住了钱财。还有就是起到望哨的作用，可以俯瞰通庆里的全巷。还有一种说法是供老爷纳妾续弦之用的。

天演广场

铭记《天演论》的广场

天津市南开区古文化街大狮子胡同

市区乘坐1、15、670、671路等公交可达

天演广场是为纪念著名的思想家严复而建，古文化街本来是严复故居所在地，原房屋已不存在。景区在严复故居原址建设了天演广场，设立严复铜像和《天演论》石刻。铜像端坐在台基上，双目炯炯有神，面露微笑。铜像后面是《天演论》石刻，字迹精美无比，刚劲有力。

链接

严复

严复(1854—1921)，福建闽侯人，以译述赫胥黎的《天演论》而在中国近代思想界名声显赫，是中国近代维新派的代表人物，他以进化论为武器，唤醒人们“自强保种”，挽救民族危亡，他被毛泽东主席评为“代表了全中国共产党出世以前向西方寻找真理的一派人物”。

天后宫 文

中国北方妈祖文化的代表庙宇

天津市南开区古文化街80号　10元

9:00～17:00　27275062

市区乘坐地铁1号线西北角站下，再向东步行前往

天后宫俗称“娘娘宫”，为纪念海上女神妈祖而建。始建于元代，是天津市区现存

最古老的庙宇，它与福建莆田湄洲妈祖庙、台湾北港朝天宫并列为中国三大妈祖庙，受到全世界瞩目。天后宫由戏楼、正殿、天津民俗博物馆、凤尾殿、启圣祠、张仙阁等建筑组成。

玩家 攻略

祭拜：每月的初一和十五，可以来到天后宫祭祀天后娘娘，祈求保佑平安。这一风俗从元代流传下来，已经有六百多年的历史了。

观看表演：天后宫内建有18间仿古作坊，引进了天津“泥人张”“风筝魏”“杨柳青年画”“内画”“糖画”“蛋壳雕”“刻瓷”等18项天津精品民间艺术陈列，民间艺术传承人在作坊内现场为游人表演民间艺术品的制作过程。每年农历三月二十三是天后娘娘的生日，以前每年这时都举行“皇会”，清乾隆皇帝下江南时曾游此会而得名。此时天后宫经常有高跷、龙灯、旱船、狮子舞等表演，热闹非常。

玩家 解说

天后在古时被人们称为“护航女神”。传说她是福建莆田人，姓林名默，经常驾船出海，搭救遇难的人，故被后人敬为女神。元朝时京城每年需北运大批粮食，先从海路运抵天津，然后再转河运至京城。元政府为祈求航海安全，便将护航女神崇为天妃，并在沿海城镇建起天后宫。

正殿

正殿的神龛里供奉着天后的塑像，塑像慈眉善目，仪态端详，凤冠霞帔。她的左右立着四彩衣侍女，其中两人手执长柄扇遮护天后，另两人一个捧宝瓶，一个捧印绶。神像前的供桌上摆满了供奉的月饼、苹果、绢花等。

天后宫

塑像上面有三块匾额，中间一块写着“垂佑瀛”，意为赐福沿海。两旁分别写着“盛德在水”和“万里波平”，意思都是歌颂天后海神。

戏楼

天后宫戏楼位于天后宫正门对面，建于明初，是天津最早的神庙戏楼。舞台设在二层，前后台相连。戏台为木结构建筑，顶棚中央有一六角形透音孔。左右各有一台柱，书有抱柱对联。台下为洞门，连接海河和宫北大街。光绪年间（1875－1908），谭鑫培、王长林、龚云甫等京剧名家都在此演出过。

天津民俗博物馆

天津民俗博物馆利用天后宫正殿为主的古建筑群体为馆舍。除保留天后宫大殿及前殿的塑像作复原陈列外，共有民俗文物2000余件，分别在四座配殿和藏经阁、张仙阁开辟了以展示天津民俗民风为内容的基本陈列。

展览介绍了天津漕运兴起、渔盐的发展和习俗；天津民间各路花会特别是“皇会”沿街表演；迎亲嫁娶、夫妻拜堂、洞房花烛和津门独有的“拴娃娃”习俗；天津店铺悬挂于门前的各式招幌；民间生活用品、乡土风情；衣食住行民俗；杨柳青年画、风筝、砖刻、泥塑、绒花、剪纸、编织等民间手工艺品和民间戏曲艺术。此外，还经常举办不同专题的书画、服饰、刻瓷、根雕、百业画及民间工艺展览和展销活动。

天津戏剧博物馆 文

中国第一个专业性戏剧博物馆

天津市南开区南门内大街31号　¥ 10元

市区乘坐161、635、657路等公交可达

9:00～11:30，14:00～16:30

天津戏剧博物馆是中国当今保存最完

整、规模最大的清式会馆建筑之一。它的前身是始建于1907年的广东会馆，是由广东旅津人士在天津设立的集会、寄寓机构。“五四”时期这里经常举行群众集会或演出，著名表演艺术家梅兰芳、杨小楼等都曾在这个戏楼上演出。

博物馆由四合院、拜师堂、戏楼等部分组成，外围青砖灰瓦，建筑风格兼容中国南北特色。其中戏楼坐南朝北，占整个建筑的2/3，迎面有一对黑漆金字抱柱联，写有“粉墨辨忠奸曼舞轻歌皆世态，筝琶弹喜怒繁弦急管尽人情”，点明了戏楼主题。

博物馆目前有“中国戏曲发展简史”“中国京剧发展简史”和“中国戏曲艺术人物造型”三个展览和“拜师堂”“中国古典剧场”两个陈列在戏剧博物馆内长年展出，展示了上起汉代的乐舞百戏，下至当代天津舞台的新貌。展出有尚小云戏班用过的清代“升平署”戏装、戏神、道具、戏规、照片、唱片、泥人、模型等戏剧文物以及书籍资料、国际交流纪念品等1000多件。博物馆还藏有全国各地戏剧名家文物、资料等1000余件。

玩家 解说

天津戏剧博物馆的前身是广东会馆。会馆在汉唐时代就已兴起，它是同乡人在异乡都市修筑的聚会联络和办事的馆堂。大约300年前，广东商人就和福建、潮州的商人结成商船队到天津经商。他们的商船，船头油成红色，上面画有大眼鸡，被称作“大眼鸡船”。每年春天，当季风刮起的时候，他们便满载货物，浩浩荡荡，沿海北上，顺海河进入天津。日久天长，这些商人就形成了建帮（闽帮）、潮帮和广帮三大派系，为了营业、团聚方便，他们集资兴建了闽粤会馆，三帮轮流值年管理会馆。清光绪三十三年（1907年）1月14日新会馆落成，取名广东会馆。1985年天津戏剧博物馆筹建，1986年1月1日正式开馆。

天津戏剧博物馆

天津老城厢

天津市的发源地

天津市南开区鼓楼一带　免费

市区乘坐地铁1号线至西北角站下车可达

老城厢是天津旧城所在地，这里以鼓楼及鼓楼商业街为中心，由东马路、西马路、南马路、北马路围合而成，总占地面积94公顷。著名作家冯骥才说，老城厢作为天津的摇篮，蕴藏着浓郁的民俗民风和文化艺术精华，堪称天津城“活化石”。

鼓楼

天津卫三宗宝——鼓楼、炮台和铃铛阁，鼓楼修建于明朝永乐二年（1404年），现在的天津市就是以鼓楼为中心，向四周不断扩张而形成的。

这座鼓楼高三层，楼底的一层，是用砖砌成的一座方台，下宽上窄，辟有四个拱形门洞，通行东西南北四条大街。在这座台子上修建了两层楼，第一层供奉观音大士、天后圣母和关羽岳飞等。

楼的第二层，悬有铁钟一口。此钟最开始位于宋朝元祐年间（1086－1093）的克州长老寺，是后来移到天津鼓楼悬挂的。铁钟直径1.4米，高2.3米，重约1500公斤，被誉为天津的“钟王”。此钟用铁铸成，铸工精细，造型古朴。钟体都是阳铸浮雕，钟钮铸成交尾双螭，片片鳞甲清晰可辨。双螭的两个头和四只脚，连接着钟体，另外四只脚互相抓攀，

弓身欲吼。钟的腰部铸着云龙和折枝花卉连续纹样作为装饰。钟口八个莲瓣的凹处，各铸一个八卦符号。

玩家 解说

光绪庚子年（1900年），八国联军侵入天津，天津城墙遭拆除，唯独留下了鼓楼。不久，鼓楼为消防队占用，作为瞭望台。民国十年（1921年），直隶省长曹锐、天津警察厅长杨以德，照原样重建，楼顶大梁上改覆绿瓦，较前更为美观。重建后把鼓楼四个城门的名称“镇东”“定南”“安西”和“拱北”，请书法家华世奎书写，并重书了梅小树的对联。从此这座鼓楼碧瓦丹楹，焕然一新，重新成为津门一景。

天津广东会馆

在天津老城厢距离鼓楼仅几十米的地方，有一片安静、古朴、韵味十足的传统建筑，这就是广东会馆，它是天津市至今保存最完整、规模最大、装修最精致的清代会馆建筑。

广东会馆建于清光绪三十三年（1907年），其主要功能是，当广东商人初到天津时，可以第一时间落脚会馆，站稳脚跟后再以会馆为平台图谋发展。会馆不仅提供基本的住宿等服务，也是商务洽谈、同乡聚会、节日娱乐的场所。

鼓楼商业街

鼓楼商业步行街位于天津老城厢的中心，是一条以鼓楼为中心，集旅游、文化、购

天津广东会馆

会馆规模宏大，整体用地23亩多，建筑设计上既体现了我国岭南的建筑风格，又融合了北方四合院的特点，是中国罕见的木结构建筑艺术珍品。

建设会馆的砖瓦木料大多从广东购买，以保证岭南特色的原汁原味。

大门的瓦顶和墙体为青砖灰瓦的厚重北方风格，而未采用南方黛瓦粉墙的轻透做法。

院门宏阔，罗汉山墙高耸，正门旁的两方青墙上设有两张六角形漏窗，精致典雅。

院门两旁悬挂着大红灯笼，正门上方悬挂着一方横匾，上有金漆“广东会馆”四个大字，字迹飘逸有力，甚是气派。

物、休闲于一体的大型商贸旅游步行街。鼓楼商业街的格局为“T”字形，呈大鹏展翅之雄姿。该街以青瓦房的明清建筑风格为主，主体二至四层，整个布局分为三部分：北街是一条延承历史、融合艺术的古董珠宝长廊，两边牌楼高耸，二层商铺金碧辉煌，主要经营古玩和黄金等艺术品。其中步行街长300多米，商铺面积达1.5万平方米。商品种类包罗万象，丰富瑰丽。重建的元升茶楼、水吧等休闲场所，令人流连忘返。此外，这里还有四组铜雕塑，分别是中国第一枚邮票——大龙邮票、清代《津门保甲图》、裱画艺人和泥塑艺人。鼓楼东街长580米，经营面积2.1万平方米。

玩家 攻略

美食：鼓楼商业街上云集了很多美味，有卫鼎轩、Vista黔城鼓楼店、尚膳府谭家菜、向日葵文化餐吧、马记富来饭庄、国色天香、江泽福轩大饭店、红岩海鲜、重阳府金汤豆捞、至美斋鼓楼店、福顺园火锅、彩云酒吧、马记富祥、龙城饺子馆、老城小梨园、集贤阁海鲜酒楼鼓楼店、魔石咕噜鱼、马兰拉面鼓楼东街店、蜀香人家、正兴东海海鲜火锅城、甜客烘焙坊富力城店、上岛甜客、潮粤园酒楼、正兴东海海鲜姿造、万明岛石锅鱼等商家。其中卫鼎轩与尚膳府谭家菜都比较有特色。

住宿：商业街住宿非常方便，推荐鼓楼客栈（南开区鼓楼商业街北街34号，58697345）、龙腾客栈（南开区鼓楼商业街北街53号）、吉吉优快捷酒店（南开区鼓楼南街，81752033）、天津乐佛酒店（南开区鼓楼商业街，89881866）。

购物：商业街是天津市著名的购物街区，推荐爱斯珠宝分店、正阳珠宝金行、恒生珠宝、翠仙坊珠宝、家成珠宝鼓楼北街店、七星珠宝商行、天雍珠宝、凯帝珠宝、小食品批发商城、点滴书店、亨达钟表店、秀华轩、针情十字绣、墨妙字画店、梨园阁服装商店、水月人间、美盈阁等。

娱乐：商业街还有众多娱乐设施，推荐上林苑足道会馆（南开区鼓楼北街34号，27612222）、炳来画廊（南开区鼓楼北街31号N6-228）、集艺斋画廊（南开区鼓楼北街93号）、宝光艺术馆（南开区鼓楼北街87号）、敦煌千子莲足道鼓楼南街店（南开区鼓楼南街88号，27332177）。

天津居士林

天津居士林位于城厢中路669号，其前身是“清修院”，为天津八大家之一——李春城的家庙。曾任北洋政府总统的徐世昌，还为其专题过一块“清修禅院”匾额。居士林现在是天津佛教居士进行宣教活动和佛教学术研究的场所。占地1240.8平方米，建筑面积266.17平方米，为砖木结构，是一座坐北面南的院落。南置山门，北建正殿，殿正中佛台上为天津市一级文物元朝的毗卢铜佛，为紫铜铸成，重约1000公斤。两侧为东、西配殿，除敬置诸佛像外，均为开展佛事活动和佛学研究用房。

玩家 解说

天津居士林较之同类更有名的原因，是缘于一段施剑翘刺杀孙传芳的故事。1925年，直系军阀、五省联帅孙传芳与奉系军阀张作霖爆发大规模奉浙战争。连遭败绩的张作霖，任命施剑翘的父亲施从滨为安徽善后督办并率军迎战孙部，但终被孙传芳杀害，并在蚌埠车站暴尸三日又悬首示众。

孙传芳后来隐居天津成为一名居士，十年后，1935年11月13日这个阴雨天，和平常一样，孙

鼓楼商业街上的古建筑

鼓楼商业街不光是天津城购物的好地方，这里还有着明显的历史文化韵味。街上保存了很多老建筑。

● 天津文庙

位于天津市南开区东马路东门内大街2号，天津文庙又名孔庙，因与武庙相对，故俗称文庙，是天津市区保存完整、规模最大的古代建筑群。始建于明正统元年（1436年），明清两代曾多次对文庙进行修缮、增建，其中规模较大的修缮有明朝天顺、万历，清朝康熙、乾隆等几次，逐渐形成现在的规模。文庙的平面布局，承袭了中国传统的四合宫殿体系，由南至北分别由万仞宫墙（照壁）、泮池、棂星门、大成门、大成殿、崇圣祠和东西两侧配殿等组成。

● 天津老城博物馆

位于天津市南开区鼓楼商业街东街202号，为全国首家捐赠博物馆，也是天津市区内保存最完好的传统民居四合套院落，是展示天津老城文化遗韵及其发展历史的专题性博物馆。该馆包括传统民居三进四合套院落和老城文化遗韵展品两部分：前者以徐家大院整体建筑为展示内容，后者分专题介绍了老城文化历史。

● 仓门口教堂

位于天津市南开区鼓楼商业街东街，是一所历史悠久的教堂，曾是天津第一个中国人自办的教会活动场所。19世纪末20世纪初，民族危机日益加剧，中国人的民族意识进一步觉醒。教徒中的有识之士，以“洋教会”的称呼为耻，主张建立由中国人自立、自传和自养的教会。于是仓门口教堂在1910年建成，虽经历“文革”和唐山大地震，但建筑的基本样貌还在。

● 格格府典藏博物馆

位于天津市鼓楼南街，是一家私人博物馆。该博物馆占地1300平方米，由两进四合院组成，属于典型晚清时期天津风貌民宅。这里曾是清光绪年间（1875—1909）和硕格格在天津的居所，和硕格格本名裕德龄，是清宫第一位女翻译官。馆内展出有字画、青铜器、瓷器、珠宝、杂项等文物。

● 问津书院

位于天津市南开区鼓楼商业街南街水西园，始建于清乾隆十六年（1751年），建院的目的是为科举提供学习场所。是清代津门六座书院中最负盛名的一座。书院大门坐西朝东，与民宅相衔。当时院内是正方形，有房64间，前有照壁，后有二门。中间为讲堂，共三间，讲堂两侧设东学舍、西学舍，后面为山长书室。如今已改建成一座民办学校。

● 祁家大院

位于问津书院旁，是一处传统中式四合院，原为三进，现为二进。该院曾是天津鲜货业公会会长祁卜五旧宅。祁卜五曾经营过祥顺合、源顺鲜货店。大门旁的影壁墙十分新颖别致，上方有两层共10幅少年嬉戏的砖雕图案，儿童笑容可掬，构图妙趣横生。除传统的童子捧寿内容外，还有少年骑自行车形象，十分罕见。

● 卞家大院

位于鼓楼北东侧，因房屋和墙体高大而得名，是“天津八大家”之一的卞家旧宅，这是一片清式四合院建筑群，原由多个跨院和四合院组成，因为历经百年风雨，现保存较完整的有六套四合院。建筑样式为条石台阶、青砖瓦房和四梁八柱，房门楼樨头、拱券门边框有求吉避凶吉祥物砖雕。院内影壁墙竟高达6米，堪称少见。

传芳按时到居士林参加活动，被施从滨的女儿施剑翘枪杀。可谓“烈女报仇，十年不晚”。暗杀成功后，施剑翘没有跑，并当场散发传单说明曲直。法庭上，施剑翘的陈述使听者动容。舆论的同情、社会各界的支持，加之冯玉祥、李烈钧、于右任等名人的救援，度过11个月牢狱生活的施剑翘于1936年末终获特赦。施剑翘后来积极参与进步活动，后于1979年病逝。

天津居士林

景点推荐 小白楼—劝业场

小白楼—劝业场地区是旧时天津最为繁华的地带之一，这里曾经是各国洋行和教堂的汇聚之地，如今仍留下了浓厚的西方气息；这里曾经是天津的商业中心，现代天津的商业格局就是从劝业场发源起来的；天津地铁也从这里穿过，使得它成为天津旅游的一大亮点。

天津邮政博物馆

建在清朝邮政津局旧址上的博物馆

天津市和平区解放北路109路

市区乘坐13、953、93路等公交可达

9:00～16:00（周一闭馆） 免费

天津邮政博物馆，始建于19世纪末，建筑风格为中西合璧的小洋楼，将中国传统砖木建筑美学与罗马建筑艺术特点、巴洛克装饰风格熔铸一炉，古朴中见精巧。

博物馆名称由著名书法家范曾题写，展览面积为1500平方米，分序厅、邮驿与其他通信组织厅、邮政厅、集邮厅四个板块。展示内容时间跨度分为古代邮驿时期、近代邮政创办时期、大清邮政时期、中华邮政时期、人民邮政时期五个时期。

玩家攻略

博物馆珍藏的国宝级珍邮“红印花小字当壹圆”值得一观，它素有“华邮之王”的美誉。为清朝邮政应急使用，其中小字“当壹圆”邮票印制了50枚，后因票面上“当壹圆”三字太小，决定改印大字“当壹圆”。经查证，“红印花小字当壹圆”存世量仅30枚，加盖八卦戳的旧票仅一枚，为传世孤品。

西开教堂

天津市内最大的天主教堂

天津市和平区西宁道9号

市区乘坐地铁1号线至营口道站下车

西开教堂又称法国教堂，包括天主教总堂和大教堂，分别建于1914年和1917年，为法国天主教所建。它全长60米，宽30米，建筑面积约1900平方米。

教堂的门窗是西方中世纪建筑中的半圆形拱券，除给人们一种向天上无限伸展的视觉感受之外，还表露出了它宗教的内涵。教堂内部，从正门两侧到底部的祭台，由两排共14根方柱支撑堂顶。教堂的墙体是用红白相间的缸砖砌成的，既华丽又不失典雅，山墙有梅花形窗，烘托出了这座教堂建筑的欧式风情。

玩家 解说

“西开”这个地名现在已不为人们所熟知。它实际上就是当时法租界西边的一块属于中国领地的开洼地，由于它紧靠租界，法国当局就一直想将这块地盘划入法租界。而当时正是天津的天主教发展最为迅速的时期。当时的望海楼教堂地势狭小，已不适应教会发展需要，于是罗马教廷就决定在天津设立教区，修建新的主教府和大教堂，法国租界当局看到了这一大好良机，并把这一机会当成了扩大租界的最好借口，指使作为当时首任天津教区主教的法国人杜保禄，将教堂新址选在了“老西开”。

1913年法国当局不顾中国商民和一些教民的反对，强行在西开修建教堂。1916年竣工后，法国领事以“保护教堂”为名向直隶交涉署发出最后通牒，限48小时内在老西开地区驻地的警察全部撤出。这种借机扩张租界的行为，立即引起天津各界民众的不满，当即举行数千人的集会、游行和示威，要求北洋政府向法国进行严正交涉，法国当局的这种举动也引起了教会内部的一些神职人员的反对，当时在法租界内各银行、洋行、工部局工作的中国全体职工也参加了罢工活动，他们当中大多是教友，尤其是法国电灯房的工人罢工，使整个法租界陷

西开教堂

大教堂采用法国罗曼式建筑造型，平面呈长十字形，正面和后部耸立高大塔楼三座，呈“品”字形。

上砌翠绿色圆肚形尖顶，高达45米，每座穹顶上有一个青铜十字架。

檐下为半圆形拱窗，缤纷的彩窗透露着神秘多彩的宗教魅力。

建筑主体是用红、黄色花砖砌造而成，庄重典雅，前面院中有圣水坛，有左右两道大门，信徒分男女从不同的门入内。

教堂大门采用拱门形式，装潢非常考究，通常用石头作材料，在石门上凿出一个拱券，一个套一个拱券由表入里，一个比一个小，最里层是木制大门。

堂内为三通廊式，内墙施以彩绘壁画，装饰华丽，气派庄重。

教堂内每日早晨举行宗教活动。逢星期日及天主教节日，早晚皆有宗教活动。

入了瘫痪。这就是天津历史上著名的“老西开事件”。

劝业场 ⓦ
天津百货业的翘楚

✉ 天津市和平区金街与滨江道交会处

🚌 市区乘坐地铁3号线至和平路站下车，向西步行300米左右即到

劝业场是天津商业的标志性代表，始建于1928年，当时被人誉为“城中之城，市中之市”，可以说天津形成现代格局的繁华是从“劝业场”开始的。“天津劝业场”牌匾是由著名书法家华世奎所书写的。建筑面积2.1万平方米，立体五层，转角局部七层。总面积达五万平方米，营业面积达3.43万平方米，成为天津市最大的集购物、娱乐、消闲、服务为一体的多功能高档次的新型商厦。

昔日的劝业场在四至七楼开设了八个娱乐场所，分别是天华景戏院、天乐戏院、天宫影院、天会轩戏院、天露茶社、天纬台球社、天纬地球社、天外天屋顶夜花园，合称“八大天”，将中西文化、丝竹之声、戏曲之韵融为一体。

天华景演艺馆是对昔日“天华景戏院”的恢复与改造。恢复后的天华景演艺馆环境高贵典雅，规模限定在100人左右。演出的曲目和形式多种多样，京剧、评剧、越剧、梆子、歌舞、相声、杂技等一应俱全。

恢复后的天宫影院在装饰中体现出旧式电影院的气息和电影文化的历史发展记忆的特点。影院将“定制式”服务与日常消费相结合，以主体电影周和定制放映等形式进行运营。

天露茶社位于新厦七楼，设雅间和散座，在风格上将京派茶文化的老舍茶馆、巴蜀茶文化的老顺兴茶馆以及苏杭茶文化的心源茶楼融为一体，精致的茶品、茶具、古玩字画以及各种精彩的表演衬托出茶社古香古色的文化韵味。

天玮保龄球社即“原天玮地球社”，改造后的天玮保龄球以老照片、实物装点其中，并仿造1~2条昔日地球社的球道，提供各种时尚杂志和精美茶点，突出中西文化的合璧及个性化享受。

天外天屋顶夜花园富于极强的欧陆风情，设散座点缀其间，提供各种饮料、果点，在这里可以俯瞰城市建筑风貌。

玩家 攻略

美食：劝业场作为一个大型商厦，里面有很多餐厅，如呷哺呷哺劝业场店、天华景、维港港式餐厅分店、川蜀之味劝业场店等。

购物：劝业场购物非常方便，里面云集了很多名牌店。如郁美净滨江道店、爱伦斯特劝业场店、GOGO购物街、金至尊分店、金辉珠宝劝业场店等。

劝业场

玩家 解说

劝业场的创始人为高星桥，他1881年随祖父来到天津，随父在天津打铁，后来在老城里上过九年义学，又随其兄在铁路上当过司炉和煤矿上的司磅员。由于高星桥聪明机灵，在煤矿做工期间他学会了德语，受到主管德国人汉纳根的器重，被调入账房，后被提升为煤矿售配处的经理。从此高星桥步步高升，逐渐成为煤业买办，并与汉纳根结下了深厚的友谊。

1918年，第二次世界大战德国战败，煤矿主管汉纳根要回德国，他便把自己在中国的产业全部赠送给了高星桥，高星桥代理了德华银行、“起士林”餐厅等许多德国商人的在华产业。借此机会，他积极投资房地产，先后盖起了“交通旅

劝业场

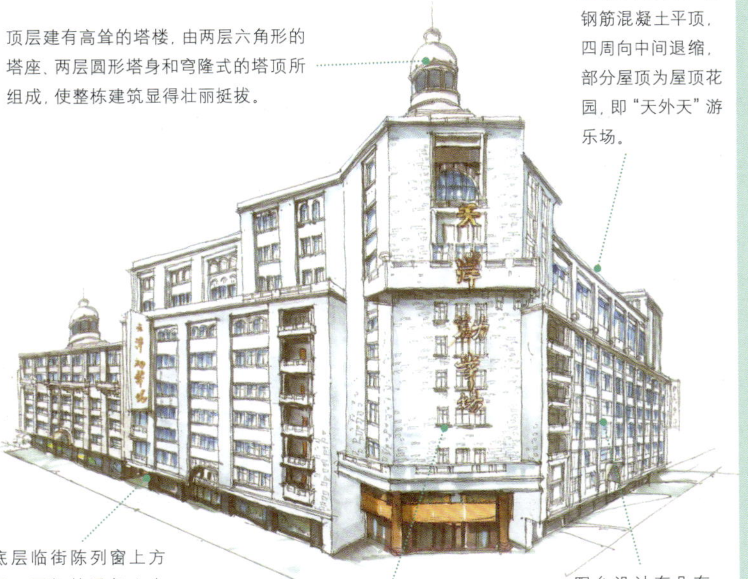

顶层建有高耸的塔楼，由两层六角形的塔座、两层圆形塔身和穹隆式的塔顶所组成，使整栋建筑显得壮丽挺拔。

屋顶为阶梯形的钢筋混凝土平顶，四周向中间退缩，部分屋顶为屋顶花园，即“天外天”游乐场。

底层临街陈列窗上方是一圈钢筋混凝土大挑檐，在商场入口处，是大拱券，并与两侧大挑檐连接贯通，拱券顶部和前面都有精细的花纹装饰。

由法国工程师——慕乐设计，建筑风格明显受折中主义建筑形式的影响。主体五层，转角局部七层，钢筋混凝土框架结构。

阳台设计有凸有凹，凸阳台牛腿支承，凹阳台两侧配以廊柱，中部装以宝瓶栏杆。

馆”“威尔逊大楼”，继而又与他人合股兴办大型商场“劝业场”，成为当时靠洋人发迹的买办典型代表。

静园

末代皇帝溥仪旧居

天津市和平区鞍山道70号

20元　市区乘坐地铁1号线至鞍山道下车

静园建造于1921年。原为北洋政府驻日公使陆宗舆宅邸。占地3360平方米，建筑面积2062平方米，整体布局为三环套月式三道院落，即前庭院、后庭院和西庭院。前庭院建有西班牙式砖木结构主楼一座，局部三层，西半部为通天木柱的外走廊，东半部为封闭式。建筑带有日本木构建筑风格和西班牙建筑式样。园内曲径长廊，怪石清泉，设有地灯。2007年7月20日，静园修整后开放，成为除北京故宫博物院、长春伪满皇宫博物院外，溥仪旧居中最大的一处。

中共天津历史纪念馆

天津重要的革命传统教育和爱国主义教育基地

天津市和平区山西路98号（与哈密道交口）

市区乘坐1、610、611路等公交可达

中共天津历史纪念馆是在原中共天津建党纪念馆的基础上迁移扩建而成的，是地方党史展览馆。纪念馆通过450多幅珍贵的历史照片、图表，大量历史文物以及真实的影像资料，生动地展示了从五四运动以后在党的正确领导下，天津地方党组织以及广大党员和人民群众前仆后继、英勇奋斗，在新民主主义革命、社会主义建设和改革开放的进程中创造的辉煌业绩。

天津利顺德饭店旧址

历史悠久的天津卫大饭店

天津市和平区解放北路199号

市区乘坐津游1线、13、953路等公交可达

天津利顺德饭店旧址为我国首家涉外饭店，始建于清同治二年（1863年），初为平房，后逐渐改建，扩建成两座楼房。该饭店是全国最早使用电话、电报设备的单位。

天津利顺德饭店是天津历史上第一家外资大饭店，在近代史上曾是重要的外交活动场所，英国、美国、加拿大、日本等国家曾先后将领事馆设于饭店内。孙中山、美国总统胡佛、英国国王爱德华八世、卓别林、梅兰芳等著名人士曾在此下榻或寓居。

瓷房子 AAAA

中国古典艺术品与西洋建筑的完美结合

天津市和平区赤峰道72号

27123366 成人票50元 学生票30元

市区乘坐9、35、50、185、629路等公交可达

瓷房子是在一座法式建筑基础上，用4000多件古瓷器、400多件汉白玉石雕、20多吨水晶石与玛瑙以及数以万计的瓷片作为装修材料，历经6年精心打造而成。它不单是一件艺术品收藏的集合体，更重要的是它所蕴含的中国文化符号。

馆内藏有晋代青瓷、唐三彩、宋代钧瓷与龙泉瓷、元明青花、清代粉彩等各个时代的精品，还有历代石雕、木雕、泥塑、漆器等

天津利顺德饭店旧址

饭店面对海河，背靠金融一条街，设施豪华，环境幽雅，是一座五星级涉外饭店。

为砖木结构的英国古典式建筑，经历了130多年的风雨历程，仍保留着原有的建筑风格和欧洲中世纪的田园乡间建筑的特点。

饭店于1996年重新装修，楼高七层，共有223间客房，包括28间套房，每间客房都以欧陆式风格室内装饰及家具设计。

起初，利顺德饭店为简易的英式平房，后经翻新和扩建，由一层平房变为设有阳台和塔楼的三层建筑，既富有英国乡土气息又体现出维多利亚建筑风格。

饭店1863年开业时，室内的许多家具都是从英国购进，至今已保存了百余年的意大利文艺复兴式雕花长椅、复古留声机、老式钢琴等。

玩家 解说

瓷房子原是天津法租界里的一栋小洋楼，博物馆主人张连志历时8年时间，用7亿多片瓷片把它重新塑造一番，这些瓷片大部分来源于海河三岔口，那里曾经是商船从南方运输瓷器进京的必经之路。商人通常会在河口检查货品，把途中打碎的瓷器扔掉，久而久之，河底积累了数十亿的瓷片。博物馆目前依然在继续建设之中，计划一共使用15亿片瓷片，这样就能让“平均每个中国人都有一片古老的瓷片”。

瓷房子掠影

珍奇古玩。博物馆外檐使用4亿多片古瓷片装饰而成，几乎可以见到中国各朝各代窑址中的瓷片，其中不乏钧窑、汝窑等五大名窑的瓷片。瓷房子院墙的墙身由600多个古瓷瓶组成，称为“平安墙”，囊括了唐、宋、元、明、清各朝代的古瓷作品。

玩家 游记

在街道上看瓷房子，首先见到的是“平安墙”，这道外墙是由600多个元代青花瓷瓶做成的。经过工匠的巧妙安排，这些瓷瓶的破损残缺之处都被镶嵌到墙内，瓶内也灌装了水泥，以增强其强度。

从正门进入瓷房子，首先看到一个类似屏风的建筑，一面镶嵌着几十座无首佛像，另一面则是“玄帝庙”，两条瓷龙栩栩如生。佛首在战乱年代大部分都遭盗窃，逐渐地散乱遗失了。

瓷房子外部最醒目的就是其右侧一条巨大的瓷龙。这条龙将近800米长，蜿蜒曲折，从入口一直延伸到瓷房子的顶部，堪称“世界之最”。在院子中间，还耸立着一座4米多高的石塔，这是元代雕刻的佛塔，因其刻有莲花，又有八个角，也叫“八角莲花塔”。

瓷房子

走进瓷房子，有几个精彩的看点不可错过，分别是中国红、帽筒柱栏、钧瓷墙和瓷猫。中国红位于古瓷博物馆的最高处，只见有一颗红色五角星，是用“祭红”瓷片拼成的。“祭红”是明朝皇帝祭祀专用的红色瓷器，这种御用瓷烧制技术复杂，传世稀少，非常珍贵。帽筒原本是清朝大臣用来放官帽的，博物馆用这些精美帽筒拼成栏杆墙柱，让人耳目一新。

钧瓷墙远观颜色十分艳丽，是博物馆中价值最高的一堵墙，墙上的碗都是“钧瓷”。钧瓷是中国古瓷中最昂贵、最有收藏价值的一种，民间有“纵有家产万贯，不如钧瓷一件”的说法。颜色艳丽，有“入窑一色，出窑万彩”的变化。在明清时期，钧瓷就已经非常珍贵，留到现在的，更是价值连城。

还有在这里随处可见的瓷猫，其中大多是猫型瓷枕。猫枕被装在外墙立柱上，头向下，取“猛虎下山”之意。有的树上也装饰了瓷猫、瓷鸟巢。

张学良故居博物馆

装修极为富丽考究的旧居

✉ 天津市和平区赤峰道78号 🚌 市区乘坐1、9、35、50、650、831、901路等公交可达

张学良故居博物馆又被称为“少帅府”，建筑总面积1401.65平方米，总占地面积近1000平方米。旧居有前后两幢砖木结构楼房，前楼建于1921年，三层带地下室；后楼为二层，建于1926年。两幢共有楼房42间，该建筑造型豪华、美观、大方。前楼正面二、三层设有屋顶平台；室内宽大考究，内部楼梯、地板、门窗等均采用菲律宾木料；卫生设备齐全，院内广植草坪。

复兴公园

天津老城的印记

天津市和平区西安道　市区乘地铁1号线在营口道站下车，步行即到

复兴公园是一座私家花园，原名皇后公园，始建于1937年，公园占地约10 000平方米，20世纪初，英租界大兴土木建设，这里曾是制造、储存建筑用材和搅拌混凝土的场地，后来由英国建筑师设计改建为花园和游泳池（新中国成立后名为“第二游泳池”），花园取名“皇后花园”。日本占领时期，花园先后改名“黄稼花园”“兴亚二区第四公园”。抗战胜利后，又改名为“复兴公园”至今。

园内古树参天，树树海棠，茵茵绿草，一园花开红紫。曾在园内修葺了书法碑林长廊，一度收集了全国知名书法家和名人的手迹42幅，人文气息颇浓。

玩家 攻略

就餐：公园附近有一个名叫“简坐”的餐厅，它算得上天津最有趣味的餐厅之一，夏天可以坐在院子里的木质平台上就餐，旁边就是复兴公园的镂空围墙，室内的环境也不错。

赏花：复兴公园每到春夏之交，鲜花竞相绽放，如海棠花、桃花等，让人目不暇接。

中心公园

古老又典型的街心公园

天津市和平区辽宁路、丹东路、承德道的交会处

市区乘坐9、37、837路等公交可达

中心公园占地1.27公顷，四周由环形花园路围绕。公园由法租界当局所建，始于1917年，1922年完工，故又称“法国公园”。代表性的建筑为花园中心的六角石亭一座

中心公园附近的名人故居

中心公园地理位置十分优越，周围分布了一些名人旧居，分别是李吉甫旧居、吉鸿昌旧居、庄乐峰旧居、章瑞庭旧居。

● 李吉甫旧居

位于花园路12号，为英国庭院式楼房，主楼分为南、北、东三幢，连同西侧正门，统由廊厅连为一体，现为和平区政府所在地。主楼的正门面向南方，为三个带方钢透空花饰的拱券窗的门廊。顺台阶入内是方形回廊，天井中央原有喷水池，四角设大花坛。楼内部装修十分考究，住房全部用菲律宾木料，双槽窗，红缸砖地面，豪华气派。李吉甫为近代天津有名的英商仁记洋行买办。

● 章瑞庭旧居

位于花园路9号，旧居建于1922年，由奥地利建筑师盖苓设计。为砖木结构三层楼房（设有地下室和阁楼），混水墙面。首层前廊入口处为半圆形花厅，厅内设喷水池，设施豪华；屋顶为红色孟莎式，造型独特。现为天津市工商业联合会使用。章瑞庭为天津著名实业家，曾开办恒源帆布厂、恒聚德军衣庄。

● 庄乐峰旧居

位于花园路10号，建于1926年，由外籍建筑师薄赫德设计建造。该建筑坐东朝西，主楼有四层，为德国庭院式建筑。楼的外檐墙饰面采用暖色调，屋顶是仿法国曼塞尔式。整幢建筑构图完整，外观宏伟，室内装饰讲究。庄乐峰为天津著名的实业家。

● 吉鸿昌旧居

位于中心公园南侧，是一座三层小洋楼。建筑平面顺应花园路的圆弧，呈不对称布局，建筑造型借鉴了欧洲民居风格，入口较突出；舒缓的红瓦坡顶，清水红砖与混水装饰线搭配的外檐墙面，使整个建筑显得温馨亮丽、大方明快。有楼房11间，平房2间，砖木结构。1933年吉鸿昌回天津在这所住宅楼内进行秘密革命活动。

吉鸿昌旧居

（民国重建时改为八角亭）。以石亭为中心，向周围的六条路口辐射，各路之间形成不同造型的园林小区域，小区域内路径曲折，小桥流水，绿柳成荫。公园外围以铁栏杆绕护，栏杆外为一条环绕公园的马路。

玩家 攻略

法式风情：中心公园里有一个法式风情区，包括浪漫风情体验区、购物休闲体验区、家庭生活体验区、文化博览体验区、餐饮娱乐体验区、精品酒店体验区六大板块，营造了浓郁浪漫的法式风情氛围，再现东方巴黎的神韵。

住宿：离中心公园不远处有一个超五星级酒店——莱佛士酒店，位于南京路国际商场旁的天津中心西塔楼32~45层，酒店包括55平方米的奢华标准间、8米宽的景观落地玻璃窗以及享誉全球的特色餐厅等。

中共北方局旧址

抗日救亡运动的发起地

天津市和平区黑龙江路隆泰里19号　27115679

市区乘坐28、37、96路等公交可达

中共北方局旧址是1936年春，为了贯彻党中央瓦窑堡会议精神，建立抗日民族统一战线，刘少奇同志受党中央的委托来津担任中共中央北方局书记时居住的地方。

旧址是位于隆泰里西侧两条胡同之间临街处的一幢二层楼房，楼下前后门相通。当年，楼下是惠兴德裁缝店，二楼临街有三个窗户，左边第一个窗户的房间，就是刘少奇居住的地方，他以教书先生因病休养的名义住在这里。屋内有一张木板床、一个小方桌、两把藤椅、四把木椅和一个煤球炉，后来为适合居室主人的身份，又添了一个大衣柜。

渤海大楼

昔日天津市最高建筑

天津市和平区和平路275~281号　市区乘坐1、20、35路等公交可达

渤海大楼是距中心公园最近的高层建筑，大楼主体共13层，高48.2米，建成于1936年，由买办高星桥与清庆亲王载振合股兴建，大楼建成后由高星桥之子高渤海经营，并以其名字命名为“渤海大楼”。

该楼为框架结构，由90多根钢柱搭架焊接连成一体，地基用菲律宾木排列打桩，墙体内层用空心砖，外层全部用进口特制砖垒砌，外观为棕褐色。现为国民饭店旅店二部。

六号院文化产业园区

天津创意产业起步的地方

天津市和平区台儿庄路6号　23322195

市区乘坐13、93、96路等公交可达

9:30~16:30　www.6art.net.cn

六号院文化产业园区原是英国怡和洋行的仓库，面积万余平方米，以其古朴的外观、怀旧的风格和闹中取静的优势吸引了一批国内外知名设计公司和艺术家。

仓库内部一间间库房现在被错落有致地分割为画廊、画室、摄影工作室、服装工作室、服装设计室、动漫公司等，不同的使用者依据自己的需求和喜好在内部重新进行了设计，最大限度地保持了原建筑的结构，而且将老房子的精华，点点滴滴融入现代的设计理念中。

园区的六号院艺术馆、六号院多功能厅两个一流场馆最值得参观。场馆先后引进了汇泰艺术中心、列宾画廊、侯元超摄影艺术馆、三品堂博物馆、雨田锐艺画廊等多家从事展览展示的艺术机构，使园区的展览展示内容不断丰富。

玩家 攻略

美食：在6号院门口，有一家小饭馆，虽然地方不大，但装修别具特色。店里有许多画卷和古陶等艺术装饰品，坐在小店的窗边就可眺望海河，可以一边欣赏美景，一边享用美食，价格也不是很贵。

美景：6号院紧靠海河渡船码头，欣赏完艺术作品之后，可以乘船畅游海河，观赏岸边的夕阳美景。

展览：园区经常会举办富有创意的展览，如书画、雕塑、油画、建筑设计等，参观者可以大饱眼福。

景点推荐 解放北路金融街

解放北路金融街曾是外国银行集中地，现今仍为天津金融机构的集聚地之一。这里文物建筑荟萃，现存风貌建筑数十幢，大部分都有百年历史。来到此处可以感受到天津乃至中国金融业在近现代历史上的发展历程。除此之外，这里还分布了天津艺术博物馆、天津印字馆等景观。

西北起解放桥，东南至徐州道接解放南路

市区乘坐13、93、96、953路等公交到大连道站下

玩家攻略

美食： 解放北路金融街饮食方便，餐馆众多。如华馨歌厅酒吧（和平区承德道15号）、海关胡同2号酒吧（和平区承德道海关胡同2号，23528899）、咖啡语茶（和平区和平路与承德道交口）、饭屋桥场（和平区南京路108号伊势丹7楼营口道口，27188385）、金牌餐厅（和平区营口道，23110544）、聚朋阁（和平区营口道9号）。

住宿： 金融街周边酒店云集，住宿很便捷。如香槟小镇酒店（和平区营口道82号，51096556）、星程香槟小镇酒店（和平区营口道82号，58829999）、温泉大酒店（和平区大连道13号）、天津如意之家旅店（和平区承德道19号，23328688）、格林豪泰酒店（和平区哈尔滨道35号，23115998）。

中国金融博物馆

浓缩金融发展史的博物馆

天津市和平区解放北路29号　免费

市区乘坐35、92、185路等公交可达

14:00~22:00　28358365

博物馆是1932年建成的原“法国俱乐部”旧址，地处天津金融城中心位置。在2400平方米的展馆内，收藏了近200件中国及世界各个时期的货币、金融票据及其他大量珍贵金融实物，共分为“金融历史和现状”“金融与我们”“中国货币历史”“金融危机与金融海啸”“专题展览”五个部分八

玩家 攻略

互动游戏：金融博物馆特别设计了"战争计算器""从名画中看金融"等十几个互动游戏，寓教于乐，让游客在参观的同时，获取更多金融知识。

金融博物馆

个专题。博物馆运用全新的设计理念，通过声、光、电、影、物等多种方式，在穿越百年时空的独特环境中，讲述了一部浓缩的金融发展史。

原中法工商银行

带有弧形曲线风格的银行

天津市和平区解放北路74号

市区乘坐13、953、93路等公交可达

原中法工商银行所在建筑现为天津市总工会办公大楼，当年楼体所在位置处在英法租界交接处，建筑师有意把大楼外形设计为一条弧形曲线，将两个租界不在一条直线上的街道自然流畅地衔接起来。建筑为四层混合结构楼房，设有地下室，局部为五层。建筑主入口设于街角，两侧通廊由沿弧线对称布置的10根科林斯巨柱构成，气势宏伟，造型典雅别致，表现出典型的古典主义风格。

天津市艺术博物馆

收藏艺术瑰宝较多的博物馆

天津市和平区常德道37号

市区乘坐津游1线、9、831路等公交可达

天津艺术博物馆是一幢具有巴洛克风格的建筑物，原为东方汇理银行。收藏文物近4万件，数量之多，质量之精，在中国博物馆中仅次于北京和上海。该馆一楼展厅以陈列历代书画为主；二楼展出天津地方民间艺术；三楼展出古代文物。

珍藏的文物包括绘画、书法、铜器、陶器、玉器、玺印、砚、墨、漆器等多个种类。一级藏品389件，书画中宋代范宽《雪景寒林图》轴、元代钱选《花鸟》卷、边鲁《起居平安图》轴、明仇英《桃源仙境图》轴、清八大山人《河上花图》卷、唐摹王羲之《寒切帖》，铜器中的西周夔龙纹铜禁，玉器中的商代甲子表玉版，瓷器中的雍正粉彩八桃过枝盘、乾隆珐琅彩牡丹雏鸡玉壶春瓶等，都是比较珍贵的文物。

链接

中国著名的艺术博物馆

北京艺术博物馆：位于北京市海淀区西三环万寿寺内。博物馆现收藏各类古代艺术品近五万件，时代上起原始社会，下迄明清，藏品门类广泛，主要包括历代书法和绘画、碑帖及名人书札、宫廷织绣、宫室瓷器、古代家具、历代钱币及玺印等。还收藏了上自宋代下至民国的古籍图书十余万册。博物馆所设展览有"万寿寺沿革展""明清家具清道光窑变釉石榴尊展""北京文物精华展""佛教艺术展""明清瓷器展""绘画艺术展""篆刻艺术展"等。

广州艺术博物院：位于白云山南麓的麓湖之畔，是广州市标志性文化建设项目，集古今瑰宝和岭南艺术于一体，是华南地区大型的综合性艺术类博物馆。其藏品是在广州美术馆40多年累积的基础上扩展而来的，主要以收藏中国历代书画作品为基础，特别是以岭南地区的书画作品为重点，兼顾其他门类的历代艺术品。

澳门艺术博物馆：位于澳门新口岸区文化中心内，是澳门唯一一所艺术博物馆，馆内主要收藏中国书画、印章，西洋绘画，陶瓷，铜器等具收藏及研究价值之艺术品及文物。博物馆共有五层，大小展览馆分别有五个。地下为图书馆，一楼为演讲厅，可容纳一百多人，备有幻灯、录影等放映设备；二楼及三楼各有一个专题展览馆；四楼为中国书画馆及中国陶瓷馆，所展出的皆属珍藏品。

原横滨正金银行

希腊古典复兴风格的银行

天津市和平区解放北路80号

市区乘坐13、93、96路等公交可达

华俄道胜银行天津分行大楼建于1896年，对面就是原汇丰银行天津分行大楼。该建筑为二层砖木结构，棕红色穹顶，黄色面砖，沿街立面是一排跳跃的山花。目前该建筑由票据交换所入驻。

链接

原华俄道胜银行名片

原华俄道胜银行是代表俄国在华利益的金融机构。资本来自法、俄、中三国，总部在圣彼得堡。华俄道胜银行享有在中国代收关税、盐税，经营铁路建筑，发行卢布等各项特权。在中国北部开设了20多处分行。1910年，它与另一家俄法合资的银行——北方银行合并，改称“俄亚银行”。1917年十月革命后，在俄总行和85处分行被苏联政府收归国有，即改以巴黎分行为总行，但实力受到严重削弱。1926年9月25日因巴黎总行外汇投机失败而清理停业。

原横滨正金银行为三层混合结构建筑，部分为四层，带局部地下室，建筑面积3150平方米。正面是八根科林斯巨柱式柱廊，端跨用壁柱收尾，正立面上下两层窗间墙用金色花铜板装饰，侧立面为三层，由八根巨柱式空廊与两侧花岗岩砌块的实墙形成强烈的虚实对比，辅以金色的铜大门及窗间铜饰板，更显得庄严肃穆。

链接

原横滨正金银行名片

原横滨正金银行为日本实力雄厚的银行，总行设在日本横滨，天津分行于1899年开业，1900年八国联军入侵，清政府炮轰租界，中街上许多建筑遭到炮击，横滨正金银行也遭破坏，后来经过修复后继续营业。

原华俄道胜银行天津分行

具俄罗斯传统建筑风格的银行

天津市和平区解放北路121-123号

市区乘坐13、93、96路等公交可达

原汇丰银行天津分行

当时天津财力最雄厚的一家外资银行

天津市和平区解放北路86号

市区乘坐24、37、605路等公交可达

原汇丰银行天津分行所在建筑建于1925年，分主楼和后楼，占地面积4400平方米，总建筑面积达5539平方米，建筑风格属于希腊古典复兴样式。东面入口两侧，对称布置了四根高大爱奥尼克柱，两旁门则用了两根塔司干式圆柱承托着冰盘式样的檐形门罩，南面是八根爱奥尼克式廊柱，入口处为花饰铜大门。

链接

原汇丰银行天津分行名片

汇丰银行创办于1865年，当时总部设在香港。清光绪八年（1882年），汇丰银行天津分行在英租界宝士徒道（今营口道）开业，是最早在天津设立的外国银行。1925年迁入中街新楼（今解放北路82号）营业，直至1941年12月太平洋战争爆发，被日军接管停业。1945

年抗日战争胜利后，在原址恢复营业，至1954年撤离天津。1993年6月，在解放北路199号利顺德饭店内重新开业。1999年11月迁至河北区海河东路远洋广场1号营业。

原花旗银行天津分行

雕刻风格十分精美的银行

天津市和平区解放北路90号 4008211880

市区乘坐13、93、96路等公交可达

原花旗银行天津分行所在建筑为混合结构二层平顶楼房，花岗岩石材饰面。建筑首层为石砌基座及高台阶，门前由四根巨大爱奥尼克石柱构成开敞柱廊，强化其对称构图。室内装修同样延续古典风格，大厅内部立有七根方柱，墙面镶有壁柱，屋顶有装饰雕刻。

链接

原花旗银行天津分行名片

花旗银行创办于1812年，总行设在美国纽约，天津分行于1916年开业，独家负责美国对华贸易输出结算。除办理存放款业务外，还在天津发行钞票。1950年后清理结业。

原中南银行

欧洲建筑探新主义风格的银行

天津市和平区解放北88号

市区乘坐13、93、96路等公交可达

原中南银行建筑为二层钢筋混凝土结构，附带有一层地下室。受探新主义的影响，古典建筑的部件在此建筑修建过程中进行了简化。该建筑以地下室作为台基，一、二层为柱身，半圆的柱子已完全简化，没有柱头，转角处的柱础为小八角板，柱墩也呈小八角形，主要入口顶部建有一个半球形的钢筋混凝土穹顶，穹顶外套有一个铜质镂花穹顶。

原朝鲜银行天津分行

法国古典主义建筑风格的银行

天津市和平区解放北路97～101号

市区乘坐13、953、93路等公交可达

原朝鲜银行天津分行建筑面积2000平方米，为砖混结构三层楼房。正入口为硬木雕花大门，两侧立有十余根罗马式圆柱，采用磨砖对缝的传统建筑手法。二层上端出檐，窗台做瓶式列柱装饰，形成护栏式回廊，屋顶为缓坡式，转角处做山花式处理。

链接

原朝鲜银行天津分行名片

朝鲜银行是1911年成立的由日本控制的一家金融机构，总行设于朝鲜京城。天津分行成立于1918年，1938年迁往在日租界旭街（现和平路）建起的新楼内营业。1945年国民党政府接敌伪产业接收，该行结业。该大楼局部也曾是由法国人开办的专营珠宝玩物的乌利文洋行。

原比利时领事馆

不是设在自己租借地的领事馆

天津市和平区解放北路102～104号

市区乘坐13、93、96路等公交可达

原比利时领事馆建于1921年，由比利时仪品公司设计并监理。建筑面积2339.5平方米，砖混结构，该建筑基本保持原貌。由于比利时租界位置比较偏僻，比利时领事为保持与各租界当局的密切联系，始终没有把比利时领事馆设在自己的租借地域内，而是将其设在比较繁华、交通便利的英租界内，与华比银行共同使用这座大楼。

原怡和洋行

昔日天津最大的洋行

天津市和平区解放北路157号

市区乘坐13、93、96路等公交可达

该建筑建于1921年，为二层混合结构楼房。建筑呈对称布局，主入口位于立面中段，两侧各有一根科林斯巨柱。建筑体量稳重，

原比利时领事馆

装饰简洁，室内装饰豪华大气，具有古典主义建筑特征。

链接

原怡和洋行名片

怡和洋行是英国老牌银行，总行设在上海。天津分行开设于1867年，是天津第一家由外商开办的以从事远洋运输为主的洋行，行址最初设在紫竹林码头。该行早期以代理船舶为主，1872年将所辖轮船改组为华海轮船公司，1881年在上海成立怡和轮船公司，天津怡和洋行船务部也相应改组为怡和轮船公司天津分公司。

原太古洋行

仅次于英国怡和洋行的第二大洋行

天津市和平区解放北路165号

市区乘坐13、93、96路等公交可达

太古洋行是天津早期洋行之一，该楼建筑面积1971.27平方米，为砖木结构二层楼房，清水墙，平面呈“凹”字形，高台阶入口，上部留有平台。门窗均作拱券形，首层窗楣做放射状花饰。平顶带女儿墙。造型新颖，风格独特。建筑基本保持原貌。

链接

太古洋行名片

太古洋行由苏格兰人思考特于1812年在英国利物浦港创办，主要经营船运业，后总行至迁伦敦。天津分行成立于1881年，曾和怡和洋行共同垄断中国的船运业，后兼营糖业、油漆、保险、驳船等业务。

天津印字馆旧址

保护状况最为良好的一座西洋建筑

天津市和平区解放北路189号

市区乘坐13、953、624路等公交可达

天津印字馆旧址建筑面积3000多平方米，属巴伐利亚建筑风格。即使在120年后的今天，由纵横线条勾勒的整座建筑仍极具现代感。红砖外墙，正面外墙饰以麻石表面，并用上升感极强的白色直线装饰条纹。整栋楼红白相间，色彩活泼。

玩家 解说

天津印字馆是天津最早拥有现代印刷设备的印刷厂。始建于1886年，一度成为路透社天津分社。

1886年，当时任职天津海关税务司的英籍德国人德璀琳创办了天津第一家中文报纸——《时报》，并引进先进设备成立了“天津印刷公司”。德璀琳的女婿接任后，将印刷公司改为“天津印字馆”。

解放北部建筑

景点推荐

围堤道周边

围堤道是位于天津市河西区的一条大道，北接马场道，南连友谊路。周围云集了天津很多知名的景点，有用清代私家园林改造而成的人民公园，公园小巧雅致，风光秀丽多姿。还有各种综合性或专题性的博物馆云集在这里，如天津博物馆、天津科学技术馆等。

天津人民公园

清代私家园林改建成的公园

天津市河西区惠州道29号 6:00~22:00

市区乘坐地铁1号线在下瓦房站下车

天津人民公园是一个以游艺娱乐为主的综合性公园。园区将山水园林文化内涵与现代人文景观密切结合。以一条环形河将公园分为东、南、西、北、中五个区，五个区域大小形状不一，貌似独立又相互联系，各区域情趣各异，协调自然，错落有致。

北部地区是儿童游乐区，里面建有很多新颖和刺激的儿童游乐设施，是孩子们玩耍的天堂。西部地区是水上游乐及沿湖游览区，此处设有长廊、水榭、湖心亭、白石桥、中合塔等建筑。南部地区是动物观赏区，可以看到珍稀的动物，如白虎、狮子等。东部地区是公园的文化活动区，这里设有南北展馆及国际博览馆，还有占地4000平方米的大广场，公园东南隅，保留了“荣园”的古建筑“藏经阁”。中部地区设有“显密园通殿”，

玩家 解说

人民公园的前身是津门富豪大盐商李春城的私家别墅，名为“荣园”，天津人习惯称为“李善人花园”。始建于清同治二年（1863年）。新中国成立后，李氏后裔李岐美把荣园献给国家。人民政府对该园进行了全面规划改造，1951年7月1日正式开放，更名为人民公园。1954年，毛泽东亲笔题写了园名，这是毛泽东唯一一次为国内公园题字。

人民公园

这是当年李家念经诵佛的祠堂。

玩家 攻略

听音乐：人民公园在整个园区设置了背景音乐，游客一进入公园就能听到“丝竹弦乐”；湖面上引进十余条南方乌篷船，船上有琵琶、扬琴等南方韵味十足的乐器表演，还为游客准备了饮料、酒水、餐点等，可以赏景听曲、对酒当歌。

购物：围绕人民公园的大沽南路、琼州道、广东路三条街组成一个“H”形商业街区，里面云集了很多商铺。

天津自然博物馆

中国最大的自然博物馆之一

天津市河西区友谊道31号

免费

市区乘坐529、636、641路等公交可达

天津自然博物馆始建于1914年，是中国历史最长、藏品最丰富的自然博物馆之一。也是中国为数不多的集动物、植物、古生物、地质、环境保护等多学科为一体的综合性博物馆。占地2万平方米，建筑面积1.2万平方米，主体建筑为“海贝含珠”造型，寓意天津自然博物馆是渤海之滨的一颗明珠。馆藏各种动物、植物、古生物、岩石、矿物、古人类标本40万件。

其中一、二级珍品1282件，模式标本1400件。重点收藏中国西北、华北地区，同时收藏全国具有代表性、典型性及世界范围内的自然科学标本。

天津自然博物馆已于2014年1月25日搬入原天津博物馆（文化中心近平江道），称为天津自然博物馆新馆，现免费开放。新的天津自然博物馆总建筑面积为3.5万平方米，包括常设陈列区、临展区、体验娱乐区、科普教育区、对外综合服务区、科研区、藏品区、综合管理区等分区。

动物生态厅

动物生态厅展示的是按生态地理形式陈列的爬行动物群和鸟兽动物群标本，既有东北的浩瀚林海，也有辽阔的塞北草原，还有南疆的热带雨林。展览配以高山、流水，并利用高科技手段复原了它们生活的动态场景。参观过程犹如走进深山旷野，一览大自然的生机与活力。

世界昆虫厅

昆虫厅的展览分为两大部分。第一部分为昆虫大世界，通过“比恐龙出现更早的动物——昆虫”“昆虫的近亲”“生命的故事——昆虫变态”“保全生命的自卫与伪装艺术”“一只昆虫的构造解剖”等几个板块介绍了昆虫的基本知识。

第二部分为千姿百态的昆虫，通过“有原始状态翅的昆虫”“最美丽的昆虫——蛾和蝶”“身披盔甲的昆虫——甲虫”“排放臭味的昆虫”“会唱歌的昆虫”“令人讨厌的昆虫”“社会性生活的昆虫”“世界各地的观赏昆虫”等几个部分充分展现昆虫的全面知识。

天津自然博物馆

海洋贝类厅

海洋贝类厅分“贝类漫谈”“沧海桑田贝壳堤”“天津沧桑多变”三个部分，由浅入深地展示了贝类漫长而复杂的演化过程。不仅可以领略到形态多姿和色彩斑斓的热带海洋贝类，还可以了解到天津古海岸与湿地自然保护区以及天津沧海变桑田的演变过程。

热带雨林观赏区

热带雨林观赏区模拟了热带雨林的地理环境，观赏区各种不同的树木大小都有，高矮搭配，构成三到四个树层，树下十分幽暗阴森。踏进雨林，遮天蔽日和光线幽暗的景象使人觉得仿佛进入混沌初开的远古时代。

触摸池

触摸池里喂养有各种各样的海洋生物，如憨态温顺的海龟、行动迟缓的海星、奇形怪状的海螺、张牙舞爪的虾蟹、反应敏捷的鱼类、舞姿翩翩的海葵等。游客可以体验近距离接触这些生物的感觉。

在2008年10月前，天津自然博物馆进行了夜光博物馆和轮椅博物馆的改造。夜光博物馆让每个参观者完全进入动物的世界，在夜光背景、动态背景下观察动物的生存状态。轮椅博物馆是指游人将全部乘坐轮椅，沿着固定的轨道完成景观区域的游览。

链接

北疆博物院

天津自然博物馆的前身是北疆博物院，是法国著名地质学家、古生物学家、考古学家桑志华（Emile Licent，1876—1952）筹建的。他在中国工作期间，对黄河流域、海河流域广大地区的人文、地理、地质、气象和动植物资源进行探察。行程约5万千米，采集古生物、动物、植物、古人类、岩矿等标本20余万件。

1922年由法国天主教会募集资金，建设北疆博物院第一座办公楼（北楼）。1925年建设陈列厅与办公楼相接，1928年5月陈列厅建成开放。1929年建造藏品楼（南楼），1930年建成，至此北疆博物院建筑形成一座“工”字形建筑，成为世界上赫赫有名的博物馆。

古雅博物馆

天津市首家私人博物馆

天津市和平区马场道208号　9:50~15:00

市区乘坐677、685、870路等公交到金山里站下

23357799

古雅博物馆是展示近代枪支和西洋家具的专题型博物馆。展品主要是清末打开国门以后西洋军队使用的手枪、短步枪共200余支。当时人们使用的生活用具，包括一战时期美式打印机、电话机、糖罐、咖啡具、电风扇、手电筒、花瓶、文件柜等300余件。真

天津的私人博物馆

天津市的私人博物馆最有名的是古雅博物馆、隽祯博物馆和宝成博物苑，这些正文都有介绍。下面列举其他一些私人博物馆。

● 万壶堂陶瓷博览馆

位于天津市河北区中山路中山美食街对面日纬路13号，它是一座集展示、研究、普及作用于一体的私人博物馆。馆主为马冀良兄弟，里面收藏历朝历代的各种瓷器，馆主还撰写出版了中国第一部《陶瓷艺术大典》。

● 东方红收藏博物馆

位于天津市武清区杨村镇雍阳西道武清区人民医院对面世纪商场三楼，馆主为杨建清。博物馆共收藏了红军时期、抗日战争时期、解放战争时期、新中国建设时期的各类革命纪念物70 000多件，其中属于国家文物级的藏品有26件，各种材质的毛主席像章12 000多个，各种样式的毛主席雕塑400多座，反映革命斗争及新中国建设的宣传画数千张，如反映五四运动、八一起义、平型关大捷等革命历史事件。

● 三品堂彩陶博物馆

位于天津市和平区台儿庄路6号的创意产业园内，它是天津市唯一一家收集、展示彩陶的私人博物馆。这里不但有三品堂主人田士利收藏的翡翠艺术品、彩陶文物，而且还设置了许多雅座，可以在这里静静地品茶、欣赏彩陶艺术。

● 五大道博物馆

位于天津市民园大楼五大道游客服务中心的地下一层，这里共有近千件文物，是刘春芬女士用了30多年时间逐渐搜集而来的。里面集中展示了民国时期有关五大道风情的各种文物。如保存非常完整的英式壁炉，壁炉两侧镶有被人们称为“日本红”或“意大利红”的暗红色名贵瓷砖，精致的英式百年老书桌、老日历以及盛放烟斗的水晶托等。此外，馆内还设有一个小型电影院，面积有七八平方米，桌上摆放着民国时代的电影放映机。这里放映一些民国老电影，向人们讲述五大道人家的老故事。

● 祈年湾奇石博物馆

位于天津市南开区水上北路，在3000多平方米的展馆内，展出了数千块奇石，包括红河石、蜡石、戈壁石、九龙壁玉石、太湖石、各种化石等数十个品种，包含所有当前国内外藏石界所推崇的一流石种。

实地反映了当时人们的生活情况，并具有爱国主义教育作用。

天津博物馆

大型艺术历史类综合性博物馆

天津市河西区友谊路与平江道交叉口的银河广场　免费　市区乘坐655、662、668、686、800、912路等公交可达　83883000　9:00~16:30（周一闭馆，节假日除外）　www.tjbwg.com

天津博物馆占地面积5万平方米，总建筑面积3.5万平方米，馆藏各类文物近20万件，历史类文物与艺术类文物并重是其一大特色。包括书法、绘画、青铜器、陶瓷器、玉器、玺印、砚台、甲骨、钱币、历史文献、近现代文物、地方民间工艺等多个门类，其中国家一级文物近千件。藏品数量之丰富、质量之精湛在全国屈指可数。

古雅博物馆

玩家攻略

美食： 天津博物馆周边餐厅云集，饮食十分方便。如翠亨邨友谊店（河西区友谊路25号科技咨询大厦1~2楼，28131601）、水晶宫饭店中餐厅（河西区友谊路28号）、香粤紫金城酒楼（河西区友谊路西园道12号增1号，60366888）、天子首席（河西区友谊路35号君谊大厦B－3号，28354567）。

住宿： 博物馆附近住宿也很便捷，有很多酒店，如水晶宫饭店（河西区友谊路28号，28356888）、如家快捷酒店友谊路店（河西区友谊路42号，58816666）、美都大酒店（河西区围堤道117号友谊路口，28361818）。

水晶宫饭店：是天津著名的四星级酒店，饭店临湖而建，建筑风格优雅独特，具有独特的欧美风情。饭店拥有346个风格各异的房间，包括标准客房、套房、公寓、商务客房及写字间，室内装饰布局典雅舒适，餐饮设施时尚入流。

购物：博物馆周边商业中心较多，购物十分方便。如银河购物中心（乐园道与越秀路交会处，88356001）、友谊商厦河西店（河西区友谊路21号，60860000）、江南布衣友谊路店（河西区友谊路华润底商）、龙门文体批发市场（河西区佟楼友谊路）。

延伸 银河公园

银河公园位于河西区友谊路以东、乐园道以南、越秀路以西，总占地面积19.89万平方米，可使用面积17.14万平方米，为一座半下沉式全开放式公园。它是一个人们进行户外运动的首选公共场所。

银河公园由满月、母月、子月构成的三天月广场，星辰广场，仙客来广场，假日广场以及公园内璀璨的万盏明灯组成。三天月广场位于整个公园的中心位置，总面积2.99万平方米，由满月塔、满月湖、母月穹顶、子月穹顶、母月广场、子月广场以及中心广场构成。满月塔高51.25米，共15层，塔前精心设计了9根旗杆，每根高为20米。据设计者介绍，之所以竖立9根旗杆，取其中国传统文化中9为最大数之意，配以长空利剑灯，形成整座公园的制高点，游人可沿双重螺旋式楼梯攀登到塔顶凭高远眺，一览公园美景。

星辰广场总面积2.87万平方米，是由三天月广场呈放射状延伸、扩展出来的广场，广场周边铺设了放射形灯饰和造型别具一格、新颖时尚的动感雕塑，营造出星光灿烂的氛围。

仙客来广场总面积6.01万平方米，由假日广场、绿荫园和环绕广场周围每个面积为407平方米的童趣园、太极园、梨园、艺苑、英语角以及健身园等小型广场组成。

假日广场面积为7283平方米，错落有致的花坛和矮树环绕在广场周围，为游人提供了妙趣横生的娱乐休闲空间。

灯光是银河公园最重要的景观，整个银河公园共装有两万盏灯，其中三天月广场母月和子月的屋顶装饰1万盏，满月塔装饰3000盏，而且使用了6种不同的灯形以增加它的光效变化。

天津博物馆

天津大剧院位于河西区友谊路，毗邻银河公园。剧院总体建筑面积38 000平方米，可以欣赏国内外各种音乐会和歌舞剧。

精品展馆

精品展馆是一个大型的文物主题陈列馆。展厅面积600平方米，荟萃了馆藏文物精品110余件（套），涉及玉器、青铜器、书法、绘画、瓷器、玺印、甲骨、敦煌写经等多种类别，都是从馆藏20余万件文物藏品中萃取的文物精华。展览共分为“文物收藏的沃土”“内府珍藏徙津门”“累累家藏献国家”“殚精竭虑护珍宝”四个板块。

瓷器展馆

瓷器展馆面积为750平方米，展览选用馆藏瓷器250余件，分别将中国古代瓷器划分为胎装饰、釉装饰和彩装饰三大类加以展示，揭示了中国古代瓷器的发展历程。

书法展馆

书法展馆面积为800平方米，馆藏有关书法方面的文物180余件。从距今8000年前的刻画符号、商代甲骨文、周代的青铜和金文、战国的玺印和钱币、秦砖、汉瓦、魏晋南北朝的石刻和碑帖一直到历代的卷、轴、册等载体中，精选出草隶篆等各种书体，加之考古出土的实物、典型文字的照片、摩崖石刻景观等组成了中国书法简史的一个陈列。

银河广场

绘画展馆

绘画展馆面积为750平方米，展览以本馆丰富的馆藏明清绘画为基础，遴选出87件各时期、各流派具有代表性的著名画家的代表作品，展现了宋代以来中国画文学化发展的趋势。

历史展馆

历史展馆是以天津地方史为主题的大型历史陈列。占地2600平方米，通过364幅珍贵的历史照片，384件翔实的历史文献、文物和历史资料，并采用三维空间的展示手法，将文物、文献、照片、模型、油画、景观等穿插其间，充分展示了天津建城以来城市发展的历程。

本展览分为九个板块，分别为“天津历史的沉淀”“英勇悲壮的抗争”“工业文明的启蒙”“殖民统治的见证”“北洋新政的诞生”“中西文化的交汇”“北方经济的中心”“日本侵华的基地”“红色风暴的雷鸣”。

天津科学技术馆

中国内地最古老的大型现代化综合性科普设施

天津市河西区隆昌路94号　28320315

市区乘坐604、632、655路等公交至科技馆站下

8:30~16:30（周一闭馆）

天津科学技术馆占地3万平方米，建筑面积2.1万平方米，无论从高处鸟瞰，还是从远处凭眺，科技馆的外形都酷似一座桥，象征着科技是连接现在与未来的一座桥梁。“桥”中央3/4球形的天象厅，宛如一轮喷薄欲出的朝阳。

科技馆占地面积近2万平方米，分为常设展厅、主题展厅、宇宙剧场和办公区。其中常设展厅1万平方米，共12个展区，300余件（套）展品，其中90%以上可以动手参与操作。主题展厅1000平方米，根据公众关注的科技热点定期举办相应的主题展览和专题科普活动。主体展厅上方的球形宇宙剧场是目前大陆唯一一座兼有天文馆功能的剧场，装备了从美国引进的360度穹幕电影放映系统和数字式电子天象仪系统，可放映自然科学影片和各种天文节目。

链接

中国著名的科学技术馆

除了天津科学技术馆之外，中国各地都有科学技术馆，著名的诸如：

中国科学技术馆：位于北京市朝阳区北辰东路5号，东临亚运居住区，南依奥运主体育场，是奥林匹克公园中心区体现“绿色奥运、科技奥运、人文奥运”三大理念的重要组成部分。中国科学技术馆建筑为一体量较大的单体正方形，利用若干个积木般的块体相互咬合，使整个建筑呈现出一个巨大的“鲁班锁”，又像一个“魔方”，蕴含着“解锁”“探秘”的寓意。设有“科学乐园”“华夏之光”“探索与发现”“科技与生活”“挑战与未来”五大主题展厅、公共空间展示区及球幕影院、巨幕影院、动感影院、4D影院四个特效影院，其中球幕影院兼具穹幕电影放映和天象演示两种功能。此外，新馆设有多间实验室、教室、科普报告厅及多功能厅。

玩家 攻略

互动体验：天津科学技术馆里面有很多可以互动的设施，如制作纸张、化学实验以及制作陶艺等各种手工操作。可以亲身体验制作的乐趣。

美食：天津科学技术馆附近吃饭比较方便，云集了很多餐厅。如红旗饭庄河西店（河西区隆昌路68号，28222656）、许府牛杂火锅（河西区隆昌路景兴西里72号底商，81144299）、烫烫烫麻辣烫火锅（河西区围堤道与隆昌路交叉口）。

演出：天津科学技术馆旁边有一个刘老根大舞台，可以观看具有原汁原味东北风情的演出。门票：100元。

天津科学技术馆

武汉科学技术馆：位于武汉市汉口赵家条104号，展厅面积为6400平方米，分为童乐园、机器人世界、探索与发现、人与健康、力学与机械、科学与生活、地球与宇宙、数理天地、信息技术、声与光、材料与能源、电与磁等展区。融科学性、知识性和趣味性为一体，90%以上展品可由观众动手操作。

安徽省科学技术馆：坐落于合肥国家高新技术产业开发区内，占地面积近两万平方米，外观像一艘乘风破浪的巨轮，象征着远航的科技之舟。科技馆共分八个厅：前厅、中厅、动手园，以及第一至第五展厅。第一展厅是神奇磁电区和智能机械区，第二展厅是航天博览区，第三展厅是通信与信息区，第四、第五展厅是安徽科技发展区与发展史区。展示的内容着重反映基础科学原理、未来科技发展的趋势和中国国民经济发展领域内的重大成就，以及具有安徽地方特色的科技发展史。

隽祯博物馆

展示明清时期木器家具的专题型博物馆

天津市河西区体院北道8号　45元　市区乘坐9、628、857路等公交到体院北站下　23952000

隽祯博物馆展品囊括了条几、屏风、桌

隽祯博物馆

椅、床榻、橱柜、门窗等十几个门类，共5000余件文物。馆内拥有明代软木桌椅几十件，清代红木屏风、条几近百件。

隽祯博物馆收藏的家具文物主要为牌匾类、实用类、装饰类等几大类。牌匾类主要是记载家族的考取功名子弟的事迹，或者是祖传的家训等，如“耕读传家”匾、“明经进士”匾等。实用类的家具文物有衣架、书案、冰箱等。艺术类的家具文物主要是起装饰作用的花瓶、挂件、八仙柱等。

博物馆还是“粤唯鲜”文化集团的三座“能吃的博物馆”之一，在寒冷的冬季，可以一边吃火锅，一边听服务员讲解家具文物的知识。

链接

“粤唯鲜”文化集团

天津市粤唯鲜集团于2001年9月28日正式成立，它的前身是粤唯鲜酒家，取名“粤唯鲜”意为“粤菜唯我最鲜”，主营粤菜，是天津市为数不多的旅游涉外定点餐馆之一和天津市饮食业特一级单位。

粤唯鲜集团总裁张连志先生有一个最大的爱好，就是收集文物。二十多年来，一直致力于古文物的收藏研究，至今已经收集各类藏品六千余件，历朝历代、中西方文物皆有，种类繁多，涉及家具、门窗、门楼、牌坊、雕塑、乐器、马具、车、餐具、酒具、铜镜、青铜器、瓷器、陶器、挂饰、摆饰、字画、老电器等数十种门类。同时，粤唯鲜集团下属的三个酒家还被批准为三个“能吃的博物馆”，分别是粤唯鲜集团华蕴博物馆、粤唯鲜集团隽祯博物馆和粤唯鲜集团古雅博物馆。

天津奥林匹克体育场

2008年北京奥运会足球预赛天津分赛场

天津市西南部奥林匹克中心

市区乘坐8、52、162路等公交可达

天津奥林匹克中心体育场昵称为“水滴”，它是一座不规则的椭圆形建筑，状如水滴，用金属和玻璃为主要材料制成的明亮夺目的银色“外衣”线条流畅，使这个场馆有着水滴一般的晶莹感。

体育场在2008年奥运会期间，曾进行了男女足球的预选赛。占地面积8万平方米，分为六层，除了可满足国际足球和田径比赛要求外，还设有卖场、展馆、会议厅、健身室等多项辅助设施，是集群众休闲、娱乐、健身、购物为一体的综合性体育场。

链接

天津奥林匹克体育场的建筑特点

合理的基本功能布局：体育场在一层设置包括运动员、裁判、记者、竞赛管理等在内的竞赛用房，二层以上设观众区，观众的进退场全部在二层完成。

完美的空间曲面结构：体育场最具特色的“水滴”形大屋盖，以南北轴为对称轴，东西两侧对称，北端向外拉伸，形成一个椭圆形的半球体。

高难度的屋面系统设计：为了营造“水滴”的明亮圆润效果，体育场的屋面被分成三部分，从上到下依次为阳光板、金属屋面和曲面玻璃幕墙，就如同可呼吸的皮肤，能适应四季环境的变化。

生态、环保、节能理念：为了达到节能环保的目的，奥林匹克体育场采取了一系列措施，如在玻璃幕墙表面采用丝网印刷，可以有效遮挡强烈阳光对二层平台内的直射，降低室内能源消耗。同时，通过宽大的开敞式入口、各看台出入口以及包厢层局部打开的走廊，可以实现良好的自然通风。

奥林匹克中心体育场

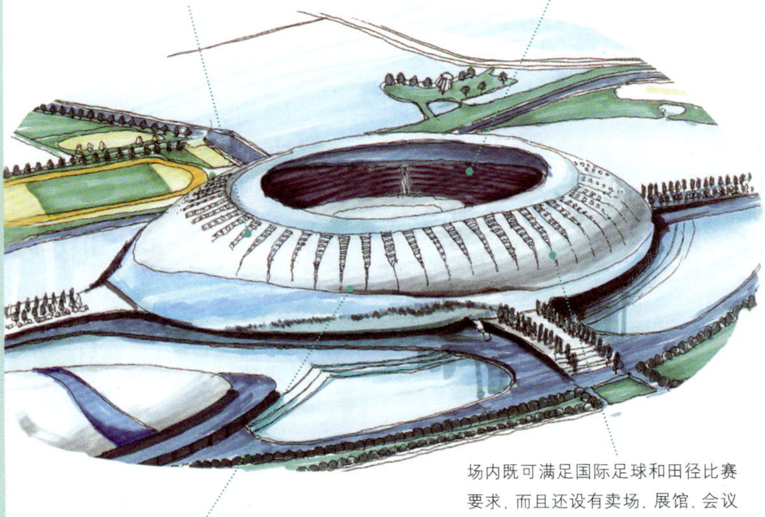

景点推荐

天塔湖周边

天津天塔湖景区 AAAA

津门十景之一

天津市河西区天塔道　50元

8:30~21:30（11月~次年4月），
8:00~22:00（5月~10月）

23343557

市区乘坐地铁3号线至天塔站下车可达

天津天塔是一座集广播电视发射、旅游观光、休闲娱乐于一体的综合性多功能塔。景区内风光旖旎，碧绿的天塔湖水域面积广阔，微波荡漾。雄伟的天津广播电视塔矗立在湖中央，和清澈的湖水相互辉映。

天津广播电视塔

天津广播电视塔简称天塔，是天津的标志性建筑。天塔四面环水，总高度415.2米，飞碟形的塔楼位于地面248~278米处，经营建筑面积5000多平方米。天塔由塔基、塔座、塔身、塔楼、天线五部分组成，塔座内有工作人员的工作室和可供游览观光的用房，塔身轮廓为对称滑爽的多折线，使人感到天塔线条优美流畅，稳固有力。塔内中央设有4部高速电梯，梯内灯具大小不一地排列于梯顶，宛如宇宙星辰，电梯60秒内可将游客送至塔楼。塔楼二层是眺望厅，大厅以特制钢化玻璃为幕墙，晶莹透彻，东西南北安放了高倍望远镜，通过它，既可近览津沽秀景，又可远眺蓟北大地和渤海之滨。三层为旋转餐厅，厅内有192个座席，这里的灯具、地毯、桌椅无不富丽堂皇。当进餐之时，餐厅徐徐转动，津门美景尽收眼底，美妙无穷。其余各层是工作间，137.2米高的桅杆，起到了发射电台、电视台节目的作用。

天塔湖

天塔湖水域面积22公顷，环湖堤岸长达2400多米，湖面有大型音乐喷泉、水幕电

影、假山瀑布。湖面的北端建有6000多平方米的喷泉广场，东面建有3000平方米的紫金广场，南岸是人工塑造的群山，巨大的瀑布倾泻其间。湖中有游船、快艇，这里曾举办过多项水上竞技表演。

玩家 攻略

俯瞰津门：在景区的天塔眺望厅可以借助望远镜俯瞰津门方圆百里的景色，在天塔的各个玻璃窗上都有明文提示这里看过去的主要街道和建筑，可以清楚地分清整个天津的地理位置。

美食：在天塔第三层的旋转餐厅可以享用各种美食，餐厅可同时容纳200多人就餐，每隔

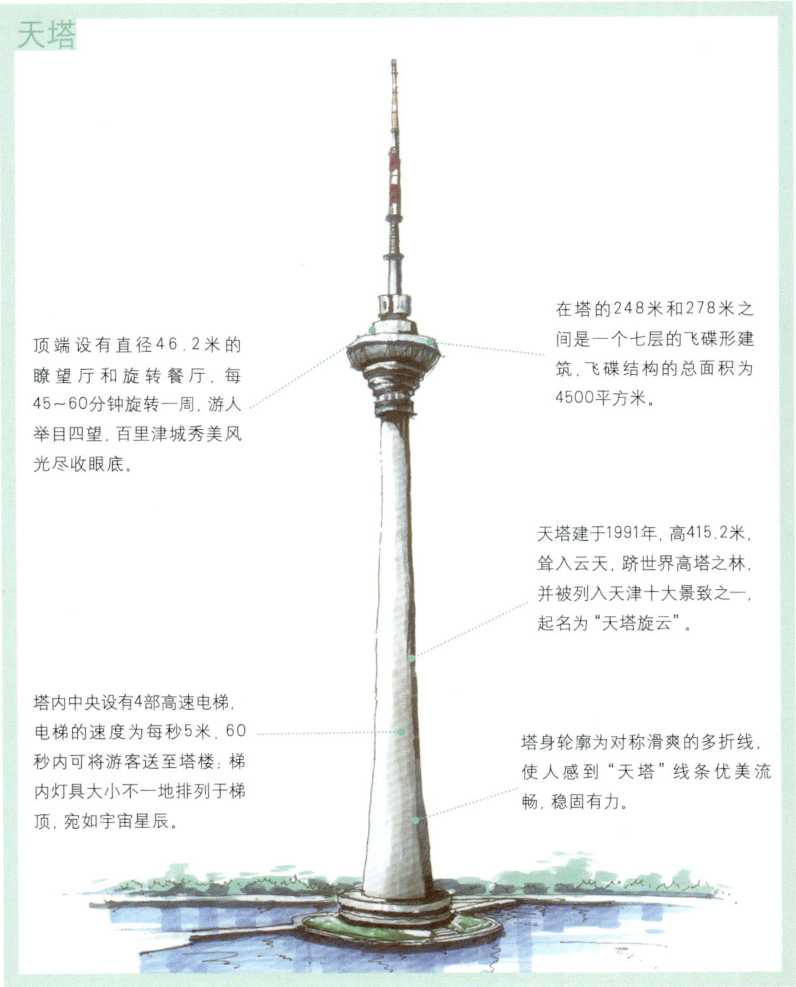

45～60分钟便自转一周，人随厅转，目随景移，其感受妙不可言。另外，这里还提供点心、咖啡等。

情侣许愿：在天津广播电视塔内部，有一个长270米的情侣天地，设有各种各样的“同心锁台”，热恋中的情侣们可以在这里放飞彩色许愿气球，祝愿自己的爱情天长地久。

太空旋厅：从天塔观景大厅通过旋转楼梯，来到257米高的旋转太空舱。坐在舒适的座椅上就可以360度环视天津，天花板上绘有各种星球、天象，中间有中国不同时期研制发射的不同类型、不同用途的人造卫星模型。

时光隧道：到天塔的露天平台，必须经过一段时光隧道，这里光怪陆离的灯光使非常短的一段距离变成历史的长河，非常神奇。

水上游乐：景区的天塔湖设有众多的水上游乐项目，如游艇、脚踏船、手划船、水上行走球，项目惊险刺激。

观看水幕电影：每当夏季天塔湖都会播放形式新颖的水幕电影，十分有趣。

购物：景区的天塔特色纪念品商场有许多带有天津特色的纪念品，游客可以尽情选购。

天津水上公园 AAAA

津门十景之一

天津市南开区水上公园路

30元；动物园30元；联票50元

市区乘坐643、872、879、观光2路等公交可达

7:00~18:00　23919589

www.tjwaterpark.com.cn

天津水上公园始建于1950年，面积为125公顷，绿化面积达35万平方米，园林花木近200个品种，是天津市规模最大的综合性公园。公园由“三湖”（东湖、西湖和南湖）和“五岛”（春岛、夏岛、秋岛、冬岛、瀛岛）组成。

公园环湖区绿树成荫，湖面荷花吐艳，湖中散落大小岛屿十三座，座座形态迥异，景色各不相同，七座石拱桥横跨湖中，三处明清式长廊镶嵌绿荫之中，姿态婀娜，引人入胜。公园以水见长，东湖、西湖、南湖湖湖

天津水上公园

相连，春有桃柳拂水，夏有荷花映日，秋有红叶傲霜，冬有冰清玉洁。

玩家 攻略

观赏夜景：到了夜晚，水上公园的景色更加迷人。水晶长廊、摩天轮、城市钻戒、音乐喷泉、激光火焰、水幕电影等精彩夜景令人目不暇接。水晶广场的音乐喷泉表演非常美妙，水景伴着声、光、电、火技术，将视觉和听觉艺术有机融合。

水上游乐：公园游乐区有“津门小迪斯尼乐园”之称。里面有很多缤纷多彩的水上娱乐项目。其中“过山车”“激流勇进”“摇摆锤”“空中飞人”等大型游艺机惊险刺激、回味无穷。

陆上游乐：公园除了可以在水中玩一些娱乐项目，陆上也有很多刺激的项目。例如观览车、豪华转马、空战机和彩虹飞车等。

赏花：公园环湖周边种植有许多种类的鲜花，每个季节都有不同的花绽放，绚烂无比。

美食：公园里及周边有许多餐馆，饮食十分方便。推荐湘土情酒楼（南开区水上公园北路长实道，23621718）、狗不理水上旗舰店（南开区水上北路金龙公寓16号）、卫鼎轩·津福荟（南开区水上公园东路五岛门内，24142222）、三六六春饼王分店（南开区水上公园天塔道上谷商业街C区43号）、会宾园中餐厅（南开区水上公园路46号近水上公园后门，23698333）。

玩家 解说

天津水上公园原本称作“青龙潭”，其历史可追溯至20世纪初。由于青龙潭芦苇茂盛，水禽栖息成群，野趣横生，每逢夏秋，就有船户载客到青龙潭附近游览纳凉。随着国立北洋大学、南开大学在八里台的落成，这里又成为师生们游泳消暑之所，于是，景区在原有基础上得到了很多发展。

水上公园文化底蕴深厚。新中国成立之初，谢觉哉老人曾两次乘船夜游湖面；20世纪60年代，柬埔寨西哈努克亲王来津并在水上公园下榻；20世纪90年代李鹏总理与朱镕基总理曾来公园游园赏菊。

天津水上公园

水晶广场

水晶广场长300余米，水景线呈S形，贯穿17个水景主题，共有5组景点，分别是水晶叠水墙、双面水幕电影、数控喷泉、蝶形广场、水晶塔和瀑布墙。水晶广场周边的湖内投放了两千尾锦鲤，供游人观鱼赏景。

碧波庄

碧波庄占地1.6公顷，坐落于公园的东南部，该园临水而建，呈北方庄园特色，显古朴厚重之风格。青砖灰瓦、亭台楼阁，园内有镌刻着天津市百名文人书写的100个“寿”字的“百寿影壁”，弥足珍贵。

神户园

神户园毗邻碧波庄，占地约1公顷，主要建筑材料大多来自日本神户，为一座原汁原味的日本庭院式园林，园内有飞瀑清潭，小桥流水，芳草繁花，松亭木屋，风灯粉墙，颇具异国情调。此园设计象征着神户市布局。园中北侧郁郁葱葱的小山包象征着神户市的六甲山；南侧的小南湖和临水平台象征着神户港；园中间宽阔平坦的草坪象征着神户市区。园中还有五组日式木制建筑，做工精致、材料考究，给人以古朴典雅之感。

盆景园

盆景园坐落于公园西北部，毗邻公园北大门，该园为仿苏州式园林建筑。园内荟萃中国川派、海派、徽派、扬派、苏派及岭南派六大骨干流派精品盆景300余盆，为中国华北地区规模最大、展品流派最全的盆景园。园区三友斋内还悬有一方汉代金丝楠木匾，上刻“壶天自春”四个大字，为扬州文人郑板桥先生手书，堪称“镇园之宝”。

周恩来邓颖超纪念馆 AAAA

天津著名的伟人纪念馆

- 天津市南开区水上公园北路1号
- 免费，凭有效证件可直接领票参观
- 9:00～16:30（周一闭馆）
- 市区乘坐地铁3号线至周邓纪念馆站下车可达

周恩来邓颖超纪念馆占地70 000平方米，建筑面积13 000平方米，馆内藏品丰富，文物价值弥足珍贵。

纪念馆展厅包括瞻仰厅、生平厅、情怀厅、专机厅以及竹刻楹联厅和书画艺术厅。瞻仰厅正面耸立着周恩来和邓颖超的汉白玉雕像《情满江山》，大型壁毯《海阔云舒》作为背景，两侧浮雕墙镌刻出五四运动、南昌起义、红军长征、西安事变和开国大典、祖国建设等历史性画面；生平厅展示了周恩来和邓颖超两位老革命家的精彩一生；情怀厅共展出文物、文献140余件，以情为主线，以大量文物来展示两位伟人的崇高品格和精神风范；专机厅陈列着苏联政府赠送给周恩来总理的伊尔－14型678号专机，现为国家二级文物；竹刻楹联厅和书画艺术厅汇集并展示来自全国的知名人士和著名艺术家讴歌周恩来、邓颖超的竹雕艺术品和书画作品。

链接

纪念馆珍贵藏品

骨灰盒：周恩来、邓颖超先后使用过。1976年1月周恩来逝世后，他的骨灰就藏放在这个楠木深雕松鹤图案的骨灰盒中。遵照他的遗愿，骨灰撒入大海。1992年7月邓颖超逝世后，工作人员按照她的遗愿，用这个骨灰盒盛放她的骨灰并将骨灰撒入海河。

印刷机器：五四运动时期，天津学生联合会印刷《天津学生联合会报》时使用过的印刷机。周恩来曾任

《会报》主编，并亲自撰写稿件，参与报纸的印刷工作。

艰难缔造旗：1945年8月1日南昌起义15周年之际，中共中央南方局部分工作人员用毛笔在红绸缎上写下了“艰难缔造”四个字并签名，送给周恩来作为他领导南昌起义的纪念。

铜笔架：1913~1917年周恩来在南开中学读书时使用过。

天津动物园

中国大陆七大动物园之一

天津市南开区宾水西道（天津水上公园南端）

淡季20元，旺季30元

市区乘坐52、608、685、835路等公交可达

23916111 www.tjzoo.com.cn

天津动物园始建于1975年，全园占地面积53.77公顷，其中水域面积10.68公顷。园内树木葱郁，碧草连茵，天水一色，风光旖旎。现有各类动物200余种3000余只，比较珍贵的有国家一级保护动物大熊猫、东北虎、金丝猴、扭角羚、丹顶鹤等；国家二级保护动物有小熊猫、大天鹅、猞猁等；还有来自别国异域的珍稀动物美洲虎、非洲狮、亚洲象、长颈鹿、犀牛、河马、北极熊、黑猩猩和金刚鹦鹉等。

玩家攻略

动物表演：动物园的人字湖旁边有一个动物表演区，里面有各种精彩的动物表演，十分吸引人的眼球，如走钢丝、跳舞、唱歌等。

喂食：景区有很多动物都可以近距离接触，如在鸟语林给各种鸟类喂食，在灵峪给猴子喂食。

游乐：动物园游乐场分为“海的女儿”和“欢乐马戏团”两个游艺区，设置近20项游艺内容，各种活泼的卡通动漫造型，营造出一个美丽的童话王国，是孩子们游玩的天堂。

美食：动物园临近宾水西道，饮食方便。推荐红太阳湘菜楼分店（南开区宾水西道动物园别墅1号，23389862）、玉娴小厨（天津动物园南门入口处）、洪双喜餐厅（天津动物园南门入口处）、双惠饭馆（南开区宾水西道25号）、满云荣小吃店（南开区水上公园西路近动物园西门）。

猴子吃冰棍

三恰园

三恰园建于2000年4月，取名为“三恰园”的意思是游客、动物和环境相互和谐融洽。建筑面积96 000平方米，分七个区，内有动物28种共240只，游客可以在参观动物和游览园林景致的同时，学到许多动物科普知识。

鸟语林

鸟语林位于动物园北隅，以九岛山为中心，坐南朝北，占地17 000平方米，共设有11个景点，有上千只珍禽异鸟，包括丹顶鹤、绿孔雀、火烈鸟、金刚鹦鹉等十多种国家一级和国际珍贵的观赏鸟。

两栖动物综合馆

两栖动物综合馆位于动物园南端，总建筑面积3000多平方米。整体建筑以欧洲风格为主，外形上突出动感。综合馆以鳄鱼和其他两栖、爬行动物的饲养与展示为主，馆内点缀以热带雨林植物，为全馆增添浓郁的南国风情，与生活在热带、亚热带的两栖动物相映生辉。

馆内中心部位是大型湾鳄池，池内放养近百条巨大的、珍贵的湾鳄，池中有栈道，可供游人入池观赏、投喂湾鳄。在湾鳄池周围设有多个展馆，分别为扬子鳄、巨蜥、大鲵、龟类、蛇类、热带海洋鱼种和亚热带雨林植物。

灵峪

灵峪俗称“猴岛”，是天津动物园灵长类动物生态游览区。位于动物园园区东北

隅，该园占地20亩，四周环湖，园内特地模拟灵长类动物栖息地，造山引渠，设瀑着绿，实为一山清水秀、妙趣横生的“猴王国”。

园中放养了上百只猕猴，群猴分居六个山头，各霸一方，各得异趣。园内有“花果山、水帘洞”及各种玩械，既满足群猴生性活泼的需要，又顺应了它们回归自然的生境要求。

狮虎馆

狮虎馆也位于天津动物园的东北隅，它是国内第一座卡通式全玻璃幕墙狮虎展览馆。为了满足游客和“森林之王”近距离接触的愿望，展区除去铁栅栏和参观护栏，全部用通透式玻璃取代，每平方米耐受力达1300公斤。馆外展区还砌成4.5米高的防弹钢化玻璃围墙，取代了过去的山墙，游客由过去只能屈身远距离俯视，变为可随意平视观赏。

南翠屏公园

天津城区最富特色的自然山水公园

天津市南开区水上公园西路　市区乘坐301、711、878、951路等公交到金谷园站下可达

南翠屏公园占地面积33.5万平方米，其中山体占地面积12.1万平方米，环山水体面积约8.5万平方米。山体造景全部采用建筑渣土，充分体现环保功能。景区以环山水系为界，将公园划分为内外6个景区，其中环山园路内部山体分为“翠屏览翠”“漫舞花溪”“浅草漫步”3个景区，园路外部分为“静湖映翠”“碧荷拾香”“曲水晓月”3个景区。

玩家攻略

儿童游乐场：公园西北角的儿童游乐场是专为孩子们准备的，内有滑梯、秋千、沙坑等设施，可以尽情玩耍。

休闲服务：南部湖边山脚还建设有3组共6000平方米综合服务区，为游人提供休闲服务。山体修建登山步道，供游人登山游览及健身休闲。

南翠屏公园

赏红叶：南翠屏公园是天津市欣赏红叶的好地方，公园引进了新树种“火炬”，这个树种到了秋天叶子就会变成红色。

滑雪：每到冬季，南翠屏公园的人工滑雪场就会开放，滑雪场面积达15 000平方米，可以在这里尽享滑雪的乐趣。

翠屏览翠

翠屏览翠景区坐落于山顶处，这里建有主景观亭，登高远眺，公园山体、环山水系、外围临街绿地及环公园的城市景观尽收眼底。

漫舞花溪

漫舞花溪景区位于山体南部，一条水溪从山上蜿蜒而下，游人可顺溪流拾级而上，尽享山水相连的城市中少有的自然景观。

浅草漫步

浅草漫步景区位于山体东北侧，一片5000余平方米的草场顺山势平铺而下，如一道清澈的河流顺山坡缓缓流下。草场的尽头点缀一片松林，游人可在此尽情欣赏各种植物。

静湖映翠

静湖映翠景区位于公园东北部，此处湖面宽阔，山体翠绿倒映水中，美不胜收。碧荷拾香位于公园东南部，水体以荷花栽植为主，配以步行栈道，是观赏荷花的最佳地。曲水晓月以环山水系为重点，配以各类水生植物，野趣自然。

景点推荐

黄河道周边

黄河道是横穿天津市南开区的一条东西走向的道路，西接西青区，东连海河。黄河道附近云集了南开区的大部分景点，如以面积巨大的生态园林取胜的长虹生态园，以文化休闲取胜的翔宇公园，人文景观主要有有着“天津小故宫”之称的李纯祠堂和反映轰轰烈烈义和团运动的纪念馆。

长虹生态园

开放式生态园林景观公园

天津市南开区红旗路145号

免费

市区乘坐地铁2号线至长虹公园站下车即可

长虹生态园为天津市第一家免费开放的公园。公园占地33.9公顷，其中水域面积占12.5公顷。景区按照“山水园林、南派建筑、植物造景、生态造园”四大原则，将生态园分为游览休闲区、健康运动区、植物观赏区、水上活动区、管理服务区等功能区和可容纳3000人的活动广场。

玩家 攻略

饮食购物：长虹生态园东侧为长虹风情街，全长近400米，总面积达8000余平方米。由一座高11米、宽14米的江南风格牌坊处进入，道路两边都是错落有致的江南两层小楼。游客可以在这里吃饭及购买江南丝绸、景德镇陶瓷等工艺品。

游船：长虹公园湖面可容纳200艘游船，可供600余人同时游览。园内水系与津河贯通，形成了活水系，游客从长虹公园内的码头登船，从园内可一直游览到津河。

玩家 解说

来到长虹公园入口处，发现这里没有大门，而是用两块景观“巨石”代替大门，以突出生态主题，左边的石头长10米、宽6米、重288吨，是目前天津市最大的石头，上面刻着作家冯骥才亲笔题写的“长虹生态园”五个大字；右侧的“卧石”长12米、宽4米、重160吨，石头上有自然形成的山水状纹路。

走进长虹公园，会发现处处是层峦叠嶂的假山，山间烟雾缭绕。原来这些烟雾是用高压泵把水打成雾状再喷射出来形成的，走在其中仿佛步入仙境。然后按照公园导游图游览几个分景区，里面风景各不相同，各有特色。

游览休闲区

游览休闲区位于公园西南部，是公园景观的中心区。区内包含山水园、览胜长廊、西入口和南入口四个景观区。山水园利用现有岛屿、水体、植物与陆地围成空间，并采用南派建筑风格，构建了典型的中国山水庭院，成为园内特色景观。览胜长廊沿湖而建，布置了一些适宜的建筑小品与休闲设施；西入口利用现有低茎植物作背景，增加山石叠水瀑布，缩短入口距离，与公园整体设计手法相宜；南入口有南屏山，景石与湖水相连，形成瀑布叠水的美丽景观。

健康运动区

健康运动区位于公园中部，主要包括健身广场、儿童乐园、运动草坪与水上垂钓四个部分，是市民参加健身运动和放松心情的好去处。

植物观赏区

植物观赏区位于公园的北部，包括水生植物和亚热带温室作物两个展区，姹紫嫣红的各种花卉和特有的亚热带雨林风光，使这里别有一番景致和魅力。

水上活动区

水上活动区由湖心岛、桃花岛、江南人家、牡丹园以及人工湿地、溪流景观组成，区内设有三个码头。别致的水上景观，勾勒出一派江南水乡风光，令人流连忘返。

庄王府 文

有“天津小故宫”之称

天津市南开区白堤路82号 50元，10人以上团体票价为每人25元 9:00~17:00 27450406 市区乘坐609、640、849、859路等公交到南开文化宫站下或者乘坐633、687、847路等公交到南丰里站下

庄王府原为北洋政府江苏督军李纯家祠，又称李纯祠堂，是留存至今的天津规模最大的古建筑之一，如今是天津市南开文化宫。它的部分建筑部件、材料源自北京的庄亲王府，是正宗王府制式建筑。它作为除北京城外唯一一座具有清代皇族色彩的古建筑群，有“天津小故宫”“津门庄王府”之称。王府占地近两万平方米，保持标准的“青砖、绿瓦、红门”清代官式建筑风貌，从南到北依次是巨大的照壁、前花园和三进式四合院。

天津庄王府以王府主题旅游为特色，非物质文化遗产展示展演为补充，王府文化系列展览、王府生活实景演出、中式民俗婚礼和互动游艺项目为看点。

玩家解说

关于李纯祠堂的来历，比较公认的说法是1913年，江苏督军李纯在北京西直门外，以20万元购得明朝大宦官刘瑾旧宅（后为清庄王府宅第），拆建成居民住宅，称为“平安里”。

李纯命人将拆下的建筑部件、材料（如琉璃瓦、雕梁画栋、墙砖、石雕等）运抵天津，于1923年在白堤路建成仿古建筑，因其建筑结构仿效故宫布局，曾受到举报，袁世凯随即派人调查，李纯不敢坦言私宅，谎称用作李氏祠堂。这一说法得到袁世凯谅解，于是建筑群始终被称为李纯祠堂。

庄王府

翔宇公园

天津市内环线上最大的开放式文化休闲公园

天津市南开区南开三马路 免费

市区乘坐地铁1号线至西南角站下车

翔宇公园以南开杰出校友周恩来的字

“翔宇”命名，占地面积约29 000平方米，总体呈三角形，整体以绿色为主题，公园内部种植了法桐、银杏、紫荆、雪松、合欢以及寓意“桃李满天下”的桃树和李树等多种绿色植物和应季花草，为游人创造了一个幽雅、宁静的绿色生态空间。

下沉广场—主题广场

翔宇公园的最南端建有一个“下沉广场”，低于地面，其下面连接地铁和地下商场，上面通向翔宇公园，是连通地上和地下部分的重要枢纽。

从下沉广场向公园内部走到一个圆形的区域，就是公园的主题广场，这里耸立着公园的中心建筑——红色的栋梁雕塑，雕塑为“南开”二字的变形体，像参天大树一般挺拔向上，预示着南开中学的莘莘学子将成为祖国未来的栋梁之材。

蓝色水池

挨着主题广场的方形区域是一个蓝色的玻璃水池，给人一种幽静而美丽的感觉；地下是地下商场的采光天窗，阳光透过蓝色的水面射向地下，既满足了视觉审美，又达到了实用的效果。水池周围环绕着三位对南开中学影响颇深的名人的铜像，分别是周恩来、张伯苓、严范孙。

这三尊铜像制作精美、栩栩如生，凝聚了“百年南开”的文化精髓。

百年南开纪念碑

百年南开纪念碑位于蓝色水池北边，由三块方碑排列而成，全长20.04米，高4.8米。著名数学家陈省身先生题写碑名，整个碑形与纪念碑文和五幅浮雕一起，以形、字、图形式记叙了南开的百年历程。

天津义和团纪念馆

国内反映义和团运动的纪念馆之一

天津市红桥区如意庵大街何家胡同16号

2元

市区乘坐地铁1号线至西北角站下

天津义和团纪念馆原是供奉仙人吕洞宾的道观，总占地面积1300平方米，建筑面积600平方米。义和团运动兴起时曾将此作为主要的根据地。主要建筑有山门、前殿、后殿和五仙堂。此外，纪念馆还有许多反映义和团运动的文物。目前，已有藏品2000余件，其中不乏珍贵之品，如义和团首领赵三多使用过的刀、剑、标枪头；廊坊军卢村义和团使用过的兵器等。

前殿

前殿原是供奉吕洞宾的大殿，吕洞宾的像在“文革”期间被毁，1992年重塑了吕洞宾和他的两个弟子济小塘、柳树精的像，旁边的文字主要介绍吕祖堂的历史沿革、道教知识和八仙简历，并陈设了钟鼓和幔帐，恢复了1900年时的旧貌。在前院右侧的回廊还陈列了碑刻十余方，形成了一个小小的碑林。

后殿

后殿是天津义和团纪念馆主要陈列厅，现在主要陈列“全国义和团运动史”资料。通过大量照片、文献、图表和文物，介绍了义和团运动发生、发展和消亡的全过程，尤其对义和团运动在天津的斗争情况进行了详尽的介绍。

五仙堂

五仙堂陈列厅在西小院北侧，这里原是供奉道教北五祖的大殿，如今均按1900年义

玩家 解说

清光绪二十六年（1900年），义和团运动兴起，各地义和团纷纷进入天津。著名的义和团首领曹福田率领各路义和团战士抵津，将总坛口设在了吕祖堂内，将五仙堂作为拳场，大家日夜在月台上练拳习武。

因吕祖堂濒临南运河，津西各县义和团大多在此落脚。义和团著名的首领刘呈祥、林黑儿、张德成等经常到此聚义拜坛，并与曹福田共商对敌策略。如攻打紫竹林租界、天津城保卫战和攻打老龙头火车站都是在这里决定的。

义和团纪念馆

和团运动时期的景况进行了复原陈列。屋内家具和陈设均以黄布作围靠，四位义和团首领曹福田、张德成、林黑儿和刘呈祥塑像分列屋内，并再现了他们当年拜坛议事的场景。在五仙堂前方的西小院内还有一座义和团群雕铜塑像，再现了当年义和团英勇杀敌的场景。

南开学校旧址

古朴的洋楼式学堂

天津市南开区四马路20号

市区乘坐地铁1号线至二纬路站下车可达

天津南开学校旧址始建于清光绪三十年（1904年），是由天津市近代教育家严修、张伯苓创办的私立中学，初名私立中学堂，1907年建成新校舍，改称私立南开中学堂。

南开学校旧址占地3.3万平方米，现存南楼、东楼、北楼、瑞庭礼堂四幢建筑，1978年，旧址对外开放并设为周恩来同志青年时代在津革命活动纪念馆。

南开学校东楼

东楼是天津南开学校旧址的主要建筑，总面积为952平方米，是当年南开学校的中心建筑。

该建筑为二层砖木结构的楼房，坡屋顶，外立面以青砖镶嵌红砖饰面。

建筑二层设有连续罗马式拱券窗和简化的爱奥尼克柱拱券。

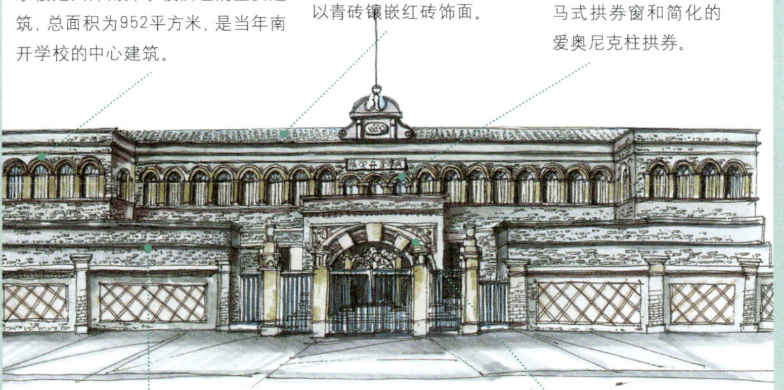

建筑形体简单，但细部处理繁复，为典型的古典建筑风格，仿罗马式但又具有中国民族装饰的特点。

建筑首层主入口突出并设有精美浮雕。

景点推荐 大直沽周边

“先有大直沽，后有天津卫”，直沽与天津有着密不可分之渊源，它是天津城最早的聚落。早在天津建城100多年前，大直沽就已从早期聚落，发展成为天津的政治、军事和宗教中心了。今日“大直沽”为河东区片，西临海河，位于津塘路与十五经路交会处一带。

周边自然风光秀丽多姿，如二宫公园、河东公园、中山门公园等；人文景观更是璀璨，浓缩天津城市形成与发展的元明清天妃宫遗址博物馆、天津最有历史渊源的荐福观音寺都让人对天津有一个更深刻的认识。

二宫公园

全国占地面积最大的园林式文化宫

天津市河东区大直沽光华路2号

市区乘坐地铁9号线在东兴路站或中山门站下

二宫公园前身是“天津市第二工人文化宫”，后更名为“二宫公园”，是融娱乐、体育、文化、教育为一体的功能齐全的综合性公园。园内绿树成荫，枝繁叶茂，湖水碧波如玉，景色赏心悦目。分为主题广场、城市绿色空间、休闲娱乐区、儿童活动区、健身活动区等几个区域。

主题广场两侧和中央分别修建了宽广的花坛，里面栽满了各色花卉。面积达7142平方米的“工”字形剧场三层大楼巍峨挺立在广场上，剧场内可容纳1140名观众观看各种影剧。

休闲娱乐区有青少年、儿童喜爱的滑行龙、风驰车、小火车、时代战车、旋转飞机等多种游乐设施。健身活动区有百余种健身设备，篮球、羽毛球、乒乓球设施齐全。湖面上有脚踏船等水上游乐项目。

玩家 攻略

游船：公园周边便是二宫湖，可以乘坐游船游览包括二叶岛上美丽的红叶等在内的美景。

看演出：二宫公园里二宫大剧场经常会上演各种精彩的演出，剧场舞台十分华丽，观众席数量也较多，可以来这里观赏演出。

美食：公园附近的光华路上有很多餐厅，如王子国宴（二宫公园门口）、平壤目兰餐馆（二宫院内，84260035）、道家常饺子馆（六纬路光华路口）、海港世家酒楼（光华路2号，58194321）。

延伸

天津历史博物馆

天津历史博物馆位于河东区光华路四号，毗邻二宫公园。博物馆的前身为1918年成立的天津博物院。该馆现有馆藏文物10万余件。这些藏品以历代“传世精品”为主，还包括近代历史文献、民俗实物和天津地方出土文物。

馆藏的文物种类主要有玉器类、甲骨类、铜器类、书画类、钱币类。馆藏历代玉器罗列有序，能系统反映中国玉石工艺的发展过程。其中真长红山文化玉猪龙极为珍贵。1700余件甲骨是馆藏的一大特色，这些甲骨，主要来自殷墟甲骨的最早发现者和研究者王襄、王锡荣后人的捐赠。铜器类主要有战国时期楚王鼎，该鼎整体造型古朴敦厚，是早年出土楚器中的重要代表，曾一度被誉为“南北楚器之冠”。书画类主要有王羲之《干呕帖卷》宋摹本、张弼《临苏东坡诗卷》、元代大幅版画《草衣文殊图轴》等稀世珍品。博物馆藏书近15万册，主要收藏历史社科类图书，有丰富的旧期刊和历史照片，其中周恩来在南开中学读书时编辑的《校风》《敬业》《天津学生联合会报》等都是不可多得的珍贵文献。馆藏的北洋时期文献资料尤为突出。该馆已出版的《五四运动在天津》《周恩来同志“五四”前后诗文选》《天津近代图志》等书向社会提供了大量研究资料。该馆现有基本陈列“天津古代史”“天津近代史”展示了天津地区历史发展的主要过程。此外，该馆所藏各时代货币共有三万件之多，基本上形成了较完整的古钱标本体系。

河东公园

天津城的“城市田园”

天津市河东区成林道120号

市区乘坐640、681、847路等公交可达

河东公园占地10万平方米，旧址是原发电厂废渣、煤灰的堆放点。公园采用现代街心造景的手法，形成集文化展示、市民游乐等功能于一体的活动休闲场所。公园植被种类十分丰富，有国槐、白蜡、梧桐等乔木，紫薇、金银木、珍珠梅等花灌木4506株。环境十分幽静。景观分为和谐广场、风华艺圃、绿语清风及七彩炫季四部分。

玩家 攻略

喷泉：公园喷泉广场面积广大，喷泉广场的喷水区域主要分为两部分，广场中心区域能够制造出各种造型的喷泉，广场外围则能制造出水幕倾流而下的效果。

美食：公园附近的泰昌路上有很多小吃餐厅，如雁荡情温州风味小吃（泰昌路，24661651）、麦香村烧卖馆（泰昌路54号）。

河东公园

桥园公园

天津市最大的人造生态湿地公园

天津市河东区天山路与盘山道交口

84736952

市区乘坐32、623、635、640、653、668路等公交可达

桥园公园以“桥”命名，因其园内共有连接水域的平桥和拱桥16座，是市内拥有桥梁最多的一座公园。桥园公园面积27公顷，其中生态水域面积近13公顷，种植各类植物60余种，公园整体结构上以东南角的扇心为原点，以东、南两侧临街界面为两舷，分别平行向西、北分层推进，功能和形式上呈现由城市向自然的层层递变，形成一个“城市—自然”递变的形式，体现了人与自然和谐相处的意境。

城市林带

桥园公园临街一侧为林荫带，密植适宜

桥园公园

于本地生长的杨树林，形成一条城市林带，划出一条鲜明的城市边缘线，并将城市步行道置于林中，使公园有一个鲜明的缓冲带，营造了一个城市中的桃花源。

高台—沉床园带

城市林带之内有规律地交错分布着高台和下沉庭院。台地达五米，其上用一条横跨廊道相串联；每个台地上都密植一种取自天津乡土的树种，台地的边坡由金矿、铁矿、铜矿等各种矿石铺成，是对天津作为工业和港口城市的反映。

在每两个台地之间是一个200平方米的下沉式小花园，依地势布置，下沉床园设计精细，以取自天津的乡土禾草植物为主。

湿地—湖泊带

湿地—湖泊带包括带状湖泊和两侧的湿地。外围为临湖亲水带，由顺地势跌落起伏的栈桥构成，丰富的水际植物掩映着穿越其中的栈桥，使人与水和生物近距离接触。内侧为大片的湿地，由芦苇和其他湿地植物构成，再现了天津的自然景观。

其间一条蜿蜒的步道栈桥串联多个木平台和阴棚，栈桥旁边广泛种植着取自天津的湿地植物。

疏林草地—高台带

疏林草地—高台带与湖对岸的高台—沉床园带遥相呼应，但在构成上则更自然化。基底是开放的草地，林子是自然式的疏林，台地不再是一个方向整齐排列的绿块阵，而是有不同的朝向，规则中又有自由，边坡处理也是用草而非矿石。

群落取样区

群落取样区是公园的核心区域。它是由林网围合成一个个泡状空间，每个空间有不同的水分与土壤的物理和化学特性，所以里面种植了许多不同的植物。由天津当地最为强势的柳树作为基调树种，在交叉部位种以其他乡土树种。林网内为粗砂铺成的游步道。

天妃宫遗址 文
天津市第一座遗址博物馆

天津市河东区大直沽中路

市区乘坐860、92、608、642路等公交可达

9:00~11:30，13:30~16:30（周一闭馆）

元明清天妃宫遗址博物馆是浓缩天津城市形成与发展的遗址类博物馆。博物馆占地面积5800平方米，建筑面积3000平方米。博物馆前方广场中央矗立着一座柱式妈祖

荐福观音寺

圆通宝殿，内供奉四面千手观世音菩萨，通高8.6米，香樟木制。宝殿内可容纳450人同时课诵。

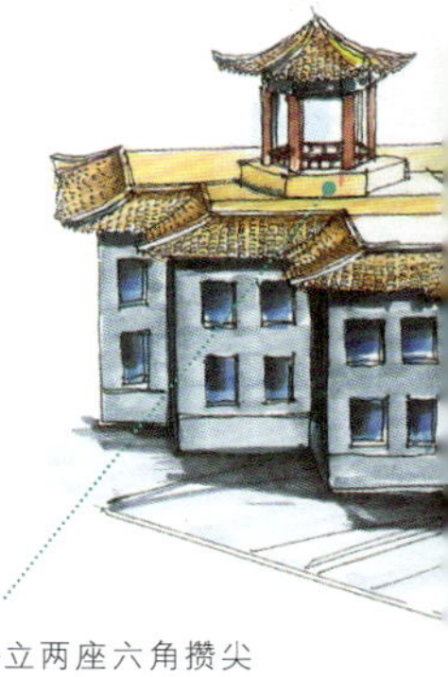

三楼平台两边各立两座六角攒尖亭，古朴秀致。

像。妈祖像采用浮雕手法，自下而上雕刻着代表元、明、清三代不同的海洋图案。柱的顶端立着一尊妈祖像，双手轻捧在胸前，双目远眺，盼望远航的人们平安归来，是海内外反映妈祖题材的雕塑中唯一采用人形设计的妈祖形象。

博物馆馆名由王光英同志题写。主体建筑中央大厅展示的是考古发掘出土的元代建筑基址和明、清时期天妃宫大殿基址。其周围设两层展厅，展出200余件遗址出土的文物及300余幅图片。展览的主题为“海洋的旋律”，分为“浩瀚的海洋、神奇的妈祖、河与海的城市、永恒的遗址”四个部分。讲述人类认识、利用海洋，从事海洋文化活动的过程；妈祖崇拜现象及其文化形成的原因和过程；天津城市的形成与发展；天妃宫遗址考古发掘成果及意义等内容。

玩家 解说

元朝海运的兴盛，促使了中国北方地区第一座妈祖庙——天妃灵慈宫的诞生，它比建于明代永乐二年（1404年）的天津卫城早100多年，与福建湄洲妈祖庙、台湾北港朝天宫并称为“中国三大妈祖庙”。

1998年12月至1999年1月，天津市考古工作队对天妃灵慈宫遗址进行了发掘。发掘出了元代建筑基址与明、清时期天妃宫的大殿基址，并出土了大量的元、明、清建筑构件和生活用品。根据遗址内的建筑施工基槽提供的剖面推断，存在有宋、金或更早的遗存，是天津市区内堆积最厚的古代文化遗存，从而有理有据地证明了天津城区历史的开端，也证明了大直沽是天津市区现存最早的古代聚落遗址和天津城的发祥地。

荐福观音寺

天津最有历史渊源的寺院

天津市河东区大直沽中路27号　3元（国内外70岁以上老年人及残疾人免费）　8:30~16:30

84111444　市区乘坐92、608、642、668、673、678、860路等公交可达

荐福观音寺占地面积8400平方米，是荐福庵在异地重建的新道场。寺院规模庞大，常年香火旺盛。主要由山门殿、天冠弥勒殿和圆通宝殿组成。两侧建有东方三圣殿、西

方三圣殿、护法殿、地藏殿、药王殿、树王菩萨殿、藏经阁、五观堂、念佛堂、讲经堂等众多佛教建筑。

玩家 解说

荐福观音寺的前身是荐福庵，位于河东区小孙庄。它是为纪念近代著名人物周馥修建的。周馥1837年生于安徽省东至县，自1861年入李鸿章幕办文案，直至1901年李鸿章病逝，前后40年管理李鸿章直隶总督及北洋大臣的官印，同时协助李鸿章办洋务及治理水患，是当时公认的具有丰富经验的治水专家，撰写了《治水述要》一书。与此同时，他做了大量的慈善事业。1902年至1904年，周馥调任山东巡抚，1907年卸任后回到天津，直至1921年9月病逝。周馥的辞世在津城引起强烈反响，社会名流严修、李士珍等人联名上书北洋政府，要求为其建祠纪念，而且在祠旁加筑了荐福庵，专为周公祠举办节日佛事。

荐福庵坐北朝南，大殿三楹，青砖灰瓦，庄严古朴。庵内花香鸟语，晨钟暮鼓，一派温馨幽静的“人间净土”景象。天津解放后，周馥之孙周叔弢先生主动将祠堂献给政府，从此荐福庵归天津佛教协会管理。1996年4月18日，在妙贤法师的主持下，荐福庵重新开光。荐福庵殿内供奉着从大悲禅院移请来的观音、文殊、普贤三尊菩萨。由于香火一直非常旺盛，2000年时荐福庵已非常拥挤，于是2003年10月25日，荐福庵移至如今的位置，并改名为“荐福观音寺”。

玩家 攻略

素斋馆：荐福观音寺周边有一个众香园素斋馆，里面提供各种精致的素斋。附近的大直沽中路上也有很多餐馆，如鸿起顺饭庄大直沽店（河东区大直沽中路68号，24159821）、津轩阁（河东区大直沽中路123号，84317766）、鸿宴楼（河东区大直沽中路，24317934）。

养生馆：荐福观音寺附近有很多地道的养生馆，有空可以去享受一下。如愈莲岩盘养生（河东区大直沽中路伯苓大厦底商，24383656）、天地通亦健藏秘熏蒸养生馆（河东区大直沽中路108号伯苓大厦B-1005号，58853948）、敦煌千子莲足道大直沽店（河东区大直沽中路108号武备学堂1层底商，24153977）。

荐福观音寺山门

山门殿到弥勒殿

荐福观音寺山门殿采用清代三拱门露梁建筑，供奉四米高的哼哈二将。匾额为中国佛教协会咨议委员会主席本焕长老及天津著名书法家余明善所题。

天冠弥勒宝殿位于寺院的中轴线上，里面供奉有弥勒菩萨像。造像工艺精湛，佛龛为汉白玉基座，为典型的明代特点彩绘，十分精美。

圆通宝殿

圆通宝殿是寺内主殿，高24米，为清代仿木梁建筑风格，殿内供奉有四面千手观世音菩萨像，像通高8.6米，为香樟木制造。殿内还悬挂有九龙匾等32块，大殿两边的墙壁上塑有32尊观世音菩萨化身壁画，独具特色。

报恩堂

报恩堂位于圆通宝殿的地室里，堂中供养着三世如来佛和地藏王菩萨，并同时供有往生长期牌位10 000尊，分别供在莲花一区、莲花二区、莲花三区、莲邦一区、莲邦二区、莲邦三区和莲池海会区内。供奉的牌位为单独编号、单独供立的形式。每逢初一、十五，荐福寺僧众为亡灵超度回向，祈求离苦得乐、早生净土。

鼓楼

寺院鼓楼内悬5吨铜钟(寺院三宝之一)和直径两米的雷音鼓,雷音鼓高度与直径均为两米,是天津最大的鼓。鼓楼上方还建有宋代风格的四座凉亭,是静坐休憩的好去处。

中山门公园

河东区规模最大的公园之一

天津市河东区中山门居住区中心 免费

6:00~22:00

市区乘坐地铁9号线中山门站下即可

中山门公园始建于20世纪50年代,为配套工人新村而建。是国棉一厂、天津钢厂、飞鸽自行车厂等国家大型企业10万产业工人的休闲娱乐的好去处。如今公园进行了大幅度改造,使得旧貌换新颜。

中山门公园园区面积24 000余平方米,分为特色景点、游人活动和游人休憩三大部分,每个部分由两大功能区组成,每个功能区内又细化分出若干小空间作为提供多元化的活动和休闲场所。

入口景区

入口景区以"碧水长泽,落英缤纷"为主题,设计了人工水体,使得游人一入园就能感受到别致风情。走在园中,可以看到中心修筑小岛保护了原有长势良好的桧柏以及紫薇花树,而曲折的栈桥作为主要游线,穿过小岛抵达临水的休息长廊,长廊东西两侧为开敞的树下休息空间。

健身广场

健身广场摆放了各种健身器械,为游人锻炼提供场地。其中的童乐天地配置了色彩鲜艳的塑胶地面和卡通造型的游戏器具,以及嬉戏沙池和攀爬构架,是孩子们游玩的乐园。

玩家攻略

休闲: 公园内设有碰碰车、旋转木马等游乐设施和舞场,舞场白天可以溜旱冰,晚上供中老年人跳舞。公园的两个凉亭几乎每天都有戏迷在那里唱戏。

美食: 中山门公园附近吃饭很方便,有很多餐厅。如宝福来美食园(河东区中山门一号路92路对面,84264551)、天津市古文化街太白酒家(河东区中山门一号路柏林公寓B座201号,83690550)、沸腾鱼乡(河东区中山门一号路,84299993)、天津市巴国食府(河东区中山门一号路125号中山门公园正门,20438933)。

中山门公园

工人新村博物馆

中山门地区原来是天津市第一个工人新村——中山门工人新村。1995年危改中,中山门工人新村的一片片老屋消失了。这座博物馆就是为纪念消失的工人新村而建,通过400多张照片和600多件实物,如钢包、纺车、喝水的茶缸等,真实再现了当时产业工人生产场景及居住环境的原貌。

休闲活动区

休闲活动区是人们放松心情的去处,这里的花海广场种植有各式各样的鲜花,花坛中的各色花卉争奇斗艳,绚烂无比,可以使游人在休息的同时感受到大自然的芬芳。

发现者旅行指南

天津近郊

概览

亮点

老姆庙

旧称海神庙，又称观音庙。始建于明代，庙内供奉海神娘娘，是出海渔民祭祀神明的场所。

天津热带植物观光园

北方地区独具特色的主题公园，被称为北方“西双版纳”，集观赏娱乐、休闲购物、科普教育于一体。

杨柳青古镇

千年历史文化名镇，明清时期是沟通南北商贸和文化交流的集散地，被誉为“北国小江南”，孕育出了中国四大木版年画之首的杨柳青年画、享誉京津的杨柳青风筝和剪纸等民间艺术奇葩。

玉佛禅寺

前身为“法藏寺”，距今已有1000多年，毁于清末民初。寺院占地面积400亩，玉佛数量高居世界之首。

必逛街道

杨柳青古镇风情街：由青砖灰瓦、磨砖对缝的仿清代商贸建筑群组成的商贸旅游街。有仿古青石牌楼（中国石牌坊之最）和穿街戏楼及各式具有清代古风的店铺。

线路

天津西青区二日游

第一天早餐后拜访霍元甲纪念馆及陵园，接着去药王古寺观赏。第二天先游杨柳青古镇，再游热带植物观光园，最后去曹庄花卉之家。

天津西郊一日游

这条天津近郊休闲旅游线路绝对会让你体验到不同的精彩。先去天津热带植物观光园，体验热带雨林风情，观赏巨榕、飞瀑、鳄鱼、傣家寨、巨蟒等众多景观；下午前往杨柳青古镇，参观旧时大院，欣赏著名杨柳青年画、风筝、剪纸等民间艺术。

金三角一日游

上午先分别到宝成博物馆和小站练兵园参观，追忆往昔，然后到米立方·水世界尽情娱乐。午饭后游览海河故道公园、津南国家农业科技园、京基高尔夫乡村俱乐部，接着去中华石园欣赏浑然天成的藏石，最后去葛沽郑家大院品鉴建筑工艺。

为何去

作为天津的郊区，这里的景色依然美丽不减。它们少了几分市区的繁华，多了一点厚重和沧桑。杨柳青古镇的悠悠岁月，大毕庄泰山行宫的当年风采，玉佛禅寺的梵音阵阵，米立方·海世界的柔弱娇美……通通都是难得一见的人间美景。

大毕庄泰山行宫

何时去

春末夏初与秋天是到天津旅游的最佳季节。杨柳青古镇的古老宅院和剪纸、木版画等工艺随时恭候游客的到来；米立方·水世界的清凉灵动可以为夏天带来舒适的阴凉之感；东丽湖的温泉适合不冷不热的季节去享受……

杨柳青古镇

景点推荐 东丽区景点

东丽区位于天津市中心市区和滨海新区之间，区内因东丽湖的温泉而名震华北，温泉周边兴建了诸多旅游度假村，是华北泡温泉的最佳地之一。此外，素有“剪纸之乡”美誉的大郑村、东丽区最古老的建筑——老姆庙也值得参观。

东丽湖温泉

集休闲度假、旅游观光为一体

天津市东丽区东丽湖东丽之光大道北侧

免费，朗钜温泉谷198元 24小时咨询

24888888 市区乘坐663、515路东丽湖线公交到东丽湖下或驾车沿京津塘高速公路—津汉公路—茶金路向北行驶即达

东丽湖温泉旅游度假区是一个集生态、观光、健身、度假为一体的温泉度假旅游区。旅游区占地面积58平方千米，其中水域面积8平方千米，景区东丽湖地热资源丰富，有100℃、97℃、45℃三眼热泉，水质中含有很多对人体有益的微量元素。依托天然的优势，景区建成了东丽湖度假村、水上温泉欢乐谷、天海风水上休闲运动俱乐部等休闲娱乐度假设施。

玩家解说

美食：景区有一个自助餐厅，可容纳120人左右。还有许多饭店都可以饮食。如好食汇东丽店（东丽湖旅游度假区东丽之光大道北侧）、景湖轩（东丽区东丽湖万科城内）、关东一家人菜坊（东丽区东丽湖旅游度假区南二路）、建烨饭店（东丽区东丽湖旅游度假区南二路）。

住宿：度假区除了可住在东丽湖度假村，还可以选择一些酒店入住。如水榭花都、天津东丽湖大酒店和天泉酒店（东丽湖温泉度假区东丽之光大道）。

水榭花都：位于水上温泉欢乐谷内，是一家高端温泉商务会所，共有15套VIP东南亚风情院馆，整体分为两个区域，一侧是7套以泰国宫殿命名的高档专属私密院落，另一侧是8套以泰国风景优美的小岛命名的风情汤屋。15座院馆皆有天然私家温泉入户，部分带独立卧室，更有两套双层“空中楼阁”，功能齐全，空间尺度大。可以享受到免费提供的亚健康理疗仪检测、皇家按摩项目及特色温泉浴。

天津东丽湖大酒店：位于东丽区东丽之光大道2号，酒店按高品质涉外酒店标准兴建。楼高7层，是一家个性化高端酒店。酒店采用典雅的装修风格，配套设施完善，设有豪华双床房、豪华大床房、豪华套房、行政套房等各种不同房型。

餐厅分为中餐厅和西餐厅，中餐厅提供全国各地的特色菜肴，西餐厅提供中、欧、美各类自助餐，各种娱乐设施一应俱全。

泡温泉：温泉欢乐谷大堂正对面为接待处、收银处；大厅设有藤制沙发作为等候区，右边设有鞋吧，其中等候区可容纳50人，鞋吧一共可存储1835双鞋。里面分为男宾区和女宾区。

男宾区有一次梳妆台、一次更衣区、冲凉区、洗手间、手机柜、二次更衣区、二次梳妆台等服务设施，温泉池分为功能池、冰水池、干蒸房、湿蒸房、玉石干蒸。其中功能池有三个，水温为30℃～39℃，池内设有水疗按摩设备；冰水池有两个；水温为3℃～7℃；干蒸房内设有炉子，上面摆放矿石，将矿石加热后再用水浇淋，就产生蒸汽，能达到70℃～100℃高温；湿蒸房将密封的房间引入水蒸气，水蒸气使室内温度达到45℃～55℃。此外，还有一个搓澡区，设有八张搓背床，服务人员都是经过专业培训的技师。

女宾区有一次梳妆台、一次更衣区、冲凉区、洗漱台、洗手间、手机柜、二次更衣区、二次梳妆台等服务设施，温泉池分为功能池、干蒸房、湿蒸房、水疗SPA。其中，功能房、干蒸房和湿蒸房同男宾区是一样的，水疗SPA设有三个单独浸泡木桶浴。

东丽湖

东丽湖素有“淡水小海洋”的美称，湖水水面辽阔，一望无垠。湖边生长着很多芦苇群落，水质良好，清澈见底，生态环境优良。此外，湖区生息繁衍的鸟类有几十种，共十几万只。其中还有白天鹅、黑嘴鸥、白额雁、秃鹫、白尾鹞、小鸥、猫头鹰等国家重点保护鸟类，每到春季便形成一道绚烂的风景线。

东丽湖除了风光秀丽之外，还是华北地区的热带中心，区内打有地热井三眼，最高一眼出水温度为100℃，水质中含有偏硅酸及锂、锶等多种微量元素。

延伸 果蔬采摘观览园

果蔬采摘观览园（华明复垦基地）：2010年被天津市评为“乡村旅游特色村点”，其紧靠东丽湖旅游度假区，现有二代日光节能温室231栋及1栋智能连栋温室，主要用于育苗、搞立体栽培、种植花卉。观览园的温室内种植蔬菜瓜果30余种，以黄瓜、西红柿、青椒、茄子等蔬菜为主。还种植有苹果、柿子、山楂等果树，可来这里采摘新鲜的蔬菜瓜果，体验乡村采摘之乐。

果蔬采摘

水上温泉欢乐谷

温泉欢乐谷位于东丽湖岸边，占地面积为8公顷，建筑面积为51 000平方米。为一个大型温泉主题乐园，也是天津唯一以水上运动、休闲为主的超大型游乐项目。

温泉区共有26个温泉池和一个多功能理疗池，里面设有世界先进的水疗设备（如灌顶浴、百花浴、差别浴室等）。其中桃花岛设有14个天然纯温泉池，有的里面设有健身器材；溶洞区设有11个药浴池，有30多种药浴可供选择。

游乐项目都是引进了国内外最先进的游乐设施，如造浪池、互动水屋、飞天太空盆、彩虹滑道等。项目精彩刺激，令人流连忘返。

天海风水上休闲运动俱乐部

天海风水上休闲运动俱乐部始创于2006年春末夏初，坐落于东丽湖畔的万科城之内，是国内唯一的一家拥有国际最标准滑水赛道——兰多湾赛道——的水上休闲运动俱乐部。并提供滑水、龙舟、水上飞伞、快艇、橡皮艇、香蕉船、水上摩托等各种丰富多彩的水上活动。

东丽湖度假村

东丽湖度假村共占地4万余平方米，是

集旅游、会议、住宿、餐饮、娱乐、健身于一体的多功能服务场所。度假村风清水阔，空气清新，环境十分优美。

度假村新建了很多度假设施，备有双人间、套间和豪华别墅，里面装修典雅豪华，客房布置温馨，服务设施一应俱全。度假村主楼二楼的豪华主会议大厅宽敞明亮、富丽堂皇。

分布在各楼层的8个小型会议室也是风格迥异，可分别容纳20、40、60、80人不同规模、档次的会议需求。

度假村一楼内设有大餐厅和风格各异的多个雅间，能同时为300余人提供各地风味特色菜肴，还有正宗的俄式、美式西餐等异国风味。

大毕庄泰山行宫

供奉送子娘娘的庙宇

天津市东丽区大毕庄镇

市区乘坐154、172、701、804路等公交可达

大毕庄泰山行宫始建于明末清初，占地750平方米，有山门、前后殿的仿宫殿式古建筑。山门门扇有四条带，符合民间“官三、庙

欢乐谷游乐设施

● 造浪池

欢乐谷的中庭区为游乐场所，里面有个专门供游人站在高处俯视中庭区的观景台。中庭区的爱琴海造浪池是不得不玩的，它总面积约3500多平方米，东西宽50多米，南北长约70多米，北深南浅，水深0～2米，采用风机鼓风利用阀门的关闭对水产生正弧波的冲击，使波动产生共振造浪，可造出荷叶浪、卷珠浪、涌浪、平推浪等十种不同的波浪，是练习游泳，畅游锻炼的好地方。

● 互动水屋

总面积约800平方米，由隧道滑梯、螺旋滑梯、轮泉、攀爬隧道、蛙喷、水栅等组成，各种可调喷水口能够突然改变水的流向和大小。游客可以在伞形喷泉、秋千上、水帘下、孔雀开屏中尽情享受戏水的乐趣。

● 飞天太空盆

为一个太空盆滑道，总长29米，宽1米，缸体直径8.6米，平台高15米，是当今国际上娱乐中最新颖的游乐项目之一，游客从12米高处起滑，经过封闭滑道进入缸体高速旋转，模拟太空旋转感受。

● 彩虹滑道

总长约58米，集娱乐和竞技于一体，三条滑道按照相同的高度、坡度及造型一字排开，把水滑道提升到另一个高度，游人可以尽享刺激。

● 趣味漂流河

该项目也是欢乐谷中的亮点之一。游客能够躺在精心设计的浮圈上沿河漂流，充分放松自己。其中在“神秘的时光隧道”还能体验到时光穿梭、空间转换的奇妙感受。

● 溶洞池

共11个池，即在温泉中加入各种中草药，或人工合成药剂，使人体在浸泡温泉药浴时，其中的有机物质和药材的有效成分通过肌肤渗入体内，产生双重疗效，以达到更佳的养生、保健效果。

● 地热玉炕区

由上百块精选的玉石组成的玉炕，通过地热，玉石能产生特殊的“光电效应”，聚焦蓄能，形成“电磁场”与人体发生谐振，从而使人体各项生理功能更加协调地运转。可容纳30多人同时保健。

● 健身房

欢乐谷里还有一个健身房，里面有桌球、乒乓球、跑步机等健身设施，可以在放松之余健身。

四、民五”的说法。山门前后各探出两个龙头，可以悬挂宫灯。山门东边为斗版画《喜鹊登梅》，西边为斗版画《五爷出家》。山门门洞内东西两侧塑四大天王泥像四尊。

主殿建筑结构为四梁八柱，后殿脊上有二龙戏珠，两侧各有六兽形砖刻，砖刻还有姜太公骑麒麟，两边是小鬼拉链子，当地称作“东拉西扯”。屋顶挂檐下左右青瓦刻“民国二十九年戊寅月重修”。大殿正中供奉养生、送生、催生、往生、接生五位娘娘；正殿东侧供奉弥勒菩萨，西侧是柳二爷神像；殿后是观音菩萨坐像和善财童子。

玩家 解说

泰山行宫自清代至民国初年香火较盛。新中国成立后曾用作大毕庄派出所办公室。至1993年已仅存山门两间、中后殿各三间，后殿屋顶已经塌漏，西殿部分倾斜。

1993年被天津市政府列为天津市修复古建筑项目之一，后经市文化局文物处精心设计，修复成仿清早期建筑风貌。1993年12月24日举行落成典礼定为区级保护单位。现庙内还存有道光十九年（1839年）《重修碑记》石碑一块。记载了大毕庄泰山行宫建庙时间、重修时的状况以及捐款建庙人名单，具有一定的文物价值。

泰山行宫观音殿

金威啤酒博物馆

全国工业旅游示范点

天津市空港物流加工区　市区乘坐689、462、516、663、677、818路等公交可达

金威啤酒博物馆于2006年3月建成，位于金威（天津）啤酒有限公司二层，建筑面积约1800平方米。博物馆通过啤酒文化展示企业文化，在这里可以看见斯坦尼克、诺盟、颇尔等国际著名品牌组成的世界顶尖酿酒设备。在厂区，可以欣赏清泉激荡、鱼鸭同游、假山飞瀑、杨柳轻垂构筑的美丽自然风光；在酒吧，可以品尝刚刚下线的鲜啤酒，并参加有奖问答、抽奖活动。漫步绿荫小道，听不见机器轰鸣，看不到废水废渣，只有浓郁甘甜的麦芽香令人久久回味。

应大皮衣博物馆

中国首家皮衣展馆

天津市空港经济区西十一道135号

24968888

市区乘坐528、692、622路等公交可达

应大皮衣博物馆建筑面积1500平方米，为天津应大投资集团建设，是一座现代化智能型博物馆。它是中国皮衣技术、设计、工艺、设备进步的缩影，也成为皮衣文化的展示中心、皮革服饰研究专业人士的资料中心、服装设计师创作灵感来源的专业博物馆。

应大皮衣博物馆力求为不同年龄层的人群交叉展示历史纵深大、时空跨度大的皮衣专业内容。皮衣博物馆收藏了从古典到现代、从中国到欧洲的220余件皮衣藏品，以及多种皮衣制造工具和皮料，这些藏品无不体现了皮衣渊源的发展历史。

天津纺织工业博物馆

天津市首个纺织工业博物馆

天津市空港经济区高新纺织工业园

市区乘坐663路公交可达

天津纺织工业博物馆建筑面积约1800平方米，是一座全面回顾天津纺织行业发展历史的主题博物馆。博物馆以“天津百年纺织”为展览主题，通过大量历史照片、文献

天津纺织工业博物馆

资料、产品、设备等实物，展现百年以来天津纺织工业的历史变迁，展品包括天津纺织老照片、史志、老商标、老广告册、老纺车、纺织影像资料、各个时期的证章证件和奖杯、服饰及纺织原料等。

另外，天津纺织工业博物馆内还设置了互动环节，游客可操作手摇木纺车和木织机，体验古代纺纱织布的乐趣。

大郑村

有“剪纸之乡”的美誉

天津市东丽区新立街　市区乘坐津滨轻轨地铁9号线到军粮城站下车可达

大郑村是坐落在海河边上的一个小村庄，是一个历史文化悠久、艺术氛围浓厚的小村庄，村里上至耄耋老人，下至几岁的娃

天津市的工业旅游示范点

天津市作为一个工业城市，工业遗产底蕴非常深厚，新兴的工业也较多，因此形成了具有特色的工业旅游示范点。除了金威啤酒博物馆和天津纺织工业博物馆旅游区之外，再列举如下几个工业旅游示范点。

● 空客A320总装车间

位于天津港保税区，来到这里，就能近距离地参观一架飞机从部件到总装的整个过程。而且，看完了空客天津总装厂严格、规范、精细的生产程序，游客对于飞机的安全也无形中更多了一层心理保障。

● 天狮集团旅游区

位于天津新技术产业园区武清区开发区源泉路6号，天狮集团是一家跨生物技术、健康管理、酒店旅游、教育培训、电子商务、金融投资、房地产等诸多领域的跨国企业集团。旅游区的广场上悬挂着一百多个国家的国旗，迎风招展，很有气势。景区的健康产业园有1300多亩。可以深入参观企业的生产车间和工作程序。

● 天津海鸥手表集团公司

位于南开区八里台街道复康路11号，是中国最早建立的手表生产基地，新中国第一只手表在此诞生。“海鸥表”曾被誉为“中国第一名表”，也伴着中国人攀珠峰、探南极、战奥运会，创造了许多个世界第一。在国际市场上，60%的一线品牌大厂都采用天津海鸥手表集团生产的海鸥机械机芯，这足以证明海鸥手表的出色技术和制作工艺。

● 王朝葡萄酿酒有限公司旅游区

坐落在天津市北辰区津围公路旁，公司前身是天津市葡萄园。旅游区规模庞大，旅游设施健全，不仅可以参观公司的葡萄种植园、葡萄酿酒车间，还可以了解葡萄酒背后的知识。

● 天津海河乳业有限公司

在环境幽美的北辰科技园内，是天津市内的全国工业旅游示范点之一。旅游区牛奶设备一流，生产环境简洁舒适。旅游区包括公司的长廊和厂区，可以亲眼看到牛奶加工的全部程序，而且还能了解牛奶背后的许多知识，领略现代化牛奶企业的风采。

● 天士力集团

位于北辰国家高科技产业园区，是集中医药文化、中草药展示、现代中药先进技术制造平台、特色传统药膳、休闲娱乐、会议交流等多功能于一体的特色旅游区。主要参观景点包括时代广场、国际交流中心、中医药博物馆、中华医药图、文化长廊、药用植物生态园、现代中药生产制造平台等。在这里，游客可以走进现代中药生产制造车间，了解现代中药有效成分的专业提取和标准化生产制造等过程。

娃，可以说人人都有两手剪纸绝活。如今的大郑村已经成为闻名北方的剪纸集散地。

玩家 攻略

吊钱儿：每逢年节，大郑村的许多吊钱儿产品都非常热销，这时可以买到剪裁精美的艺术品。如贵妃醉酒、拾玉镯等，人物刻画得惟妙惟肖，让人爱不释手。

手工艺品：大郑村还是妇女手工艺品制作中心，这里有大红的灯笼、宫灯、中国结、布玩偶、挂件、玉饰品、漆画、葫芦画、烙画等，让人目不暇接，有些饰品具有极高的艺术价值。

玩家 解说

大郑村的剪纸源于天津剪纸。20世纪40年代，年幼的大郑村村民王克茂在天津的一家商铺做学徒，恰逢有一位技艺精湛的剪纸艺人与其为邻，心灵手巧的王克茂非常喜欢老艺人的剪纸，经常抽空到老艺人那儿帮忙，顺便学习剪纸手艺。

1942年王克茂回村时，就把这门手艺带到了大郑村，开始时他自己刻制点窗花、吊钱儿等，由他的老母亲在春节前走街串巷地送吉祥维持生计，在此期间很多村民都向王克茂学习剪纸技艺。在“文革”期间王克茂推陈出新创作出了“大海航行靠舵手”“抓革命促生产促工作促战备”等多组适应时代的剪纸作品。

剪纸凤凰

老姆庙

东丽区最古老的建筑之一

天津市东丽区无瑕街老袁庄村 市区乘坐津滨轻轨地铁9号线至钢管公司站下，再转乘211路公交即达

老姆庙旧称海神庙，又称观音庙。始建于明代，庙内供奉海神娘娘，是出海渔民祭祀神明的场所。老姆庙布局严谨，庙舍建筑古朴凝重，由正殿、左右配殿和武圣殿等景点组成。

玩家 攻略

每年的农历二月十九和七月三十是“老姆庙诞辰庙会”，这一天就有各地的群众前来上香，祈盼一年风调雨顺，平平安安。此外，还有高跷、秧歌、飞镲等花会队伍前来表演，热闹异常。

玩家 解说

传说在明末清初之际，福建省有一位叫刘老敏的商人，曾雇了几条大船来天津贩运货物。海上忽然刮起狂风，随时都有船毁人亡的危险。危急关头的刘老敏惊恐万状，忽然想起了经常救人于危难的老姆娘娘，于是刘老敏率领着全船人跪倒船头向天祈求：“如果老姆娘娘能保佑这一船的人、货平安脱险，便在船泊停靠的第一锚地修一座庙，来感谢老姆娘娘。”说也奇怪，不久海上便风平浪静了，最后大船平安地驶进了海河。

可没行多远，天已全黑了，于是刘老敏喊船员们全都上岸休息。有船员提醒他，应该在下锚的第一锚地建一座老姆庙。刘老敏上岸后找到老袁庄的乡绅，把在海上遇难得救的经过一说，恳请乡绅在海河岸边给他一块土地造庙。乡绅们看到刘老敏一副虔诚的样子，于是就给了他一块土地，修建了老姆庙。

老姆庙

景点推荐

西青区景点

西青区位于天津市西部，是天津通往河北的门户。区内旅游资源十分丰富，闻名遐迩的杨柳青古镇的年画和雕刻名扬天下，平津战役天津前线指挥部旧址陈列馆依旧蕴含着浓厚的历史气息，清末民初爱国武术家霍元甲故居和陵墓令人敬仰。此外，杨柳青园艺科技博览园、鑫三农田庄等生态旅游景点也值得一观。由于西青区景点分布不太集中，本书不再具体划分区域介绍。

天津热带植物观光园 AAAA

亚洲最大的室内植物园

天津市西青区中北镇，曹庄花卉市场内

8:00~17:00　市区乘坐616、620、645、714路等公交可达

27948011　60元（学生、身高1.2~1.4米的儿童40元/人）　www.tjzwy.com

天津热带植物观光园为北方地区独具特色的主题公园，被称为“北方的西双版纳”。占地面积33公顷，集观赏娱乐、休闲购物、科普教育于一体。由热带雨林厅、精品花卉厅、沙生植物区、科普教育厅和综合服务厅五部分组成。

热带雨林厅采用了现代先进技术，模拟出热带生物生存的环境，可以进行人工降雨、模拟雷声等热带气候环境，让游人有置身于热带丛林中的感觉。雨林厅以玛雅文化为主线，有巨榕、飞瀑、鳄鱼、傣家寨、巨蟒等众多景观，还有将贵州灵山按一定比例缩小的假山等。精品花卉厅、科普教育厅主要以花卉观赏和对青少年进行植物知识普及教育为主；综合服务厅设有餐厅、娱乐场所、售货商场等服务设施。

玩家攻略

佤族绝技展演：在雨林厅可以观看甩发舞、镖牛舞、木鼓舞等原始特色舞蹈，表演者表演赤脚上刀山、舌头舔钢板、脚踏碎玻璃、引火烧身等佤族特有的绝技。

阿佤婚礼：景区的雨林厅可以欣赏到佤族主持的婚礼，婚礼由阿佤魔巴主持，新人在阿瓦姑娘、小伙们热情的“加林赛”歌声中，走向幸福的婚姻殿堂。

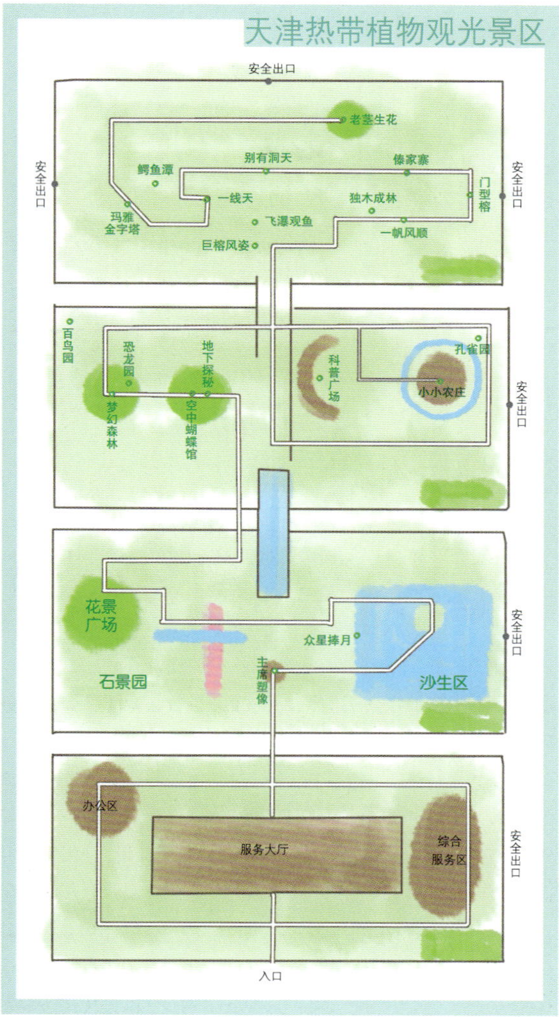

美食：景区的综合服务厅内有专门吃饭的餐厅，菜品齐全，味道鲜美，价格便宜。

休闲活动：景区还有面积很大的采摘园、垂钓中心和世界名贵品种无根苗引进、生根、培育及南花北植等花卉种植基地，游客可以尽享采摘、垂钓和观赏各种植物的乐趣。

霍元甲故居纪念馆 AAAA

纪念爱国武术家霍元甲的纪念馆

天津市西青区南河镇小南河村　60元

市区乘坐157、667、712路等公交可达　23986526

霍元甲故居纪念馆是在原霍元甲故居基础上扩建而成的，主要由霍元甲故居和霍元甲陵园组成。故居东西总占地面积140平方米，里面主要陈列了霍元甲的遗像及生前使用过的遗物，陵园主要包括霍元甲陵墓和霍元甲生平事迹陈列馆。

霍元甲故居

霍元甲故居建于清同治初年，后经翻盖成青砖瓦房的三合院。小院门楼入口处是一面镶有“福”字的影壁墙。影壁墙后面是一排九间正房，左右各有厢房一间，中间正房挂着霍元甲遗像，两侧是霍元甲的儿子霍东阁在霍元甲遇害后所写的唁联“一生侠义，盖世英雄”。西屋的霍元甲书房墙上高挂着孙中山为精武体育会的题词：“尚武精神”。故居内陈列了霍元甲练武时所用的一些武器和精武会的会旗等文物，以及霍元甲生前用过的遗物。

霍元甲陵园

霍元甲陵园位于小南河村南，占地近一公顷，整体建筑采用轴线对称式布局。由神道、石狮、享殿、石牌坊、寝园组成。陵园还设有霍元甲生平事迹陈列馆，展览包括四部分：① 幽燕之初露锋芒；② 奋发智勇，誓雪国耻；③ 创建精武，强国强种；④ 爱国精神，发扬光大。

链接

霍元甲

霍元甲（1868—1910），清末著名爱国武术家。字俊卿，祖籍河北省东光安乐屯，世居天津静海小南河村，自幼苦练武功。他的武功不仅继承了祖传绝技，而且博采众长，练就了超群武艺，曾打败了当时号称“天下无敌”的俄国大力士和英国大力士，力挫日本柔道队，大振国威。为了强国强民，他在上海创办了上海精武体育会，孙中山曾为之题写“尚武精神”几个大字。后来，霍元甲被日本人以治病为名投毒害死。终年42岁。他死后，其弟子扶柩归里，将他葬于小南河村南。

霍元甲故居纪念馆

中华医圣文化苑

天津独具规模和特色的古建筑群

天津市西青区大寺镇王村　10元

市区乘坐96、636、711、838路等公交到大寺村下

83962669

中华医圣文化苑也叫峰山药王庙（俗称风窝庙），始建于唐永淳二年（683年），距今已有1300余年历史。总占地面积1万平方米，建筑面积3000平方米。整体建筑规模恢宏精美，楼阁殿宇错落有致，布局协调浑然一体，古朴幽静。建筑主要由山门、前殿、中殿、后殿、东西后殿及钟楼和鼓楼等几个部分组成。

文化苑内主要展出中国自古以来的圣祖、先贤和佛教圣像以及为中华民族做出杰出贡献的医药圣贤。每逢农历四月二十至二十八的庙会期间，华北地区及东南亚侨胞常来祭拜。

玩家 攻略

庙会：每逢农历四月二十至二十八，是中华医圣文化苑的庙会，其间华北地区及东南亚侨胞常来祭拜，香火旺盛。

美食：中华医圣文化苑附近有一些吃饭的餐馆，如粤丰酒楼（西青区大寺镇，23979899）、银海饭庄（西青区大寺镇，23978618）、聚德园菜馆（西青区大寺镇，23970955）。

杨柳青古镇 ㊄

北方著名的艺术之乡

天津市西青区杨柳青镇　石家大院27元

在天津西站直接乘坐153路公交车可达杨柳青镇

杨柳青是千年历史文化名镇，古时被叫作太平庄，后又称为古柳口，直到乾隆时期才改名为杨柳青镇。早在明清时期，杨柳青就成为沟通南北商贸和文化交流的集散地，被誉为“北国小江南”。它孕育出了中国四大木版年画之首的杨柳青年画、享誉津京的杨柳青风筝和剪纸等民间艺术奇葩，与南方著名的苏州桃花坞并称为“南桃北柳”。

玩家 攻略

风俗：来杨柳青正月是最好的时候，杨柳青古镇有一个风俗叫作“正月十五逛花灯，正月十六溜百病”，每年腊月二十三到正月十六，都举办杨柳青民俗文化旅游节。届时在石家大院、年画馆、杨柳青广场明清街等地点，会有秧歌、花会、堂会、灯谜、迎春庙会等表演。

水果：杨柳青森林公园有上千亩果园，遍植苹果、梨、桃等果树，每年瓜果成熟的季节，沉甸甸的果实挂在枝头，既可观赏又可尝鲜。

链接

杨柳青年画和剪纸

明清时杨柳青即为中国北方民间艺术集散地，以绘制传统年画而遐迩闻名，早在明崇祯年间（1628—1644），这里的人民就开始绘制年画，迄今已有300多年的历史。在长期的发展过程中，杨柳青年画逐渐形成了独特的艺术风格。

中外闻名的杨柳青年画，作品题材广泛，内容生

杨柳青古镇牌坊

动，既反映了人民的生活和风俗习惯，又有历史故事、神话故事、民间传说、戏曲场面和风景花卉。在艺术上，杨柳青年画画法写实，工整纤巧，明显受宋、元、明传统绘画的影响。人物形象生动，构图讲究，透视合理，并喜用寓意、装饰和象征手法。在绘制工艺上采用印画结合，即先用木版水印套色，然后用人工填色重绘，因此画面精致、细腻。

杨柳青年画也得到了皇室人员的喜爱，著名的艺人常年在北京听旨候差，此外还常为隆福寺街等处的彩画作坊画彩灯壁画。杨柳青年画张贴在三宫六院的内屋、院落，为森严的宫廷增添了活力和民间色彩，得到皇妃宫娥的宠爱。

杨柳青剪纸也盛名远播，从清朝兴起，至今已有300多年历史。剪纸的产品有窗花、刺绣花样子、喜花、吊钱四大类。剪纸在艺术上受杨柳青年画的影响，在花样上多取谐音，如“五福临门”，用5只蝙蝠来表示。“福缘善庆”用蝙蝠、香橼、扇子、玉磬四样排列在一起。“万代流传”是剪成一个大葫芦伸出藤蔓挂着许多小葫芦，具有独特风格。

杨柳青广场

杨柳青广场位于杨柳青镇区中心，占地面积72 000平方米，由主广场、副广场两部分组成。主广场造型为“一个心脏、两个肺叶”，由国旗、花坛叠水、雕塑喷泉构成广场心脏；欧式风格的疏林草地环抱东西两侧，似两块巨大的肺叶，五个设计各异的娱乐休闲园镶嵌其中。

副广场是由64根罗马柱为主体的弧形建筑整齐排列在广场南端，主、副广场浑然一体。广场中矗立着三座雕塑，主雕塑“百福之门”为高16米篆书“福”字，地面镶嵌99个福字组成，两侧为黄色的“文明之光”和蓝色的“发展无限”雕塑。388柱大型单柱音乐喷泉，构成数十米的水幕，气势磅礴，婀娜多姿，把“百福之门”装点得分外妖娆。

玩家解说

明清时期，杨柳青古镇漕运鼎盛，舟楫云集，古镇十里长堤，杨柳依依，呈现出一派水乡景象。因运河曾为明清历代皇帝南巡水路要道，又有乾隆御驾亲莅杨柳青传说，因此运河又被人们称为“御河”。

然而到了清末，由于漕运衰颓，导致运河河段淤塞，码头湮废，不复当年繁华。后来政府为恢复古运河景观，于运河故道挖河砌坡，清淤引水，修路架桥，兴建景点，使运河如一根银线，将石家大院、文昌阁、明清街、杨柳青广场等散落的“珍珠”穿缀起来。这些文化遗址与古朴的清代街衢、四合宅院、古运河风光共同构成了杨柳青纯美的风俗画卷。

正是杨柳青优越的地理位置，把杨柳青同南方及周围各地联系起来，使许多民俗文化得以传入。明清时期，杨柳青的经济走向繁荣，漕运的兴盛，集市的形成，使此处成为农副产品的集散中心，带动了杨柳青商业、服务业等行业的发展。店铺林立，摊贩通街，尤其是年画业，画店达几十家之多。

杨柳青古镇

石家大院

石家大院原系天津八大家之一石远仕的住宅，也称尊美堂大院，大规模建筑始于光绪初年即1875年，历经十几年不断扩建，距今已有130年的历史。整座院落东西宽72米，南北长100米，共18个院落，占地面积1万多平方米，是华北地区保存较好、独具特色的大型清代民宅。

石家大院的全部建筑用料讲究，做工精细。磨砖对缝，画栋雕梁，花棂隔扇，漆朱涂彩。据说乘柱门二九狮图的石鼓子就用了500两白银。二道门的八仙人门蹲是由两个工匠用一年时间才雕制而成的。建筑设计都有寓意。

设在石家大院的杨柳青博物馆，为AAAA级景区，汇集了民间工艺的精华，展有名扬中外的杨柳青年画简史陈列、天津砖雕陈列、天津民俗陈列、石府复原陈列四部

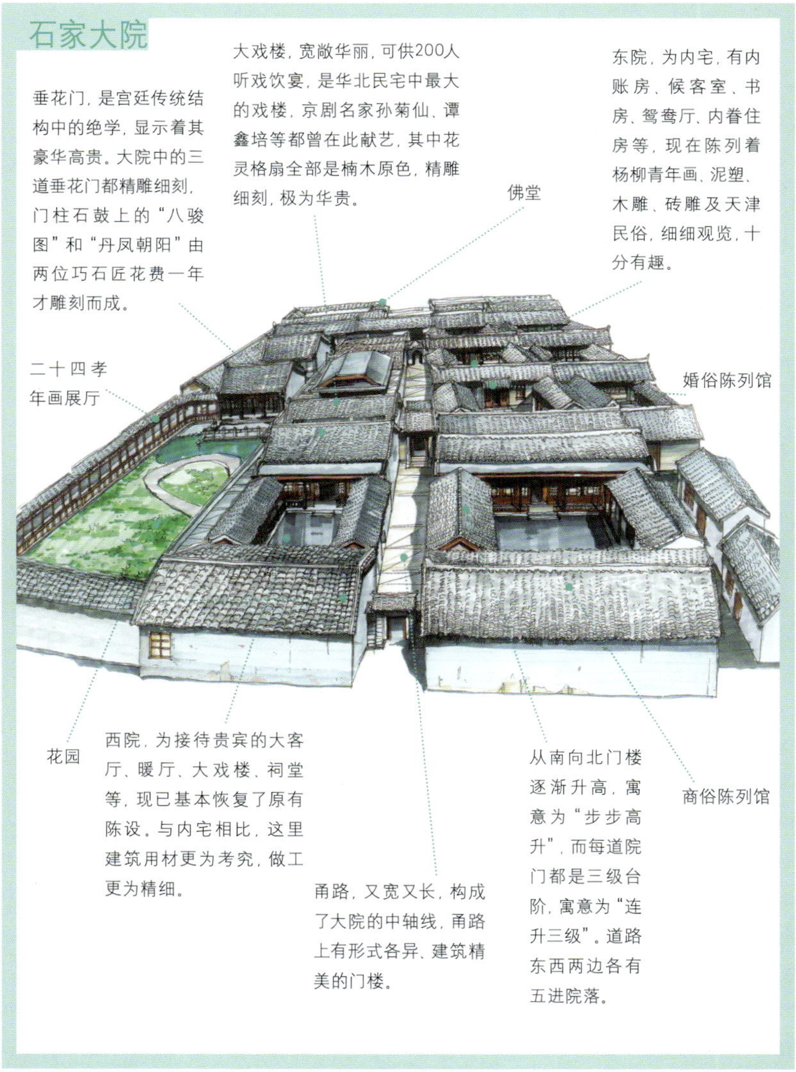

文昌阁

分。馆藏丰富，艺术精美，是海内外人士游访的胜境。

安家大院

安家大院始建于清代同治年间，现辟为杨柳青藏珍馆。由三个院组成，院院相通，是北方典型的四合连套格局。院内有天津罕见的私家藏金库，为地窖式建筑，青砖拱形顶部，龛式灯台等都令人拍案叫绝。

文昌阁

文昌阁位于杨柳青运河南岸，始建于明万历四年（1576年），现存建筑为清咸丰八年（1858年）修建，与戏楼、牌坊合称为杨柳青“三宝”。此阁上下三层，阁顶呈六角形，阁内供奉文昌帝君，是目前中国北方保留最完好、最有特色的明代建筑之一。

文昌阁首层祀魁星，中层祀文昌帝君，下层祀孔子。当年，每逢春秋丁祭，地方社会名流、文人墨客都要会聚在此，拈香跪拜，谈诗论文。每逢重阳节，这里又是人们登高望远的绝好场所。

杨柳青明清街

杨柳青明清街又称民俗风情旅游街，坐落在西青区杨柳青民俗旅游区中心，东临柳口路，西与石家大院为邻，南靠御河景观，北与将要开发的明清街二期古典民俗广场相依。它是参观各景点的必经之路，街上建有仿古青石牌楼一座，是中国石牌坊之最。

杨柳青森林公园

杨柳青森林公园占地近200公顷，园内森林成片，上千亩果木园里遍植了苹果、梨、桃、葡萄等果树。园内设有跑马场、射击场、水上游乐园、垂钓区、烧烤区、表演场、射箭场、大象表演场、鹿园、森林博物馆、牵引跳伞区等。里面还有一个高尔夫球场。

平津战役天津前线指挥部旧址

平津战役天津前线指挥部旧址为清末民宅，青砖四合院。天津战役前夕，中国人民解放军曾在此多次召开高级军事会议，部署作战方案，指挥作战。该馆现设有三部分陈列，第一部分为复原陈列，第二部分为历史陈列，第三部分为英烈室。

杨柳青园艺科技博览园

天津市乡村旅游特色点

天津市西青区杨柳青镇北津同公路3千米处（高尔夫球场对面）

市区乘坐153路公交可达

27922877

60元

杨柳青园艺科技博览园占地36公顷，是一处集生产、旅游观光、科技示范、技术推广四项功能于一体的现代农业科技博览园，其中已建成的2万平方米现代温室，集中展示多种名、优、奇、特果蔬品以及无土栽培、水培、立体栽培、雾培等现代设施农业技术。在展示现代农业科技发展的同时，结合杨柳青千年古镇文化，配以现代园艺造景艺术，使之兼具观光旅游的功能。

玉佛禅寺 AAA

玉佛数量高居世界之首

天津市西青区辛口镇子牙河畔

30元

从杨柳青镇乘坐163路公交至水高庄园站下即达

27998387

玉佛禅寺前身为“法藏寺”，距今已有1000多年历史，毁于清末民初。寺院占地面积27公顷，分为佛教主道场区、前广场区、安养佛塔区和玉佛寝宫区四个功能区。沿中轴线依次建有山门、天王殿、大雄宝殿、卧佛殿等；两侧为钟鼓楼和文殊、普贤、观音、地藏四大菩萨殿等。

佛教主道场中心区大雄宝殿，建筑面积1400平方米，高16米，殿内供奉高坐法台的释迦牟尼佛，在其周围则供奉88尊玉佛，玉佛法台下，建有18罗汉洞，供奉形态各异的18罗汉。殿前广场占地14 000平方米，可同时容纳10 000余人进行佛事活动。

卧佛殿供奉的玉石卧佛为一整块玉石浑然雕刻而成，长7.5米，高3.5米，重25吨，线条流畅，雕琢技艺精湛，是仅逊于泰国曼谷大皇宫玉佛寺泰国国宝、宗教圣品佛祖像的玉佛，堪称“世界奇观”。

水高庄园 AAAA

综合性农业生态旅游区

天津市西青区辛口镇水高庄村

48元

从杨柳青镇乘坐163路公交至水高庄园站下即达

23847888

www.shuigaozhuang.com

水高庄园坐落于西青区东淀都市型现代农业核心区内，位于历史古镇杨柳青西南部5000米处，与亚洲最大的玉佛禅寺相邻。庄园占地面积100公顷，分农业风情园区、子牙河风情园区、欢乐谷采摘园区、温室栽培展示园区、乡村温泉休闲园区五个特色园区。庄园以生态农业景观为内涵，集观光旅游、现代农业示范、科普教育、住宿餐饮、商务会议、休闲娱乐于一体的农业生态旅游景区。

玩家 攻略

烧烤露营区：位于庄园东侧，依子牙河堤而建，两侧绿树成荫，可将对岸的子牙河风情园游乐场一览无余，是一个室外烧烤、休闲纳凉的理想场所。

缤纷水世界：拥有包括风洞造浪池、海啸造浪池、漂流河、四并列彩虹竞赛滑梯、螺旋组合滑道、中型水屋水寨、儿童戏水池、阳光沙滩、沙滩排球以及文艺表演舞台等十项大型水上娱乐设施，是夏季特别是暑期孩子们消暑纳凉的好去处。

水高庄园

“一二·九”抗日救亡运动纪念馆

全国唯一的“一二·九”运动纪念馆

天津市西青区李七庄街王兰庄村

23920903

市区乘坐306、712、953路等公交可达

“一二·九”抗日救亡运动纪念馆是为纪念发生在1935年的“一二·九”运动而建，纪念馆占地5000平方米，建筑面积200平方米，是一座平顶、砖混结构的厅堂建筑。

纪念馆分纪念广场和室内馆两部分，分为“一二·九”和“一二·一八”大示威、“五·二八”运动、“到农村去开展义务教育进行抗日救亡宣传”“进步学生在斗争中成长”“王兰庄党支部在抗日救亡浪潮中诞生”“发扬革命传统振兴中华”六个单元。

纪念馆布展由照片、报刊资料、老同志回忆文章和音像资料等组成，比较真实地再现了当年进步学生在农村开展义务教育，进行抗日救亡宣传，发展革命力量的历史。

玩家 解说

“九一八”事变以后，日本帝国主义进一步发动华北事变，企图使冀、鲁、晋、察、绥五省脱离中国，由日本控制。当时国民党政府继续实行不抵抗政策，准备成立“冀察政务委员会”以适应日本帝国主义提出的“华北特殊化”要求。

在民族危亡关头，中国共产党于1935年8月1日发表《为抗日救国告全体同胞书》和《为日本帝国主义吞并华北及蒋介石出卖中国出卖华北宣言》，号召全国人民起来抗日救国。12月9日，在中国共产党的组织和领导下，北平市学生联合会率领北平学生6000多人举行示威游行，高呼“打倒日本帝国主义”“停止内战，一致抗日”等口号。这就是著名的“一二·九”运动。

鑫三农田庄

天津地区最大的民俗生态旅游区之一

天津市西青区杨柳青镇东部

通票25元（含采摘）

市区乘坐153路公交可达　8:00～17:00

鑫三农田庄占地67公顷，融立体生态种植、养殖、采摘、农家食宿、动物亲触、垂钓多种功能于一体，其中，采摘园建有梨园、桃园、葡萄园和温室种植区、特种鲜食玉米种植区，可以四季采摘。在农家院和农家餐厅，可住农家小屋、品尝天然绿色美食、欣赏田园诗般的自然风光，感受乡间生活的野趣。

玩家 攻略

水果采摘：景区的采摘园规模很大，有很多种类的果树，如梨树、苹果、橘子等，游客可以一边采摘，一边品尝新鲜的水果。费用：10元/人。

住宿：景区有很多农家乐，服务设施十分完善，干净卫生，价格旺季180元（淡季120元）/标间。

美食：景区有一个鑫三农餐厅，里面的菜大部分都是来自景区的菜园里，味道十分可口。

游乐：景区设有翻山越岭、步步高升、巧钻电网、空中通道、有轨电车、神奇小屋、智能拼图、相依为命等近70余种娱乐项目。玩起来非常新鲜刺激。

鑫三农田庄

景点推荐

津南区景点

津南区是天津市四个环城区之一。位于天津市东南部，海河下游南岸。这里经济发达，社会繁荣，特产富饶，气候宜人，素有天津“金三角”之称。区内旅游资源丰富，宝成博物苑拥有六项世界吉尼斯之最，葛沽镇以“九桥十八庙”和“辇会”“花会”为特色的民俗文化而著称于世，小站镇以驰名中外的小站稻、袁世凯小站练兵等闻名遐迩。因境内旅游分布不太集中，所以本书不再进行具体的区域划分。

宝成博物苑 AAAA

拥有六项世界吉尼斯之最

天津市津南区双桥河镇宝成新村　¥ 24元

9:00～17:00　88698325

乘坐211路或通勤208路公交车在宝成博物苑下可达

宝成博物苑前身为宝成奇石园，占地面积260余亩，园区环境幽美宁静，栽种名贵树木、花卉三万多棵。它是一座大型私人博物苑，主要收藏“古石、古树、古建筑、民俗文化”四古合一的特色藏品。主要包括宝成博物苑（一号馆）、民俗博物馆（二号馆）、木化石林、中国传统宗教建筑林（其中的九和塔共9层、高24.8米，每层供有全佛，为镇园宝塔）等几部分。

链接

宝成博物苑六项之最

（1）人造灵璧石天然石林景象万千为“世间仅有”。人造灵璧石天然林，占地面积达17公顷。里面收集了4000多块精品灵璧石，错落有致地镶嵌在廊桥流波、曲径通幽的花园中，其中最高的一块灵璧石为10.7米、重约73吨。以收藏数量最多载入吉尼斯大全。

（2）木化石组成的石林雄伟壮丽，其规模之大、品种之多、数量之巨、形体之奇，均堪称“世界之

玩家攻略

美食：景区的海鲜美食城被评为“国家特级（五钻）酒家”，在这里可以品尝到最美味和最新鲜的各种海鲜食品。

住宿：景区的宝成宾馆是集住宿、餐饮、娱乐、休闲于一体的服务综合性宾馆。客房布置温馨典雅，服务设施十分完善。

宝成博物苑美食

最”，已被载入世界吉尼斯大全。景区的石林由388株木化石组成，傲然屹立在宝成奇石园内，占地面积达600平方米，其中最高的11米、最粗的周长11.8米。木化石是中国乃至世界上十分罕见、十分珍贵的无价之宝，是不可多得、不可再生的国家一级文物。

（3）百米文化长廊高雅奇特，为历史首创。长廊全长101米，全部采用汉白玉雕刻，以传统的浮雕技法与中国古绘画手法相结合的艺术形式，记录了自盘古开天到20世纪末中华石文化发展的全部历程，再现了200多位爱石赏石的著名历史人物，反映了中国石文化的悠久历史和博大精深。图中人物惟妙惟肖，栩栩如生；历史故事生动、传奇。

（4）1.8亿年的树化玉被誉为“地球杰作，举世无双”。树化玉是木化石中罕见的珍品，需要长达亿万年的时间才能形成。宝成博物苑收藏的“树化玉”长约20米，直径80厘米，冰清玉洁，晶莹剔透，是目前世界上已发现“树化玉”中玉化最好、长度最长的一棵。

（5）宝成博物苑是目前国内仿古无梁式跨度最大的建筑。宝成博物苑建筑风格独特，气势宏伟。房顶有二龙戏珠图案，琉璃瓦装饰金碧辉煌。2234平方米的房顶跨度达20.5米，竟看不到一根梁。

（6）石刻名人印章全国第一，在宝成奇石园东南角，有一块长达10余米的灵璧石，正面形似蜥蜴出洞，在它的背面刻上了500位历史名人的签名手迹及印章，成为奇石园中一个耀眼的“明星”。

一号馆

一号馆为二层仿古建筑，设有钟乳石笋厅、生物化石厅、中华奇石厅、皇宫养心厅、巨型木雕厅、走廊古物厅、灵璧奇石厅等8个展厅，收藏有奇石珍宝、木雕珍品、名人字画作品2000余件，富丽堂皇，蔚为大观。其中生物化石展厅展出了鸟化石、哺乳类动物化石、恐龙蛋化石、鱼类化石、植物化石等各种化石。中华奇石厅收藏的奇石千姿百态，其形态或像人体，栩栩如生；或似禽兽，跃跃飞腾；或如林木，郁郁葱葱；集“神、奇、妙、绝”于一体。

二号馆

二号馆用从汉代至明清时期流传下来的实物，为游客复原出古代民俗生活的各个场景，展现出古代社会的生活画面，其中有四大亮点，分别是明清家具、明代仪仗俑群、唐宋石刻及中国古代性文化。

小站练兵园 AAA

中国第一支近代陆军的诞生地

天津市津南区小站镇　50元

市区乘坐152、652路等公交到米立方站下

小站练兵园是清末袁世凯督练陆军之地，原建筑早已毁损。经过翻新后的练兵园占地19.8公顷，建筑面积达到8万平方米，里面建筑雄伟大气，带有浓厚的军事气息。主要包括讲武堂、袁世凯督练行辕、北洋食府、九大处和行营买卖街等景点。

玩家攻略

天津津南区小站镇区以北小站练兵园景区附近专门辟有百亩小站稻种植区，让您在“吃小站稻新米，干农家细活，享乡村陶然之乐”中，品味小站特有的民俗习惯和地域文化。

玩家解说

1857年，直隶总督兼北洋大臣李鸿章调遣淮军将领周盛传率部移屯进小站北侧的潦水套，设“亲军营”开始在此练兵。后来张之洞、袁世凯、段祺瑞都曾在此练过兵，直到1920年为止。小站也

因此成为当时中国先进的军事基地和北洋军阀的诞生地，对中国近代史的发展产生了很大影响。

甲午战争之后，袁世凯奉旨在此督练“新建陆军”。他在原10营近5000人的“定武军”基础上，又增募新兵2000多人，聘请了德国教官，采取近代德国陆军制度，组建步、马、炮、工、辎等兵种，全部采用外国新式武器装备，并制定新的营规营制、饷章和操典。袁世凯正是依此而逐步扩大了自己的实力。

米立方·海世界

全国最大的室内恒温水上娱乐基地

天津市津南区小站镇津歧路与盛塘路交会处

24136666

市区乘坐152路公交到米立方站下

日场140元，夜场80元

日场10:00~17:30；夜场17:00~22:00（21:30关闭设备）

米立方因外形酷似一粒大米而得名，与著名历史人文景区小站练兵园相对，总建筑面积4.3万平方米。“大米”建筑内四季恒温，为全国最大的室内恒温水上娱乐基地。米立方内设有海上冲浪、情侣滑道、离心滑道游泳、标准泳池、温泉SPA、海战区、儿童戏水池、海盗船、玛雅城堡、各式动植物景观等多种包括水上娱乐在内的游玩项目。米立方顶部采用通透新材料，白天自然光从采光顶照入室内，不需要人工照明。

米立方涵盖购物广场、影城、康体、餐饮、活动中心、文体设施与办公等多项功能，是天津又一个娱乐休闲的好去处。

周公祠

纪念小站稻创始人的祠堂

天津市津南区小站镇会馆村　20元

市区乘坐186、652路等公交可达

周公祠建于1890年，为纪念小站稻的拓植者和小站镇创始人周盛传（周武壮公）、周盛波（周刚敏公）兄弟所建。周公祠占地14 000平方米，南面有戏楼和正门，北面月台上有3座大殿，分别是主殿新农寺、东殿周武

周公祠

壮公祠和西殿周刚敏公祠。主殿新农寺供奉有炎帝神农氏塑像、夏禹和关帝，分别代表拓荒种稻、开河引水、文治武功的业绩。

玩家 攻略

每逢农历三月二十八和七月二十八，小站地区群众于小站稻下种和收割前在周公祠内举行庙会，开锣演戏，商贾云集。

玩家 解说

周盛传生于1833年，安徽合肥周家圩子人，早年为李鸿章部下官拜总兵、提督等职，皇帝赐穿黄马褂。光绪元年（1875年）任津沽屯田事务、天津镇总兵，率部来小站镇练兵，屯田、修路、开挖马厂减河，引南运河水垦荒种稻，随着招人引种，人口增多，建立新农镇（即小站镇）。光绪十年（1884年）回原籍，第二年病故，引起朝野一片惋惜，纷纷致祭，沉痛哀悼。清廷谥号“武壮公”，赐专祠供奉。

周盛传的功绩，不仅在于拓植了小站稻、建立了小站新农镇、创建稳定了海河南岸农田水利结构、把六万亩海滨沮泽变为沃土良田，他还是在中法战争中，迫使法国侵略者和中国签订《中法停战条约》的一个重要筹码。当时，法军侵犯台湾沪尾及浙江镇海，却始终不敢涉足天津大沽口。因为周盛传厉兵秣马，屯粮利器，日夜操练，加紧备战。侵略者最终还是恐于触犯，可见周盛传在军事上的强悍。

星耀五洲

世界级的休闲平台

天津市津南区八里台镇津港公路

市区乘坐659路公交可达

星耀五洲景点位于环渤海及海河下游环形旅游经济带的中心，景点西邻洪泥河，东靠双义路，北依津港公路，南接葛万公路，

占地面积约273公顷，地块周边水域面积约467公顷。

景点总建筑面积311.6万平方米，其中住宅260万平方米，其他设施51.6万平方米，其中包括七星级酒店、大型室内滑雪场、“死海”冲浪游泳馆、综合运动馆、游艇俱乐部、购物中心、音乐喷泉等游乐设施。

海河故道公园

品味漕运文化的公园

天津市津南区咸水沽镇

市区乘坐629路公交可达

海河故道公园沿海河而建，全长3500米，南北平均宽度200余米，占地75万平方米，绿化面积达50%以上，是一个集公众休闲体验、城市生态景观和自然湿地生态于一体的复合型公园。

海河故道景观的总体布局由海河故道串联起五大功能片区，自西向东分别为滨水游憩区、船舫美食区、综合娱乐区、水上商娱区、水鸟湿地区。区内建有各具特色的景点18处。其中，滨水游憩区主打再现天津风物，景点包括沽水花洲、雅石趣园、沽水篁花；船舫美食区主打体验特色天津佳肴，景点包括漕运官署菜舫、临水特色餐屋；综合娱乐区主打历史文化、生态文化、码头文化，景点包括龙马圣境、欢乐天地、水上娱乐码头、攀爬乐园、葡萄花架休闲街区；水上商娱区利用原有鱼塘洼地形成四面临水长堤，景点包括飘台醉月；水鸟湿地区则是一条生态观鸟廊。

玩家攻略

休闲娱乐：海河故道公园风光十分秀美，是一个拍照、散步、聊天的好地方，此外，还可以参加歌唱、舞蹈、踩水车、荡秋千等娱乐项目。

美食就餐：景区吃饭非常方便，船舫美食区的漕运官署菜舫、临水特色餐屋提供独具特色的天津菜肴，味道鲜美无比。

链接

“海河故道”的前世今生

作为津城母亲河的一部分，“海河故道”的诞生和成长也经历了很多磨难。在中国境内各大水系中，黄河故道是最为闻名的。海河故道虽然没有经历像黄河故道那么长的历史，也没有经历过重大改道，但却具有自己的独特魅力。

宋朝时，海河为界河下游段，金、元时改称直沽河、大沽河。海河这个名字始见于明末。约200年前，直沽河等名称才逐渐被海河这个名字所取代。在海河几百年的发展历程中，这段全长只有几千米的“海河故道”历史却相对较短。

“海河故道”是20世纪民国期间，海河改道后留下的一段废弃部分，形成后也没有经历过重大的改道和维修，河道淤积情况比较严重。当时它的主要作用是作为周边地区的排沥点，基本上就是一个周边百姓倒放垃圾的地方。如今的“海河故道”景观以沽水生态文化为纽带，串联码头商埠文化、运河风情文化和名人文化，用现代的手法和生态的理念诠释津南的昨天、今天和明天。

津南国家农业科技园

天津市唯一一家国家级农业科技园区

天津市津南区八里台镇津港公路28千米处

30元 8:00~17:00 28752222

从天津市沿京津塘高速行驶至杨村出口下高速，然后沿京津路—外环线—津港公路—八里台镇方向行驶即达

海河故道公园

津南国家农业科技园旅游度假区占地2450公顷，周围有一个天然湖，湖水清澈碧绿，度假区依托丰富的天然资源建成了迎宾区、游客购物中心、蝴蝶兰育植园温室、生态植物园、度假观光垂钓园、马术训练馆、农业生态园、蔬果采摘园、农产品深化产业园、天嘉湖生态风景区等十大景区，是天津市一处难得的颐神养性、放松压力的好地方。

玩家攻略

乡村俱乐部： 津南国家农业旅游度假区内有一个松江乡村俱乐部，俱乐部内设有人工垂钓湖、动物观赏、山野名居及欧式高档别墅区、田园无公害种植基地等可参与及观赏性设施。

松江国际马会： 度假区还有一个松江国际马会，拥有室内灯光马术练习场、国际标准马术障碍赛场、儿童训练场、马匹调教场、逍遥牧场等马术设施。

赏鱼： 度假区有一个观赏鱼科技园区，一层设有大型水族博览馆，二至四层的共享空间全部采用水族箱造型扶栏，置身博览馆大厅，如同游览在神奇的水上世界。交易中心内还设有国际国内知名品牌的水族产品，宠物用品超市，VIP专卖店及设施完备的国际会展中心，为商户提供展示交易平台。

津南国家农业科技园

京基高尔夫乡村俱乐部

平原湖泊式球场

坐落于津南区八里台镇津港公路北侧，紧临津晋高速公路第四出口 电话：58830606

市区乘坐168、688路公交可达或驾车从市区沿解放路、津港公路方向行驶，过赛达世纪大道后2.5千米左转即到

天津京基高尔夫乡村俱乐部球场峰峦起伏，碧水蓝天，风景如画，天然湖泊点缀其间，使不同层次的球手在此都能真正享受到高尔夫运动的乐趣和挑战，球场内选取品种众多的昂贵树木和美国最新的本特T1果岭草坪，打造成为巨型的花园氧吧，令人赏心悦目；同时错落有致的设计、流畅的线条使球场充满灵性。

球场由国内著名设计师设计，风格为平原湖泊式，球场内大小水系布局巧妙，为国际标准18洞锦标赛场地，标准杆72杆，球道总长7002码。

中华石园

个人建造规模最大藏石园

天津市津南区双港镇路段北侧 ¥20元

电话：88170109 市区乘坐859路公交到洺水道站（终点站）下，打车或步行15分钟即达

中华石园始建于1997年，占地4公顷，因园内收藏一块酷似中华版图的巨型灵璧石而得名“中华石园”。园内建筑设计及收藏是退休建筑老工人张宝树先生所为。

园内设“听石轩”“奇石馆”“悟石斋”“石泉洞”“藏玲阁”“遐思楼”六座；另辟“石林特写”“千层丝挂”“莲花飞瀑”“别有洞天”四处景观；还有名人、名画、根艺、木雕等艺术精品。

园中藏石品种上千类、逾万尊，大的逾吨，小的不过10克，包括玉石、化石、矿石、水晶石、菊花石、兽石、恐龙蛋化石等上千类三万余尊石品。无论是小巧玲珑的，还是硕大粗拙的，皆无斧凿痕迹，给人以古朴典雅、浑然天成的美感。

葛沽郑家大院

华北第二大民宅

津南区葛沽镇南大街与营房道交口

市区乘坐629路公交到葛沽镇政府站下

葛沽郑家大院始建于清末民初，为郑氏宅第。占地6000平方米，由6个四合院组成，兼有东西两个跨院，建有地窖、角楼，共计房屋百余间，院内有甬道，院与院之间有月亮门相互连接，大院环套小院，院墙上镶嵌石雕动植物图案。

房屋一律为砖木结构，青砖灰瓦，前廊后厦。做工精细，用料考究，砖瓦全部在一个窑内烧制，木料一律为红、白松，石料为大青细石，整个建筑磨砖对缝，米汁灌浆，画栋雕梁，油漆彩绘，十分精美。

玩家解说

葛沽镇历史上是华北“八大古镇”之一，自明代就是天津地区著名的水旱码头及贸易货物集散地。由于漕运发达，该镇居民多以船业为生。因此，葛沽的民风、民俗带有明显的漕运文化色彩。

在葛沽镇有着“九桥十八庙”之说，在葛沽尚未形成村落之前，当地盐民为了运盐，他们开掘了3条小河沟，当时称为“拨盐沟”。随着海水水位的变化，盐业逐渐萧条，人们垦荒种稻，引海河水浇田，这样三条拨盐沟成为三条小河，称为东沟、中沟、西沟。这三条小河水流潺潺宛如三条玉带，被誉为水流三带。顺着河水南北流向形成三条街道，为交通之便，在三条小河上架设了九座东西走向的木石结构拱桥。站在桥上四处瞭望，遍地河塘沟汊，满目垂柳拂地，被纳入“葛沽八景”。这九座桥的名字分别为东大桥、下司衙门大桥、北大桥、塘子桥、佛爷桥、三板桥、二府衙门大桥、洛阳桥、西大桥。目前葛沽的九桥有八桥已被夷为平地，只有洛阳桥尚保留至今，不过早已面目全非，看不到昔日的风采了。

葛沽先民以经营盐业为主，衣食都离不开火，所以他们修建灶离庙，葛沽最早的庙就是灶离庙，当地船户也供奉自己崇拜的偶像——护海娘娘，于是又修了娘娘庙。娘娘庙里有12尊娘娘像，其中的天妃娘娘，与天津“天后宫”、江浙和福建沿海一带“妈祖庙”中供奉的娘娘都是那位广为人知的林默。随着漕运的兴盛，明朝时葛沽流动性的行旅商贾日益增多，根据自己的信仰和意愿，先后在三里长街上建起16座外观、布局、建筑风格各异的寺、庙、庵、阁、宫，使这里佛教、道教、儒家三教和睦为邻。历经几百年的沧桑变迁，现在绝大多数的寺庙已被拆毁，有的改为学校、文化馆，有的成为浴池、副食店，有的荡然无存，也有的仅剩遗址了。目前只有一座砖墙斑驳破旧的文昌庙，在一棵古槐树下残存着。

链接

葛沽镇四大宅院

葛沽镇在历史上有四大宅院，除了郑家大院外，还有以下三个。

高家大院：位于葛沽镇玉皇庙西侧，是葛沽高家大号的宅院，房屋为正向，由前后两个四合院和东西两个跨院组成。高家大院门前是五磴台阶，门楼高耸，四角挑檐，在大门两侧，各有一块雕石，雕石的形状，下为长方形，三面的边缘上俱雕卷云纹，中间镌花草鸟兽及果实。里面陈设完善，带有浓厚的古代气息。

乔家大院：建于明代中后期，位于今葛沽福利副食店对面。房屋为正向，院门朝西，门前两侧有石狮一对。一共有三个四合院，第一个四合院为乔家男仆人的住所，第二个四合院为女佣的住房，第三个四合院住着家眷。花园的东北角有一座小阁楼，高两层，绣槛镂窗，精致华美，是乔家小姐的闺阁。

苗家大院：位于关帝庙西北侧（现张家瓦房附近），建于清代初期，房屋的结构为南房五间，中间一间为门楼，门楼高于两侧的屋顶，四个檐角微昂。门前有坐狮一对，门外有一座砖砌的照壁，上有精美的砖雕图案。里面两侧南房为待客厅，西厢房为男仆人居所，东厢房为家塾先生住所和塾馆。正房东侧为来往亲朋的住房，西侧为书房，走过穿堂门，两侧各有厢房三间，东厢房为供奉先祖的祠堂，西厢房存放粮食和所用杂物。穿过二门入后宅，院两侧东西厢房各三间，西厢房内住女仆人，东厢房为厨房，并住至近的亲朋女客。迎面正房五间，东侧为老爷太太住房，西为少爷们的住房。东侧有便门。

葛沽郑家大院

景点推荐 北辰区景点

天津市烈士陵园

天津市规模最大的烈士陵园

- 天津市北辰区铁东路和外环线交口处
- 免费
- 市区乘坐731、727、728路等公交可达或驾车沿铁东北路行驶至外环线交口处即到

天津市烈士陵园占地6.7公顷，总建筑面积为19 100平方米，设有烈士纪念馆一座、革命烈士骨灰馆一座、抗日殉难烈士和华工骨灰馆一座、烈士纪念碑一座。安放了天津战役牺牲的烈士骨灰4189具；抗日殉难烈士和华工骨灰2316盒；新中国成立后牺牲的烈士骨灰358具。

高31米的花岗岩革命烈士纪念碑巍峨地矗立在陵园中央，由毛泽东主席手书的“人民英雄永垂不朽”八个大字雕刻其上。园内还建有12 000平方米的纪念广场和可举办大型活动的6000平方米高层平台。

玩家攻略

天津市烈士陵园周边云集了一些餐馆，饮食比较方便。如东北野味美食馆（铁东北路）、立绅酒楼（延吉道，86899088）、铜鑫源火锅城（北仓延长路，86867769）。

链接

天津战役

天津战役发生于1949年1月，为人民解放军东北野战军对国民党军进行的一次大规模城市攻坚战。东北野战军参谋长刘亚楼指挥野战军主力5个纵队、22个师和特种兵司令部之炮兵、坦克、工兵等，共34万人夺取天津。同时以2个师位于军粮城地区监视塘沽，并准备截歼天津突围的国民党军队。这场战役人民解放军以伤亡2.3万人的代价，取得歼灭国民党军13万余人与占领天津的胜利，为和平解放北平创造了有利条件。

北运河水利风景区

被誉为全国首条“水文化之河”

天津市北辰区北运河一带

市区乘坐10、18、607路等公交即达

北运河古称“御河”，是天津重要的一级河道，海河干流的重要组成部分，承担着防洪、引滦输水任务。如今，它不光是一条运河，还是一个承载着几百年历史文化的载体。北运河畔的水文化建设丰富多彩，既有水利史上人物大型组雕，也有象征着72沽的72块水文化石刻，还有各种反映水文化的雕塑、小品；另外，还修建了北洋园、滦水园、娱乐园、御河园四座主题公园。

玩家 解说

北运河在历史上是一条通向北京的重要漕运河道，全长186千米。北起北京市通州区，流经天津市武清区、纳龙凤河，汇永定河，至北辰区屈家店汇永定新河，至郭辛庄、千里堤进入红桥区，流经红桥区东北边缘，于新红桥东汇子牙河，至三岔河口与南运河汇合入海河。

明永乐年间，漕运大兴，天津发展为商埠。很多货物由南方经由京杭大运河运抵北京，北运河作为京杭大运河重要的一段对当时的经济、文化交流起着巨大作用。如今为泄洪蓄水之用。

玩家 攻略

北运河堤岸上种植有大面积的绿色观赏植物，每到春暖花开，这里景色宜人，或运河泛舟，或沿河观柳，或堤岸赏花，或岸上垂钓，闲情逸致随处可见。

北运河水利风景区

链接

北运河周边

北运河位于天津市北辰区，是京杭大运河的一段。运河碧波荡漾，两岸景色宜人，风光秀丽。其中经过改造的北运河水利风景区不仅景致极佳，而且蕴含了极为深厚的运河文化。

环绕运河周边也聚集了不少天津的旅游景点，自然景观有西沽公园、北宁公园等；人文景观有觉悟社纪念馆。此外，这里还是工业观光旅游的好去处，闻名遐迩的天士力集团和天津海河乳业旅游区就在这里。

北洋园

北洋园位于北运河右岸桃花堤和北洋桥之间，被冠以“春之声”的名号，呈“L”形延展2000米，占地3万平方米。北洋园的前身是1893年盛宣怀先生创建的北洋大学，如今，北洋大学的旧楼、第一任校长的故居“团城”、义和团抗击八国联军的遗物——古炮——依然存在。新建的北洋园共有雕塑广场、围城广场、琴键广场、西学走廊等12个景区。此外，园内广栽各种雪松、华山松、云杉等绿色植物。

玩家 解说

北洋园坐落在天津大学内，是一座“露天博物馆”。从东校门进入美丽的天大，首先是正方形排列的喷泉映入眼帘。这三组形态各异的喷泉，有的如喇叭花般“绽放”，有的呈细长优美的水林，营造出水雾朦胧的梦幻，充满动感而不失浪漫。园中标志性建筑“北洋纪念亭”矗立园中央，象征着“北洋”的高大与宽广；镌刻“梦成真”的三峡石、“专心致志”的“读书少女”雕塑和八块平卧园中的正方形的刻有校训“实事求是”的石牌散布在园中。

北运河景区

滦水园

滦水园被冠之以“夏之梦”的名号，原为北运河故道，是北运河防洪综合治理中最大的园林景观，全园由“跨越”主雕塑、“引滦微缩景观”“城市聚景”“繁花似锦”花坛和引滦展览馆广场5个景观构成。

娱乐园

娱乐园被冠之以“秋之恋”的名号，原为河滩地，呈带状延长1000米，占地1万平方米，是一个集游戏与赏景为一体的休闲娱乐场所。全园由沙坑、装饰柱、音乐驳岸、装饰驳岸、趣味铺装、运河之子、希望7个景观组成。1棵两米高的彩色装饰柱环绕在花池周边，与沙坑浑然一体，趣味盎然。全园铺设草坪1万平方米，栽植各种绿色植物千余株，各种园林景观、休闲设施星罗棋布。

御河园

御河园被冠之以“冬之曲”的名号，位于北运河左岸，呈三角形，占地3.3万平方米。全园由浮雕景墙、篇章、浮龙顺水、诗歌之路、传说之路、仿古码头六部分组成。浮雕景墙旁边放置有出土的“古锚”，体现出古运河浓郁的漕运文化气息。“诗歌之路”两侧1.5米高的立石上，镌刻着赞美北运河的古代诗词；“传说之路”旁的卧石上镌刻关于北运河的古老传说，河边的“仿古码头”反映着天津这个北方重要漕运中心的文化底蕴；此外，景区还拥有2.5万平方米的草坪，千余株紫薇、木槿、合欢树等。

天士力集团旅游区

天津市全国工业旅游示范点之一

天津市北辰区新宜白大道　免费

9:00~16:30（需预约）

26736688

市区乘坐地铁3号线至天士力站下车即可

天士力集团旅游区位于天津市北辰国家高科技产业园区，占地面积1.05平方千米，是集中医药文化、中草药展示、现代中药先进技术制造平台、特色传统药膳、休闲娱乐、会议交流等多功能于一体的特色旅游区。主要参观景点包括：时代广场、国际交流中心、中医药博物馆、中华医药图、文化长廊、药用植物生态园、现代中药生产制造平台等。

文化长廊上有着“世界之最”的墙体浮雕——中华医药图，上面刻画了上百位古代医学界能人志士和众多生动有趣的中医药典故，娓娓讲述了上下五千年中医药发展历程；药用植物生态园里面种植了许多中药草植物，游客可以近距离接触这些中药草，了解中药的环境。国际交流中心集产品展示、交流培训、会议研讨等多功能于一体，为中医药与世界医药交流融合搭建了沟通的平台。

玩家攻略

美食： 天士力集团旅游区内部有一个天时利酒楼，可以吃饭；毗邻的普济河东道上也有很多餐馆，如吃湘喝辣（北辰区普济河东道与普济河道桥交口）、文宝饭店（北辰区普济河东道）、春来烧烤（北辰区普济河东道都市桃源底商）。

体验活动： 在公共展示区内，游客可以参加品尝普洱茶珍的体验活动，走进现代中药生产制造车间，游客可以了解现代中药有效成分的专业提取和标准化生产制造等过程。

天时利酒楼美食

链接

天士力集团

天士力集团始建于1994年，是以大健康产业为主线，以制药业为中心，包括现代中药、化学药、生物制药、保健品、功能性食品等，涵盖科研、种植、生产、营销等领域的高科技企业集团。此外，来宾在游览的同时，还可以聆听专业健康知识讲座，品尝特色药膳，购买健康产品；在天士力花园中，还设有完备的室内娱乐活动设施以及垂钓、划船等项目，动静结合，相得益彰。新近建设中的中医药博物馆以及远景规划中的康复式酒店将会使天士力的旅游项目日趋完善，为游客献上一席囊括中医药文化、保健常识、休闲娱乐的健康盛宴。

天津海河乳业有限公司旅游区

专业化程度最高的工业旅游区之一

天津市北辰科技园区新宜白大道

26727928

市区乘坐地铁3号线至天士力站下车即可

8:30~16:30（周六、日休息只接待团体）

天津海河乳业有限公司旅游区坐落于环境优美的北辰科技园内，是天津市内的全国工业旅游示范点之一。旅游区牛奶设备一流，生产环境简洁舒适。旅游区包括公司的长廊和厂区，可以亲眼看到牛奶加工的全部程序。而且还能了解牛奶背后的许多知识，领略现代化牛奶企业的风采。

链接

天津海河乳业有限公司

天津海河乳业有限公司始建于1957年，是集奶牛饲养，乳与乳制品的科研、生产、销售为一体的专业现代化股份制企业，拥有世界先进水平的生产设备，26个现代化绿色奶源生产基地。所生产的牛奶制品深受天津市民的喜爱。

发现者 旅行指南

滨海新区

概览

亮点

■ **大沽口炮台**

津门十景之"海门古塞"，素有津门海防要隘之誉。

大沽口炮台

■ **滨海航母主题公园**

以"基辅"号航母为核心，是集军事科普、海洋风情、娱乐休闲为一体的旅游区。

■ **塘沽洋货市场**

北方最大洋货集散地，里面的进口商品琳琅满目，品种花样繁多。

■ **天津海昌极地海洋世界**

中国规模最大的、展示最全的海洋馆，由极地动物展区、海洋动物展区等九大展区组成。

■ **东疆湾沙滩景区**

中国最大的人造沙滩景区，可以参加各种精彩刺激的海上娱乐活动。

线路

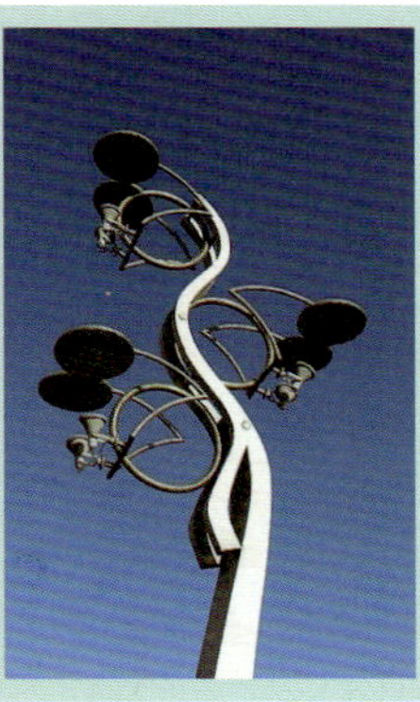

■ **滨海新区海滨二日游**

第一天早晨先去大沽口炮台游览，然后到天津海滨浴场游玩，午饭后可以去塘沽滨海世纪广场赏景，最后去洋货市场扫货。第二天畅游滨海航母主题公园。

塘沽滨海世纪广场

■ **滨海新区休闲二日游**

第一天早上先逛海河外滩公园，接着参观紫云公园、河滨公园，最后参观塘沽博物馆。

第二天一早去滨海航母主题乐园参观，下午到东疆湾沙滩景区尽享海景。

■ **滨海新区购物一日游**

上午去塘沽洋货市场，下午去解放路商业街购物。

为何去

滨海新区开发的旅游景点不仅有外滩公园、紫云公园等自然景观，而且还有大沽口炮台、塘沽博物馆、汉沽国际版画藏书票收藏馆等人文景观，为游客展现滨海新区人文历史发展变迁及宏伟壮丽的美好前景。

紫云公园

何时去

天津四季分明，春季少雨多风，夏季炎热多雨，到了秋天秋高气爽，冷暖适中，而冬季又寒冷干燥。夏季的海河外滩公园是避暑佳处；迎着清爽的海风到北塘出海捕鱼也是别出心裁的旅行体验；去金威啤酒博物馆品尝刚刚出炉的鲜啤；去塘沽洋货市场尽情购物，享受汗水的畅快淋漓与心底的舒畅……

北塘古镇

区域解读

面积：2270km²

人口：约264万人

滨海新区掠影

地理 GEOGRAPHY

滨海新区，位于天津市的东部临海地区，2009年成立，由原来的塘沽区、汉沽区、大港区组成。

滨海新区是天津市海拔最低的地方，濒临渤海湾，有着长达153千米的海岸线，滩涂面积370多平方千米，目前正在开发利用，海洋资源可利用价值巨大。

境内原塘沽区为天津港，为中国北方货物吞吐量第一大港；原汉沽区海盐资源充裕，是中国最大盐场长芦盐场的海盐生产地之一；原大港区石油资源丰富，近海的渤海湾地带建有大量海上石油平台。

天津市滨海新区的建设，将成为中国北方发展最快的地区之一，目标是逐步发展成为继深圳经济特区、上海浦东新区之后，带动中国区域经济增长的第三极。

历史 HISTORY

历史大事记

宋庆历八年（1048年），黄河曾三次改道北移，在天津附近入海。入海泥沙堆积，逐步形成早期今滨海中部地区陆地轮廓。至南宋建炎二年（1128年），塘沽陆地逐步形成。

元朝，开通海上漕运，元军屯防漕运，人丁日繁。塘沽成为南粮北运的水上交通要道。

明朝，明成祖朱棣定都大都（今北京）后，向塘沽一带移民形成高潮，大沽、北塘成为较大村镇。汉沽等地盐场原盐成为宫廷贡品。

明朝嘉靖年间，为了抵御倭寇，加强大沽口海防战备，开始构筑堡垒，正式驻军设防。

第二次鸦片战争后，外国列强先后四次对大沽口发动侵略战争。在侵略者枪炮威逼下，清政府签订了一个个不平等条约，使得天津被辟为通商口岸。

1880年，清政府在塘沽开办了北洋水师大沽船坞，拉开了中国北方近代造船业的序幕。

1888年，京山铁路修至塘沽并由此延伸到天津，为塘沽地区发展近代工业提供了有利条件。

1964年1月，在大港区盐碱滩上始建大港油田，如今已发展为中国第三大石油公司。

2007年12月21日，北方国际航运中心天津港航道等级提升，成为世界上等级最高的人工深水港。

2008年9月24日，京津城际高铁终点站

滨海新区夜景

由天津延至塘沽，北京至塘沽全程时间不到一小时。

2008年9月27~28日，由世界经济论坛主办的2008全球夏季达沃斯论坛在塘沽举行，这是继大连之后中国第二个举办夏季达沃斯论坛的地方。

2009年11月10日，塘沽区、汉沽区、大港区合并成为滨海新区。

文化 CULTURE

醉入心脾的玫瑰香葡萄

2008年，在北京奥组委、奥科委等主办的北京奥运推荐果品评比大赛上，来自天津汉沽的茶淀玫瑰香葡萄凭借口感优良、外观漂亮及营养成分丰富等优势，一举获得一等奖及葡萄类评比第一名。后经相关专家组严格评估后，正式成为2008年北京奥运会特供水果。

汉沽葡萄因产于茶淀镇而得名，是渤海湾淤积平原的一部分，属典型的古泻堤间洼地，是蓟运河的入海口。土壤、光照、热量、水利等自然条件都非常适合玫瑰香葡萄的种植和生长，其中玫瑰香葡萄种植占葡萄种植总面积的95%。

玫瑰香葡萄果粒不算大，看上去不太起眼。还没熟透时呈现浅浅的紫色，像美丽的玫瑰花瓣一样，口感微酸带甜。每年中秋之时，果实成熟，葡萄紫中带黑，一入口，便有一种玫瑰的清香沁入心脾，甜而不腻。这种葡萄因肉质比较坚实，所以方便运输，运往各地，2008年奥运会期间大量运往首都北京，深受运动员以及游客喜爱。

端午节踩街，玩在鲤鱼门

“冰激凌、雪花酪，好吃多给拉主顾，叫你尝来你就尝，白糖桂花就往里边儿攘，叫你喝来你就喝，白糖桂花就往里边儿搁。”滨海鲤鱼门海鲜街街头的天津话叫卖声开始嚷开了。

2009年滨海新区建成后，2010年端午节滨海新区中心海港鲤鱼门就开始热闹起来了。海鲜街上，观海、听涛、尝海鲜，民俗踩街等各种民俗活动一齐上演。

舞狮子的年轻人；穿对襟马褂，肩搭毛巾，挑着担子，手持拨浪鼓的老人；把自己弄成古铜像雕塑，举着一树“糖葫芦”的买卖人以及那些挑着长凳的生意人用天津独特的腔调叫卖着，再配合街边周围古香古色的建筑，让人感觉穿越时空，仿佛回到了古代。

另外沿街的商铺，经营海鲜制品的店铺占了绝大多数。这些大多是本地原产，原汁原味，可以有选择地购买。

津沽第一水产大镇——杨家泊

滨海新区北部靠近河北省处有个远近闻名的水产大镇——杨家泊。

走进这个镇，看到最多的就是那一片片如棋盘般的格子水池。杨家泊镇水面、湿地面积广阔，宜渔荒地广袤，海淡水资源及地热资源丰富。良好的条件孕育了杨家泊，也成就了杨家泊这个鱼米之乡。这个镇依水而建，凭水而长，因水而兴，著名的“杨家泊牌”东方对虾和“高庄牌”河豚便出自这里。这里还创造过对虾单位亩产1030千克的全国第一纪录。

每年七八月，鲜活、质高、唯美的对虾、蝶鳎与河豚刚刚上市时，国内各地甚至韩国、日本的游客和订货商纷纷前来品尝、订购。

鲤鱼门大酒店

生蚝

景点推荐

滨海北部旅游区

滨海航母主题公园 AAAA

国内首家以航母为主题的公园

天津市滨海新区营城镇八卦滩

220元　67288899　www.binhaipark.cn

淡季（12月~次年2月）9:00~17:00；
旺季（3~11月）9:00~17:30（周末至18:00，五一、十一期间至18:30）

天津滨海航母主题公园以参观“基辅”号航母为核心，集军事科普、海洋风情、娱乐休闲为一体。“基辅”号航母是基辅级航母的首制舰。

里面的武器装备有鱼雷发射舱、飞行甲板、108通道、机库、武器装备区、76火炮库等。鱼雷发射舱位于五甲登舰大厅右侧，主要用于发射水下鱼雷，攻击潜艇、水面舰只及其他水中目标。飞行甲板位于舰岛右侧，面积有两个足球场大小。甲板均采用三层防火设计，同时表层铺有绿色耐热贴面板，用来固定这些防火甲板的铆钉都是采用当年比白金还要昂贵的稀有金属钛。108通道位于航母二甲，贯穿全舰首尾，是原舰最长的一条通道，这里曾经是舰上官兵生活的核心区域，阅览室、厨房、盥洗室、桑拿间、洗衣间、熨衣间等生活设施一应俱全。

此外，参加2010年世界博览会的天津馆将永久落户在天津滨海航母主题公园，展馆位于室外，与上海世博会的室内天津馆相比，面积扩大了6倍，达到近4000平方米。

内部的布展主要分为序厅、主题演绎厅、高端产业厅、自主创新厅、生态宜居厅、世博回顾厅及展望未来厅七大展厅。世博回顾厅中除了展示有天津参与2010年上海世博会期间的资料，还有中国馆及部分其他国家馆的详细介绍。在新加入的自主创新厅中向游客集中展示滨海新区“十大战役”以及滨海新区近年来所取得的建设成就。另外，景区内的2010年上海世博天津馆成为津门又一亮丽风景线。

玩家 指路

北京出发

自驾车：①走京津高速“北塘出口”直行彩虹桥7公里即达；②走京津塘高速“塘沽出口”下，直行至南海路左转，经彩虹桥7公里即达。

公共交通：可在市区天津火车站乘坐462路公交，至滨海航母主题公园站下车即可。

天津出发

自驾车：①走卫国道由“东丽入口”上京津高速，过“北塘出口”经彩虹桥7公里即达；②走津滨高速直行至南海路左转，经彩虹桥7公里即达。

公共交通：从天津市区乘津滨轻轨到洋货市场，换乘133路公交可到滨海航母主题公园。

唐山出发

先乘火车或汽车到塘沽站，换乘110路公交到洋货市场，换乘133路公交可达。

玩家 攻略

停车：滨海航母园区内设有四处停车场，可泊车1万辆。收费标准为小车3元/小时、大车10元/小时。

美食：滨海航母主题公园内有一个士兵餐厅，制作的餐饮富有特色，就餐时既可观钢铁营盘、读军事文化，又能品主题大餐，只是价格不菲。此外，公园附近的蔡家堡海鲜街也值得一去，这里拥有捕捞船只200多艘，是目前天津市渔船最多的渔业村。可品尝渔家风味佳肴，如熬梭鱼、煮海虾、熘扇贝、蒸海蟹、炸鱼酱、炖八带、滚鱼汤等。

游览路线：航母游览约需140分钟，上行路线主要景点有五甲（登舰大厅）、二甲（世界航母图片展，可以了解到航母的发展历程及航母的相关知识）、一甲（登甲板参观各种雷达及武备，将看到导航系统、对海对空搜索雷达、火控雷达、导弹系统、反潜火箭、舰载火炮系统等）。

下行路线主要景点有二甲（医疗中心—军人餐厅—图书馆—76火炮弹库—对空导弹弹库—熨衣间—洗衣间—桑拿浴室）、三甲（声呐系统）、五甲（机库—仿真飞机展示）。

基辅号航母

滨海航母主题公园

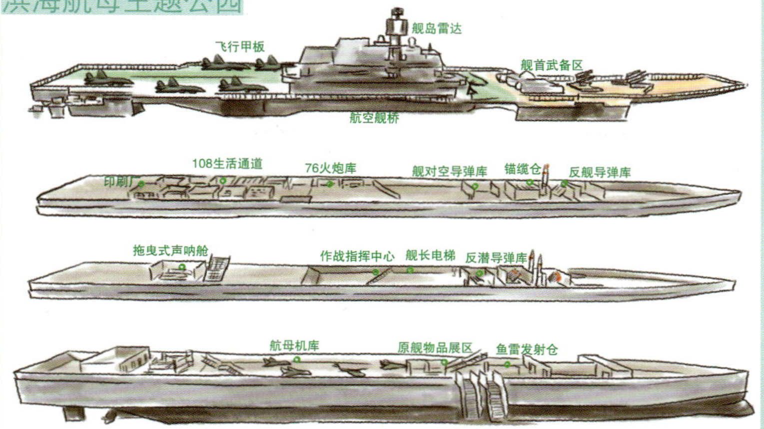

玩家 解说

“基辅”号航母是苏联“基辅”级航母的首制舰，曾经是令世界瞩目的海上“巨无霸”，西方世界畏之如虎的“海上杀手”。

2000年5月，天津国际游乐港购得退役的“基辅”号。2000年8月29日顺利抵达天津南疆码头，历时102天，航程16 850海里。2003年9月，“基辅”号落位于天津汉沽区（今滨海新区）八卦滩，永远停靠在国际游乐港的平静港湾。

小贴士：

（1）由于航母所在园区临海空旷风大，所以冬季游园者应备好防风御寒衣物。

（2）舰上任何地方不得动用明火，因此所有游客不得在舰上任何地方吸烟。

（3）有晕高、心脏病的游客不要上舰岛参观，若想参观须有人陪同。

（4）由于园区内水域情况复杂，因此不要涉水玩耍。在参与水中项目时遵照工作人员的安排穿好安全防护设备。

蛏头沽出海游

滨海新区体验渔家风情的最佳地

天津市滨海新区营城镇蛏头沽村

需组团，600元10人

天津东站乘坐462路公交到龙海国际乡村俱乐部站下车，向东步行20分钟左右即到

3～11月根据潮汐情况　25697865

蛏头沽村毗邻渤海，是集养殖、垂钓、餐饮、娱乐、观光为一体的休闲基地。在这里游客可以做一日渔民，随同当地渔民乘船出海、撒网捕鱼、游览海上风光，同时还能留宿渔家，吃渔家饭、睡渔家火炕，与渔家交流感情，领略渔村民俗风情。

蛏头沽村的八卦滩休闲岛是体验渔家风情的集中地，这里除主体建筑外，还建有地热水井一口，30个风格各异的草伞，两台小型风车既能观景又能发电，水上浮岛共有四个，大型封闭式鱼缸一个，室内外游泳池各一个，垂钓池四个海洋活体及标本展厅一个，缩微八卦滩及盐类展厅一个。有水上浮岛、海陆空模拟电子战、飞机、轮船、赛车的模型表演和渔家风情的撒网、捕鱼、扎鱼、拾海贝、垂钓、游泳等项目，能同时接待500人以上的观光及用餐，接待100人以下的小型会议及住宿。

五七村农家乐

天津市“明星小康村”

天津市滨海新区营城镇五七村　67281102

天津东站乘坐462路公交到汉沽中心站下，或换乘133或401路公交到五七村站下

五七村建于1969年，是一个工业、农业、养殖业、旅游业共同发展的农家别墅村。

"五七村"村容村貌朴实典雅，整洁大方，四周环境优美，林间花草镶嵌其间，花园、绿地、门球场、网球场、足球场一应俱全，为游人休闲、娱乐、健身提供理想的场所。

在景区的农家旅店可以品尝农家饭菜，住农家别墅，也可以去田园踏青，采摘葡萄或到池边垂钓。

链接

盐业风情游览区

盐业风情游览区位于滨海新区营城镇五七村，它以制盐史最长、现代化制盐水平最高、盐质最佳而闻名海内外。在此可欣赏巍峨如山的集盐坨，目睹盐山卤海的宏伟壮观，参观机械采盐、扒盐、输盐等现代化工艺流程。

滨海鲤鱼门

滨海新区著名的美食地和休闲地

天津市滨海新区渔港南部填海区

驾车从天津市区沿京津二线—南海路—汉北路—海滨大道（中央大道）—中心渔港方向行驶即到

"滨海鲤鱼门"坐落于汉沽中心渔港休闲港湾区，是一个以海鲜、游艇、四合院为特色，以餐饮为主，涵盖购物、娱乐和亲水游览的多功能商业区。总占地面积9.7万平方米，总建筑面积47 930平方米。设有渔家小院、海鲜餐馆、沿街商铺、临海海鲜大排档、观海楼、海鲜市场等设施。街区内建有13座古色古香的四合院。

玩家攻略

美食："鲤鱼门"内设有许多海鲜餐馆和一个千人餐厅，可同时接待4000余人进餐。附近还有大型渔业码头，食客在第一时间即可品尝到新鲜上岸的海鲜。

游乐：游客可在尽享美食的同时，到附近的码头参与游船休闲活动，实现休闲与餐饮的完美结合。

鲤鱼门美食

方特欢乐世界 AAAA

中国的迪士尼

天津滨海新区中新生态城生态岛内

平日9:30~17:30，周末9:00~18:00

全价票260元，优惠票160元

天津方特欢乐世界坐落于天津滨海新区中新生态城生态岛内，由飞越极限、蓝色地球、海螺湾、魔法城堡、大闹水晶宫、熊出没历险、唐古拉雪山、津门大峡谷等主题项目区组成，是京津冀地区独一无二的第四代高科技主题公园。区别于国内其他以机械游乐设施为主的传统主题公园概念，天津方特欢乐世界以科幻和互动体验为最大特色，以大型高科技展示项目为主要表现形式；20多个大型主题项目区，涵盖主题项目、游乐项目、休闲及景观等项目，项目内容包含科技动漫、未来幻想、科普教育、神话传说、主题表演等多个方面。

链接

演出活动

《熊出没》卡通剧：由热播动画《熊出没》原创班底倾力打造的同题材卡通剧。讲述住在森林里的熊大、熊二和小伙伴们为保卫家园，同人类滥采乱伐的代表光头强斗智斗勇，展开的一系列搞笑趣事。

佤族歌舞：哪里有阿瓦人，哪里就有歌舞。佤族是亚洲的一个跨国民族，在中国主要分布在云南省西南部，"木鼓舞""狩猎舞""甩发舞"等佤族歌舞在国内享有很高的声誉，高亢、深沉、粗犷的歌舞风格极具感染力，让人振奋并为之陶醉。

异域狂欢：紧张、热烈、活泼的桑巴素有巴西"国舞"之称，感情丰富，张力十足，专从巴西聘请的舞蹈团队，让您在方特就能感受到原汁原味的桑巴舞蹈；铿锵、震撼、明快的非洲鼓乐也惊艳亮相，

方特水上乐园

津门大峡谷，大型环境漂流项目，穿越茂密的雨林，沿着玛雅人的足迹寻找失落的文明，体验在悬崖瀑布中急速滑坠带来的畅快和激情。

海螺湾，绚丽多彩的海螺湾是鱼儿快乐生活的地方，有欢歌，有笑语，这里每年都举行盛大的欢乐嘉年华表演。

东方神韵，为360°环幕立体电影，以华夏五千年历史为主要内容，讲述了从炎黄传说时期开始，直至当代中国七个阶段的众多重大历史事件，影片总时长10~15分钟。

唐古拉雪山，大型雪山探险模拟项目，体验急速跌落，婉转和翻滚带来的完美体验。

魔法城堡

熊出没历险

大闹水晶宫，以中国经典神话传说《哪吒闹海》的故事为背景，融合了4D电影、实景表演等多种高科技手段的大型主题项目。

蓝色地球，立体巨幕剧场，生动讲述了地球生命不断演化的宏大历程。

飞越极限，国际一流的高空飞翔体验项目，拥有巨大的半球形银幕、灵巧的悬挂式座椅，配合宏大的电影画面，体验前所未有的凌空飞行真实感受。

来自神秘黑色大陆最震撼人心的鼓乐，热情如火的非洲土著，带您领略最纯正的异域风情。

中新天津生态城雕塑广场

凸显了中新生态城的特点

天津市滨海新区中新大道

市区乘坐103、133、459路等公交可达

中新生态城位于天津滨海新区，面积约30平方千米。雕塑广场位于彩虹桥入口处，6座生态城标志性雕塑与中新生态城百面旗帜融为一体，使广场凸显生态城门户气势。雕塑由叶片组成的花朵作为主体，象征生机勃勃，与中新生态城百面旗帜融为一体，这6座雕塑的建成使生态城标志从平面转变为立体，加上雕塑周围的“百旗”使生态城的特点得以凸显。

北塘古镇

游戏爱好者的狂欢圣地

天津市滨海新区黄海北路彩虹桥西南侧

市内乘坐103、462、520、528路等公交可达

北塘古镇位于新区北塘东北部，紧靠入海口，由沽酒巷、双垒广场、会馆、中式大宅等建筑组成。北塘古镇是国内首个以游戏为主题的古镇，古镇内建筑风格独特，既有石桥、灰砖黛瓦、斗拱檐枋、古朴精致的建筑；也有

北塘古镇

古玩、字画、茶楼，充满文化底蕴的商铺。

古镇采取文化、旅游、商业、人居四位一体的模式，重现民间绝活、传统美食、民俗表演等历史风貌，重点展示北方传统文化、天津地域特色和北塘地区民俗风情；并以深厚文脉底蕴开创滨海商业全新时代，在古镇建筑群落内打造现代时尚街区。

玩家 攻略

北塘古镇也会在节假日期间展出大型游戏、动漫作品，举行明星签售、游戏美女秀、cosplay千人游等游戏主题活动。

玩家 解说

北塘古镇采用大量古朴精致的建筑元素，非常适合强调江湖侠客古风的网络游戏。不仅一些网络游戏在北塘古镇取景，同时古镇内还将还原游戏内的真实场景和情节，巨人网络战略网游《江湖》中就有很多游戏标志性元素是从古镇采集的。

北塘出海捕鱼游

享誉华北的特色旅游项目

天津市滨海新区北塘水产路

市区乘坐103、133、459、462、506路等公交可达

北塘是全国最早开展“乘船当渔民，海上生态游”这一特色旅游活动的地区之一。北塘鱼蟹肥美，驰名中外。来到这里有别于一般的观光游览，它最大的特色就是将“客”变为“主”，将“观”变为“行”。游客登上船头就不再是游客了，而是出海作业的渔民了，要全心全意，身体力行，参与到行船、下网、捕捞和收获的全过程中去。这种角色的转换可以使游客体验到别样的快乐。

此外，由游客亲自参与所捕获的鱼虾蟹等都归游客所有，或带回与家人共享，或在船上用传统的渔家烹调方式现做现吃。

玩家 攻略

拖网捕鱼：游客跟随景区的船舶下海之后，不久就可以下拖网捕鱼了，大概半个小时后，就可以起网收获海鲜了。

美食：游客可以将捕上来的海鲜现场制作成美味无比的海鲜大餐，品尝一回地道的渔家饭。如果打上来的海鲜多，还可以带回家。

北塘海鲜美食

链接

北塘海鲜

塘沽以“两货”（海货、洋货）齐全而名扬天津，北塘镇因地处塘沽之北而得名，具有600年悠久历史。它地处三河入海口，海滩坡缓而辽阔，潮平浪小，海滩属泥质沙滩，非常适合鱼类生长，河水携带大量浮游生物涌向大海，海中鱼虾逐淡水而食，故北海产品十分鲜美，早年曾为朝廷贡物。在这块神奇的土地上盛产紫蟹、刀鱼、银鱼、针鱼、狼鱼、对虾、黄花鱼等各种美味海鲜。

“北塘海鲜”究其鲜，主要是产得鲜，做得鲜。肉质肥厚鲜美。北塘一带的海鲜餐馆均备有定点或自家渔船捞捕的鲜活海产。渔民食用加工海鲜已有几百年历史，特别是近百年来，又融入了冀、鲁、豫等地的烹饪技术，使其海鲜菜肴更加完美。

天津刻字版画艺术院

中国刻字版画艺术的代表

天津市滨海新区东风中路汉沽文化活动中心楼内

67192035

天津东站乘坐462路公交到汉沽中心站下，步行即达

8:00~12:00，14:00~17:30（无节假日）

天津刻字版画艺术院坐落于汉沽艺术文化中心，这里是艺术爱好者的天堂，艺术院拥有实力雄厚的专业队伍，具有国内领先的创作、设计水平和加工制作能力。制作的木刻、石刻、竹刻、油印、水印、黑白印和彩印等多种质地的艺术品木刻精品在国内外享有很高的声誉。

这些艺术品兼具了书画的艺术美、雕刻的立体造型美、材质的肌理美和工艺的装饰

艺术院馆藏刻字版画

美。古朴典雅、韵味深厚，以鲜明的艺术特色在国内众多的刻字版画艺术群体中独树一帜。

链接

刻字版画

刻字版画作为一种高雅艺术品，综合了书法、雕刻、绘画、印刷、装饰的艺术美，形成了独具特色的一种艺术；是汉沽培育的一个新兴文化艺术行业，深受群众喜爱，享誉海内外。1997年汉沽被文化部命名为“中国刻字版画艺术之乡”。

汉沽刻字版画起步于20世纪50年代，最初的萌芽和构图是以民俗节庆为依托构思刻制而成，主要取材于春节期间家家户户张贴的门联和年画。初期的木刻版画，给新春佳节带来了喜庆和吉祥气氛，后来涉及生活的方方面面。

国际版画藏书票收藏馆

目前国际上规模最大的藏书票馆

天津市滨海新区河西二经路

25681971

天津东站乘坐462路公交到汉沽中心站下，换乘455路公交即达

国际版画藏书票收藏馆由被业内称为“中国国际版画藏书票收藏第一人”的国内著名版画家刘硕海投资兴建，是国内首家藏书票馆，也是目前国际上规模最大的藏书票馆。

该馆建筑面积700平方米，馆藏意大利、比利时、俄罗斯等60多个国家名家版画藏书票原作精品15 000件，是集欣赏、文化、收藏、学术、制作、访问、国际交流为一体的多功能收藏馆。馆内藏品数量之多、艺术价值之高堪称国内外之最。

收藏馆一楼为国际藏书票展厅，展厅内列有藏书票1000余张，这些藏书票全部为馆长刘硕海先生从其6000余张藏品中挑选出来的精品。二楼为版画展厅，陈列有中国著名版画家黄永玉、中国美协副主席吴长江等创作的版画原作。

蓟运河风情游览区

体验运河风情的最佳地

天津市滨海新区汉北路附近

25694127

天津东站乘坐462路公交到汉沽中心站下，步行即达

蓟运河是海河流域北系的主要河流之一，干流河道始于蓟州九王庄，流经蓟州、宝坻、宁河、汉沽四个区，止于滨海新区蓟运河防潮闸，全长144.54千米，经永定新河入海。风情游览区长约30千米，风景秀丽多姿，颇有韵味。涵盖乡土景观岸线、城市景观岸线、湿地景观岸线三个景观段，包括绿化、雕塑、景观小品、亲水平台、观景廊道等要素。

玩家 **游记**

风情游：乘船可从上游进入广阔的水域，靠

岸停船步入酒业精品坊，参观意大利最先进的制酒工艺，品尝美酒；拜访神奇的雾抬寺，听诉古老美丽的传说；进入地热洗浴城游泳、健身，品农家小吃。

休闲游：走进运河附近的河西公园或世纪广场，可以在迷人的多彩灯下留影；在葡萄谷里观赏田园风光、踏青或亲手采摘葡萄；换乘游船驶入营城湖，可购物、住宿或亲历垂钓、体验高尔夫的魅力。

孟庄园精品葡萄园

中国“玫瑰香”葡萄之乡

天津市滨海新区茶淀镇孟圈村　40元

67272888　9～10月 8:00～18:00

市区乘坐456路公交可达或者驾车沿京津高速行驶至茶淀镇出口下高速即到

孟庄园精品葡萄园以名品玫瑰葡萄为原料，精制而成的“华梦”系列干白、干红葡萄酒，酒体通透、果香浓郁、口感均和、留香长远。

在此，可尽兴观赏和品尝馨香怡口的葡萄酒，参观宏伟壮观的生产工艺，还可踏青浏览田园风光，采摘精品园里的玫瑰香葡萄，感受乡野风情的别样意境。

玩家攻略

采摘：葡萄园种植当地特色品种玫瑰香，每年举办“葡萄采摘节”，吸引许多游人前来采摘。

垂钓：园区有个池塘，里面有很多鱼类，游客可以根据自己的爱好进行垂钓，放松身心。

住宿：在葡萄园旁设立1800平方米的自然生态酒吧及各种规格的别墅，另有数十套标准客房及会议中心，能接待百人以上的大型会议。

滨海茶淀葡萄科技园

滨海茶淀葡萄科技园区规划面积840公顷，其中示范区676公顷，辐射带动面积2668公顷以上，核心区165公顷，划分为6个功能区，其中研发实验区建设有新品种选育园、设施温室、设施大棚，休闲观光旅游区建设有香味葡萄园、趣味葡萄园、盆景葡萄园、认养葡萄园、葡萄文化中心，葡萄标准化示范区建设有玻璃智能温室、塑料智能温室、钢骨架大棚、避雨栽培设施等。

华梦酒文化博物馆

华梦酒文化博物馆是中国首家中西合璧的葡萄酒文化博物馆，也是天津首家葡萄酒工业旅游项目。博物馆的设计融合了中西葡萄酒文化，以历史和地理两条主线展开对葡萄酒文化的阐述。

博物馆共分三层，总面积1800平方米，地上一层为葡萄酒文化世界厅、中国厅、现代厅、孟庄园厅、休闲购物厅。二层为品酒区、珍品字画厅、多功能会议厅。地下一层为葡萄酒窖，酒窖放置了法国进口的橡木桶，为葡萄酒的再次生长提供了绝佳的环境。该酒窖深3.8米，常年恒温为13℃～17℃，湿度为70%～85%。

孟庄园精品葡萄园

景点推荐 滨海中部旅游区

大沽口炮台遗址 AAAA 文

津门十景之“海门古塞”

天津市滨海新区东炮台路（海河大桥收费站前行500米） 8:00~17:00 30元，包含博物馆内参观和遗址区参观 市内乘坐110、111、121路等公交可达

大沽口是京津门户，海河要隘，是入京咽喉，津门之屏障。自古即为海防重镇，素有“南有虎门，北有大沽”之说。大沽口炮台始建于明代，历史悠久。在中国近代史中，大沽口炮台更是成为中国重要的海防屏障。炮台建筑雄伟，旁边还有几架铁炮，充满了历史沧桑感。

炮台旁边新修建了大沽炮台遗址博物馆，博物馆总占地面积约93.8公顷，整个博物馆就像一颗炮弹爆炸后的样子，以不规则状向四周散开，具有打破简单几何秩序性的强悍冲击力。博物馆利用了立体、光、声、像等高新技术，让人们能够更加生动地感受当年的硝烟烽火。博物馆主要由展厅、临时展厅、放映厅、库房及其他附属用房等组成。展示主要分为“京畿海门”“沽口御侮”和“国门沦陷”等部分。

“京畿海门”部分讲述大沽口炮台成为海防重地的历史背景。“沽口御侮”部分是展厅的核心，讲述了1858年至1860年的三次大沽口之战。“国门沦陷”部分展示的是被外国侵略者损毁的铁炮残块实物以及相关历史照片的复制品等。

玩家 攻略

住宿：大沽口炮台里有5座具有藏族、苗族、傣族、朝鲜族、高山族建筑特色的小别墅，既可食宿又可体味民族风情。另外，也可到位于滨海新区新港二号路1661号的今天国际酒店（电话：25789999）住宿。

看灯塔：毗邻大沽口的海门大桥和大沽灯塔也值得一看。海门大桥是中国目前开启跨度最大，提升高度最高的直升式公路桥。大沽口灯塔矗立在大沽口外的海面上，是中国目前自行设计、自行建造的第一座海上最高灯塔。白天，可在炮台遗

大沽口炮台沙盘

大沽口炮台遗址素有“津门之屏”之称，明清时期主要用于防御外敌。

炮台是由当年的钦差大臣僧格林沁镇守大沽口时修建的，共计5座，其中3座在南岸，2座在北岸，分别以“威、震、海、门、高”五字命名。

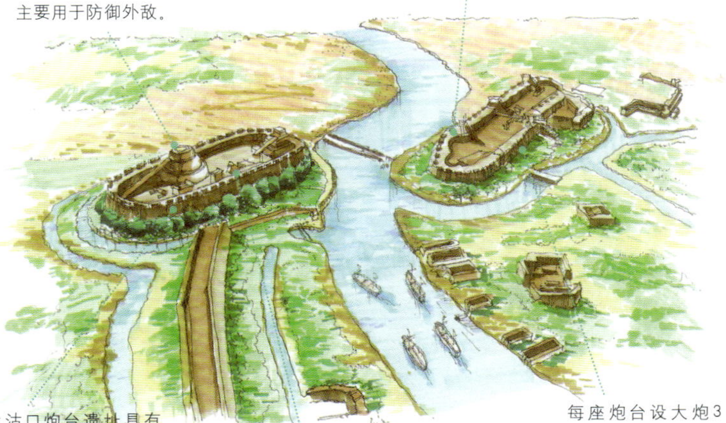

大沽口炮台遗址具有很高的历史文物价值，它饱经沧桑，几经兴废，让人们铭记历史。

炮台高10米至17米，底座周长182米至224米，上砖下石，均用三合土、糯米汁浇灌夯筑而成，炮口对准波澜壮阔的海面。

每座炮台设大炮3门，另有小炮台25座，大小炮台共置大炮64尊。

址游玩，乘快艇出海，入夜时分大桥无数彩灯齐放，灯塔发出旋转着的强烈光束，特别绚丽。

玩家 解说

明朝嘉靖年间，倭寇时常进犯中国边境。为了抵御倭寇加强海防战备，开始在天津大沽口构筑堡垒，正式驻军设防。清嘉庆二十一年（1816年），清政府在大沽口南北两岸各建一座圆形炮台。炮台内用木料，外用青砖砌成，白灰灌浆非常坚固。高度约为10米，宽约3米，进深2米。

第一次鸦片战争后，清政府对炮台进行增修加固。至道光二十一年（1841年）已建成大炮台5座、土炮台12座、土垒13座，组成了大沽炮台群，形成较为完整的军事防御体系。

清咸丰八年（1858年），满洲贵族僧格林沁作为钦差大臣镇守大沽口，对炮台进行全面整修，共建炮台6座，除一门石头缝炮台外，其他分别以“威”“震”“海”“门”“高”五字命名，寓意炮台威风凛凛镇守在大海门户的高处。

1856年第二次鸦片战争爆发，英法军队在美俄的支持下进攻大沽口炮台，炮台沦陷。联军首次入侵天津，1858年5月强迫清政府签订了《天津条约》。1860年8月1日，英法军队出动舰船30余艘，兵力5000余人集结于大沽海面，在坚船利炮的掩护下，乘虚在北塘登陆，先占领北塘炮台，后包抄大沽炮台，大沽炮台再次失守。英法联军进犯津京，清政府与英法签订了《北京条约》。

同治九年（1870年），李鸿章出任直隶总督兼北洋大臣后，十分重视大沽口的军事防务，对原有炮台进行了加固。同时增建了平炮台三座。光绪元年（1875年），再次对原有炮台进行了整修和扩建，从欧洲购买了铁甲快船、碰船、水雷船等武器装备，使大沽口成为抗击帝国主义侵略的重要军事海防要塞。1900年，英、俄、德、日、美、法、意、奥等国组成八国联军再次入侵大沽口，清军将领罗荣光率将士坚守炮台，顽强抵抗，最后寡不敌众，以身殉国。八国联军长驱直入北京，逼迫清政府签订了最为屈辱的《辛丑条约》。根据条约规定，清政府被迫将大沽口炮台拆毁。现保存较好的是“威”字南炮台和“海”字老炮台两座遗址，其他炮台已荡然无存。

近百年来，大沽口炮台饱经沧桑，几经兴废，它是帝国主义侵略中国的铁证，是中国人民浴血奋战、抗击帝国主义侵略者的历史见证。

延伸

北洋水师大沽船坞遗址纪念馆

北洋水师大沽船坞遗址纪念馆位于天津市滨海

新区东沽地区天津市船厂内，与大沽口炮台相距仅1500米。它是中国北方第一所展示修造舰船、制造兵器及其发展历史的专题型纪念馆。

该馆包括中国近代修造船设备和船坞遗址、海神庙遗址两部分。前者系统地介绍了清朝皇家祭海的历史，集中陈列了建坞初期的大型设备、工具、兵器以及海神庙的抱鼓石、经幢、柱础等文物。后者通过保存下来的船坞、残存木桩码头、老轮机厂房以及李鸿章亲自栽下的古杨树，再现了大沽船坞的发展历史。

馆内拥有中国第一座板基泥坞大型沙盘，中国海军第一艘潜水艇模型，展现了中国北方第一代产业工人的卓越创造力及中国近代船舶建造的智慧。

宋庆龄渤海儿童世界

迪士尼式儿童乐园

天津市滨海新区新港船闸路东侧　免费

塘沽火车站乘坐110路公交可达或从滨海新区中心乘坐906路可到

宋庆龄渤海儿童世界占地5.7万平方米，是一个专供儿童求知、娱乐的大型活动场所，由宋庆龄基金会赞助建成。深受世人尊敬的周恩来总理、邓颖超大姐和孩子在一起的大型铜像坐落在院内柔软翠绿的草坪中央。景区拥有丰富多彩的儿童娱乐设施，如智慧宫、海底探险、游艺室、游艺区等设施。

智慧宫造型远望似腾飞的航天飞机，内分历史、自然两个博物馆，用模型、标本、图片、实物、录像展示中国悠久的历史和丰富的资源。海底探险区为模拟海底世界的区域，游客可乘坐模拟潜艇，进入“海底迷宫”探险。游艺室有游艺机、健康球、电动玩具等精彩刺激的娱乐设施供游客玩耍。游艺区有观览车、欢乐轮、毛虫小火车、旋转小蜜蜂、碰碰车和退役军舰等游乐设施。还有五座藏、苗、傣、朝鲜、高山族建筑特色的小别墅供观赏和食宿。

潮音寺

滨海新区最古老的建筑之一

天津市滨海新区海河岸的西大沽境内

免费　乘坐地铁9号线塘沽站下车，然后乘坐110路公交可达

潮音寺已有六百年历史，始建于明朝永乐二年（1404年），和天津建卫同年，是海河下游最为著名的寺庙。

潮音寺占地5124平方米，面向大沽海口，寺庙由三层大殿、四座配殿、一座柳仙亭和南北跨院园林组成，保持了明清建筑原有风格，古朴典雅，是全国少有的坐西朝东的庙宇。

玩家 攻略

美食：潮音寺靠近海河，所以盛产鱼虾。民谣说“二月即头鱼，三月见皮虾，四月卖鱼，六月有黄花，七月、八月海螃蟹，九月、十月大对虾”。一

潮音寺

年四季都有时令鲜品上市，来这里可大饱口福。

民俗：每逢春汛时，潮音寺会集一方百姓，举办社火民俗活动，耍龙灯、放焰火，热闹非凡，延续至今，已形成沽口独特的民俗活动。

烧香拜佛：每年的阴历二月十九即传说中的菩萨娘娘的生日时，都会有众多的佛教信徒和人们到此拜佛上香，祈求平安如意。

过街牌坊和广场

过街牌坊位于潮音寺景区的入口处，高8米、宽6米，为明清建筑风格，做工考究，色调古朴典雅，采用传统的绘画雕刻技法，上绘有108条形态各异的龙形图案，有的见首不见尾，有的双龙环绕，个个栩栩如生。

潮音寺广场是通往大殿的必经之处，入口处是两根玉石抱柱的旗杆，杆顶有球形装饰，远望像一双眼睛，注视着渤海，给人以神秘遐想。在明朝永乐年间，这旗杆就成为南北入河出海船只的导航标。

山门和大殿

潮音寺的山门和天王殿合一，这里供奉着弥勒菩萨和四大天王。弥勒菩萨是弥勒佛的化身像，四大天王手中各持的法物分别代表“风调雨顺”，代表了平安吉祥。

大殿里供奉文殊、普贤、观音三尊菩萨，传说观音菩萨从南海随船而来，面东而坐，所以当地居民将观音雕塑成像，常年供奉。

南、北配殿

南配殿供奉的是王三奶奶，传说王三奶奶是俗家得道成神的一位妇女。她是河北河间人，少时习医，后嫁于大沽王家三子为妻，称王三奶奶。丈夫因病故去，此后她便一心研究医道，治愈民间疾病，并将所得酬报施舍与人，所以，后人修建庙宇将她供奉为神，保障一方百姓脱离病魔苦境。

南配殿院中有座柳仙亭，为纪念道教神仙柳仙而建。相传明朝永乐年间多瘟疫，柳仙用神力帮助百姓驱瘟疫，当地百姓为了纪念他而修了柳亭，并和佛教的观音菩萨共处，佛道俗三家共处一寺之中，这在国内其他寺庙也极为少见。

全国各地的潮音寺

全国潮音寺共有四座，除了天津潮音寺之外，其他三座分别位于江苏、海南和广东三个沿海省份。

● 宜兴芳桥潮音寺

位于江苏省宜兴市芳桥镇，始建于东汉末年，是全国潮音寺中兴建年代最早的一座。寺中香烟缭绕，梵音如潮，为当时闻名海内外的宜兴第一古刹。后屡次毁于战火，又屡毁屡建，新中国成立前仅存残碑破舍，如今修葺一新。

● 南澳潮音寺

位于广东省汕头市南澳岛，建于明朝，面对深澳盐场和大海，建筑面积约500平方米，分三进。大门石匾“潮音寺”是已故书法名家康维安先生墨宝。圆通宝殿内奉敬1.5米高的观音菩萨像，旁有各高米余的善财、童女像。

● 万宁潮音寺

位于海南省万宁市东山岭华封岩，始建于宋代后损毁。明代重建，改名海潮寺，清康熙二年（1663年）又改名为潮音寺，1984年再建，为钢筋水泥仿古建筑物，面积1530平方米。寺分两大部分，一个为纪念北宋名将李纲的公祠，一个为大雄宝殿，别具一格。

北配殿供奉着大神龙王，也就是东海龙王鳌广。当地渔民祖祖辈辈出海前都要祭拜龙王，摆放供品，燃放鞭炮，祈求平安，盼望着有个好收成。

大雄宝殿

大雄宝殿供奉有三方佛，分别是东方净琉璃世界教主药师佛、娑婆世界教主释迦牟尼佛和西方极乐世界教主阿弥陀佛，雕像惟妙惟肖，两侧画像也是形态各异。宝殿月台的玉石栏杆，雕塑着待放的莲花，据说很有灵气，摸一摸就会时来运转。

天津海昌极地海洋世界 AAAA

中国规模最大的、展示最全的海洋馆

天津市滨海新区中心商务区响螺湾商务区61号，海门大桥东南侧，外滩公园对岸　60元/人

66227777　全价票 245元，优惠票 150元

市区乘坐110、821、940路等公交可达

天津海昌极地海洋世界占地面积19.3万平方米，建筑面积约47 000平方米。造型犹如一只巨大的鲸鱼，由极地动物展区、海洋动物展区、海底世界、无水海洋、鲨鱼展区、珊瑚展区、水母展区、科普互动展区、表演场（欢乐剧场）九大展区组成。

极地动物展区生活了北极熊、企鹅、北极狐、北极狼等130余只大型南北极地和海洋动物。

海洋动物展区从世界各地引进了超过135类2000余种海洋动物，馆内设立8个游览专区，游客们可在馆内观赏到白鲸、海豚、海象、海狮等海洋动物。

玩家 攻略

合影喂食：在体验区可以近距离和各种动物接触，并且能和它们一起合影，也能给它们喂食喜欢吃的东西。

动物表演：景区海豚、伪虎鲸以及海象在表演时间段内，会上演各种幽默滑稽的表演。表演时间：旺季（9月30日~10月31日）周一至周五10:00、11:30、14:00、16:00。周六至周日9:30、11:00、13:00、14:30和16:00。淡季（11月1日~12月31日）周一至周五10:00、14:00，周六至周日10:00、11:30、14:00和16:00。

购物：景区的购物商场出售各种有关海洋动物的玩偶，如嘭嘭、可可、小黑等。它们有的像海豚，有的像寄居蟹，有的像企鹅，非常可爱。

海昌极地海洋世界

紫云公园

国内唯一的利用工业废料建设的环保型公园

天津市滨海新区中央大道　免费

市区乘坐834、937路等公交可达

紫云公园是在固体化工废料治理基础上堆建起来的环保型山体公园。它占地33万平方米，山体表面积36万平方米，主峰高达31.9米，公园利用碱渣制工程土500万立方米。

园内培植花卉4万余株，草坪16万平方米，种植乔、灌木树种百余种30万余株，长势葱郁，并有数十种鸟类来此栖息。山体公园由7个景观区组成，融休闲、纪念、环保、生态与文化于一体。在山体公园西侧，原来是一条排放天津碱厂冷却水的河道，如今河道的两侧进行了绿化及景观装饰，现已成为一条绿色环绕的景观河。

玩家 解说

紫云公园的山体大部分都是碱渣土，它的来源是公园附近一家制碱厂——永利制碱公司，创始人是民族工业巨擘范旭东和一代制碱宗师侯德

延伸 紫云公园周边景点

黄海化学工业研究社纪念馆：位于紫云公园西侧，研究社是中国第一所私立化工研究机构和中国化工研究机构的摇篮，建成的纪念馆保存了旧有的建筑，更采用先进保护技术对2200多套厂史资料进行整理和保护，成为天津碱厂现存最重要的历史遗迹之一。

塘沽南站：建于1888年，是中国最早的一条标准化铁路上的一个重要车站。如今的塘沽南站是1907年重修的，具有浓郁的英式车站风格。车站仍保留着一座原先用于车站人员办公的二层小楼，小楼外墙的中间部分刻有“TANGKU”字样。

紫云公园

榜。他们让中国人告别了只能吃“洋碱”的历史。

早年的碱厂在辉煌的背后也有工艺技术的缺陷和环保治理的难题，近百年来排放出的碱渣从厂区蔓延到海边，天长日久便形成三座堆积量约3600万立方米、最高处达16米的碱渣山。1983年，天津人开始着手研究将碱渣土替代黄土作为填垫材料的探索。从1997年到2002年，历经5年的时间，三座沉睡了半个多世纪的碱渣山被夷为平地，实现移山还地230万平方米，制成工程土1460万立方米，填垫低洼坑塘近1000万平方米，为滨海新区建设腾出了宝贵的土地。

解放路商业街

滨海新区唯一的商业步行街

天津市滨海新区解放路　市区乘坐501、816、825、937路等公交到永利花园站下或乘坐101、621、816、825、844路到金元宝大厦站下

解放路商业街因其服务功能完善、设施先进完备和充满时代气息的环境，构成一道精彩的人文景观，被人们誉为“滨海新区金街”。它全长1350米，共分三段，其中位于中段的高档黄金商业区长450米，道路两旁商铺鳞次栉比，商品琳琅满目，游客熙熙攘攘。内有金元宝、新百广场、天百弘基、芙蓉、盛和等20多家大型商厦，以及贻成时代精街等60多家小型商厦。

此外，沿街还建有三个风格各异的街心广场，让游人在购物之余充分体验休闲之乐。整条街上公共服务设施齐全，尤其是雕塑和绿化、灯光设计更为独特。在商业街两侧入口处设置的夜景灯光以金黄色为主基调，辅以蓝色、绿色、红色的壁灯、地灯、轮廓灯等，构成层次清晰、色彩丰富的灯光夜景。

玩家 攻略

美食：解放路商业街上云集了各种特色的餐馆，可以吃到各地的菜肴。如韩丽轩自助烧烤城塘沽金街店（滨海新区解放路453号巨川金海岸购物广场E区2楼，25881396）、权金城上海道店（滨海新区解放路1358号巨川金海岸2楼，25308885）、韩罗苑塘沽店（滨海新区解放路1358号巨川金海岸内，25309911）、金元宝海鲜酒楼（滨海新区解放路，25893860）、法颂坊金元宝商厦店（滨海新区解放路668号金元宝东方广场B1楼，25866846）。

购物：解放路商业街更是购物的天堂，聚集了各种各样的店铺，商品琳琅满目。如中原百货滨海店（滨海新区解放路商业街629号，25863309）、金元宝东方广场（滨海新区解放路668号金元宝东方广场内，25866868）、物美大卖场外滩店（滨海新区解放路1358号巨川金海岸内，63570694）、佰草集金元宝店（滨海新区解放路668号金元宝东方广场1楼，25865239）、聚金百货商场（滨海新区解放路）、新生代休闲文化广场（滨海新区解放路1358号巨川金海岸B1楼，25881166）。

塘沽滨海世纪广场

浮雕面积为中国之最

天津市滨海新区解放路

市区乘坐178、547、688路等公交可达

塘沽滨海世纪广场，面积2.4万平方米。

广场上的浮雕总面积达840多平方米。广场上最显著的标志是21棵“世纪柱”，每棵直径1.35米、高11.2米。世纪柱上的雕图，显示了各个世纪人类科技、文化发展的重大成果。其中，21世纪的空白柱象征有待历史的书写。

广场上两座由花岗岩和青铜雕筑的文化浮雕墙，分别雕刻了史上著名人物和业绩以及塘沽数百年历史沿革和主要成就。

此外，广场上的大型喷泉，中心水柱喷射高度可达100余米，创当时中国喷泉水柱高度之最。入夜，300平方米的水幕及周围彩灯泛射，构成一个精彩迷幻的世界。

玩家 攻略

滨海世纪广场周边饮食比较方便，有很多餐馆，如海图海鲜大排档（滨海新区烟台道535号，25888555）、台湾手抓饼（滨海新区河北路红太阳商城112号底商）、海图餐厅（滨海新区烟台道535号，25301837）。

塘沽文化墙

全国最大的露天汉字博物馆

天津市滨海新区塘沽海河外滩西侧　免费

市区乘坐101、102、107、130、501、507路等公交可达

塘沽文化墙位于海河外滩至老码头的海河防洪墙，雕刻内容集“中华文字发展史”“中华书法发展史”和“中华文学发展史”为一体。文化墙全长3000米，墙均高3.2米。共分为八部分，分别为“汉字源流”“字里乾坤”“文海泛舟”“商灯射虎”“联苑撷英”“奇诗共赏”“名言警句”“名人手笔”。

其中“汉字源流”介绍汉字由陶器刻符到甲骨文、金文、大篆、小篆、汉隶、魏碑、草书、行书、楷书的演进脉络的文字发展史；“字里乾坤”展示了世界已消亡的古文字图样、汉字构造规律的“六书”、汉字特征的图例，铸造了46枚直径40厘米的古铜字币，其中一枚直径2米，为世界之最；“文海泛舟”展示了一部中华文学史，集各不同时期文学精华展示于文化墙。欣赏这三部分的文化景观，仿佛穿越历史时空，从古代走到现代。

文化墙区域内还新修了石木结合的步行道，使文化墙、海河水景、灯光夜景和绿化景观在海河下游融为一体，并使这一防洪设施成为具有文化价值和艺术品位的亮丽长廊。

海河外滩公园

天津滨海地域最大的休闲公园

天津市滨海新区上海道　66862136

市区乘坐地铁1、2、3等线路，到天津站换乘津滨轻轨、9号线进入滨海新区至塘沽站下车

海河外滩公园南临海河，长约1000米，占地面积13万平方米。外滩公园沿线由文化娱乐区、商业休闲区、绿化景观区和高台景观区四部分组成，以沿河木质人行步道相贯通。最为抢眼的大悬挑构架建筑“碧海帆影”，自西至东分别高达100米、70米、50米，像大海中航行的帆船，与蔚蓝的海河水相映生辉。

海河外滩公园雕塑

公园建有全国最高、最长的喷泉景观，这组喷泉共有27种水型。其主喷高度达170米、东西长360米，并有“水上喷火”的独特景观，堪称“国内水景之最”。广场建设有2.5万平方米的绿地、花坛及热带雨林的绿化景观。此外，广场内外装点各种泛光灯和景观灯，一到夜晚整个广场显得格外绚丽多姿。

玩家 攻略

海河外滩公园附近住宿便捷，酒店有鸿福外滩酒店（滨海新区上海道）、新业国际酒店（滨海新区新港路97号，66705688）、三泰大酒店（滨海新区新港路82号，25716611）。

延伸

“东方公主”号游轮

“东方公主”号游轮：位于海河外滩公园东侧。由法国知名的公司于1967年建造。船长150.28米，宽21.28米，总吨位10 298吨，是当时世界上最为豪华的五星级游轮之一。20世纪60年代末70年代初，它承担了中国援建坦桑尼亚和赞比亚铁路等重大援外工程人员的运输工作，并曾往来于中日两国之间，有“海上友好使者”之称。周恩来总理曾乘该船出访。

如今，“东方公主”号油轮已被打造成一座水上宫殿，设有旅游观光、鱼翅楼秘制餐饮、快餐厅、KTV娱乐区、游艺区、露天酒吧、海景客房等综合服务设施。

河滨公园

滨海新区最大的综合性公园

天津市滨海新区中心路南端988号

入园免费，塘沽博物馆门票10元

市区乘坐105、109、937路等公交到河滨公园下

25894277

河滨公园建于1953年，背靠海河，形似折扇，占地面积30.3公顷，其中湖面5.3公顷。

园中湖水波光粼粼，断桥曲岸，树木成荫，亭廊阁榭掩映其间。园中广泛种植有各种树木2万多株。饲养动物达55种，珍禽300余只，还有其他丰富多彩的娱乐设施。为了提升公园的文化内涵，塘沽图书馆和塘沽博物馆也坐落于园内。

玩家 攻略

游乐：园内开设有游泳池、旱冰场、游艺厅等场馆，有大型电动飞机、空中脚踏车、碰碰车等游乐项目。

观赏动物：公园里有一个小型动物园，可以近距离观看老虎、马、鹿、鸵鸟、狐狸、兔子、猴子等，并可以给它们喂食。

河滨公园

塘沽图书馆新馆

塘沽图书馆新馆占地9000多平方米，由一座箱体建筑及一座古典庭院式建筑组成，与河滨公园现有景观外形相呼应。总藏书量100万册。新馆采取现代化计算机管理手段，读者手持一卡便可在馆内实现借阅、信息检索、阅读、消费、网上查询等多种功能。另外，设有多种专用室，如音像放映室、儿童阅览室、报刊阅览室、自学室、报告厅、电子阅览室、视听室、古籍中心、社科、科技开架阅览书库等，以及教学区、读者服务区、目录区等不同分区。

塘沽博物馆

塘沽博物馆是一座面积达7700平方米的箱体式建筑，客观而生动地展现了塘沽自宋代成陆至今800多年的历史变迁和风土人情，展示了塘沽在中国近代史上不可替代的重要定位和丰厚的历史积淀。

博物馆由序厅、东厅、西厅三部分构成，陈列共分“沧海桑田”“盐兴漕畅”“海门古塞”“工业兴邦”“沽口曙光”“明珠璀璨”六

个主题，采用博物馆与纪念馆、传统与现代手段相融合的陈列方式，展现了塘沽自宋代成陆至今800多年的历史变迁和风土人情。

塘沽洋货市场

北方最大洋货集散地

天津市滨海新区抚顺道(河北路立交桥西南)

25888544　9:00~18:00

可乘坐津滨轻轨（地铁9号线）、103、106、133路等公交前往

洋货市场是华北地区首家建立的专门进行进口货交易的市场，里面的进口商品琳琅满目，品种花样繁多。自20世纪80年代末期至今，洋货市场从最初的7000平方米扩展到现在的50 000平方米，经营品种大到进口摩托车、家用电器、电子琴、照相器材、音响设备，小到服装、鞋帽、手表、打火机等30大类上千种商品，成为天津的“沙头角”，充分体现了“洋货、洋味、洋品牌”的特色。

洋货市场规模庞大，步行街是市场的主体。它东起吉林路，西至中心北路，全长375米，宽16~28米。街边的建筑突出古典欧式风格，屋顶呈几何造型，富于变化，立面装饰力求典雅优美。面积达9200平方米的路面采用罗马石铺装，给人以时空上的无限遐想。其中的标志物——“沽上明珠”突兀而起，寓意丰富。还有5组青铜雕塑和3组汉白玉雕塑均为欧洲古典名人名雕，造型或欢快，或沉思，或三五成群，或独居一隅，点缀街头，向游人展示着魅力无穷的异域文化。

玩家 解说

洋货市场初期是由一些海员摆地摊形成的。海员出海回来捎来一些洋货自己不用，在此卖掉。因为没有关税，价格相当便宜。后来走私物品也加入进来，价格也相对便宜，大到汽车、摩托车、电冰箱，小到钢笔、打火机、手表等应有尽有，琳琅满目。洋货市场名气越来越大，慕名而来的消费者越来越多，因此经营者也涌向这里，市场范围逐渐扩大。地摊变成了露天摊位，露天摊位又变成了室内摊位。

不过，随着国家对走私打击力度的加大，市场上真的洋货已越来越少，真正洋货占30%左右。这些洋货来源主要是三条渠道：经销商在国外自采来这里自销，经销商通过自己的海外关系进行经销代理，以及商家与国外厂家联手。这些洋货由于省略了商品批发等几个中间环节，同大商场相比，价格相对低廉。当然，洋货市场另外占70%的商品就是假洋货了。

天津港博览馆

国内最大的港口博览馆

天津市滨海新区跃进路　市区乘坐130、507、508、509、513、820路等公交可达

天津港博览馆坐落于天津国际贸易与航运服务区西段，毗邻天津港保税区和天津经济开发区。博览馆建筑规模25 980平方米，

塘沽洋货市场

总体布展面积11 000多平方米，分别为二楼大堂铜浮雕展区、古近代展厅、现代和未来展厅。

博览馆内设有可容纳400多人的多功能报告厅，配备具有当前国内先进水平的声光电控及同声传译等设备，同时配有中央大厅、演播大厅、临时展厅等设施。为天津港乃至滨海新区举办高端讲座、学术交流、大型会议、庆典活动、文艺演出等活动提供了一个高等级场所。

博览馆坚持尊重历史原貌，体现时代特点，共展出图文资料1000余幅、实物展品600余件，充分体现追溯历史、展示成就、促进发展的主题，客观、真实地重现天津港起源、变迁、发展的历史足迹，反映天津港不同时期的地位、作用及与城市发展的互动关系。

玩家解说

天津港的历史可追溯至公元206年，曹操大军征讨乌桓，开凿平虏渠。这条平虏渠就是现在南运河的前身，至此，海河水系基本形成，为天津港的出现奠定了最初的基础。400年之后，隋炀帝开凿永济渠，并形成全长1400余千米的大运河，永济渠的出现为南运河改道三岔河口，进而形成漕运枢纽创造了条件。1205年，三岔河口地区形成以漕运为主的内河枢纽港口，当时每年转运粮食300万石，天津港河港就此形成。自1283年起，元代时的运河北段逐渐完全淤浅，官府的漕粮全部实行海运，这时的天津已经向着近代城市迈出了最初的一步。1404年，明永乐二年（1404年），明成祖朱棣在当时的“海津镇”筑城设卫，命名为“天津”，取“天子之津梁，天子之渡口”之意。清朝海禁开放之后，开通了从闽粤等地到天津的海上航线，每年有100多万石南方土特产经由海路运至天津。在天津港博览馆古代展厅的入口处，一幅清代江萱的《潞河督运图》，描绘的正是这时候天津水运的繁华。

1860年，天津港正式对外开埠，成为中国最早对外通商的港口之一。1939年，建塘沽新港，在近现代饱经战乱的天津港于1952年10月17日重新开港通航。

滨海新区规划展馆

了解滨海新区未来的窗口

天津市滨海新区花园街

市区乘坐503、505、507路等公交可达

滨海新区规划展馆紧靠泰丰公园，环境优美、外观时尚，建筑面积为8340平方米，采用目前国际上最先进的声光电技术，生动展示出新区的历史沿革和未来图景，成为外地访客了解新区的一个“窗口”。

展馆一楼的主沙盘，首先是其模型方向与实际一致，其次是沙盘面积较大。这样的面积为航拍图、海面和沙盘面积之和，共1060平方米，表现滨海新区597平方千米面积的风貌。主沙盘重点表现滨海新区中心商

泰丰公园

务商业区、滨海高新区、中新天津生态城及东疆保税港区。

展馆的二楼和三楼也有看点。二楼的4个单体模型，都具一定科技含量，展窗内容则表现了滨海新区的新规划。三楼原来面积为160平方米的报告厅则改造为面积为200平方米的放映厅，可坐观众80多人，并增加了滨海高新区的单体沙盘。

泰丰公园

滨海新区最具特色的标志性城市景观

天津市滨海新区花园街

市区乘坐505、507、508、515路等公交可达

泰丰公园是在昔日的盐碱滩上建造的大规模人工景观公园，公园总面积为21.6万平方米，园内共有植物百余种，绿地面积16.112万平方米，人工湖面积40 256平方米，广场铺装、道路、雕塑面积1.7万平方米。

泰丰公园整个设计地形北高南低，北侧为小高地，南侧由西向东依次分布大小、形状、深度各不相同的七个人工湖，湖与高地之间是三个面积较大的谷地。园中以西门作为端点，沿边缘线按顺时针方向较均匀地点缀有12个广场，每个广场以雕塑喷泉等小品作为景点中心，表现不同的主题，既可自成景观，又巧妙地融合为一体，充分体现了现代园林的风格，表现出“疏林、草地、缓坡、静水”的设计思想及植物选择的四季主题。

延伸

泰达热带植物园

泰达热带植物园占地面积27 000平方米，总建筑面积5553平方米，由一个大金字塔和一个小金字塔及中间连廊组成。两塔均由玻璃和钢铁组合而成，充分发挥钢材特性，造型新颖、简洁，匠心独运，为国内首创，四周衬花草水景，两塔好像两颗镶在绿盘上的璀璨钻石。富有现代气息的钢结构玻璃幕墙形式是国内最大的纯钢结构主体、点式拉杆玻璃幕墙金字塔和国内第一个绿色环保全智能化玻璃幕墙。

小塔内有高达数米原产南美洲的弁庆柱、山影、松露玉、金琥球、白鹭球等，大塔采用了中国古典山水园林设计手法，创造了多角度、多层次的景观空间。

在这里，可以看到西双版纳密林风光，有十几米高的大王椰子，有瀑布、游鱼、青苔、睡莲。该园内最引人注目的是全国目前独一无二的佛肚树，该树从澳大利亚引进，重9吨，直径2.5米。

天津保税区国际汽车城

永不落幕的汽车展

天津市滨海新区天津港保税区天保大道86号

25762299　市区乘坐507、509路等公交可达

天津保税区是集汽车展示、销售等多个环节于一体的进口汽车大型展销中心，展厅分为上下两层。目前在天津港保税区内经营进口汽车的贸易公司至少有60家，而位于保税区的国际汽车城每年分拨销售进口汽车5万辆以上，连续多年保持全国最大的进出口汽车基地位置。据统计，中国每进口2辆汽车就有1辆从保税区办理报关手续。

汽车城建筑包括展厅及辅助用房，共分两层。首层展馆面积16 000平方米，二层面积为12 000平方米，一层和二层由近4000平方米共享大厅相沟通，其内部功能设置主要

玩家 攻略

车城目前是全国最大的室内车城，展出的汽车全部为进口原装，价位从20万元到1000万元不等，每个品牌的最新款汽车都可以看到。这里的服务也是很不错的，只要你往车前一看，马上就有销售的专业人员过来热情向你介绍这款车的性能、配置等。

保税区国际汽车城

有：大空间展厅、汽车美容中心、贵宾休息室、汽车餐厅、汽车幼儿园、汽车影院、高级洽谈间、新闻中心、信息系统控制中心、全息影视大屏幕等。使整个展馆具有鲜明的个性和强烈的时代气息。

在汽车城内，陈列了400多辆来自世界各地的名车，拥有100多个世界品牌，23个世界知名品牌。可以说是中国北方唯一的永不落幕的国际汽车展。

东疆湾沙滩景区 AAAA

中国最大的人造沙滩景区

天津市滨海新区东疆港区　部分收费　从天津市区驾车沿京津高速—高速延长线—新港八号路—亚洲路—山西路—东疆湾沙滩景区行驶即达或在中山门乘坐轻轨到市民广场，然后换乘公交513路可到

东疆湾沙滩景区边界由总长约3000米的防波堤环抱而成，景区沙滩南北长约2000米，总面积约2.46平方千米。景区划分为沙滩亲水区、沙滩游泳休闲区、水上运动休闲中心和水上休闲娱乐区。可以近距离地和大海接触，参加十分刺激的海上娱乐活动。

玩家攻略

游乐：景区设置了快艇、摩托艇、橡皮艇、水上飞行器、帆板、滑水、沙滩排球、沙滩足球、沙滩拔河等各种惊险刺激的海上运动项目，游人可以尽情玩耍。

日光浴：海滩上面有百余把遮阳伞，每把伞都配有4把藤椅，蓝白色的大伞撑开以后十分漂亮，可以有效地遮挡阳光。坐在藤椅上，吹着海风，享受着假日的慵懒与闲适，让人心旷神怡。

美食购物：沙滩西面是一条拥有12个木质建筑的300米购物街，这里为游客提供适合大众消费的盒饭、烧烤、冰激凌、本地特色海鲜、天津风味小吃等各式餐饮。同时，还售卖泥人张、杨柳青年画、十八街麻花、蹦豆张等天津特色食品、纪念品。

天津国际邮轮母港

亚洲规模最大的邮轮母港

天津市滨海新区天津港东疆港区南端

市区乘坐513、123、942路等公交可达

天津国际邮轮母港是中国北方第一个邮轮母港，标志着中国形成了以东、南、北三个邮轮母港为中心的邮轮市场新格局。邮轮母港面积120公顷，规划岸线长度1600米，布置6个邮轮及相关功能泊位。

天津港国际邮轮码头岸线长625米，可同时停泊两艘大型邮轮，能接待目前世界上最大的豪华邮轮。意大利歌诗达“浪漫”号、美国皇家加勒比“海洋神话”号都以天津作为母港首航。中外游客很多都从这里登岸。

邮轮母港区域内布置了包含邮轮码头管理、港务口岸服务、出入境管理、邮轮公司办事机构、船舶代理、旅游服务和金融保险等在内的综合性写字楼，以及餐饮宾馆和商业设施，是旅游者参观、休闲的天堂。

东疆湾沙滩景区

景点推荐 滨海南部旅游区

海滨旅游度假区

海滨温泉

天津市滨海新区海滨大道

免费　25873828

天津海滨旅游度假区是目前中国最大的人工海滨浴场之一，又叫海滨浴场，素有“海滨温泉”的美称。度假区建于1989年，这里建有全中国规模最大、15米高的具有三个直滑道和两个旋转滑道的冲水滑梯。现已形成以海洋为特色，以温泉为优势，集海上旅游、温泉康体、休闲度假、会议接待为一体的旅游度假区。

玩家攻略

温泉：不同于其他海滨，沐温泉是天津海滨不可少的一项理疗康复活动，堪称渤海湾上“一绝”。温泉是取自该地2000米深地下岩石层矿泉水，水质优良，有20多种有益身体健康的矿物质和微量元素，既保养皮肤、增强体质，又延年益寿。

温泉游乐宫：内设温泉筑波游泳池，成人、儿童滚筒式滑梯、桑拿浴、涡流浴、健身房等，能满足宾客不同的需求，一年四季全天候纳客，是娱乐、温泉健身、理疗的休闲天地。

海上滑梯：利用水力流向学原理设计高18米的海水直滑道三条，皮筏式、半封闭滑毯式滑道六条，为华北海上滑梯之冠，有腾云驾雾、冲浪探海、惊险刺激的乐趣。

赶海拾贝：是天津海滨独具特色的景观和活动，集观潮、嬉海采蛤拾贝于一体。游客可赤脚或乘车在海中捕鱼捉蟹，情趣盎然，乐不思蜀。在潮涨潮落中体会大海的神韵和渔家风情。

露天温泉按摩园：是成人理疗及儿童戏水的欢乐世界。硅热型地热温泉对改善人体自主神经和微循环系统有较好的药理作用。加之舒适的温泉按摩池、喷泉淋浴、扑朔迷离的水中幻宫、椰树、小桥、流水，是畅游大海后小憩及养神的好地方。

贝壳堤：当地称“蛤蜊堤”或“沙岭子”。其中所含贝壳达数十种，按层序分布排列，绵延数十千米。堤内所含贝壳种属主要有：毛蚶、文蛤托氏昌螺、扁玉螺、竹蛏、三角口螺等10多种。贝壳堤即由贝壳及其碎屑混以沙砾组合而成的堤状堆积物，是旅客了解天津地质年代演变的好去处。

驴驹河赶海

下海捕鱼捉虾的天堂

天津市滨海新区海滨大道附近

市区驾车沿京津塘高速—唐津高速—津晋高速行驶至塘沽收费站出口下高速，然后沿津晋公路—滨海大道方向行驶即达

驴驹河海滩长16千米、宽3千米，面积为

56平方千米，滩涂广阔而平缓。大海退潮时，游人可乘坐三轮机动车或毛驴车，到海滩上捕鱼摸虾、捉蟹踩蛤、赶海观光，妙趣横生、其乐无穷。可以享用渔家饭或自己收获的海鲜，夜晚还可以留宿渔家，体验渔民生活，了解渔村风俗。

玩家 攻略

由于景区捕鱼捉虾的时间只能选择在海水退潮的时间段，所以游客去玩的时候应当选择最佳赶海时间，这样才会有更大的收获。

日期（农历）	赶海时间	日期（农历）	赶海时间
初一(十五)	6:00—10:00	初六(二十)	10:00—14:00
初二(十六)	7:00—11:00	初七(廿一)	11:00—15:00
初三(十七)	7:30—12:00	初八(廿二)	12:00—16:00
初四(十八)	8:00—12:30	初九(廿三)	13:00—17:00
初五(十九)	9:00—13:00	初十(廿四)	14:00—18:00

链接

驴驹河

驴驹河原是位于塘沽南边10千米的一个小渔村。关于驴驹河这个地名，流传着“金驴踏海”的美丽传说。传说明永乐三年（1405年），山东无棣县一对逃难的刘姓夫妇来到这里定居以捕鱼为生。之后居民不断增多形成村落。

由于村子靠海，但这里的风浪很大，村里年轻人为了生活，常常冒险下海捕鱼，大都是有去无还。一天晚上风雨交加，雷鸣电闪，突然听到有驴在嘶叫。大家赶紧跑到海边，看到一头金色小驴驹在海滩上奔跑。人们看到凡是金驴踏过的地方，海滩上就冒出一道金光。天亮后雨停了，金驴驹不见了，但在它踏过的地方，一道道金光变成了一条条细细的小河，人们顺着小河水道向海里跑去，发现小河尽头和大海相连，那里的鱼虾特别多。于是人们赶紧撒网捕鱼，收获很大。相传这头金驴驹就是当年“八仙过海”时张果老骑的那头驴。人们为感谢和怀念金驴驹，就把村庄起名“驴驹河”。

驴驹河赶海

诺恩渔业生态园

独具海洋特色的都市渔业度假区

天津市滨海新区滨海大道17107号（近海滨浴场） 25388888 自驾路线为：天津市区—解放南路—外环津港桥—津港公路—大港南环路一直前行即达。单程约60千米，过路费往返20元

天津诺恩渔业生态园占地面积40 000平方米，总建筑面积约35 000平方米，是集海珍品苗种繁育、示范养殖、海洋科普、休闲度假、会议培训为一体的生态园区。

玩家 攻略

美食：温泉会馆的三楼设有自助餐厅，自助餐厅可容纳500人。准备了各式色香味俱全的特色海鲜、中式美食和精美西点等。

住宿：温泉会馆的二楼设有风格独特的日式客房，配有豪华的诺恩厅（圆桌会议）及配套的诺恩贵宾会客室。东侧建有300平方米临海观景台可以眺望大海。

游乐：温泉会馆的五楼为游艺中心，包括棋牌室、台球、乒乓球、沙狐球、游艺室、桌上足球、疯狂篮球、气旋球等娱乐设施。

婚礼：温泉会馆的六楼有容纳300多人的多功能报告厅。一流的舞台灯光效果，高雅、舒适的桌椅，是举办婚礼的最佳选择。

水产养殖基地

诺恩水产养殖基地是天津诺恩渔业生态园的重要组成部分，也是天津市农业产业化经营重点龙头企业，建有工厂化繁育车间、培训中心、研发楼及公寓等设施。在基地可以参观各种各样的海洋鱼类。

海德怡温泉会馆

诺恩海德怡温泉会馆建筑面积约15 000

平方米，主体建筑为六层，局部有四层。另有一VIP高档商务会所由观海长廊连接主楼。可容纳800人住宿，1200人休闲。其中一楼包括温泉宫前厅和4000平方米的温泉池区。两侧是容纳1000人的更衣大厅。温泉池区水质清澈见底，含多种人体必需的微量元素，有温泉泡汤、儿童戏水及“亲亲鱼”鱼疗、冲击泉、药浴、韩浴、沙浴、花草浴、石板浴、足疗、保健等各式特色水疗服务。

科研科普基地

诺恩科研科普基地的科普设施包括面积达2100平方米的海洋生物展馆（包括海洋水族展馆、潜水馆、海洋生物科普展厅）和长270米的海洋渔文化科普长廊。

天津市古林古海岸遗址博物馆

中国首个古海岸贝壳遗址博物馆

天津市滨海新区古林街道南部，津歧公路东

免费　63210409

市区乘坐524、652、688路等公交可达

9:00~16:00（周一、三、五闭馆）

天津古贝壳堤形成于五千年到一万年之间，它与美国圣路易斯安纳州贝壳堤、南美苏里南贝壳堤并称为“世界三大贝壳堤”。天津古林古海岸遗址博物馆坐落于贝壳堤一处距今约2600年、保留完整的古海岸遗址剖面上。博物馆建筑面积2200平方米，可以清晰地看到2600年前的古贝壳堤剖面和种类繁多的贝壳标本、珊瑚标本，十分美丽壮观。

玩家 解说

景区在历史上是片浩瀚的海洋，根据地质史学家的考证，大港退海成陆，主要缘于距今8000年的一次大规模的海侵，在地质上被称为“天津海退”。渤海湾的海岸线在高峰时最西处直达白洋淀。5000年前由于古黄河和古海水系多沙河流的冲积作用，伴随着四个波次的海退运动，使伸进陆地弯弯曲曲的海湾逐渐脱离海洋母体，最终形成涨潮为海，退潮成陆的滩涂，被科学家们称为古潟湖，而后经过黄河从天津以南入海，泥沙积淤，最终迫使海岸线东移，大港地区便脱颖而出。

大港退海成陆的历史嬗变过程，从贝壳堤就可以看到。贝壳堤的形成是海潮将海中贝壳随波浪推向海边，年复一年日积月累而形成，它忠实地记录了大港退海成陆的历史。

望海山·临潮湖公园

“滨海八景”之一

天津市滨海新区北环路北侧　免费

市区乘坐186路公交可达

望海山·临潮湖公园三面由高校环围，公园占地66.7公顷，山体面积126246平方米，山高50米，装饰有悬崖和瀑布，山上有5万多平方米的怪石，山顶的观景亭可环览大港四周美景。在半山腰的猴山上，圈养着几十只猴子供游人观赏。

湖面46.6公顷，湖中岛占地12.6公顷，南北有拱桥和简支梁桥把山与湖相连相通，湖上有两座跨湖大桥和一座观景曲桥。

阿尔泰牧场

天津的“坝上草原”

天津市滨海新区港塘公路官港生态娱乐园（原官港森林公园）内　63285777　市区乘坐130、524路公交可达　8:00~17:00

骑马、CS野外对战、快艇、小口径射击套票188元，单独骑马80元/小时

阿尔泰牧场位于港塘公路旁官港森林

玩家 攻略

牧场内有真人CS野外对战、森林迷宫、沙地摩托、小口径步枪射击等游乐设施。还设有目前最流行的运动之一匹特博运动（它是利用彩弹气枪和彩弹进行人与人的对抗射击）。

阿尔泰牧场沙地摩托

公园内，占地面积667公顷。它拥有泥地马场、草地马场和VIP草地马场，可向不同需求的游客提供服务。马匹有的是来自新疆伊犁，全由牧场特聘新疆受训的专业人员管理。引进的优质草皮都是来自内蒙古大草原。

牧场还有467公顷湖面，湖水碧波荡漾，可供游船航行。策马场地分为场地圈和野外大圈（来回10千米），也可在大圈的平原内纵马飞驰。

天津冬枣酒文化博物馆

天津首个冬枣文化博物馆

天津市滨海新区大港中塘镇

市区乘坐458、470、571路等公交可达

天津冬枣酒文化博物馆建筑面积为2700平方米，博物馆为二层欧式建筑，其中地窖以及一层为冬枣系列酒储存、展示区，游客在这里将可以看到各种各样的系列冬枣白酒、果酒以及果醋，观赏之余，游客在这里还可以品尝到各式冬枣酒的独特风味。

酒文化博物馆第二层是整个展馆的“核心”，在这里不但将以图文并茂的形式全面展示大港冬枣文化、冬枣酒的各种知识，而且还将用大量栩栩如生的模型展示出从冬枣采摘直至冬枣酒酿造完成的全过程，让游客能够对冬枣酒文化有更深的了解。

攻略资讯

- 交通
- 住宿
- 美食
- 购物
- 娱乐

交通

塘沽机场

塘沽机场坐落于滨海新区驴驹河附近。该机场是国家农业部5个农牧航空定点站之一，也是中国华北第一个主要用于农化作业的机场。

天津市旅游局和滨海新区区政府联合推出了在塘沽机场乘旅游专机，在200米低空飞行的“空中看新区”特色旅游活动。

火车

滨海新区有几个火车站，比较大的有塘沽站。经停塘沽站的车次除了京津之间的10余趟城际列车外，主要有K1062（哈尔滨—重庆）、K1302（满洲里—北京）、K1056（图们—青岛）、K972（通化—青岛）、K548（哈尔滨—成都）。

汽车

滨海新区面积较大，有好几个客运站，分别是滨海客运站、大港客运站、汉沽长途客运站等。

滨海客运站：位于天津市滨海新区103国道胡家园立交桥西，电话为66580000。既有短途运输，也有长途运输，短途发往北

滨海新区

京、河北等地，长途发往内蒙古、河南和安徽方向。市内乘坐101、102、104、109、503、520、621、680、931、首都机场巴士塘沽线等多条线路可到。

大港客运站：位于天津市滨海区世纪大道1号，电话为63457900。主要发往山东、河北、河南、北京、吉林、辽宁及安徽等地。市内乘坐130、161、186、522、545、652、659路公交可达。

汉沽长途客运站：位于天津市滨海新区新开北路136号，电话为67190005。主要发往东北、山东、内蒙古、河北、河南、安徽、北京等地。市内乘坐133、402、452、453、455、459、460、461、462路公交车可到。

滨海新区俯瞰

天津轮船

轮船

天津港位于海河入海口，是中国最大的人工港口，也是从海上入京的必经之路，主要分为北疆、南疆、东疆、海河四大港区。

天津港客运站设备先进，主楼二层，配有9个候船厅、室，主楼西侧有售票厅、餐厅，东侧有行李室、小件寄存处等。

目前，天津港海上旅客运输的国内班轮有三条：分别为天津到龙口、烟台和大连。另有国际班轮两条：天津到日本神户和天津到韩国仁川。从天津站乘坐津滨轻轨地铁9号线至会展中心站下车，然后换乘507路公交可到天津港。

天津港客运站位于天津市滨海新区渤海湾西侧，电话为25706728。

城铁

滨海新区有津滨轻轨开往天津市区，并已和9号线实现贯通，大大压缩了到市区的时间。运营时间为6:00~22:00，全程票价为9元。

途经车站：中山门、一号桥、二号桥、新立镇、东丽开发区、小东庄、军粮城、钢管公司、胡家园、塘沽、泰达、市民广场、会展中心、东海路等共14站。

公交

滨海新区公交线路众多，出行非常方便，主要有101、102、105、107、110、131、132、133、134、151、176等多路公交，票价1~2元。

自行车

滨海新区设立了很多自行车租赁点，可以方便游客更轻松地游览。

租赁点：开发区金融街、泰达医院、轻轨洋货广场、滨海新区政府、外滩公园等租赁点。

价格：第一小时免费，第二小时收1元，第三小时收2元，从第四小时起每小时收3元，不到一小时者按一小时计算。

自行车租赁点

住宿

滨海新区作为天津市发展的重点区域，旅游方面也是发展的重点，酒店作为旅游的配套设施在滨海新区如雨后春笋般涌现出来。其中五星级酒店有天津瑞湾开元大酒店、天津万丽泰达酒店和天津泰达国际酒店等。

●天津瑞湾开元大酒店

它位于滨海新区人民政府对面，紧靠中国北方第一大港——天津新港，毗邻于家堡金融商务区、京津城际高铁终点站。地理位置优越，交通便利。它是开元酒店集团在天津管理的首家集商务旅游、餐饮住宿、宴会会议、康体娱乐为一体的挂牌五星级酒店。酒店总高27层，总建筑面积3.8万平方米。

✉ 天津滨海新区新港一号路2527号

✆ 25780001

●天津泰达国际酒店

为一座七层高的浅灰色哥特式建筑，坐落在意大利式的喷泉花园中，风光旖旎，酒店内装修古朴典雅，富丽堂皇，共有客房236套，酒店设有中餐厅、西餐厅、日本餐厅、茶苑、大堂酒吧、夜总会、欧式酒吧及可容纳180人的宴会厅。此外，还可使用酒店旁的泰达国际会馆内的康乐设施，其中包括健康中心、室内恒温游泳池、桑拿及蒸汽浴、水力按摩。

酒店客房

瑞湾开元大酒店

✉ 天津滨海新区经济开发区第二大街8号

✆ 25326000

其他可选的酒店有：

名称	位置	等级	电话
滨海假日酒店	滨海新区第一大街86号	五星级	66283388
天津泰达国际酒店	滨海新区经济开发区第二大街8号	五星级	25326000
喜来登大酒店滨海店	滨海新区第二大街50号	五星级	65288888
万丽泰达酒店	开发区第二大街29号	五星级	66218888
胜利宾馆	滨海新区津塘公路1369号	四星级	25345833
戴斯·碧海湾酒店	塘沽广州道688号	四星级	66315688
巨川国际商务酒店	津塘公路1155号洋货市场旁	四星级	66888888
金世界酒店	塘沽新港2号路2169号	三星级	25788889
远洋宾馆	远洋广场5号	三星级	24205518
合昌宾馆	塘沽新港路111号	其他	25788888
今天国际酒店	塘沽新港二号路1661号	其他	25789999

美食

滨海新区毗邻渤海，吃海鲜自然是最大的乐趣了，这里的海鲜店随处可见，不过最有名的是北塘海鲜街（滨海新区东海路）、蔡家堡海鲜街（详见“滨海航母主题公园”部分）和新建的滨海鲤鱼门（详见“滨海鲤鱼门”部分）。

●北塘海鲜街

北塘海鲜已有几百年历史，经历了从船做到家烹，从家烹到宾宴，直至形成品牌。海鲜街占地面积6万平方米，共有22家餐厅开张纳客，每个餐厅都是由二手集装箱搭建，用铁皮做成的几何造型景观小品点缀其中，就连海鲜街的标牌也是由集装箱拼接而成的。海鲜城里很多家餐厅主人的祖辈都是北塘渔民，都有拿手的烹调海鲜的绝活儿。来这里品尝海鲜肯定能大饱口福。

当然，这里也云集了天津本地和来自全国各地的美食。列举如下：

名称	位置	电话
狗不理滨海新区塘沽店	滨海新区福州道曲径路90号	25342828
双盛园酒店	滨海新区大连道久安里12栋1楼	25879078
公馆菜食府	滨海新区油田幸福路802号	63959997
金世界酒店中餐厅	滨海新区新港二号路2169号金世界酒店2—3楼	25788088
谭家菜馆	滨海新区第三大街20号A栋101室	66209893
立起饭庄大港永明路店	滨海新区永明路157号	63229712
千品鱼府	滨海新区广州道198号	66317585
紫金石酒店	滨海新区兴华路石化图书馆西侧	62093820
津津饭店	滨海新区兴华路（迎新街与胜利街间）	25991080

购物

滨海新区随着经济发展的加速，形成了多中心、多功能新商圈格局。

目前主要的商场有：

名称	位置	电话
永旺梦乐城泰达购物中心	滨海新区泰达大街泰达时尚广场	59857600
中原百货滨海店	滨海新区解放路商业街629号	25863309
友谊商厦大港店	滨海新区胜利路651号	60901199
友谊名都	滨海新区第一大街86号泰达市民广场	60623888
金元宝东方广场	滨海新区解放路668号金元宝东方广场内	25866868
太平洋百货	滨海新区第三大街32号	66295006
滨海商厦	滨海新区油田新兴南道附近	25967244
大港油田滨城购物	滨海新区大港油田新兴南道43号	25922170
泰达金融街中心广场	滨海新区第三大街金融街中心广场	66222523

节日和重大活动

节日活动	举办时间	举办地点
天津港湾旅游文化节	3月底～10月	天津滨海新区
航母风筝节	清明节期间	滨海航母主题公园
俄罗斯风情舞蹈秀	5月1日	滨海航母主题公园
滨海啤酒节	8月	滨海新区
开海旅游节	8月	东疆湾沙滩景区
滨海汉沽葡萄文化旅游节	9月下旬	滨海新区
航母焰火节	农历八月十五	滨海航母主题公园
海河旅游节	10月2日～10月3日	天津滨海新区
冰雪圣诞嘉年华	12月25日	航母主题公园

北塘海鲜街

天津包子

天津航母风筝节

PORTS
PORTS

发现者旅行指南

武清

概览

亮点

凯旋王国主题公园

北方规模最大、设备功能最强、服务水平最高的主题游乐园，游乐项目众多，精彩纷呈。

天鹅湖温泉度假村

天津市最著名的温泉养生胜地，设有多个不同功能的温泉池，每个都有不同的养生功效。

凯旋王国主题公园雕塑

南湖游乐园

集游览、观光、休闲、度假为一体的综合型旅游区，可体验蒙古风情。

线路

武清区一日游

上午去凯旋王国主题公园参加各种精彩刺激的游乐项目，下午去天鹅湖温泉度假村泡温泉。

水世界一日游

上午去天鹅湖温泉度假村享受泡汤的舒爽和乐趣，下午到大黄堡湿地自然保护区欣赏水光秀色。

武清区深度游

第一天上午去凯旋王国主题公园乐享生活，下午到天鹅湖温泉度假村放松身心。

武清小镇

第二天早餐后驱车到南湖游乐园寻找单纯的乐趣，午饭后来金泉湖旅游区赏景、休憩。

为何去

武清区内旅游资源主要有凯旋王国主题乐园、天鹅湖温泉度假村、南湖游乐园和港北森林公园等，风景优美，环境宜人。

港北森林公园枫树林

何时去

天鹅湖温泉度假村可以给劳累的身心一个舒适的港湾；港北森林公园夏季是避暑的好去处；大黄堡湿地自然保护区春天时烂漫无比；金泉湖从春到秋美景无限……

天鹅湖温泉度假村

区域解读

面积：约1574km²

人口：约95万人

武清风光

地理 GEOGRAPHY

武清区位于天津市西北部，介于首都北京和天津城区之间，自古以来即为交通要道，素有“京津走廊”之称。

武清区处于海河水系中下游，华北冲积平原下端，京杭大运河自北向南纵贯全区。全区地势平缓，自北、西、南向东南海河入海方向倾斜，海拔高度较低。土壤的成土母质多为永定河和北运河的冲积物，宜种植各类农作物。

武清地下矿藏较为丰富，区境东北部的武清凹陷是天津市主要的储油点构造之一，油层多、储量大、油质好。另外，地热资源开发良好，建有很多温泉度假村。

武清区处于环渤海经济区中心地带，京津城际高铁设有武清站。处于京津之间的武清有着巨大的发展潜力。

历史 HISTORY

历史大事记

早在八九千年前的新石器时期，先人们就在这里生产、放牧。据考古学者发现，今白古屯乡小韩村西南一千米处，有新石器时期遗址。

西汉元封五年（前106年），汉武帝刘彻把全国分为十三州。武清地区属泉州，这是天津地区见于文献记载的最早的建置。当时武清境内有座“泉州渠”，故称泉州。那时泉州的县城在今杨村街南黄庄街的城上村。

东汉建武二年（26年），颍川太守寇恂被封为雍阳侯管辖今武清一带，当时称作雍阳（或雍奴）。

唐朝天宝元年（742年），雍阳更名为武清县，自此，“武清”称谓一直延续至今。县城最初在今泗村店镇旧县村，该村南有“四方台子”的县城遗址。明初迁至今武清区城关镇。

新中国成立后，1950年10月，武清县城迁至今杨村镇，2000年6月，武清撤县建区。

文化 CULTURE

武清人创造了“狗不理”

作为天津百年老字号的第一招牌，“狗不理”俨然是天津这座城市最闪亮的城市名片。打造这张名片的主人高贵友就是武清人，正是他当年一手创造出了独特的狗不理包子。

出生在清道光年间的高贵友小名“狗

天津狗不理包子

子"。14岁时，父亲托人把他带到天津侯家后中街刘家蒸食铺做了一名小伙计。在包子铺的三年间，他手艺不断长进，学得一手绝活。自己单干后，因生意红火，常常顾不上搭理跟他说话的顾客，被人戏称为"狗不理"，叫着顺耳后，人们都记住了这个有点怪异的名字。相传袁世凯就任直隶总督期间曾贡献包子给慈禧太后，慈禧太后非常喜欢，后来成为贡品。狗不理包子从此声名大振，享誉海内外。

曹子里，美丽的绢花之乡

2008年，北京奥运会闭幕式主会场，香山红叶漫天飞舞；2009年，新中国成立60周年大庆，天安门庆典队伍中，三色组字翻花艳丽夺目。但这些花其实都不是真花，而是绢花，它们很大一部分都是来自武清区一个叫作曹子里的小地方。

绢花以绢绸为原料，仿自然花朵制成。一开始以单色为主，后来发展为深浅不一的多色与套色。在一些清代古装剧中，经常会看到皇宫中的皇后嫔妃、宫娥才女，都头戴绢花。满族妇女有戴花的习俗，乾隆年间，戴花的习俗流传到民间，京城附近做花的作坊应运而生。随着京杭大运河漕运的兴旺，江南丝绸绢帛不断运进京城及周边地区，运河东畔的曹子里绢花作坊日渐兴盛。就连天津妈祖天后宫附近的最大花店裕丰泰也是曹子里卢姓所经营。

目前曹子里乡已发展绢花专业村6个，绢花从业人员4800人，开发出近百个系列，产品远销欧美，年出口额达3600多万元，成为这个乡实现非农转化的现实渠道。

曹子里绢花

景点推荐

武清旅游区

南湖游乐园
可体验蒙古风情的游乐园

天津市武清区下朱庄街东南

29341763　7:30~16:30

市区乘坐611路公交到华北城站下车后，可乘出租车前往

南湖游乐园是集游览、观光、休闲、度假为一体的综合型旅游区。游乐园以水上游乐项目为主，脚踏船、情侣船、水上摩托、高速快艇、电瓶船等游乐设备齐全，南湖中间的湖心岛设有蒙古包，可品尝蒙古风味小吃，体验蒙古人生活。

游乐园分设了休闲度假区和垂钓区。其中休闲度假区设有豪华别墅、农家院特色住宅，可以近距离地接触大自然。垂钓区风光优美，湖中生活着许多野生鱼类，可以坐在湖边休闲钓一些鱼，不仅可以自己烹制出鲜美的鱼肉大餐，而且还能享受休闲垂钓的乐趣。

港北森林公园
华北地区最大的人工森林公园

天津市武清区下伍旗镇西南部

驾车从天津市区沿京津塘高速公路行驶至杨村出口下高速，然后沿京塘线—武香线行驶即达

港北森林公园总面积734公顷，造林534公顷，林区内林木成片，物种丰富，野趣横生，为平原地区罕见。目前，园区内有毛白杨、沙兰杨、小美杨、常绿观赏树、果树等20余个品种30万株。

景区依托丰富的自然资源优势，兴建了10公顷度假村、20公顷森林游乐园、跑马

港北森林公园

场、133公顷名特优果园、6.7公顷野生动物饲养区、6.7公顷旅游狩猎区、20公顷红叶观赏区、6.7公顷银杏园等14个风景区。

大黄堡湿地自然保护区

京津地区最大面积的芦苇型生态湿地

天津市武清区北起崔黄口镇南武安营路，南至上马台镇梅丰路

驾车从天津市区沿津蓟高速行驶至九园公路出口处下高速，然后沿S219行驶即达

大黄堡湿地自然保护区是京津两大都市间面积较大、纯自然的芦苇湿地和东亚—澳大利亚候鸟迁徙途中的一根重要纽带，堪称当今世界湿地中的瑰宝。保护区水面面积2200公顷，养殖水域面积2200公顷，苇塘面积2335公顷。内有四条河渠贯穿全境。

大黄堡湿地自然保护区环境优美、景色宜人，保护区内植物种类繁多，有400种左右，是各类鸟儿生活栖息的乐园。据了解，保护区内共有鸟类230多种，如灰鹭、白鹭、黑鹳、大天鹅、灰鹤、黄鸥、灰燕等，其中国家一二级保护鸟类就有34种。由于这里是多种鸟类北移和东亚—澳大利亚候鸟迁徙归途必经之地，因此春秋季节常有各种珍稀候鸟在这里停歇。

玩家 攻略

自然保护区周边可以钓鱼，而且饮食较为方便，可以吃到正宗的农家菜和海鲜，或是将自己垂钓的收获交由店家烹煮。附近餐馆有苇洼饭店（天津市武清区良廊延长线近大黄堡桥）、镇河酒家（天津市武清区良廊延长线近金浦桥，82242000）。

金泉湖游览区

天津北部三大生态景观带之一

天津市武清区上马台乡　从天津市区驾车沿津蓟高速—京津高速行驶至梅广收费站下高速，然后沿津围线—梅丰线行驶即达

金泉湖游览区和大黄堡湿地自然保护区、港北森林公园构成天津北部重要的生态旅游带。金泉湖又称为上马台水库，水库面积467公顷，平均水深3米，水质清澈，碧波荡漾。

游览区周边原本是一片盐碱低洼的沼泽地，经过改造后水面、农田、沟渠、阡陌纵横，构成一片田园景象，是旅游、休闲、赏光的理想之地。

玩家 攻略

金泉湖游览区是鸟类的天堂，在水库中央的湖心岛上，万余只野鸭、水鸟、海鸥、丹顶鹤、灰鹤落脚栖身，还有引人注目的白天鹅。

凯旋王国主题公园 AAAA

北方规模最大、设备功能最强的主题游乐园

天津市武清区雍阳西道与翠通路交叉口

市区乘坐560、562、567路等公交可达

2958888　www.victorykingdom.com/

凯旋王国主题公园建立在天津杨村小世界的原址上，主题公园一期项目占地面积30公顷。共分为中心区、奇趣冒险区、西部探

凯旋王国主题公园

秘区、激情游乐场区、儿童乐园区五个主题区域。

公园游乐项目众多，游客可以尽情地游玩。一期游乐项目共有33个，包括火箭发射式U形过山车、激情赛道、考古探险、激流勇进、树屋、海盗船、海盗训练营、绳网爬爬爬、浪花朵朵、小小建筑师、魔法木偶剧、儿童摩天轮、小小非洲等。

公园的游乐项目有的十分先进。强调参与性、体验性、互动性、鲜明的地域性和多样化的文化内涵。其中火箭发射式U形过山车、人体鸟式飞翔过山车项目分别是瑞士、美国两个国家的著名游乐设施供应商定向为主题游乐园专门开发的，目前该类游乐项目在世界排名第一位；大摆钟、霹雳摇滚、激情赛道等项目是目前亚洲同类项目中排名第一位的，其余项目也在目前国内同类项目中前列前茅。

此外，景区游乐项目还有不少是反映未来世界的，其中包括星际巡航、球幕电影、外太空过山车、发现游戏场等游乐项目，令人感觉十分新鲜。

天鹅湖温泉度假村

天津市最著名的温泉养生胜地

天津市武清区福源道20号　82115588

www.swanlake.com.cn

驾车沿京津塘高速公路杨村出口直行200米右拐3分钟即达；或乘坐611路公交到武清开发区杰麦站下车即可

天鹅湖度假村是集住宿、会议、餐饮、娱乐于一体的涉外豪华四星级度假村。度假村温泉采自地下2000米，水质甘甜秀美，淡黄清澈，水中富含大量的矿物质和多种微量元素。设有多个不同功能的温泉池，每个都有不同的养生功效。

度假村33公顷的水面由三个相互连通的湖泊组成，在这里可以看到充满岭南特色的北方最大的风雨桥和江南水乡水车。造型如飞翔的天鹅的水上别墅整齐矗立在水中，形成与水相互辉映的美景。湖边也整齐地修建了许多度假酒店。

湖泊旁边也坐落着许多幢别墅，由中、日、欧、美等造型各异的别墅组成。错落有致、别具一格，古朴典雅，清静宜人。其中大型的康乐中心配有12道的保龄球馆，50米的标准游泳池和大型室内戏水乐园，造型奇特的桑拿区还配有VIP套房和高级单间，太空式的迪斯科舞池和17间装饰各异的贵宾厅，台球室、乒乓球室、棋牌室、健身房一应俱全。此外，还设有露天灯光网球场、羽毛球场等运动设施。

玩家 攻略

住宿：度假村住宿点有四个地方，分别是主楼、万景园、别墅、四合院。

主楼和万景园是简洁明快的标准客房和套房，里面有超大观景阳台，可以将园区景色尽收眼底。客房各项服务设施都很完善。

别墅区由20余座中、日、欧、美等不同风格的别墅组成，里面可以单独享受泡温泉的乐趣。四合院共6座，都是明清风格建筑，环湖依次坐落于花丛绿柳之间，四季花香不断。可以容纳20人同时住宿。

餐饮：度假村餐饮设施十分健全，可以在多处就餐，有景林轩、御膳园等。

景林轩餐厅：分上下两层，可同时容纳450人就餐，是以经营川、湘及鲁菜为主的餐厅。川菜的麻辣、湘菜的干香及鲁菜的味重浓郁，在这里都能品尝得到。

御膳园餐厅：位于天鹅湖畔，为仿古的皇家四合院建筑风格，形成度假村一道亮丽的风景线。餐厅设施齐全，装修古朴而不失豪华，格调清新又不失典雅，可同时容纳130人用餐。小院以农家菜肴和武清当地特色菜肴为主，其中家熬大花鲢、炖大骨头、农家一锅鲜、风情牛柳、饽饽卷子熬小鱼、百花酿爆鸭、葱香豆腐丝都是御膳房名厨经过潜心研究精心加工而成，具有天津特色。

西餐厅：位于主楼大厅一层西侧，环境幽雅，色彩柔和的帷幔营造出舒适温馨的氛围，落地玻璃窗可以遍览湖光景色。此外，餐厅全天24小时提供就餐及客房送餐服务。

聚雅苑：位于度假村主楼一层东侧南面，占地面积220平方米，拥有风格各异的包房8间，可同时容纳80～120人用餐，主要经营新派粤菜、川湘菜、风味农家菜。

天鹅轩：位于度假村主楼一层东侧，占地面积800平方米，可同时容纳200～260人用餐，主要以接待各类团队和会议用餐为主，同时提供每日的营养早餐。主要经营新派粤菜、川湘菜和风味农家菜。

大堂吧：位于万景园大堂左侧，环境幽雅，以各种特色小吃为主，如羊蝎锅、皮蛋瘦肉粥等。

链接

泡温泉注意事项

（1）癌症、各种急性疾病患者尤其是发烧患者、结核以及结核性疾病患者、极度衰弱以及极度营养不良者、怀孕初期与临产期孕妇不能洗温泉浴。

（2）长途旅行后不要马上洗温泉，要做适当休息后再洗温泉浴。

（3）在进入温泉之前，要先用小木桶取少量温泉水浇在身上，让身体适应水温后再进入浴池浸泡。

（4）空腹时和饭后应避免洗温泉，以避免引起贫血和消化不良。避免酒后入浴。

（5）入浴时，要由低温泉开始，待身体逐渐适应后，再进入高温泉浸泡。入浴时间一般为一次浸泡5至10分钟，反复2至3次。水温低的温泉可浸泡20至30分钟。每天的入浴次数应在2至3次，不宜频繁入浴。

（6）入浴后无须再洗淋浴，用毛巾轻擦全身即可，这样温泉中的微量元素可留在皮肤上；出浴后注意不要着凉，要穿好浴衣后回房间休息。出浴后应适当饮水或喝些饮料，以补充损失的水分。

天鹅湖温泉度假村

天鹅湖温泉度假区

中国著名的温泉度假村

中国地大物博，很多地方都有产生温泉的地质条件。依托温泉兴建了很多温泉度假村。下面列举几个。

● **温都水城**

位于北京市昌平区北七家镇王府街55号，是一个集观光旅游、温泉养生、商务会议、大型娱乐于一体的生态型旅游胜地。温泉养生会馆共8000平方米，50多个温泉泡池高低错落，有花草浴、中药浴、鱼疗浴等多个种类。游客还可以亲身体验温泉美体、温泉美容、温泉美食、温泉运动、玉石床等温泉养生项目。

● **兴隆温泉度假区**

位于海南省万宁市兴隆镇，温泉水中可溶性二氧化硅和氟的含量较高，称为“氟硅水”。号称“世界少有，海南无双”。沐浴其中犹如人间仙境。目前，度假区已成为集温泉疗养、娱乐消遣、休闲商务、度假居住于一体的综合性大型旅游度假地。

● **官塘温泉度假区**

位于海南省琼海市嘉积镇西南郊白石岭脚下。度假区在海南久负盛名。

其拥有宽敞别致的2700平方米的大型温泉泳池，日流量达万吨。温泉水出口温度70°C至90°C，富含多种有益的微量元素，经鉴定为一级温泉水，可用于医疗、疗养、沐浴等。拥有温泉气泡浴、差别温泉浴、温泉药浴、温泉泥沙浴、温泉情调浴、温泉浮浴、温泉桑拿按摩、温泉美容美发等各种服务。

● **珠江南田温泉度假区**

位于海南省三亚市海棠湾南田旅游城内，它是集温泉养生、休闲度假、绿色美食、商务会议为一体的五星级度假区，其温泉被誉为“神州第一泉”，有芳香水疗、飞瀑浴、香水浴、花香浴等种类。

● **瑶池花雨度假村**

位于广东省广州市番禺区钟村镇金山大道，占地面积40 000多平方米，以温泉而闻名。度假村内的温泉是引自深达200米的温矿之水，并采摘天然中草药，经过精心配制，灌入依山而建的各式花药池中，形成独具特色的“花药浴”。

● **海螺沟温泉度假区**

位于四川省甘孜州磨西镇境内，此处的温泉颇有特色，虽然年平均气温只有10°C左右，但拥有众多大小不一的温泉群。其中，以二营地的温泉为最多，泉水从半山腰的泉眼流出，即使在冰天雪地的冬季，也可同样沐浴。该处温泉也可饮用，富含钙质。很有名的“仙泉瑶池”温泉就在这里。

● **帝都温泉旅游区**

位于广东省恩平市良西镇，温泉日流量为6000立方米，水温高达73°C，水质晶莹幼滑，并含有偏硅酸、氟、氢、硫等多种有益于人体健康的元素，是世界少有的滑温泉。旅游区有运用中国传统文化以及地方文化进行设计建造的大、中、小温泉浴池80多个，还有目前世界上最大的温泉瀑布群、温泉舞台和温泉浴池。

● **勐拉温泉**

位于云南省红河哈尼族彝族自治州金平县勐拉普洱上寨附近的一个山谷里，温泉周围梯田层层，古树环绕，婀娜多姿的凤尾竹环绕四周，野花星点。泉水从原始森林边涌出注入60平方米的水池内。温泉水里含有多种矿物质，属高热氡氟水。水温50°C～60°C，温泉雾气升腾，水中的有机矿物质还有天然的清洁作用。

● **天目湖御水温泉**

位于浙江省天目湖南山竹海景区，天目湖御水温泉周边群山环绕，竹海茂密，景色绝佳，温泉是华东地区稀缺的碳酸氢钙型温泉，功效主要靠热产生医疗作用，经常浸泡，可爽身润肤、缓解疲劳，是焕发身心健康的天然矿泉。

● **金汤湾海水温泉度假酒店**

位于福建省漳州市云霄县陈岱镇，温泉被誉为“天下第一养生奇汤”。出水温度为65°C，日出水量达2000吨以上，富含30余种原生矿物质及微量元素。其中锂、锶、氟、偏硅酸、偏硼酸等达到医疗价值浓度，是经权威认证的世界罕见复合型医疗温泉。

泡温泉

武清南湖风景区

攻略资讯

- 交通
- 住宿
- 美食
- 购物
- 娱乐

武清区道路

交通

火车

武清区有一个火车站，往来列车几乎全是发往北京和天津方向的城际列车，班次众多，平均10分钟一趟。

此外，武清区还设有天津站火车票代售点，分别为育才路大桥道交口（160）的津工超市第517店，（电话：22100128）；建设南路商场楼5号（207）津工超市第535店，（电话：82265070）。

公路

武清区是连接天津市和北京市的重要通道，区内有多条高速公路将天津市和北京市贯通在一起。如S30、S40等，国道有G103。

公交

武清区毗邻天津市区，交通便利，公交线路也比较发达。区内主要的公交线路有561、562、563、565等路，去往天津市区乘坐611路公交可达。

住宿

武清区住宿很方便，住宿设施基本完善，价格也不是很贵。

天鹅湖温泉度假村	武清区福源道20号	82115588
北运河精品花园酒店	武清区徐官屯街八孔闸路北侧	82950888
奥蓝际德国际酒店	武清开发区新源道18号	82108866
汉庭连锁酒店武清店	武清区建设北路1号	59625566
格林豪泰酒店武清开发区店	武清开发区禄源道10号	82137423

京津城际列车

美食

武清区美食聚集，既能品尝到正宗的天津菜和天津海鲜，也能购买到味道鲜美的小吃。

●Bella Vita意大利餐厅

意式比萨

老板是个热情又善解人意的老外，中文说得蛮好。店内除比萨、意大利面等经典意大利美食外，还有巧克力酱配冰球、海鲜沙拉等冷饮甜点，可能是他家的菜品经过些许中式改良，比较适合国人口味。此外，菜价稍贵但可接受。

武清区前进道北侧佛罗伦萨小镇大运河步行广场南Food E区　59698238

●抓虾家常菜馆武清店

水煮鱼

位于武清城中心区域，主打天津菜。菜馆装修可能不算有特色，服务也不是十分周到，但这里的干锅鸭头、水煮鱼、全家福等菜却是让往来的食客赞不绝口。

武清区杨村泉兴路38号　82106333

●东方之珠海鲜酒楼武清店

是武清区较为知名的一家高档海鲜店，不得不说，海鲜做得不错，而且乳鸽、清蒸鲑鱼等菜看味道也很好，主要是价格比较合理，因此生意十分兴隆，若是不提前预订，很有可能需要等待。

武清区杨村镇中信广场E座D区　29390555

购物

武清区购物非常便利，区中心云集了一些商场，既能购买到武清产的特产，也能买到其他的一些商品。

武清特产

杨村糕干：又名茯苓糕干，产于天津武清区的杨村镇。1930年曾在巴拿马万国博览会上，以其特有的味道荣获“佳禾”铜质奖章，成为中国最早打入国际市场的小食品。外观洁白，不粘牙、不掉面、绵软筋道、口味独特。

城关豆腐丝：具有历史悠久、做工考究、配料独特、色艳而不浓、味香而不失其本、形挺而不硬、薄而富有弹性等特点，在京津市场深受消费者青睐，并在武清众多远近闻名的各色名吃中牢牢占据了一席之地。

购物去处

武清区购物场所主要集中杨村镇周边，在众多购物场所中，以佛罗伦萨小镇最有特色。

佛罗伦萨小镇：是亚洲首座纯意大利风格的大型高端名品折扣中心和休闲文化中心，以16世纪意大利古典建筑风格为主，建筑设计借鉴了圣马可广场和中世纪城堡的风格，设有复古意式庭院、长廊、拱桥和喷泉，囊括了近200家意大利顶级品牌和世界时尚名牌。

更多购物场所：

名称	位置	电话
友谊商厦武清店	杨村镇中信广场内	60696810
韩国城	中心广场南	
名都商厦	杨村镇中信广场内	22176538
新天地商厦	友谊商厦旁	
雍阳商厦	杨村镇大桥路	29343420

发现者旅行指南

宝坻

概览

亮点

金代石幢

天津市石幢规模最大的一座，造型奇特，雕工精良，为佛教石雕艺术上品。

金代石幢

广济寺

有“辽代建筑之楷模”之誉，始建于辽圣宗统和年间，是京东一座著名的佛寺。

帝景温泉度假村

天津市区周边规模最大的温泉度假村，是国内罕见的保健温泉水。

线路

宝坻区二日游

第一天上午游览金代石幢和广济寺，下午去帝景温泉度假村泡温泉，夜宿度假村。

第二天上午游览宝坻玉佛宫博物馆，下午参观潮白新河景观带。

潮白新河一日游

早餐后到达潮白新河，可进行垂钓、游泳、体验农事活动等休闲方式，畅游轻松一整天。

潮白新河垂钓

为何去

宝坻区历史悠久，自然风光旖旎多姿，主要的旅游景点有金代石幢、广济寺、帝景温泉度假村和潮白新河景观带。

帝景温泉度假村

何时去

天津四季分明，春季少雨多风，夏季炎热多雨水，到了秋天秋高气爽，冷暖适中，而冬季又寒冷干燥。因此，春末夏初与秋天是到天津的最佳旅游季节。

从春到秋，潮白新河美景不停变换；帝景温泉度假村设施齐备、服务优良，随时恭候客人的到来；春夏时节，还可以到国际风情区享受纯正的土耳其浴，洗去一身疲劳……

宝坻秋色

宝坻区旅游示意图

区域解读

面积：约1523km²

人口：约79.9万人

地理 GEOGRAPHY

宝坻区位于天津市中北部，华北平原北部，燕山山脉南麓，临近渤海湾。宝坻境内大部分为平原地形，只有少部分是山地和丘陵。

海河水系五大河流之一的潮白河由西北向东南方向从宝坻穿境而过。“引滦济津”水利工程全程大部分在宝坻境内。

宝坻境内地势平坦，土质肥沃，适宜耕作，为中国北方重要的粮棉生产基地，有“宝地”之称。主要粮食作物为小麦、玉米、水稻、大豆等。经济作物中的“三辣”（五叶齐大葱、红皮大蒜、天鹰椒）尤为出名，并出口到日韩等国。而且宝坻还是天津市和首都北京的肉、蛋、菜副食品生产基地之一。

历史 HISTORY

历史大事记

从宝坻域内的歇马台、秦城、石幢金顶等古迹中可以看出，早在4000多年前，宝坻地区就已被开发利用。

五代后唐年间（923—936），后唐大将赵德均在今宝坻设置榷盐院，成为朝廷储盐基地，当时称为新仓。

金大定十二年（1172年），在新仓镇建立县衙。因新仓镇地势较高，镇外四面环水，为水中高地，所以取《诗经》中“如坻如京”一句，将此县命名为宝坻。当时，宝坻盐产的收入占全国盐利的1/10，很多富商巨贾集中于此。

清代，宝坻地区以物阜民丰、吸金纳银之地而博得“畿东大邑”之称，后又有“京东第一集”之美誉。

1958年11月，宝坻县与今河北香河县合并，仍称宝坻县。后于1962年6月，再次分开为两县，当时均属河北省管辖。

1973年8月，宝坻县改属天津市；2001年撤县设区，为天津市辖宝坻区。

玩家解说

宝坻地名来自《诗经》中“如坻如京”一句。“坻”字原音“chí”，为水中高地之意。据传，清乾隆帝巡游到此地，脱口念成宝坻（dǐ），从此就成了金口玉言。恰之“坻”字形又与“抵”“底”字相近，后人干脆把宝坻（chí）读作宝坻（dǐ），约定俗成，并沿革至今。

文化 CULTURE

何为“如坻如京”

来过宝坻的人，大概都见过进京路北侧

宝坻风光

那座四柱三间七楼式的牌楼。牌楼正面大理石匾额刻有“京东第一集”，背面刻有著名书法家启功手书的“如坻如京”四个大字。

至于“京东第一集”倒是可以理解，可是启功先生题写的“如坻如京”到底是什么意思呢?

其实，“如坻如京”这句话出自《诗经·小雅·甫田》，很有深度。《甫田》全诗共四章，讲的是一个自称“曾孙”的人督耕劳作，喜迎丰收的场景。第一章讲良田农事，第二章说祭神仪式，第三章说的是曾孙亲自督耕，第四章进行总结，描述了丰收景象。其中有句话：“曾孙之庾，如坻如京。”这句话的意思是说曾孙的粮囤，比得上沙洲高丘。所以后人便以“坻京”一词来形容谷物堆积如小洲和高丘。

现在的宝坻已被打造为天津北方重要的农贸物资集散地，这也正好印证了那句“如坻如京”的美好展望。

名人众多的宝坻

宝坻这个小地方，名人倒是出了不少，且多为表演艺术家。

尚和玉（1873—1957），原名尚壁，字和玉，著名京剧表演艺术家，尚派武生创始人。从小学戏，唱功、做派俱佳，20岁左右就已在乡间故里有“活赵云”之称。后从师于著名武生俞菊笙，艺路大开。他的艺术风格以粗犷豪放、勇猛凝重著称，并独树一帜，开创尚派。尚老最经典的作品是饰演《四平山》中李元霸，每次演出都会博得满堂喝彩。

赵丽蓉（1928—2000），著名小品演员，深受人们喜爱的人民表演艺术家。在孩提时代就开始上台，后学习评剧，扮演过很多经典形象。从1989年开始，年过花甲的赵丽蓉连续六届登上央视春晚舞台表演小品。其中《如此包装》（1995年）、《打工奇遇》（1996年）等成为历年春晚小品中的佳作，深受老百姓喜欢。

马季（1934—2006），原名马树槐，中国新相声的代表人物，著名相声大师，表演艺术家。少年时的马季在上海为学徒工，新中国成立后在北京新华书店工作，业余表演相声。1956年调入中央广播说唱团。马老是近现代相声艺术承前启后的关键人物，他的创作风格，为大多数相声后来者所遵循。相声《打电话》《画像》及《新桃花源记》等作品先后被拍成电影。

景点推荐 宝坻旅游区

金代石幢

天津市石幢规模最大的一座

天津市宝坻区市区十字街中心　免费

市区乘坐27、48、602路等公交可达

宝坻金代石幢为古代宝坻八景之一，造型奇特，雕工精良，为佛教石雕艺术上品。石幢由幢座、幢身和幢顶三部分组成，高11.4米。幢座座部为方形，四面雕刻着佛传故事，方台上放置有须弥座和束腰刻壶门；幢身由八面体石柱和宝盖构成，分上下六级：第一、第二级雕刻有千佛像，第三级为清光绪二年（1876年）重刻的康熙二十一年（1682年）《重修石幢记》，第四级镌刻有《佛顶尊胜陀罗尼经》，第五、第六级为复雕佛像；宝盖四匝雕刻有兽头和仿丝缕垂幔纹饰，最上一层雕有瓦檐图案。

玩家解说

关于这座石幢的由来，在宝坻还有一段动人的传说。据说修建石幢这块地方的底下有一个“海眼”通着大海，“海眼”里住着一条恶龙，时常犯脾气，一犯脾气就发大水。由于石幢所在地势较高，所以除了这一块是干地，四边均为一片汪洋，弄得十年九涝，民不聊生。

时间久了，观音菩萨看到这方有难，就变成俊俏的小媳妇在石幢旁开了一个小饭铺，专卖捞面，物美价廉，方便百姓。这下却惹恼了恶龙，它觉得在它眼皮底下，天天乱哄哄的。于是就变成了一个黑大汉，晃着膀子来饭铺找碴儿，叫骂不止。这时俊小媳妇就出来相劝，把大汉让进屋。黑大汉看了看俊媳妇，火气消了一半，说：“大爷饿了，给大爷我上饭！”俊小媳妇问：“不知你用多少？”黑大汉拍着肚子说：“我这肚子通着四海，你有多少我吃多少！”俊小媳妇说：“我这面条连着三山。”说完就把一碗面条端到黑大汉面前，黑大汉嘴一张就把一碗面条吞进肚子，还没等吃第二碗，黑大汉就觉得肚子十分难受，不一会儿吐出了许多，嘴上还挂着一根，大家一看，黑大汉吐的都是铁链子。俊小媳妇走到黑大汉面前，抓住黑大汉嘴里那根铁链子狠劲地拽，把这黑大汉疼得满地打滚，一会儿就现出原形，狼狈地爬到“海眼”里去了。俊小媳妇赶紧用一块大石头堵住了“海眼”。转年又出资备料请工，在上边建了一座石幢，从此这条恶龙被镇住，再也不敢祸害百姓了。

链接

石幢

石幢指古代祠庙中刻有经文、图像或题名的大石柱。有座有盖状如塔，幢身一般为八棱形。按佛教说法，在幢上书写经文，可以使靠近幢身或接触幢上尘土的人减轻罪孽，得到超脱。

现存石幢中有年代可考的以广州光孝寺大殿前的石幢为最早，建于唐代宝历二年（826年）。以建于宋宝元元年（1038年）的河北赵县陀罗尼经幢为最高大，而且造型优美，是宋代石幢的典型作品。

广济寺

“辽代建筑之楷模”之誉

天津市宝坻区西大街

广济寺位于金代石幢西侧150米左右处，市区内乘坐591、592、593路等公交可达

广济寺俗称西大寺，始建于辽圣宗统和年间，是京东一座著名佛寺。西大寺由天王门、东西配殿、钟楼、鼓楼、三大士殿等构成，还包括甘井、华亭、法堂、香厨、浴堂等配套设施。三大士殿是中国稀有的单层高大建筑，独具风格，雄伟壮观。青灰瓦顶，砖木斗拱建筑。内部结构精巧，似繁实简，供奉有观音、文殊、普贤三位菩萨造像。

广济寺内的透灵碑“珉碣银钩”为宝坻八景之一，是指辽代在广济寺内镌刻的记载寺院肇建沿革的石碑，碑文整齐工整，字迹刚劲有力。

链接

宝坻八景

前文所说的“珉碣银钩”为清乾隆时期所评，其他七个是“蓟界云山”“潮河飞练”“秦城烟柳”“北潭秋月”“石幢金顶”“文阁瞻云”“东寺晓钟”，不过到今天大都已经废弃。下面列举出如今的“宝坻八景”：

黄洼稻香：是指宝坻东南部黄庄洼的田野风光。20世纪80年代后期开始，在黄庄洼近6670公顷的荒地上，大力进行荒改稻工程，改造后的黄庄洼，只见荷塘翠绿，满塘芙蕖，亭亭玉立，稻浪翻滚。

石场观林：指坐落在宝坻西南、青龙湾河左岸之间的广阔林场，全场总面积200公顷。场内杨树、柳树、榆树、槐树、椿树等各种树木均有栽植，游人漫步林荫深处，淋浴在清新的空气里，不禁神清气爽；仰视枝叶蔽空，顿感万籁俱寂。

库澈天蓝：指宝坻区的尔王水库，水库四周绿树环绕，库水明澈，水中鱼儿穿梭如织，水面禽鸟翻飞，游船荡漾。站在湖心岛凉亭中远眺，水天一色，令人心旷神怡。每年夏秋时节来此垂钓和游玩者络绎不绝。

闸桥横锁：指宝坻区里自沽村的蓄水闸，坐落于潮白新河下游，其主体全部为钢筋混凝土结构，护坡和海漫为砌石结构。地上建筑主体部分主要有闸室、交通桥和丁字堤，三者浑然一体，以其巍峨雄姿，蹲踞于大河之上，飞架两岸，横锁河面，气势磅礴，蔚为大观。

颐春佳境：指位于南城东路驻防营村东北侧的老干部活动中心，建筑为临街三间门楼，四面挑檐，前后走廊明柱，油漆彩画，琉璃瓦顶，东西两侧以覆盖着琉璃瓦和清水筒瓦的院墙相连，显得金碧辉煌。

前院的垂花门楼连接着东西两排厅房，中院正房

玩家解说

广济寺由辽朝的弘演法师首倡筹建，筹措了不少资金，他圆寂后，在其弟子道广、义弘二位法师的努力下，于辽圣宗太平五年（宋仁宗天圣三年，1025年）建成大殿，大殿建筑极为雄美。

1932年4月，中国建筑学家梁思成一行专程到宝坻考察千年古刹广济寺。经过实地仔细测量，撰写了相关调查报告，绘制了广济寺8幅结构图，拍摄了13幅照片。梁思成赞扬寺内的三大士殿建筑“结构精巧，似繁实简，为后世所罕见”。他在所著《中国建筑史》中也对该寺予以记载，从此奠定了这座辽代寺院和至善至美大殿建筑的历史地位。

广济寺

与东西耳房和对面厢房之间以油漆彩画的走廊相连，为仿明清四合院式建筑。后院是古式建筑二层单片小楼。院内重要的室内粉墙上，有以历史演义小说中的“桃园三结义”和“杨家将”等故事为题材的连环彩画，古朴典雅，给建筑物增加了迷人的色彩。

碑引人思：指位于朝霞公园西侧的烈士陵园，坐南向北，这里安葬着抗日战争、解放战争、对越自卫反击战等不同历史时期的革命烈士186名。

霞园倒影：位于宝坻区城关镇朝霞村东通唐公路南侧朝霞公园，园中有池，占地9万平方米，相当于全园面积的68%。池水清澈透底，池面光明如镜，尽将池边围栏垂柳、岸上怪石假山、空中云霞飞燕、雨后七彩长虹等诸多景物一一映入池底。游人凝视池中倒影，如见海市蜃楼，别具一番情趣。

晴楼晨照：指“京东第一集牌楼”。坐落于宝坻区东城路条状集市南端，牌楼通高16米，宽18米。牌楼正中的大理石匾额正面雕刻着李瑞环亲笔为集市题写的名称“京东第一集”；背面刻着著名书法家启功的手书“如坻如京”。楼后为碑亭、花园和假山。每当旭日东升之际，朝阳与楼瓦相映成趣。

帝景温泉度假村

天津市区周边规模最大的温泉度假村

天津市宝坻区京津新城（津蓟高速宝坻温泉三号出口） 108元 29667788

帝景温泉度假村占地27公顷。东邻宽广的潮白河，周边都是纯净的天然绿野。度假村温泉储藏量极为丰富。水质清澈透明，富含锂、锶、锌、偏硅酸等多种保健矿物质，水温温和适宜人体洗浴，实属国内罕见的保健温泉水。

度假村依托天然的温泉优势发展成为集温泉沐浴、休闲保健、生态旅游以及完善

帝景温泉度假村

的集住、餐、娱、购配套于一体的新型温泉休闲度假景区。包括公共温泉区、国际风情区以及12栋VIP温泉别墅、商业街以及完善的SPA健康保健中心、餐饮、娱乐配套设施等。

玩家攻略

泡温泉：度假村的温泉远近驰名，对人体有很好的保健作用，是度假村的主要旅游项目。小木屋共有10套，是由苇草围成独立的小院落，每个小木屋都设有单独的温泉，室内设有独立的卫浴设施。

收费如下：

服务项目	时限	价格
温泉	不限时	128元每人
小木屋	3小时	458元2人
小木屋	过夜（当日23:00～次日9:00）	688元2人
素丽娅泰SPA水疗	当日～次日12:00	880元2人
草津汤泉	3小时	568元2人
	当日～次日12:00	1280元2人
土耳其浴堡	3小时	568元2人
	当日～次日12:00	1280元2人

住宿：度假村拥有很多类型的客房，如标间、套房和别墅等，价格不一。

服务项目	时限	价格
中、日式标间	12:00～次日12:00	648元
套房	12:00～次日12:00	1280元
D型别墅	12:00～次日12:00	6800元
E型别墅	12:00～次日12:00	4800元

美食：度假村有一个帝景食府，是专门饮食的地方。一层为中餐厅，主要提供中式特色餐饮。以潮粤海鲜和精品新派川菜为主，本地特产和各地美食节菜品为辅。

会议：度假村拥有不同类型的会议室，里面会议设备配套完善，都采用的是国际一流标准。

服务项目	时限	价格
多功能大会议室（可容285人）	4小时	2500元
大会议厅（可容120人）	4小时	1500元
中会议室（50人）	4小时	600元
中会议室2（30人）	4小时	500元
小会议室（20人）	4小时	400元

公共温泉区

公共温泉区由春、夏、秋、冬四院组成：春园水面总面积约为1300平方米，主要植被以桃花为主，以迎合该园区的主题，营造浪漫缤纷的春季特征，包括荷花池、宝石泉、石板泉、情侣木屋等；夏园面积约4000平方米，为整个园区水面面积之首，包括泊浪池、漂流河、温泉瀑布、表演台、游泳池、水上乐园等；秋园水面面积约为90平方米，主要以各种加料温泉为主，包括石板泉、各类加料泉、沐浴池及包房；冬园水面面积约为900平方米，为全日式温泉风格，采用不露天或半露天的泉池，包括名木温泉、矿砂泉、岩洞泉以及香梅岭、松柏坡温泉池等。

国际风情区

国际风情区由日式、土耳其浴堡等带有异国风情的建筑组成。日式建筑设计特别，为纯日本风格的庭院。内含单独温泉池以及完备的内部设施设备，包括沙发、音响等，免费提供饮料、小包点。设在公共区域的天体浴区，分为男部与女部，中间有阻壁隔开，温泉水由其下部相通，根据中医阴阳调和的理论，达到阴阳互补的功效。

土耳其浴堡还原了原汁原味的土耳其浴，建筑和装修都体现了独特的中东格调，设有特色桑拿浴、蒸汽浴、独具特色的肚脐石疗。

宝坻玉佛宫博物馆

宝坻唯一的玉博物馆

天津市宝坻区周亮庄镇

驾车从天津市区沿津蓟高速行驶至宝坻温泉城出口下高速，掉头行驶约1500米即达

宝坻玉佛宫博物馆建筑面积4.8万平方米，玉佛宫博物馆为仿明清时期建筑风格，由玉石博物馆主楼、配殿、三个门楼及古玉研究院组成。主楼为八角亭式造型，高三层，展示面积达2万多平方米。博物馆展出有一批盛唐时期的和田墨玉彩绘镏金壁画、汉代佛像、南北朝隋唐时期的玉雕彩绘镏金佛像、绿松石佛像、红白珊瑚佛像以及唐代贞观、咸通年间的金银器佛像、玉石、玉器等万余件藏品。

玉佛宫收藏的良渚文化玉器、红山文化玉器、夏商周时代玉器、春秋战国玉器等

直至清代玉器，总计两万余件，多以历代皇家御用佛教祭祀用品为主。它们都是价值连城、首次向世人公开的绝世精品。

潮白新河景观带
天津市第二条水上旅游观光线

天津市宝坻区潮白新河　从天津市区驾车沿津蓟高速行驶至九园公路出口下高速，然后沿九园线行驶约15千米即达

潮白新河是海河五大水系之一，流经天津市宝坻区、宁河区入海，其中，宝坻新城至京津新城段长27千米，水面宽近1000米。正是依托这一天然优势，景区建成了三大特色游览区，分别是游船体验区、渔事体验区和黄庄DIY生态水稻公社。

黄庄DIY生态水稻公社位于潮白新河河畔的黄庄乡小辛码头村，小辛码头村有悠久的历史。千年之前，曾因是北宋辽国萧太后运粮的码头之一而得名。这里地袤水多，自古盛产稻米，素有“北国水乡”之称。

景区开发了一百亩稻田，只要申请为农场会员并交纳会费、认购土地后，就可在公社享受插秧、收割的乐趣。如果不会种地，当地的农民可以手把手地教，也可以代为打理。土地产出的所有优质生态水稻将全部归会员所有。此外，公社还为会员定期组织丰富多彩的大型文化娱乐集体活动，包括插秧节欢庆仪式、潮白新河野钓、摘菜游戏、捉泥鳅比赛、平原区农耕文化展、庆丰收篝火晚会等。

游人可以在风景如画的潮白新河上开快艇，乘坐游船划桨捕鱼，品尝黄庄洼水库鱼头等美味农家饭菜，在黄庄DIY生态水稻公社感受水稻生产的艰辛与快乐，游兴未尽的话还可以参观新开业的晶宝温泉农庄热带植物园。

玩家 攻略

休闲：千米宽的潮白新河不仅形成了辽阔的水面和天然景观，而且拥有储量巨大的地热资源。潮白河沿岸已形成集旅游、休闲、商务为一体的国际化东方威尼斯水城。水城共分为五大特色项目，分别是中式大宅、欧洲连排别墅、酒店式度假公寓、私家公馆及休闲度假村。可以享受阳光SPA、温泉。在休闲度假村进行游艇、马术等项目。

住宿：小辛码头村已建有20家左右配套设施完善的农家院，供游客体验睡农家炕、吃农家饭的乐趣。

体验活动：游客们在游船体验区和渔船体验区上开快艇，乘坐游船划桨捕鱼，品尝黄庄洼水库鱼头等美味农家饭菜。

洞庭湖风光

延伸 影视文化园

宝坻军事旅游影视文化园：毗邻潮白新河千米水域，占地67公顷，设有陈列区、观光区等多个区域，引进了150余辆能开能跑的坦克、装甲车、水陆两用坦克、水陆两用汽车、各种军用吉普车及军用卡丁车等海陆各兵种武器。

景区将侧重体验特色，可进行乘坐、操作等活动，训练军事爱好者驾驶各种军用车辆的能力。军事旅游影视文化园内有丛林、山地、防空洞等，能再现枪林弹雨的逼真场景。

晶宝温泉农庄
宝坻区著名的休闲农庄

天津市宝坻区里自沽农场　29668792

从天津市区驾车沿津蓟高速行驶至宝坻温泉城出口下高速，然后沿宝白公路行驶即达

晶宝温泉农庄毗邻宝坻温泉城，农庄有

青北森林公园

面积广大的种植基地，各类蔬菜植物应有尽有，风景如画，空气清新。目前已建成绿色世界观光园、果蔬采摘体验区、绿色餐饮区、BBQ自助烧烤区四大板块。

绿色世界观光园里以古希腊和古罗马神话中的植物神、农神、丰收之神、花神和水果之神命名的海辛瑟斯园、德墨特耳园、克瑞斯园、芙罗拉园、波莫娜园五大园区，分别向游客展示现代园林艺术、奇异瓜果品种、巨型果蔬、热带花卉景观、果蔬景观等特色景观，给游客提供完美的视觉享受。

果蔬采摘体验区里栽种的都是美味、绿色的新鲜果蔬，供游客体验采摘、品尝的乐趣；绿色餐饮区以甲鱼宴为特色，游客可以在此品尝到农庄自产的新鲜健康的甲鱼、果蔬；BBQ自助烧烤区为游客提供充满异国情调的美食。

玩家 攻略

在农庄不仅可以去农业科技园观光，而且还能进行采摘（香蕉、花茄子、葵茄子、串番茄、牛角椒、线椒等）、捡乌鸡蛋、垂钓（鲫鱼、草鱼、鲤鱼、甲鱼等）、自助式烧烤等活动。

青北森林公园

宝坻境内最大的天然森林公园

天津市宝坻区西南部

从天津市区驾车沿津蓟高速行驶至蓟州收费站下高速，然后沿外环线—昆仑北路方向行驶即达

青北森林公园被誉为宝坻的“原始森林”。总面积近467公顷，林木茂盛、植被丰富、树种多样，拥有植物118种，野生动物167种，昆虫102种，其中有国家二级保护植物野大豆及多种国家级野生保护动物。

公园依托丰富的林木资源，建设成为具有野营观光、休疗养生等多种活动功能的森林旅游风景区。园内景观季相变化丰富、四季景色各异，按照公园现状划分为游乐园区、白花园景区、森林沐浴区、百果园区、乡野采风区、种苗示范区和度假村七大景区。

攻略资讯

- 交通
- 住宿
- 美食
- 购物
- 娱乐

温泉度假村

交通

火车

宝坻区有一个火车站，主要是天津和蓟州火车往返的经停站，从宝坻到天津的列车始发时间为16:07，到达时间为17:46，票价5元。返程的始发时间为9:15，到达时间为10:02，票价为3元。

公路

宝坻区位于京津唐的腹地，地理位置十分重要，区内高速公路主要有S1（津蓟高速）、G1（京哈高速）和S21（塘承高速）。

公交

宝坻区的公交线路主要有591、592、593、594四条，贯通了宝坻区中心东西南北。天津市区暂时没有通往宝坻区的公交线路，可在市内的通莎汽车站（天津市河东区真理道43号，60533328）乘坐大巴前往宝坻区，票价25元。

住宿

宝坻区住宿很方便，住宿设施基本完善，价格也不是很贵。部分酒店信息如下：

京津新城凯悦酒店	宝坻区周良庄珠江大道8号	59211234
宝坻宾馆	宝坻区广川路23号	29260100
天津宝坻九号庄园温泉别墅	宝坻温泉城和园403号	27269599
瑞皇台酒店	宝坻区宝平街道建设路西12号	29989991
长城宾馆	宝坻区钰华街43号	29220997

宝坻火车站铁路

京津新城凯悦酒店

宝坻夜景

美食

宝坻区的美食就餐地主要集中在宝坻城区、周良庄镇中心区域，以及著名的帝景温泉度假村周围，如万鑫烤鸭店、水晶厨房等，不可错过。

●万鑫烤鸭店

算是宝坻区比较不错的美食店了，经常会承办婚宴酒席、同学聚会等大型餐饮活动。除了招牌菜烤鸭外，各类海鲜以及清蒸多宝鱼、酸菜鱼等也值得品尝。 宝坻区西开发区南环路（近紫江路） 82665888

●水晶厨房

是京津新城凯悦酒店的自助餐厅，餐厅外观大气辉煌，十分气派。餐厅内美食品种也较多，不仅有蒸扇贝、烟熏三文鱼等海鲜，还有日本料理、牛排、糕点等多种不同类型的美食。此外，还可以在此举办BBQ，十分惬意。 宝坻区周良庄珠江大道8号京津新城宝坻凯悦酒店内 59211234

●更多美食店铺

八号紫园	京津新城宝坻凯悦酒店1楼	59211234
巴蜀水乡	宝坻区进京路东端	29261115
漫节奏	宝坻区京津新城北科大天津学院沿街商铺	22412300

购物

宝坻的特产：主要有天鹰椒、“五叶齐”大葱和红皮大蒜等，其中“五叶齐”大葱是宝坻区葱蒜研究会从农家品种中经多年选育而成的高白大葱品种，被天津市政府定为农业名牌产品。该品种因其生长期间始终保持五片绿叶、如手指张开状、叶片上冲、心叶两侧叶等高，故定名为“五叶齐”。这些特产可在宝坻区的各大超市购买。

宝坻的购物场所：主要有宝坻怡购商业广场（环城南路）、劝宝超市（南关大街85号近宝坻区纪检委办公楼）、华宝综合商场（宝坻一中南边）、泰鸿珠宝（城关镇体育场商贸楼）、天外天童装大世界（南关大街81号）、新叶匡威服装专卖店（宝坻中保楼底商9～14号）、天鑫服装服饰（宝坻区摩托车场36号）。

天鹰椒

发现者旅行指南

宁河

概览

♡ 亮点

天尊阁

天津历史上道教三大阁之一，曾为供奉元始天尊、西天王母和紫微大帝等神祇的道教场所。

义聚永酒文化博物馆

天津首家酒文化博物馆，里面展示有关酒的各种资料和图片。

七里海

世界著名三大古海岸之一，也是中国唯一的古海岸与湿地同处一地的国家级自然保护区，被誉为津京唐地区“最大的天然氧吧”和天津的“绿色肺叶”。

义聚永酒文化博物馆

线路

宁河区二日游

第一天上午游览义聚永酒文化博物馆和于方舟故居，下午游览田庄坨战国—汉代古文化遗址和双坨西汉古文化遗址，夜宿宁河城区。第二天游览七里海风景区。

宁河精华一日游

上午参观天尊阁和义聚永酒文化博物馆，午饭后驱车去七里海赏景，然后到金三角垂钓园享受垂钓乐趣。

金三角垂钓园

为何去

于方舟烈士故居

宁河区拥有极为丰富的自然资源，野生动植物资源有30多科类600多个品种。其中银鱼、紫蟹、芦苇草称为宁河“三宝”，闻名遐迩。境内还有丰富的地热资源，开发利用前景广阔，区内有文物古迹100多处，主要景点有天尊阁、于方舟烈士故居、七里海等。

何时去

金三角垂钓园是夏秋垂钓的好去处；七里海的美景春夏秋持续绚烂；林海风情旅游区林影婆娑、绿茵阵阵，是避暑休闲佳处……

林海风情旅游区

宁河区旅游示意图

区域解读

面积：约$1296km^2$

人口：约38万

七里海

地理 GEOGRAPHY

宁河区位于天津市东北部，华北平原北端。

宁河区地貌属海积、冲积平原区，地势北高南低，低平开阔，土壤疏松湿润，土层深厚，土质肥沃。其中七里海总面积95平方千米，清波荡漾，芦苇繁茂，极具开发和旅游价值。另外，七里海有三宝：紫蟹、银鱼、芦苇草。三宝闻名遐迩。

宁河粮食作物主要有水稻、小麦、玉米等，是全国无公害农产品生产基地示范点。生产出来的津沽小站稻晶莹甜糯，清香爽口，闻名于国内外。

历史 HISTORY

历史大事记

清雍正九年（1731年），从宝坻县析出一部分成立宁河县，为宁河置县之开始。

民国时期宁河县属河北省管辖。

1949年8月，隶属于河北省天津专区。

新中国成立后，1958年6月，改属河北省唐山专区。

1973年8月至今隶属天津市管辖。2015年7月23日，宁河县撤县设区。

文化 CULTURE

七里海的美味河蟹

七里海河蟹学名中华绒鳌蟹，因生长在天津宁河的七里海水域而得名。

七里海河蟹是宁河特产，与“银鱼”“芦苇草”齐名，并称为七里海“三件宝”。真正的七里海河蟹，其营养价值各项指标比南方的大闸蟹还要高一些，因其肉嫩、膏红、味鲜，早在清朝时就是宫廷贡品，历来享有盛誉。2006年12月，经国家质检总局批准，“七里海河蟹”获得了国家地理标志产品认证，标志着七里海河蟹成为与阳澄湖大闸蟹齐名的优秀螃蟹品种。

但由于河蟹销售具有季节性并且产量有限，如果想要品尝到挂有防伪标签的七里海河蟹，只能驱车到宁河区七里海镇的专卖店购买，价格约为每斤80元。

七里海河蟹

景点推荐

宁河旅游区

天尊阁 文

天津历史上道教三大阁之一

天津市宁河区丰台镇南村　从天津市区驾车沿津蓟高速公路行驶至九园公路出口处，然后沿九园线—宝芦线—玉芦线方向行驶即达

天尊阁是一座巍峨挺拔、气势恢宏、绿树红墙掩映的高大木结构建筑，占地6000平方米，由山门、配殿和大阁组成，曾为供奉元始天尊、西天王母和紫微大帝等神祇的道教场所。

大阁建造在高大的台基之上，通高14.7米，是一座三层木结构建筑，最下层是天尊阁，中层为王母殿，上层为紫微殿。楼阁结构严密合理，装饰美观大方。建筑结构巧妙，阁内有8根由平地直达阁顶的通天圆柱，通柱之外侧又辅以檐柱、山柱和廊柱，并与三层纵横梁枋和两层楼板通过斗拱、榫卯连接，构成完整的结构体系，虽经历唐山大地震而不倒。

义聚永酒文化博物馆

天津首家酒文化博物馆

天津市宁河区五纬路37号　30元

69560819　从天津市区驾车沿京津塘高速公路—唐津高速公路行驶至汉沽出口下高速，然后沿芦汉线—五纬路方向行驶即达

周一至周五9:00~17:30（休息时间12:00~13:30），周六、周日、黄金周闭馆

义聚永酒文化博物馆由盛产玫瑰露、五

玩家 解说

天尊阁所在地丰台镇历史悠久，文化积淀较深，曾有“京东首镇”之称。天尊阁始建年代已不可考，有唐初始建和明代始建等多种说法。1976年唐山大地震时，附近民房坍塌甚多，高层建筑所剩无几，而天尊阁主体结构竟安然无恙，这为研究中国古代木结构建筑抗震性能提供了重要实例，极具研究价值。

天尊阁三清殿

加皮、高粱酒等“津沽三宝”的天津义聚永酒业酿造有限公司投资建设。博物馆总面积1500平方米，是在原义聚永历史文化陈列馆的基础上改建而成。博物馆主要包括两层楼的主展厅、玫瑰酒吧、产品展示厅和文化画廊等。

主展区分为“名酒同称大直沽”“飘香四海义聚永”“百年中华老字号”“琼浆玉液泛芳樽”“金星光耀五大洲”五个单元。展览以与义聚永及天津酒文化相关的照片、文献、商标、制酒工具等，集中展示了天津酒文化七百年的悠久历史和义聚永二百多年的出口史。

博物馆的展品中包括义聚永1931年在香港的商标注册资料，公私合营时期义聚永、义丰永、同聚永、广聚永等大直沽仅存的十家私营烧锅合并到天津食品进出口股份有限公司的档案资料，义聚永各个时期的酒类商标，义聚永荣获的法国国际食品博览会和西班牙国际酒类评比会金奖等重要历史资料。此外，还有义聚永酒文化墙、酒肆复原场景、义聚永制酒过程及场景等。

在玫瑰酒吧，人们还可以品尝到博物馆工作人员亲手调制的鸡尾酒，感悟义聚永独特的文化品位和人文情调。

链接

义聚永

义聚永品牌大约始创于1880年，酿造技术源于元代天津海运兴盛时期，至明清时期逐渐繁荣。它生产的玫瑰露酒、五加皮酒、高梁酒三大名酒作为天津传统特产名酒，盛行海内外，畅销五大洲，在国内外享有极高的知名度和美誉度。

玫瑰露酒、五加皮酒现在知道的人不多了，其实玫瑰露酒一直出口，口味融合了玫瑰的香气和甘甜，加冰饮用很好，颇具洋酒之风。前国务院总理李鹏访问法国，法国安保工作做得非常出色。临近离开法国时，李鹏说要感谢他们的保卫人员，请吴仪问一问他们有何要求，得到的回答是，他们要中国产的玫瑰露酒，当然法国安保如愿以偿。

七里海

世界著名三大古海岸之一

天津市宁河区七里海镇

从天津市区驾车沿金钟河大街—津榆公路（205国道）—潮白河老安淀大桥东堤（向南5千米）—七里海方向行驶即达

七里海是中国唯一的古海岸与湿地同处一地的国家级自然保护区，这里地势低洼且常年积水，河道纵横，沟汊交织，沼泽遍地，洼地广布，被誉为津京唐地区“最大的天然氧吧”和天津的“绿色肺叶”。

这里生物物种多样，是许多珍稀和濒危野生动物迁徙、栖息、繁殖的基地，有各种鸟类182种。七里海有牡蛎滩、贝壳堤、湿地三大自然景观和宝塔寺一大人文景观。

玩家 攻略

美食：七里海自古就有“七里海三宗宝，银鱼、紫蟹、芦苇草”之说。七里海盛产的银鱼、紫蟹，明清时期曾是宫廷贡品，来此游览一定要品尝一下。

民俗：七里海文化旅游节于每年8～9月举行，为期两个月，可深入了解古海岸的历史文化风貌，探寻古老湿地的民情掌故，挖掘七里海湿地景区及宁河区的人文内涵。

牡蛎滩

牡蛎滩形成于距今7000～2000年，是世界上迄今发现的规模最大、分布最广、序列最清晰的古海岸遗迹。

贝壳堤

贝壳堤形成于距今4000～700年，是世界三大贝壳堤之一天津贝壳堤的重要组成部分。其规模之壮观，序列之清晰，排列之整齐，保存之完好，国内绝无仅有，世界也属罕见。它们都是极其珍稀的自然遗迹，是沧海桑田的真实记录，对研究海洋学、湿地生态学等多学科具有重要价值。

宝塔寺

宝塔寺总占地面积33万平方米，建筑面积38万平方米。寺庙坐西朝东，分设东西天门各一座，内建有天王殿、大唐密殿、大雄宝殿、大慈悲殿、儒圣殿、仕禄殿、财神殿、三清殿、元辰殿等多座殿宇座，以及供奉佛祖舍利的金刚舍利玲珑塔。

此外，宝塔寺内设有佛学院，是融禅宗、律宗、净土宗、真言宗四宗为一体的大型修学寺院。

大坨村

大坨村位于七里海境内，全村共有6800口人，667公顷耕地，400公顷苇海和水面。依托丰富的生态资源，大坨村在七里海东海核心区南侧兴建了生态恢复试验园旅游点。

试验园占地面积11.7公顷，是一个集生态、亲水、旅游、休闲、垂钓为一体的生态游乐园。试验园周围建钢架围栏1500米，围栏内种植了藤类、牵牛花，5～6月花茎就能缠绕于围栏之上，形成绿色花墙，又可成为植物屏障。

园内还建成了三个小岛，总面积45亩，各岛大小不一，形状各异。岛与岛之间，以造

大直沽三宝

大直沽为天津市河东区片，西临海河，位于津塘路与十五经路交会处一带。它历史悠久，文化底蕴深厚。金代在此建直沽寨，自元代建都于今北京，元世祖至元十九年（1282年）开始海运漕粮后，大直沽的地位愈加重要。它是海运终点港，也是漕粮转运京师的中转码头。元代在大直沽设立漕粮接运厅，成为天津最早的商业中心。故有“先有大直沽，后有天津卫”之说。随着大直沽商业的兴起，这里的“三宝”也逐渐扬名在外。

●古庙

大直沽有中国北方地区第一座妈祖庙——天妃灵慈宫，它比建于明代永乐二年（1404年）的天津卫城早100多年，与福建湄洲妈祖庙、台湾北港朝天宫并称为中国三大妈祖庙。1998年12月~1999年1月，天津市考古工作队对天妃灵慈宫遗址进行了发掘。发掘出了元代建筑基址与明、清时期天妃宫的大殿基址，并出土了大量的元、明、清建筑构件和生活用品。根据遗址内的建筑施工基槽提供的剖面推断，存在有宋金或更早的遗存，是天津市区内堆积最厚的古代文化遗存，从而有理有据地证明了天津城区历史的开端，也证明了大直沽是天津市区现存最早的古代聚落遗址和天津城的发祥地。

●酿酒

大直沽酿酒业历史悠久，巅峰时期全国闻名，以义聚永生产的玫瑰露酒、五加皮酒、高粱酒三大名酒盛行海内外，畅销五大洲，在国内外享有极高的知名度和美誉度。大直沽酒之所以如此之香，传说是因为此处有四大出水名坑——东边的东大坑，西边的官盐院，南边的豆家坑，北边的薛大坑（方位以大直沽为中心）。四大坑均与海河相连，且深及地泉，所以酿出来的酒香醇无比。

●台子高

大直沽地区地势较高，所以很多地名中有不少以“台”为通名，如前台、中台、后台、东观台、西观台、刘家台、东孙家台、西孙家台等，显示出大直沽地区成陆较早、地势多高台的地势特点。

型别致的木栈桥相连，供游人徒步到岛上观光，每个岛上分别种植了几十种野生植物，但突出一两个品种，以显示各岛的特点与风格。

各岛形成不同的图案，如从高到低，伞瓣式、波浪式、点片交叉式、混杂式、字形式等。环岛栽植红蓼、水葱、香蒲、荆三棱、地梨、稗草等挺水性野生植物。景区还挖放养垂钓区1.3公顷，水域内放养河蟹及各种鱼类，供游人垂钓。

七里海

于方舟故居

中共天津党组织创建人的故居

天津市宁河区芦台镇

驾车从天津市区沿京津塘高速—唐津高速行驶至芦台镇出口下高速，然后沿X414—朝阳路—金翠路方向行驶即达

免费

于方舟烈士故居建于1943年，坐北面南，占地面积326.7平方米，建筑面积102.4平方米，1976年唐山地震中被毁。修复后的故居由围墙、东西跨院、正院等景点组成。

故居门前题写“于方舟故居”金字横向联合匾，房前正院落东侧墙建有一座题写有“津门之光”的陶瓷壁一座。正院东间为烈士生平事迹展览室，西间为复原室。

链接

于方舟

于方舟（1900—1928），天津党组织创始人，天津五四运动杰出的领导者之一。1927年大革命失败后，于方舟领导了冀东第二次玉田暴动，10月底暴动失败，他率部突围，不幸被俘。于1928年1月14日夜晚英勇就义。

田庄坨古文化遗址

天津市跨度最长的古文化遗址

天津市宁河区芦台镇北部

驾车从天津市区沿京津塘高速—唐津高速行驶至宁河出口下高速，然后沿芦汉线—玉芦线行驶即达

田庄坨战国—汉代古文化遗址面积为25万平方米，是一个从战国到汉代的古文化遗址。其时间跨度大，遗址分布数量众多，文化层深厚，具有相当的观赏和研究价值。

遗址出土时，地面散布大量夹砂红陶、灰陶等残片，现出土较完整的有陶器、罐、瓮、瓮棺、钵、弹丸、网坠、纺轮。陶罐有6种以上类型，并有石器斧、铜器、盆、镜、剑、棒、铁、炉、骨器骨笄、漆器、盘、货币、五铢、半两、燕、刀币等。

双坨古文化遗址

宁河区的另一处古文化遗址

天津市宁河区芦台镇

驾车从天津市区沿津蓟高速行驶至津榆路收费站出口下高速，然后沿G112行驶约15千米即达

双坨西汉古文化遗址为西汉时居住遗址和墓葬地，遗址地势较其他地面高出1米有余，面积为3万平方米，文化层深度为0.3至0.4米。出土文物有泥质灰板、筒瓦、陶釜、陶缸口沿及绳纹砖等，出土的器物纹饰种类繁多，非常漂亮。有方格纹、菱纹、布纹、绳纹、弦纹、附加堆纹、半纹等。此外，还出土了少量黑陶片及五铢钱。

金三角垂钓园

离县城芦台镇最近的一个乡村旅游特色点

天津市宁河区大北镇李庄村境内

驾车从天津市区沿津大线—津芦公路—津芦支路行驶到加油站，然后转入大北路行驶即达

金三角垂钓园占地13.3公顷，其中养殖水面180亩，水面绿波荡漾，水质清澈无比，水里放养各种各样的鱼，如鲤鱼、鲫鱼等。它们都是食用水里的自然生物生长起来的，所以味道绝对鲜美。游人可以一边垂钓，一边欣赏两岸的自然风光。

玩家攻略

垂钓园周边饮食和住宿都很方便，可以品尝到鲜美无比的河鱼大餐，价格还不贵，住宿房间数量较多，设施完善。此外，停车场面积达到800平方米以上，停车方便。

金三角垂钓园鲜鱼

林海风情旅游区

宁河区的生态旅游区之一

天津市宁河区北淮淀乡乐善村

驾车从天津市区沿金钟河大街—津大线行驶至南于堡，然后沿津芦公路行驶即达

林海风情旅游区占地面积约10公顷，是一个集餐饮、洗浴、住宿、娱乐、垂钓等项目于一体的大型综合性休闲娱乐场所。

旅游区内各种配套设施齐全，充分体现生态特色。游客到此既可吃到具有农家特色的美味佳肴，又可品尝到各种天然野味，还可以享受到星级酒店的人性化服务。酒足饭饱之余又有KTV、钓鱼、钓蟹等休闲娱乐项目。

林海风情旅游区

攻略资讯

- 交通
- 住宿
- 美食
- 购物
- 娱乐

宁河城区

交通

火车

宁河区的火车站名为“芦台火车站”，全天有10余趟车次经停，主要车次有K1392（烟台—佳木斯）、K976（哈尔滨—武昌）、K7721（天津—秦皇岛）、K1023（北京—图们）、T5682（石家庄—秦皇岛）、1490（佳木斯—天津）等。

公路

已经贯通的塘承高速一期工程将宝坻、宁河和滨海新区联系在一起，大大完善了天津的公路网；G25横穿整个宁河区，将天津和河北的唐山联系在一起。此外，还有G2501滨保高速、S2津宁高速等线路经过。

天津高速公路

住宿

宁河城区面积不大，住宿很便捷。里面基本设施都很齐全，价格也比较便宜，可选的宾馆如下：

宁河宾馆

名称	位置	电话
宁河宾馆	宁河区芦台镇光明路44号	69559118
巴厘岛假日酒店	宁河区贸易开发区集市路口	60186658
天津芦台春酒客栈	宁河区芦汉路40号	69566777
天津如家宾馆	宁河区芦台贸易开发区长丰路14号	69176699
天津永辉快捷宾馆	宁河区七里海国家湿地公园	13662030600

贵达卧牛湖度假村

美食

宁河城区美食众多，很多带有浓郁的地方特色，最有名的当是宁河醉蟹，堪称“美食一绝”，成品色泽明亮剔透，宛若白玉雕成，橙红的蟹黄，顶伏在上，蘸醋佐酒食用，醇厚怡人，妙不可言。七里海风景区的餐馆可以享用这道美食。

宁河城区的主要餐馆有：

名称	位置	电话
翠萱渔村	宁河区芦台镇新华道10-2号	69572777
红樱桃美食	宁河区露台新华道	69577477
电力大酒店	宁河区新华道国家电力公司，近宁河区政府	69581504

宁河醉蟹

宁河鱼

购物

宁河区的特产主要有芦绣、丰台木版年画、七里海河蟹、港虾、南美白对虾等。

宁河特产

芦绣：由河南汴绣发展而来，汴绣是中国四大名绣之一，距今已有800多年历史。芦绣技术在继承的基础上不断创新，产品用丝绸面料为底，十余种天然蚕丝线为材质绣制而成，品种有单面绣、双绣、双面异色绣等，不仅具有很高的观赏价值，还有无限的收藏空间。

丰台木版年画：产生于宁河区丰台镇，继承了北方平水系统的坊刻传统，它与杨柳青、武强炒米店同是这一系统的不同分支。而丰台年画则较之更为质朴、粗犷、色彩艳丽，深受人民群众喜爱。丰台年画多取材于历史典故、时事风俗以及戏曲小说中的人物故事情节，其中以神纸类为大宗。从制作风格上讲，丰台年画多为等量颜色的套版印刷，有三色、四色、五色，最多的有七色套版。

美味港虾

美宫山药

芦绣

丰台木版年画

购物去处

宁河城区购物场所主要集中在商业道附近，这里是宁河城区的商业中心，云集了一些购物商场和购物店。如漂亮宝贝童装专卖（宁河区震新路附近）、文汇商场（宁河区芦台镇）、邮发服务中心百货商场（芦台镇商业道42号）、真维斯宁河区店（宁河区芦台镇商业道36号）、联鑫珠宝商行（芦台镇商业道11号）、芦台九九商场（芦台镇商业道16号）。

发现者 旅行指南

静 海

概览

亮点

■ **团泊湖风景区**

被誉为"华北明珠"，湖区碧水荡漾，芦苇丛生，鱼翔浅底，这里还是丰富的地热区。

■ **东滩头东汉墓群**

中国首个按汉代庄园结构建造的墓园，由前后墓道、甬道回廊、4个墓室、4个耳室组成。

■ **西双塘村**

中国十大最有魅力休闲乡村之一，不仅有美丽的田园风光，而且还有村民自建的文化活动中心。

西双塘村

线路

■ **静海区二日游**

第一天上午游览东滩头东汉墓群，下午游览西双塘村，夜宿静海区城。第二天乘车前往团泊湖风景区游览。

■ **农业观光一日游**

早餐后到周家湾绿土地农业观光园，尽享农家美味，尽情采摘绿色瓜果，享受一整天悠闲的小日子。

静海樱桃

为何去

静海气候宜人，风光秀丽，旅游景点主要有被誉为“华北明珠”的团泊湖风景区，是天津市两大自然保护区之一。附近地热资源丰富，含有多种有益人体的矿物质，具有较高的医疗保健价值。

团泊湖温泉酒店

何时去

春末夏初与秋天是到静海的最佳旅游季节。团泊湖风景区的青山绿水可以给炎热的夏季增添丝丝凉意；农业观光园的采摘等农业活动可以让人在收获季节感受劳动的快乐；西双塘村从春到秋景色优美……

静海风光

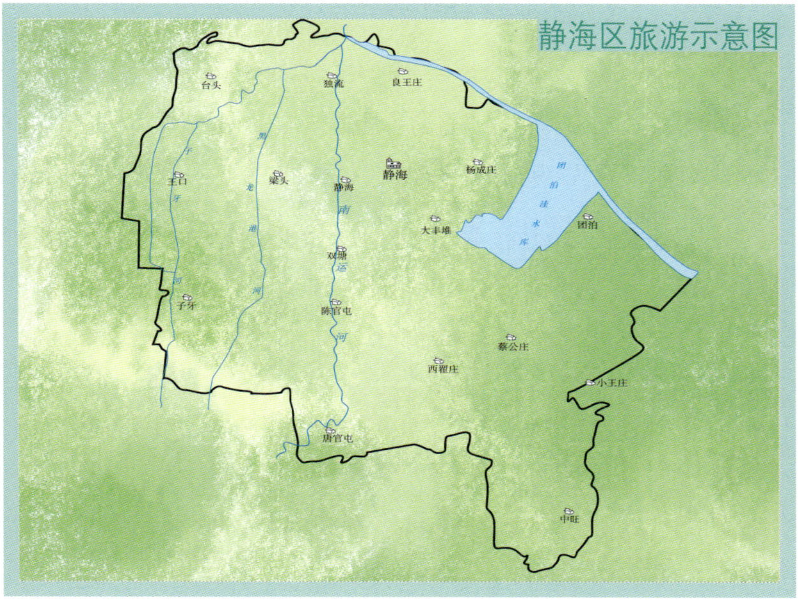

静海区旅游示意图

区域解读

面积：约1476km²

人口：约58万人

地理 GEOGRAPHY

静海区位于天津西南部，华北平原东北部。全区地势低平，大部分地区海拔高度在5米以下，是典型的低平原。

大约6000年前，静海一带还是一片浅海。约4000年前，形成陆地，为古代滨海地区。洼地、平地是这里主要的地貌类型，在众多的洼地里，以团泊洼、贾口洼、东淀等洼规模较大。

静海境内的地表沉积物以黏土、亚黏土为主，河床及古河道穿过地区有粉细砂，土壤有明显的盐渍化现象，有些低洼地区还有沼泽化现象。

静海地处海河流域下游，境内河流渠道众多，但很多河流属季节性河流。南运河（京杭运河）自南向北穿境而过。

历史 HISTORY

历史大事记

●汉朝

汉高祖五年（前202年），在今静海境内第一次建起县城，即东平舒县。县城设在今陈官屯镇西钓台村西北400米处。

汉元帝初元二年（前47年），渤海水倒灌，致使今静海区一带的大片土地和许多村庄被淹，东平舒的县治西迁至今河北大城县。

东汉末年，静海一带制盐业较为兴盛。郦道元《水经注》有相关记载。

●宋元时期

北宋时期，宋、辽两国以界河（今拒马河、大清河、海河的总称）为界，因此，静海一带便成为北宋的前沿阵地。

元至元二十年（1283年）和二十四年（1287年），元朝廷派4000多“蒙古军”在静海一带屯田，当时称靖海县。

●明朝

明朝初年，靖海县改称静海区。

明永乐元年（1403年），静海知县崔衍创建静海土城。第二年，明成祖朱棣设天津卫。随后，南方大量农民来静海和天津定居，使得静海人口数量大增。

明正德六年（1511年）九月，刘六、刘七领导的农民起义军攻破静海区城。

●清朝

清咸丰年间，林凤祥、李开芳率领的太平天国北伐军和僧格林沁、胜保率领的清军在静海境内展开多次激战。

清光绪年间，静海境内遍设“拳坛”，义和团民众众多。1900年，以曹福田、张德成为首的静海义和团攻打天津租界地紫竹林，争夺老龙头火车站，保卫天津。

●近现代

民国十一年（1922年）和十三年（1924年），直奉两系军阀在战略要冲今唐官屯镇九宣闸一带展开激战。“七七事变”后，国民革命军第二十九路军和日军也曾为争夺九宣闸展开过惨烈白刃战。

抗日战争时期，日军在静海制造了五美城、花园村等惨案。

1948年12月20日，静海解放，获得新生。

2015年7月23日，撤并静海县，设立天津市静海区。

文化 CULTURE

北方昆曲，美猴王郝振基

相信大家都看过六小龄童的美猴王扮相，但您也许不知道，戏剧界里，有南北两派美猴王。六小龄童所属的“南派”猴王的脸谱是一只倒置的桃子造型，而“北派”猴王的脸谱则是个倒葫芦。早在民国时期的戏剧舞台上，北方昆曲界就有这样一个美猴王名叫郝振基。

郝振基，静海区台头村人，民国时期活跃在北方昆曲的舞台上，扮演昆净兼老生。他嗓音洪亮，气力充沛，声容雄伟，行腔苍凉，尤以扮演孙悟空独具风格。为了演好猴戏，他还曾经畜养一只猴子朝夕相处，观摩学习。他演猴子时，从上场到下场，两眼一直烁动。

1917年郝振基出演《安天会》。演到在瑶池窃果时，先抓一果在手，不是马上吃掉，而是微抻着颈子，双目迅速观看四周，然后眼随手动，以更快的速度吃掉桃子，吐了一地果皮。表情实在生动，演出效果震撼北京剧坛。同年他与韩世昌等组建“荣庆社”，并培养新人，为保留北昆剧种付出了心血。随后他又到天津以及上海演出，都取得巨大成功。1939年在家乡天津演出时，恰逢水灾，于是散班还乡，3年后病故。

以演猴戏出名的郝振基，主要代表剧目有《花果山》《火焰山》等。

美猴王

景点推荐 静海旅游区

团泊湖·国际休闲博览园 AAAA

被誉为"华北明珠"

天津市静海区团泊镇

从天津市区沿荣乌高速行驶至津王公路出口下高速，然后沿S108行驶5千米左右即到

团泊湖是静海区著名的湖泊，湖泊面积6666.7公顷，蓄水量达1.8亿立方米。湖区碧水荡漾，芦苇丛生，鱼翔浅底，区内珍禽候鸟繁多，有鸳鸯、白莺、红娟、柳莺等60多种。

仁爱团泊湖国际休闲博览园，依湖而建，独享团泊湖丰厚的自然资源。独特的地质条件使得这里成为丰富的地热区，富含矿物质和微量元素，具有较高的医疗保健价值，是集生态休闲、商务会展、温泉度假和生态居住为一体的景区。

景区整体设计布局遵循纯欧式的建筑理念，极富典雅华贵气质。环绕游客中心的是一个美丽的人工湖。在湖的木栈道岸边，特地为喜欢垂钓的游客设立了一个垂钓点——姜公垂钓台。仲秋时节，一批批慕名前来的游客，在这个休闲养生之都亲水垂钓、品美食、泡温泉，伴着音乐依栏观湖品酒，尽享美好生活的惬意。

玩家攻略

温泉：团泊湖旁边有一个团泊湖温泉酒店，里面各种形式的温泉水都有，如中药温泉、磐岩浴等，二楼有很多按摩和收费的项目，洗浴吃饭和休息都在二楼大厅，十分卫生安静。

高尔夫：景区西南边有一个高尔夫球会，球会拥有36洞高品质高尔夫球场和4600平方米设施齐全的会所。球场由国外著名的TP公司负责设计，球场的球道使用高品质的本特草，并采用当地的芦苇和红柳做球场景观，使球场极其自然而别致，被球友公认为华北地区最具林克斯风格的球场。球场设计巧妙精致、变化多端，炮台式果岭和深沉的沙坑是球场的一大特色。

链接

温泉分类及其自然功效

温泉水的形成是大气降水渗入地壳断层深处，与地下热岩浆接触后经过几十年几百年甚至上万年的演变、渗透，最终转移到地表形成。温泉常见的分类方法可以化学组成、地质、物理性质、温度，来加以分类。

温泉中主要的化学成分包含氯离子、碳酸根离子、硫酸根离子，依这三种阴离子所占的比例可分为氯化物泉、碳酸氢盐泉、硫酸盐泉。除了这三种阴离子之外，也有以其他成分为主的温泉，例如重曹泉（碳酸氢钠为主）、重碳酸土类泉、食盐泉（以氯化钠离子为主）、氯化土盐泉、芒硝泉（硫酸钠离子为主）、石膏泉（以硫酸钙为主）、正苦味泉（以硫酸镁为主）、含铁泉（白磺泉）、含铜、铁泉（又称青铜泉）。其中食盐泉也称盐泉，可依含氯化物食盐的多寡，区分为弱食盐泉和强食盐泉。这是温泉分类的首选，其他方法基本可以忽略不计。

温泉中含有丰富的矿物质，不仅对多种疾病有疗效作用，而且有保健、美容、护肤、疗养之功效。通过浴用、饮用、吸入等多重用途，可以解除病痛，消除疲劳，焕发青春活力。

各种成分都有的单纯泉，可以进行神经痛、风湿、皮肤病的治疗，骨折、外伤的疗养；含有二氧化碳的碳酸泉，可治疗高血压、心脏病、更年期障碍及不孕症；硫黄泉可治疗心脏病、动脉硬化、风湿、慢性皮肤病及糖尿病；放射能泉可治疗痛风、神经痛、自主神经失调症等；食盐泉可治疗神经痛、风湿、跌打损伤、挫伤、不孕症等；而中草药温泉池更是“有的放矢”，进行针对性的治疗。

东滩头东汉墓群

中国首个按汉代庄园结构建造的墓园

天津市静海区沿庄镇东滩头村

驾车从天津市区沿津沧高速行驶至静海南环路出口下高速，然后沿景福线—团大线方向行驶即达

东滩头东汉墓是一座东汉晚期墓葬，整座墓室按汉代庄园建筑布局修造。清理出来的一号墓规模最大，由前后墓道、甬道回廊、4个墓室、4个耳室组成。该墓结构独特，在墓室外筑回廊一周，在回廊上又起14个券顶，形成小室。墓室中多处标出题铭，如后墓道是“北出大户”，回廊有“微道东入户”“微道西入口”，墓室有“太仓”“吏舍食”“车马宂”等。

玩家攻略

东滩汉墓群有两个显著特征：一是在墓葬形制、埋葬习俗及出土遗物特征等方面具有明显的统一性，其砖室墓是汉代十分流行的一种墓葬形制，在中原及岭南地区均广为流行，且出土的铜镜、鼎、五铢钱等在汉王朝中心区域同期墓葬内十分常见。

二是在保持一统格局的前提下，汉墓的区域性特征也很明显，如汉墓数量较多、结构多样的积贝墓，是汉墓形制区域性特征的重要实证。汉墓内还发掘出土了一批鎏金青铜器和车马冥器饰件、五铢钱、玉器、原始青瓷、12块汉画像石及玉衣的玉片，且部分玉衣的玉片雕有图案并镶嵌金箔。汉画像雕刻有“十字串环”、伏羲女娲、鱼凤鸟兽、人物歌舞等精美图案。

东滩头东汉墓群出土文物

西双塘村

中国十大最有魅力休闲乡村之一

天津市静海区双塘镇

市区乘坐552路公交可达

位于南运河畔的西双塘村原本是一个脏乱差的贫穷落后村，经过大规模的改造之后发生了翻天覆地的变化。村里成立了农机队、科技队、水电队、农管队，开发了133公顷冬枣林，建成了133公顷的精品粮基地，村庄和田野进行了绿化美化，配备了低喷、中喷、高喷等喷灌设施，全部实现了机械化耕作和浇灌，呈现出美丽的田园风光。

西双塘村天下第一象

华北平原麦田丰收

此外，村里还建成了文化活动中心、霓彩一条街，配置了图书室、球类室、歌舞厅，成立了农民业余剧团、电影放映队、秧歌队，使村民在劳动之余陶冶了情操，也吸引了众多游客前来参观。

链接

东五台寺

东五台寺位于西双塘村，占地面积120亩，建筑面积79 920平方米。始建于明朝崇祯年间，该寺气势宏大，灵气旺盛，故善男信女顶礼朝拜者络绎不绝，一派繁荣景象。抗战期间，被日本侵略者毁坏。

2006年重修完成，又为天津市添一处佛教弘化道场。东五台寺规模宏大，殿堂肃穆，佛像庄严，晨钟暮鼓，修行有序，一片人间净土的景象。

周家湾绿土地农业观光园

静海区重点乡村旅游点

天津市静海区蔡公庄镇

驾车从天津市区沿G18—G25行驶至大邱庄下高速，然后沿静王线—蔡中路行驶即达

周家湾绿土地农业观光园始建于2003年，占地13公顷，分为种植采摘区和餐饮住宿区，园内种植美国红提3万株，其他果树7000株，所生产的粮食、水果、禽畜、蔬菜无任何污染，游客可以在此享受采摘、垂钓等游乐项目。

玩家 攻略

在观光园入口处有一个农家乐品尝休闲区和农家炖鱼馆，游客可以尽享农家美味；在田间地头有一个农家小院，可以在此住宿。果蔬大棚内各种水果挂在枝头，游客可以尽情采摘。

玩家 解说

走进周家湾绿土地农业旅游观光园的果蔬大棚，大棚内广种葡萄。黄金梨、金太阳杏、玫瑰皇后、蟠桃等16个优良品种近4000株种植在了葡萄园，在田间小路两侧的闲置地种植了南瓜、葫芦、豆角等爬藤植物；在葡萄藤间种植了大豆、玉米等农作物及萝卜、西红柿、黄瓜等时令蔬菜，并建成一座暖棚，用于冬季种植南瓜、豆角、西红柿等。

长长的豆角如碧绿丝绦，硕大的南瓜每个足有几十公斤重，红彤彤的西红柿像一个个小灯笼挂满枝头，棚内鲜花盛开欢迎远道而来的客人，让人感到一股浓浓的春意。

周家湾绿土地农业观光园丝瓜

攻略资讯

- 交通
- 住宿
- 美食
- 购物
- 娱乐

静海风景

交通

火车

静海火车站车次较多，经过静海区火车站的车次主要有1461（北京—上海）、K45（北京—福州）、K518（长春—上海）、K1056（延吉—青岛）、K214（西安—天津）、K554（哈尔滨—温州）、K258（成都—天津）等。

公路

静海区地处天津市西南部，交通位置十分重要，G2京沪高速、S6京沧高速、S60滨石高速等高速公路都经过静海区，国道G104由北向南纵穿静海区。

公交

静海区内公交线路有168、551、552、553、554、581、582、583、584、710、872等多条线路。其中581、582、583、584为静海区城的公交线路。票价实行按区间收费，多在1.5~6.5元。

从天津市区可到天津天环长途客运站乘坐大巴到静海城区，运营时间为7:30~18:00，平均每30分钟一班。

天环长途客运站位于南开区红旗路与鞍山西道交口处，电话为87612376。

住宿

静海离天津市区不远，多数游客游完静海区的景点后基本返回天津市区住宿。若需要在静海入住，有以下酒店值得选择：

名称	位置	电话
金岛假日酒店	静海区东方红路与春曦道交口东方大厦B座	68877777
沃德大酒店天津店	静海区东安道1号	68981111
喜达居温泉酒店	静海区静海镇东城平安里1排17号	68290000
康悦宾馆	静海区南纬一路与胜利大街交口南80米	28911116

静海火车站

金岛假日酒店

美食

静海区的餐饮中心主要是位于团泊湖周边和静海区城，经营天津菜和小吃的门店列举如下：

天津菜：静海宾馆餐厅（静海区城静文路）、大百味（静海经济开发区静王公路，68689768）、御膳天厨（静海区东安道1号沃德大酒店内，68967788）、金渔村（静海区大邱庄度假村水库大堤东头）、贾苑大酒店中餐厅（静海区东方红路50号贾苑大酒店内，28946341）。

小吃：红蜡烛海鲜粥城（静海区联盟南路，28913887）、美食美客（静海区胜利大街）、盛清缘百年饺子（静海区东方商业街A1-5号，68628088）、于记驴肉火烧（静海区大邱庄中央大街附近）、西双塘食府（静海区双塘镇）。

海鲜粥

购物

静海特产

独流老醋：独流老醋因产于静海区独流镇而得名，它是中国三大传统名醋之一，2006年成为国家地理标志产品。

独流老醋始创于明代永乐年间，是清代康熙年间宫廷御用贡品。

独流老醋色泽酱红，香味纯正，酸甜适口，韵味绵醇，久存不霉，是有益于人体健康的调味品。除正统的老醋之外，现在还陆续开发了保健醋、凉拌醋、鲜辣醋、烹鱼醋、苹果醋等众多品种。

青麻叶大白菜：在天津已有三四百年的种植历史，大白菜含有丰富的维生素和矿物质、胡萝卜素、糖、蛋白质等，品质好，帮薄，纤维少，叶内柔嫩，下锅即熟，味道鲜美。

购买去处

独流老醋购买地：可在静海区城的超市或特产专卖店购买，如静海特产专卖店（静海区静文路财政局对面，89280881）。

青麻叶大白菜购买地：可在静海区城所在地静海镇的超市购买，如瀛海超市、新华里超市、家家乐超市等均有出售。

发现者旅行指南

蓟州

概览

亮点

盘山风景区

素有“京东第一山”的美称。历史上曾被列为中国十五大名胜之一。乾隆曾28次游览此山，赞叹“早知有盘山，何必下江南”。

黄崖关长城

黄崖夕照位居津门十景之首。关城塞堡、敌台水关，应有尽有，接山跨河，布局巧妙，集雄险奇秀于一身，是古代防御设施完备的长城景区之一。

独乐寺

中国保存最完整的三大辽代寺院之一，始建于唐代，是国内最古老的高层木结构楼阁式建筑。

盘山风景区

九山顶风景区

九山顶为“天津第一高峰”，景区是寻奇探幽的野趣乐园。

蓟州溶洞

被誉为“华北最大的溶洞”，洞内近30个千姿百态的钟乳石，浑然天成，在各色灯光映衬下，构成奇异景观。

线路

蓟州三日游

第一天上午拜谒独乐寺，游览渔阳古街、白塔、鲁班庙、天仙宫、府君山，最后去翠屏湖游玩。第二天到盘山风景区和石趣园参观。第三天游览黄崖关长城，然后去白蛇谷。

蓟州生态二日游

第一天早上去独乐寺寻幽访古，然后去参观蓟州白塔。下午去盘山石趣园，拜访儒教道三位一体的圣地，接着可以去爬爬山。晚上住在蓟州城区。第二天上午

黄崖关长城

游览黄崖关长城。下午游翠屏湖。

蓟州休闲一日游

早上早起前往八仙山，可以选择步行或者坐电瓶车上山。中午可以在山脚下的农家院吃饭。下午可以买些山货——核桃、栗子、山楂，然后向翠屏湖出发。

为何去

蓟州是天津市历史文化名城，山川俊美，古迹众多，也是华北地区著名的旅游度假胜地，被誉为天津市的“后花园”。这里自然景观秀美，人文古迹众多，集古城、雄关、名山、秀水、奇石、幽林于一身。主要景点有盘山风景区、独乐寺、黄崖关长城等。

独乐寺

何时去

天津蓟州位于中纬度欧亚大陆东岸，主要受季风环流的支配，是东亚季风盛行的地区，属大陆性气候。主要气候特征是，四季分明，春季多风，干旱少雨；夏季炎热，雨水集中；秋季气爽，冷暖适中；冬季寒冷，干燥少雪。

蓟州夏景

蓟州四季皆可游玩，春秋两季气候温和，温度适中，而且繁花似锦、绿树葱葱，是蓟州游玩的大好季节。

区域解读

面积：约1590km²

人口：约85.5万人

地理 GEOGRAPHY

蓟州位于天津的最北端，处于大山与平原的交会之处，燕山高耸，雄关巍峨。这里是天津最早形成陆地的地方，也是天津市为数不多的山区之一。

蓟州境内有国家自然保护区两处、国家地质公园和国家森林公园各一处，它们分别是：中上元古界地层剖面国家自然保护区，八仙山国家自然保护区，蓟州国家地质公园以及九龙山国家森林公园。

境西北的盘山是著名的旅游胜地，早在清代，乾隆皇帝就曾多次登临盘山。

历史 HISTORY

历史大事记

蓟州，古称渔阳。距今5000年左右，人文始祖轩辕黄帝就在这片土地上留下了深深的足印。今天城北的崆峒山，便是黄帝问道广成子的地方。蓟州境内的围坊遗址、张家园遗址中出土的大量新石器时期的遗物，也证明了这一点。

春秋时期，无终子国建都于此。隋大业末年改为渔阳，1913年改为蓟州，2016年改为蓟州。

新中国成立后，蓟州属河北省管辖，1973年9月划归天津市，相沿至今。

蓟州是山地和平原的分水岭，又扼关东之咽喉，处塞外之要关，在历史上战略地位尤为重要，为兵家必争之地。秦始皇东巡、曹操北征乌桓、唐太宗东征高丽、辽金宋三朝争蓟、戚继光镇守蓟镇、乾隆皇帝建静寄山庄，这些历史大事件在蓟州境内留有大量的古塔、寺庙、碑刻、古墓等历史遗迹。

另外，《三国志》《资治通鉴》等史书中多有蓟州的记载，《水浒传》主要人物活动地之一的蓟州就是今蓟州一域。

文化 CULTURE

天津板栗，“栗栗”皆香

每到天冷，城市的街头巷尾又飘起了糖炒栗子的香味。天津街头也不例外，甜宝、老宝、小宝、小李、童年时光等糖炒栗子的经营者形成了属于自己的“品牌栗子”，他们的板栗多来源于本地蓟州以及河北迁西一带。

天津板栗主要产于长城脚下的山区，蓟州就是其中最主要的一个产区。另外还有些产自北京、唐山、承德等地的板栗，这些板栗统一由天津口岸对外出口，所以习惯地称之为天津板栗。

盘山风光

天津板栗以前称之为天津甘栗，是蓟州最古老的栽培树种之一。主要分布在蓟州长城沿线和盘山周围，涉及下营、小港、孙各庄、穿芳峪、许家台、官庄等10个乡镇，栽培面积2000公顷，年产果实50万公斤。这种坚果含有丰富的淀粉、糖及脂肪，以及磷、铁等多种微量元素。

目前的天津板栗，除国内市场以外，主要销往邻近的日本和韩国，且货源有供不应求之势。日本市场上常见的甘栗太郎板栗原料大多就是来自天津。很多从日本带回来的栗子食品，上面都印着“天津栗子”的商标。

盘山盖柿，磨盘柿品

盘山磨盘柿又叫盘山柿子、盖柿，是蓟州盘山最古老的栽培树种之一。

受盘山地区地理气候等条件的影响，这种柿子柿果个儿大、颜色艳、表皮薄、果汁多、味道特别甜，曾经还是入宫的贡品，营养丰富。现主要分布在蓟州盘山地区官庄、许家台、白涧、城关等17个乡镇，面积达4335公顷，产量达1500多万公斤，产值达2000万元以上，是蓟州的拳头产品，也是天津市的地理标志产品之一。

如今柿果不仅在国内市场享有盛名，而且还打到了国外，远销东南亚地区。另外，盘山柿的树形优雅，还是一种优良的庭院绿化和环境美化树种。

天津板栗

柿子

景点推荐

盘山风景区

盘山 AAAAA

京东第一山、“中国十五大名胜”之一

天津市蓟州区官庄镇渔阳南路

8:00~18:00　29828186

78元。云松索道单程60元，挂月索道单程60元。万松寺撞钟另外收费

www.chinapanshan.com

盘山风景区古名盘龙山，因它蜿蜒盘踞仿佛一条龙。山体犹如十里锦屏，巍然屹立于京东。景区不光自然风光秀丽多姿，而且还有很多丰富的人文古迹。历史上众多帝王将相，文人墨客竞游于此。山上自然景点众多，以“奇松”“怪石”和“秀水”而闻名。人文景观主要以寺庙著称。

玩家指路

天津出发

自驾车：沿津围公路行驶直达蓟州，在蓟州城区南楼或西关红绿灯处左转，津蓟高速出口环岛西北路口上蓟官路直达盘山景区。

公共交通A线：天津到蓟州6416次7:22~10:02，票价8元（返程：蓟州到天津6415次15:18~7:46，票价8元），换乘盘山出租车或乘坐11路旅游专线即可直达盘山景区。

公共交通B线：天津市河北客运站乘车（6:00~19:00，每15分钟发一次车）直达蓟州城区，换乘盘山出租车直达盘山景区。

北京出发

自驾A线：北京六环—李天立交桥—京平高速—盘山景区停车场(李天立交桥到盘山景区停车场只需35分钟)。

自驾B线：沿京哈公路经通州、三河，到蓟州邦均镇沿邦喜公路直行，津蓟高速出口环岛左转上蓟官路直达盘山景区。

自驾C线：从北京东三环出发，走京顺线、平顺线，前行到蓟州罗庄子乡王庄桥右行沿津围公路直行，蓟州西关红绿灯右转，津蓟高速出口环岛西北路口上蓟官路直达盘山景区。

自驾D线：走京沈高速驶向沈阳方向，至高速公路宝坻北站下桥转至津蓟高速驶向蓟州方向，津蓟高速出口环岛西北路口上蓟官路直达盘山景区。

公共交通：北京四惠长途客运站乘中巴车（6:00—19:30，每15分钟一趟），在蓟州城区南楼下车，换乘盘山出租车或乘坐11路旅游专线可直达盘山景区。

盘山内部交通

盘山一日游路线：京东第一山盘山—三盘暮雨—入胜—鸣骀入谷—元宝石—大石桥—卧云楼—天成寺—宿云亭—梅仙庵—万松寺—石塔林等—（乘云松索道至盘山绝顶）挂月峰—（乘索道返回）万松寺—步行下山返回山门。

玩家 攻略

游山表演：盘山管理局成立的“乾隆游山表演队”，于每周六、日进行大型表演，声势浩大，近1个小时的演出形象、生动、逼真，再现了200多年前乾隆皇帝游山时的胜景。

佛教活动：天成寺、万松寺、云罩寺是政府批准的宗教活动场所。每至宗教节日，各寺僧众和香客都会举行隆重的法事活动，是一项别具特色的参观内容。

免费景点：在盘山景区还有一些免费景点，比如千像寺景点、盘龙大峡谷景点、烈士陵园

链接

盘山石刻

自唐代以后，历代多有名人游历盘山题书镌刻崖壁，历经千年，现今盘山有摩崖石刻1440处，其中题字、题诗共390余处，碑刻60余处，镌文22处。

摩崖石刻从山下到山上随处可见。较为集中的地方有静寄山庄、天成寺、万松寺、东西甘涧、云罩寺、东竺庵、古中盘、盘谷寺、少林寺、千像寺等地，仅静寄山庄遗存就有石刻30余处，盘山最大摩崖石刻字径4.45米。

从石刻的形制可分碑类、塔铭、刻经、造像、摩崖、墓莂、题咏题名，以及诗文杂著等，几乎无体不包。从内容上可分即景、名物、记事三大类，从形式上可分题字、诗文、标语等。

盘山云罩寺及定光塔

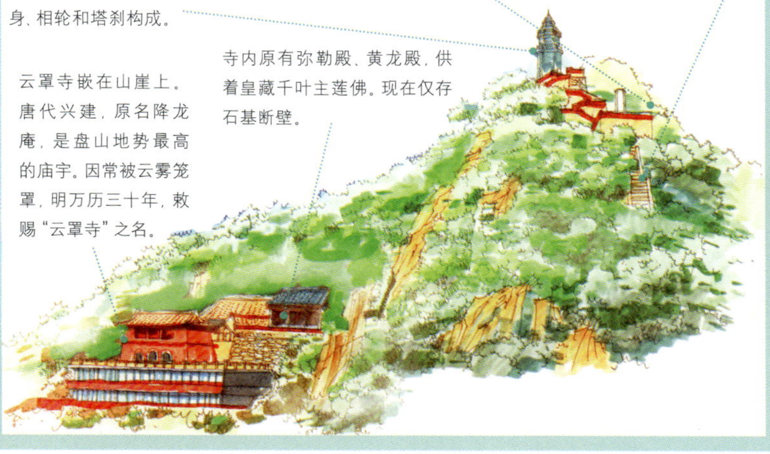

等，个别出租车司机（黑出租）把游客往免费景点拉，收取主景区门票的价格，不给游客门票和发票，自助游的客人要十分注意！

住宿：盘山景区有一个盘山度假村，里面云集了很多宾馆，如静寄山庄宾馆、桃花源度假村、普善山庄等，服务设施完善。农家庭院有老杨农家院（电话：29823033）和后宏农家院（电话：29822368）等数十个。

保护身体：登山休息时不要坐在潮湿的地上和风口处，出汗时可稍松衣领，不要脱衣摘帽，以防伤风受寒。登山时思想要沉着，动作要缓慢。走半小时就休息10分钟，避免过度疲劳。此外，要轻装慢进，在陡坡行走时，最好走“之”字形路线攀登，这样可减低坡度。

垂钓：景区有个鱼庄环境优美、景色宜人，适宜休闲、度假、旅游、垂钓，拥有鱼池3处，共20 000平方米水面。利用天然山泉水养鱼，鱼饲料山庄自制，饲料保证不含任何激素和添加剂。

玩家解说

盘山风景区因为乾隆皇帝而声名鹊起，乾隆对盘山可谓情有独钟，自清乾隆四年（1739年）开始，一生中有28年共32次登临盘山，最多时一年来了三次，并发出了“早知有盘山，何必下江南”的慨叹。直到当上太上皇以后，已87岁高龄时，乾隆还最后一次到盘山。

乾隆游盘山时，留下了大量的书法墨宝，在盘山63块名石中，有9块为乾隆御题镌刻。加上乾隆题写的御书楹联匾额等，盘山各类乾隆遗存墨迹共计155处。

奇松

盘山风景区的松多数生长于石缝之中，有的横生，有的倒悬，有的形如伞盖。其中比较有名的有迎客松、龙爪松、探海松、挂钟松等。沿盘曲石磴山路登高，跨过“仙人桥”，迎面即为有“稀世珍宝”之称的迎客松，迎客松树龄高达400年至600年，仪态肃穆，宛如挥手揖客。

挂钟松位于盘山绝顶，此松10米余高，枝繁叶茂，在枝干分叉处，有一道深凹的沟痕。这株大松树上曾悬挂过一口上千斤的铁钟。其声远在几十里外清晰可闻。

怪石

盘山风景区的怪石是盘山奇观，漫山遍野，星罗棋布，千姿百态，其中有代表性的是将军石、喝断石、悬空石、骆驼石、元宝石、摇动石等。将军石是著名的“盘山八大怪石之一”，远远看去像一个威武的将军屹立在山上。

骆驼石位于万松寺山门的前面，外形酷似骆驼。石头一面镌有“名山古寺”，另一面镌有乾隆御制诗八首。

千像寺后崖上是摇动石，摇动石旁有一洞窟，洞口镌篆书“无量寿佛”。洞内有一尊浮雕坐佛，高约2米，是天津市唯一的天然石窟，相传为憨山大师遇隐者处。

东甘涧观音庵南岭上有一块石头，叫作天井石，上面刻有“天池”二字。长两丈有余，横卧于三块小石之上，大石下面有空隙，可透

盘山元宝石

视对面，石头上面有一口深一尺八寸的小井。

秀水

盘山风景区的秀水素帛湍飞，溅玉喷珠，三盘上下，澎湃数十里，主要景观有三盘暮雨、滴水濑、遏凡尘、漱峡和石径流泉等。

盘山分为上、中、下三盘，即上盘松胜，中盘石胜，下盘水胜。“暮雨”是傍晚的云气。每当阳春三月，山里的桃花、杏花、梨花开得漫山遍野，远望上盘犹如一堆堆的白雪点缀其间，雨后初晴，中盘云雾缭绕，雾雨蒙蒙，下盘却是阳光夕照，一碧如洗。因此有“上盘雪花飘，中盘雾雨渺，下盘夕阳照”的天然奇观。

滴水濑景区随着季节、风力、晴雨的变化而不同。阳春秋日，雨水稀少，水帘如丝，随风飘散，轻盈柔美；盛夏雷雨初过，飞瀑如发怒的银龙，轰然疾下，震天撼地。

挂月峰

挂月峰为盘山风景区主峰，海拔864.4米，上面尖锐挺立，下面如刀削一般陡峭。站在挂月峰顶上，极目四野，近处可见峰峦叠翠，山清水秀，白云飘浮，远处可见长城蜿蜒，雄姿英伟。

天成寺

天成寺是盘山游览区的重点景区，寺正面为翠屏峰，寺前有两棵银杏树，高25米，已有树龄800多年。寺庙据传建于唐代，辽、明、清数代都曾扩建重修。寺内供奉有许多佛教菩萨，雕像精美，香火旺盛，景区有一座“江山一览阁”，留有乾隆皇帝亲笔题额“江山一览”。阁内雕梁画栋，精巧别致。

天成寺内还留有乾隆皇帝御制碑，碑文正面镌乾隆七年（1742年）来盘山时写下的《游盘山记》，乾隆皇帝对盘山赞誉之词流露在字里行间。碑身为乾隆皇帝题写的诗，字迹刚劲浑厚，潇洒自如，诗文记叙了乾隆皇帝来盘山下榻天成寺，清晨起来，打开窗子环顾四周，东方天际出现五彩朝霞流动的奇观。

万松寺

万松寺是盘山72座寺庙中规模最大的一座。原名李靖庵，建于唐代，寺前有太平禅师宝塔，为五层六角砖体，前后有假门。寺中供奉有毗卢文佛和释迦牟尼佛像。万松寺东有望海楼遗址，从宽广的楼基和巨大的石础，可窥见昔日的规模。

石趣园

佛、法、僧三宝俱全的圣地

天津市蓟州区官庄镇，盘山南麓　30元

驾车从天津市区沿津蓟高速—京平高速行驶至盘山出口下高速，行驶大约2千米即达

石趣园是天地造化和人工雕塑相结合的杰作，景区有佛法僧三宝俱全的万佛寺、独具一格的麦饭石浴场，并以万佛寺、石怪山、八十七神仙长卷岩画、于庆成泥塑馆四处景点为主。

万佛寺原名石佛殿，始建于唐贞观年间，由天王殿、大雄宝殿、东西配殿和万佛殿组成，东、西、北三面设佛龛，塑有10 960尊形异各态小佛，每逢节日，有僧人、居士若干云集至此朝拜。

八十七神仙卷取唐代画圣吴道子之作。将原作品放大50倍镌刻于石壁，岩画长168米，高18米，总面积3024平方米，画中描绘了东华天地君、南极天君，偕同扶桑大帝带领

石趣园

仙伯真人、神王力士、金童玉女等八十七人，以恢宏壮观的场面再现了古代文明，展示了劳动人民卓越的创造力和造诣的博大精深。

此外，石怪山上有众多怪石，它们形态逼真，栩栩如生，奇异成趣；于庆成泥陶艺术馆内的件件作品乡土气息浓郁，构思奇巧，颇具神韵，具有很高的艺术品位。

盘山滑雪场

天津第二家滑雪场

天津市蓟州区盘山路　29767777

驾车从天津市区沿津蓟高速—京平高速行驶至盘山出口下高速，然后沿蓟官路行驶即达

平时：全天200元、4小时120元、3小时100元、2小时70元、1小时50元；周末和节假日：全天300元、4小时170元、3小时140元、2小时120元、1小时70元（含租用一副滑雪器材及使用缆车、拖牵和滑雪道的费用；自带雪具六折）

盘山滑雪场内造雪面积10万平方米。共有2个中级滑雪区（长500米、宽80米）、4条初级滑雪道（长160米、宽40米）和4条雪圈道，并设有初学者练习区和儿童戏雪区，可容纳3000人同时滑雪娱乐健身。现场服务人员充足，滑雪教练实力雄厚。

滑雪场在旅游淡季（夏季）开设滑草、射箭、渔阳大冲关、三角翼飞机、真人CS、沙滩摩托、垂钓等多项娱乐项目，可满足不同的游客和体育爱好者的夏季旅游需求。

玩家 攻略

租赁：雪服20元/件，30元/套；手套5元/副；雪圈50元/半小时；摩托租赁30元/圈。电话：29821235。

住宿：青山溪语农家院位于青山溪雨住宅小区一楼，背靠府君山，右靠翠屏湖，卫生条件不错，很实惠。电话：27491854。

美食：滑雪场内有一个可容纳800多人同时就餐的大型餐厅，里面有各种可口的饭菜。

购物：在这里，可以购买盘山纪念章、盘山十景长卷、渔阳八景图等纪念品。

滑雪场

玩家 解说

滑雪运动以它特有的魅力，吸引了众多爱好者，已成为都市人们的时尚运动。但滑雪时需要注意以下一些问题：

选择好天气：要根据当地的气候情况和近期的天气变化选择好游玩的时间，以防天气突变。

穿好衣服：上衣要宽松以利于滑行时的滑行动作。袖口、裤口应为缩口并有可调松紧的功能，可有效地防止进雪；领口应为直立的高领开口，防止冷空气的进入。

滑雪帽最好选用套头式，它只露出脸的前半部，能防止冷风对脸部的损伤，对女士尤为重要。衣服的颜色应鲜艳或与雪面反差较大，以使其他滑雪者容易辨认自己，从而及时绕行避免相撞。

选择滑雪镜：应该选择全封闭型滑雪镜，同时外框上应有用透气海绵制成的透气口，以使面部皮肤排出的热气散到镜外，保证镜面有良好的可视效果。

涂上防晒霜：由于冷风对皮肤的刺激和雪面上强烈紫外线对皮肤的灼伤，可选用一些油性的有阻止水分散失功能的护肤品，然后再用防紫外线效果较好的防晒霜涂在皮肤上。

保温：人体产生冻伤主要发生在手部、脚部、耳朵等部位，所以应选用保温效果较好的羊绒制品或化纤制品对上述部位进行保温。

高能便携食品：在滑雪途中应随身携带一些高能便携食品，如牛肉干、巧克力等。对于需要有充足热量供应的滑雪运动来说，多吃些高能便携食品有好处。

了解滑雪道的状况：在滑雪场，应仔细了解滑雪道的高度、宽度、长度、坡度以及走向。这一点对初学者尤其重要，因为在滑行中一旦出现意外情况，根本就来不及做出反应。

检查滑雪工具：注意滑雪时器材和线路的安全可靠性。应很好地检查滑雪板和滑雪杖，包括有无折裂的地方、固定器连接是否牢固等。

景点推荐

蓟州旅游区

独乐寺 AAAA 文

中国保存最完整的三大辽代寺院之一

天津市蓟州区内武定街41号

通票40元（含独乐寺、白塔、鲁班庙）

7:30~18:30　29142907

蓟州城区内可乘坐531路公交前往

独乐寺为“津门十景”之一，俗称大佛寺，始建于唐代，辽统和二年（984年）重建，是国内最古老的高层木结构楼阁式建筑。千百年来一直香火旺盛，清朝皇帝更是将其作为行宫。全寺建筑分为东、中、西三部分，主要景点有观音阁、韦驮亭、报恩院等。

玩家 攻略

活动： 独乐寺于每年正月初一（弥勒佛诞辰日），二月十九（观音诞辰日），四月初八（佛祖诞辰日），六月十九日（观音菩萨成道日），九月十九（观音出家日），十二月初八（佛祖成道日），举行规模盛大的纪念法会，八方信徒云集至此，热闹非凡。

另外，春节期间独乐寺举办庙会（以独乐寺为中心，渔阳古街为主线），融民俗文化和佛教文化于一体，是蓟州传统民俗文化重要活动之一。

渔阳仿古街： 独乐寺规模不大，1小时即可游览完毕，独乐寺门口的渔阳仿古街上人来人往煞是热闹，可以顺路转一圈。

延伸 独乐寺周边景点

白塔： 位于独乐寺正南300米，建于辽清宁四年（1058年），造型奇特，塔身为白色，平面呈八角形，通高30.6米。塔下部为密檐塔型，上部砌作覆钵式。塔基壶门内有浮雕舞乐伎，刻工精细。塔身南面设门，内置佛龛。是印度佛教文化与中华民族文化融合的产物。

白塔寺： 白塔寺毗邻白塔，共有三座大殿，塑有三组彩色佛像，分别是：释迦牟尼和阿难、迦叶；观世音菩萨和龙女、善财童子；地藏王菩萨和张明父子。九尊塑像或宝相庄严，或谦恭有礼，或慈眉善目。每逢佛教节日，院内香火旺盛，朝拜者络绎不绝。

鲁班庙： 位于独乐寺东北300米处，由山门、大殿和东西配殿组成，主要建筑额度架梁为珍贵铁糙木料。大殿内是鲁班像和四位弟子像，配殿中有鲁班生平事迹展。

山门

独乐寺山门是中国现存最早的庑殿顶山门，是进入独乐寺的主要通道，面阔三间，进深两间，中间为穿堂，前两稍间是两尊辽代彩色泥塑金刚力士像，后两稍间是清代绘制的“四大天王”彩色壁画。山门梁柱粗壮，斗拱雄硕，屋顶为庑殿顶正脊两端的鸱吻，造型生动古朴，为辽代原物。

独乐寺鲁班庙

观音阁

观音阁是中国现存最古老的木结构楼阁，面阔五间，进深四间，上下两层，中间设平座暗层，通高23米。阁内耸立11面观音像，阁下层四壁布满壁画。

观音阁设计别具匠心，28根立柱，做里外两圈升起，用梁桁斗拱连接成一个整体，赋予

独乐寺观音阁

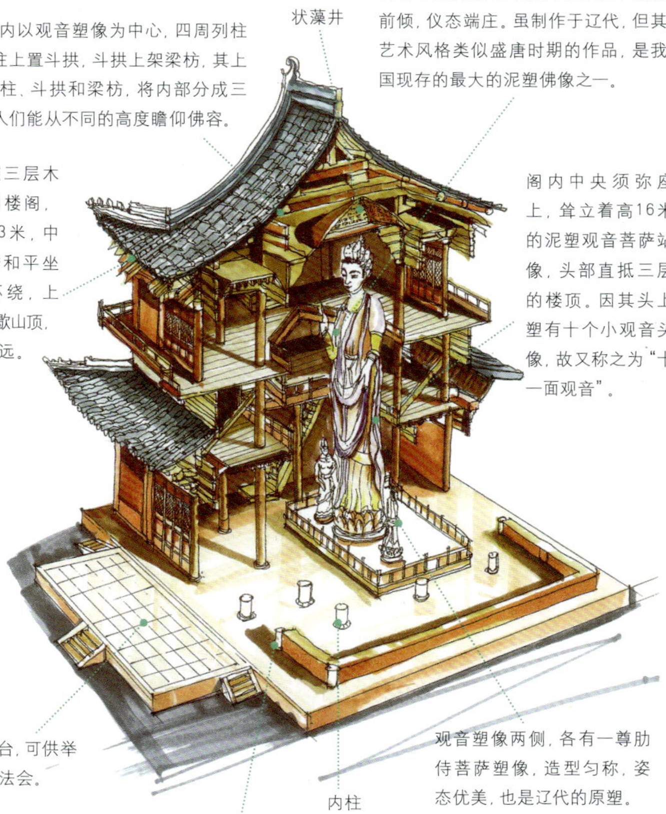

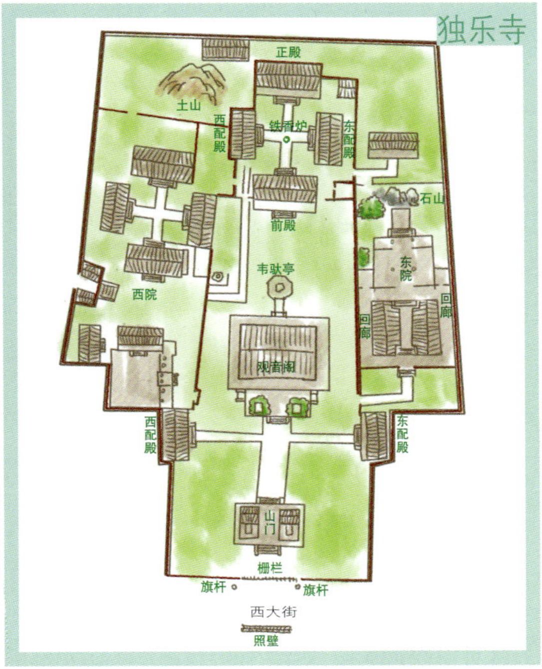

建筑巨大的抗震能力。斗拱繁简各异，共计24种152朵，使建筑既庄严凝重，又挺拔轩昂。

韦驮亭

韦驮亭位于观音阁北面，是一座明代修建的攒尖顶八角亭，小巧别致，独成一体。亭内供奉有韦驮像，身着盔甲，表情肃穆，双手合十，怀抱金刚杵。

报恩院

报恩院始建于明代，为四合院式建筑，是明、清两代僧人重要的礼佛场所。报恩院前殿为弥勒殿，正中供奉一尊铜制弥勒菩萨像，两边为中国历史上有名的四大疯僧塑像，分别是寒山、普化、风波和济公。

报恩院的后殿是三世佛殿，里面供奉着横三世佛，即东方净琉璃世界的药师佛、娑婆世界的释迦牟尼、西方极乐世界的阿弥陀佛。东西配殿分别是文殊殿和普贤殿。

乾隆御笔碑刻

乾隆御笔碑刻镶嵌于行宫回廊内，共有28块，诗文107篇，是乾隆皇帝临摹王羲之、颜真卿、苏轼、黄庭坚、米芾、蔡襄、赵孟頫、董其昌、文徵明、唐寅等名人书法，行草楷不同、大小字不等，或粗犷苍劲，或圆润秀丽。

乾隆行宫

乾隆行宫建于乾隆十八年（1753年），是清代皇帝去东陵谒陵途中小憩的地方，也是天津地区仅存的一处行宫。行宫存有正殿一层，附属建筑三间，现恢复回廊十四间，垂花门一座，使行宫独立成院。

乾隆之后的皇帝都来过独乐寺行宫，并留下了大量赞美独乐寺的诗篇，行宫内新增设的展览，辑录了12首清帝即兴之作和与行宫有关的帝后嫔妃画像17幅。

翠屏湖

蓟州的度假胜地

天津市蓟州区翠屏湖南岸　82727065

驾车从天津市区沿津蓟高速行驶至店子东桥出口下高速，然后沿京哈线—中昌南路行驶即达

翠屏湖又名于桥水库，因南依翠屏山而得名，是治理蓟运河的主要工程之一。它如一面闪光的明镜，镶嵌在蓟州城东的群山之间。湖四周群峰环绕，林木茂密。湖面水天一色，渔帆点点，波光粼粼，鸥鸟翻飞，景色十分美丽。

翠屏湖造就了许多的水岛和半岛。比较著名的有鲤鱼洲，它位于翠屏湖西北部，像一条挺脊的鲤鱼，安详地伏卧于水上。岛上

种有万株果树，成为著名的水上果园。翠屏半岛位于湖中部南岸，由南山余脉延伸而成，上面建有天津市翠屏湖科学园，环境优美，风光宜人。

翠屏湖沿岸，还有众多的名山古寺。翠屏山和凤凰山，两山一南一北，扼守湖西大坝。山上有东岳天齐庙遗址和关帝庙遗址。翠屏湖东南部的福山上有一座建于辽代的塔。

玩家 攻略

观鸟：每年4月初，翠屏湖水鸟多达2万多只，其中有被国家列为重点保护的大天鹅、白鹳、白琵鹭等八种珍禽，是观鸟的好去处。

吃住：景区环绕翠屏湖有好几个度假村，里面环境幽雅，设施齐全。如翠屏湖度假中心、好运来度假村和山野度假村。饭馆有九州兴饭馆、胖子活鱼馆、仙水缘活鱼馆等。

玩家 解说

沿着翠屏湖南岸的环湖公路旅行，就像行走在九曲画廊之中。只见一路上垂柳依依，河桥座座，九曲十八弯，景色十分迷人。公路两边，南面是山，北面是湖。南山青翠欲滴，果压枝头，北湖湖水浩瀚，细浪拍岸，湖边水草丛丛。在此，南可上山采蘑菇木耳，北可下湖捞鱼螺虾蟹。

玉龙滑雪场

天津首家山地滑雪场

天津市蓟州区城北津围公路东侧　22728166

驾车从天津市区沿津蓟高速行驶至蓟州收费站下高速，然后沿北环路—津围公路行驶即达

平日：全天200元、4小时120元、3小时100元、2小时80元、1小时50元；周末和节假日：全天300元、4小时170元、3小时140元、2小时120元、1小时70元（含租用一副滑雪器材及使用缆车、拖牵和滑道费用。自带雪具六折）

玉龙滑雪场占地13万平方米，按照中国滑雪协会的标准建成，从国外进口先进设备，建有初级滑雪道两条、中级滑雪道两条、雪圈道一条，可容纳两千余人同时滑雪。人们在这里不但可以用滑雪来释放激情，还可以在空气清新、视野开阔的“绿色环境”中尽情享受大自然赋予的无穷快乐。

玩家 攻略

滑雪场内雪具租赁、快餐厅、小卖部、停车场的配套设施齐备，雪场工作人员全部经旅游专业机构培训，持证上岗，为游客提供热情而专业的服务。

玉龙滑雪场

蓟州溶洞

华北最大的溶洞

天津市蓟州区罗庄子镇洪水庄村　60元

22728188　驾车从天津市区沿津蓟高速行驶至蓟州收费站下高速，然后沿北环路行驶即达

蓟州溶洞位于燕山余脉，中上元古界地层。目前开发面积为3万平方米，洞长达1400米，最宽处15米。洞内近30个千姿百态的钟乳石，浑然天成，在各色灯光映衬下，构成奇异景观。除石幔、石旗、石笋、石龙、石塔等钟乳石外，溶洞还有着国内其他溶洞所不常见的地形地质奇观。

蓟州溶洞的特点为“新”“奇”“独”“特”。“新”指的是指蓟州溶洞属白云岩构造裂隙型洞穴，在中国北方乃至全国是比较罕见的。“奇”指的是飞溅雾喷水而形成的千姿百态和绚丽多彩的石花景观，这是中国北方乃至全国溶洞最多最漂亮的石花。“独”指的是巨大的石柱林景区，给人一种扑朔迷离，如进八卦迷宫的感觉，遍览中国的岩溶洞穴，唯蓟州溶洞独有。“特”指的是

恢宏壮观的壁流石，有的如银河直泻，恰似黄河水倒流的石瀑布，有的好似潺潺细流而下的石帘，这些都算得上蓟州溶洞的国宝。

玩家 解说

蓟州溶洞所在的灵气山一带，位于中朝古陆华北地区北部，在距今17亿年前的吕梁运动的影响下，变成燕山台褶带强烈下陷的中心区。随之，这下陷区进入海浸时代，被海水浸没在水波汪洋的浅海环境之中。经过漫长的年代，空气中的二氧化碳与海水起化学反应，逐渐沉积了碳酸盐地层。

约在七千万年前，华北发生了造山运动，山脉就此形成。在印支—燕山运动的影响下，本地区产生了褶皱变形，产生了数条平行的顺层张性构造裂隙带。紧接着，离景区北部3千米处产生南北向的老虎台断层，在它的影响下，景区东南区在原有几条平行沿走向构造裂隙带基础上又增加横切，由此形成的纵横交错断裂隙产生了蓟州溶洞特殊的结构形成——裂隙形白云岩地下喀斯特溶洞。

延伸

抗日战争胜利纪念碑

抗日战争胜利纪念碑位于蓟州溶洞的西南面，纪念碑总高19.45米，寓意1945年取得抗日战争伟大胜利。碑座为四方形，象征4亿人民众志成城浴血抗战。碑座下8级台阶象征8年抗战。碑后浮雕墙长35.20米，象征3520万死难同胞永垂不朽。碑顶步枪呈V字形，托起和平鸽组成的镀金球形花团，寓意维护和平，警示战争。碑前上坡台阶共60级，标志抗战胜利60周年。碑基正面、左侧、右侧浮雕分别为“欢庆胜利”“浴血抗战”和“全民皆兵”，背面为碑记。

黄崖关长城风景区 AAAA

蓟州境内唯一的一座关城

天津市蓟州区下营镇 70元 22718080

8:30~17:00 从天津市区东北角长途汽车站乘坐去兴隆方向的汽车，途中在蓟州下车转中巴即达。北京东直门的918旅游专线可直达

黄崖关长城始建于556年，是中国古长城的一部分，它以关城为中心，向洵河两岸延伸，东至半拉缸山，有悬崖为屏；西抵王峁顶山，有峭壁为倚，全段长城建筑在海拔736米的山脊之上。全长42千米，有楼台66座，包括敌楼52座和烽火台14座，是京东著名的军事险要之地。

玩家 攻略

乘车：去黄崖关的车都是紫红色的小面的，车很多，满员后是5元/人，包车是30元/车。山下有电瓶车把人送上山，车费10元，建议乘坐。从黄崖关回蓟州的车很少，16：30以后就没有了。

食宿：景区内有东山宾馆、黄崖山庄宾馆和长城酒店可以住宿和用餐。

东山宾馆：坐落于太平寨长城脚下，客房有双标、三人间及农家小土炕，服务设施完善，同时可容纳100人用餐。电话：22718655。

黄崖山庄宾馆：坐落在八卦城中，环境清新幽雅，是一家集用餐、住宿、旅游、购物、娱乐于一体的涉外旅游宾馆。宾馆设有幽雅舒适的小型宴会厅及自助餐厅，晚上可以在正关广场举行野味烧烤、篝火晚会和焰火表演等。电话：22718102。

娱乐：景区还有新颖刺激的娱乐项目，如飞天环车、碰碰车、观光车、划船等。

链接

黄崖关长城国际马拉松

黄崖关长城国际马拉松自1999年至今，影响不断扩大，已成为国际马拉松协会一项重要赛事。黄崖关国际马拉松活动设全程、半程马拉松和8.5千米短程马拉松三项内容。其中，全程马拉松线路被国际田联确认为国际标准山野马拉松线路，也是国内唯一一项长城马拉松旅游活动。参赛者在体验比赛紧张与刺激的同时，还能饱览沧桑的古城雄关、秀美的山川河谷、怡人的田园风光和古朴的村落民风，充分感受中国北方独特的文化韵味和民俗风情，是一项集刺激性、观赏性、体验性、安全性于一体的高品位体育旅游活动。

关城

关城由正关、水关、东西稍城和墩台组成。正关即关城，是黄崖关城主体，呈不规则刀把形。城墙周长890米，面积3.8万平方米，内有子城，城内有一村，街道呈八卦形。南门上方嵌楷书“黄崖关”汉白玉额匾一方。

其南有一结构片楼，匾文阳面为“蓟北雄关”，阴面为“金汤巩固”。北场面墙往东延伸即水关。水关是一座桥洞式建筑，上置雉堞，下修拱形水洞，是万里长城中唯一水关。

太平寨—点将台

太平寨位于黄崖关东南1千米的小平安村，海拔400~500米，全长873米。它控扼着黄崖关城东侧的崇山沟谷。太平寨长城东侧，新建门洞式登城便道，门上嵌“太平寨”石匾。太平寨共有井字形拱券结构敌楼六座、墩台一座、登城便门一座。

登城便道前有一个小瓮城，瓮城前广场上塑有高8.5米的明末戍边修城名将、蓟州总兵戚继光的花岗岩塑像。瓮城西面有一段城墙向外延伸30多米即为点将台。

寡妇楼

寡妇楼为一座方形楼，位于太平寨长城西段。相传明隆庆年间戚继光曾征调河南军士缮修长城楼台，时有12名妇女结伴寻夫捐资修建了这座敌楼，后人传称为“寡妇楼”。楼分两层，下层楼外墙与城墙相连，4个大砖柱将楼隔成4个拱顶大厅。上层为长方形小屋，屋脊两端装饰着龙头，4个檐角蹲伏着陶制麟、凤、狮。室内可容纳10余人。

八卦关城

八卦关城建于明朝，周长707米，设三关九门，按伏羲八卦图“乾、坎、艮、震、巽、离、坤、兑”的卦形规律，组织街道网络，纵横40多条街，只有一两个门楼相通。城内有长城博物馆、长城碑林、长城度假村。

长城博物馆是目前中国第一座研究长城历史的博物馆。馆内陈列着中国古长城、蓟州古长城的沿革资料，以及当年戚继光使用过的战刀、戍边将士的兵器和生活用品等珍贵文物。

长城碑林为一组仿清建筑，它是中国北方最大的碑林。包括毛泽东诗词墨迹碑林、百将墨迹碑林和百家墨迹碑林。碑廊正前和正中分别耸立着两块花岗岩石刻，分别镌刻着毛泽东的“不到长城非好汉”和邓小平的“爱我中国，修我长城”的题墨。

白蛇谷

因《白蛇传》而得名的生态景区

天津市蓟州区下营镇黄崖关长城北部

22718598　从天津市区东北角长途汽车站乘坐去兴隆方向的汽车，途中在蓟州下车转中巴即达。北京东直门的918旅游专线可直达

白蛇谷风景区因民间故事《白蛇传》中白蛇、青蛇在此修炼而得名。这里峰奇谷幽，植被繁茂，山林静谧，空气清新。是集亲近自然、休闲避暑、健身探险、生态科考游于一体的原生态风景区，有神龙瀑布、清凉谷、天然石壁图、悬空石、小一线天、白蛇洞、鬼门关、玉米峰、王帽顶山等众多迷人

黄崖关长城

蓟州农家游

蓟州自然景观丰富且集中分布，很多景观都是一些山地景观。所以，周边的村民就新建了许多颇具特色的农家庭院，游客不仅可以在这里品尝到山间野味，而且还能留宿在这里与山水相伴。下面列举一些比较有特色的农家游。

● 西井峪村

位于蓟州北部山区，为中国历史文化名村，整个村落坐落于石山之上，村里保留的由石头垒砌的房屋约占村庄现有建筑的2/3，且多为清末民初的老房屋，村庄整体环境依然保持村落形成时的风貌。来到村里不仅可以吃到正宗的农家饭，而且能看到很多精彩的民俗展品。如皮影戏、手工编织、民俗服饰等。村里还有皮影坊、草编坊、缝绣坊、老磨坊、泥塑坊、漏粉坊、豆腐坊、煎饼坊、菜干坊和饽饽坊共十个手工作坊。

● 金山红色文化旅游度假村

位于蓟州城北，玉龙滑雪场西4000米处。这里四面环山，土质肥沃、人杰地灵。度假村所在的罗庄子镇旱店子村，风光秀美，山清水秀，文化底蕴深厚，这里曾是日本侵略者杀害当地村民的地方，为了警示后人，在金山上修建了全国唯一的一座抗日战争胜利纪念碑。凭借丰富的旅游资源和独特的抗战文化，旱店子村以“红色堡垒”为主题，游客来到这里吃八路军饭、穿八路军军装、唱革命歌曲、走八路军走过的路，瞻仰抗战胜利纪念碑、无名烈士墓，激励民族精神；看山花烂漫，闻林海松涛，住农家小院，享山野风情……

● 玉石庄村

位于蓟州城西北部盘山风景区周边，90%以上村民现在从事旅游业。盘山的很多景观坐落在玉石庄村，这里的柿子、核桃、油栗昔日都是朝廷的供品，今日享誉海内外。来到村里可以尽享各种农家美食。

● 东水厂村

位于蓟州穿芳峪乡北部深山区，该村群山环抱，林海苍茫，怪石奇峰，花果飘香，村里森林景观优美，自然风光奇特，人文景观丰富。这里有一棵槐树，高30米，树龄达1500多年，向人们诉说着悠悠历史。该村以其独特的山区气候、丰富的花果林木资源、宜静灵秀的田园风光、原汁原味的农家饭吸引了众多游客来此观光游览。

的自然景观。

神龙瀑布

神龙瀑布的水是从石英砂岩的断崖上飞流而下的，落差达20米。瀑布声轰隆，银花飞溅，气势磅礴，有“疑是银河落九天”之壮。瀑布前有一潭清水称为“双龙潭”，因纪念白蛇和青蛇曾在此嬉戏逗留而得名。

天然石壁图

在清凉谷两侧悬崖峭壁上，岩石纹路十分奇特，称之为“石壁图”。天然石壁图中有的像鲤鱼、鲆鱼、带鱼；有的像各种小动物，游客可充分发挥自己的想象。

清凉谷

清凉谷终年温度都很低，尤其是在夏日，外界气温即使在37℃~38℃，此谷温度也保持在16℃~20℃，并且谷内空气十分清新，负氧离子含量很高。被誉为“天然氧吧”。

悬空石

在清凉谷两山夹缝之间有一巨石悬空而下，倚在两山崖之间，离地面高约10米，重约

清凉谷

30吨，绝壁当空悬摇摇欲坠而不落，游人从悬空石底下沿梯而上，留给人一种惊险悬妙的感觉。

郭家沟山水田园

极具北方居民特色的塞上水乡

天津市蓟州区下营镇东3千米马营公路北侧，距县城25千米

休闲养生好去处，山水田园郭家沟。郭家沟村地处燕山深处，毗邻黄崖关长城、梨木台、八仙山、九山顶等景区。全村共51户人家，有星级农家院35户，是极具中国北方传统民居特色的旅游村，远近闻名，被誉为“塞上水乡”。

群山如黛，波光粼粼的湖水倒映着古老的长城，一条弯曲清澈的小溪绕村而过，千米葫芦长廊，葱郁的采摘园，静谧的垂钓园，芬芳的荷花溪，百年的古井，转动的水车，青砖灰瓦，绿树掩映。小桥、流水、人家，天然一幅北方民居特色的水乡画卷。

入住小村可以食宿农家、采购山珍、林间漫步、果品采摘、溪边垂钓、花间小憩、行书作画、山野放歌；吸氧吧、饮美酒、赏明月、观花海、品茗茶、说情话、闻鸟鸣、听蛙声；舒活筋骨，放松心境，怡神醒脑，陶冶性情，享受大自然给予的恩赐。

玩家 指路

北京出发

高速：走京平高速、蓟平高速直达蓟州，车程40分钟；或沿京沈高速转津蓟高速直达蓟州，车程1小时。

普通公路：走普通公路，沿京哈公路经通州、三河行驶1.5小时直达蓟州；或经顺义、平谷沿马平公路行驶1.5小时到达蓟州。

公交车：从北京四惠长途客运站乘坐中巴车直达蓟州，再转乘旅游车到达各景区及农家院。

天津出发

自驾车：沿津蓟高速公路或津围公路直达蓟州，再开往各景区及农家院。

火车：早晨从天津站乘6416次车直达蓟州，“五一”“十一”期间可乘旅游专列直达蓟州，再转乘旅游车到达各景区及农家院。

公交车：在天津河北区建昌道河北客运站乘车（6:30~18:30，每10分钟发一辆车）直达蓟州，转乘旅游车到达各景区及农家院。

郭家沟

九山顶风景区

天津第一高峰

天津市蓟州区下营镇常州村　¥ 40元

从天津建昌道“河北客运站”乘坐天津至蓟州的汽车（15分钟一班）到蓟州，换乘专车可达；或乘坐天津站开往蓟州的列车和旅游旺季的专列到达蓟州站，再换乘专车到景区　6:00~17:00　29718109

九山顶自然风景区是寻奇探幽的野趣乐园。中上元古界国家级自然保护区的界碑就竖在景区内。山下的常州村是天津唯一的塞外深山村。

九山顶自然风景区主峰九山顶为天津第一高峰，海拔1078.5米。山体属于18亿年前中上元古界海底沉积岩地貌。景区百座古洞星罗棋布，数十处山泉点缀其间。

风景区内山清水秀，植被茂密，气候凉爽，植物种类有1200余种，动物种类有70多种。可谓一处不可多得的天然大氧吧和休闲避暑的好地方。在这里，游人可登山观景、骑马、垂钓，观景采摘，吃住在农家小院，体会美丽山村的既淳朴又充满生机的恬适生活。

玩家 攻略

野营：九山顶山区温度低，强度大，须有野营

经验。另外，此处为自然保护区，一定要注意防火。

农家乐： 九山顶山脚下的常州村是蓟州山区农家乐的发源地，如今这里有很多农家庭院都可以吃住。环境优美，服务设施完善，餐饮有的是纯天然的生态食品。推荐学文农家院：位于蓟州下营镇常州村太古18号，可容纳30多人同时入住和就餐。联系人：王学文/刘晓萍。电话：29719118/13702193266，提前预订，可接送站。

红色体验： 九山顶景区在抗日战争时期是中共领导的抗日武装革命根据地。如今仿建了当年的冀东边区食堂，旅游者可以参加下列活动：免费品尝八路粥一餐（八种粮食、八种豆子、八种干果熬成），穿八路军服装在古战场照相，抗日故事报告会，组织牵羊、挑担、推车送公粮支前抗战参与性表演，推碾子轧军粮，推磨做豆腐，纺线、织布做军衣等。

民俗娱乐： 九山顶中有风格各异的民俗旅游服务部50余家，总床位达2000余张，具备高、中、低等不同接待档次。以吃住为载体，附带山间走马、山根垂钓、山果采摘、篝火晚会、烧烤全羊、卡拉OK等活动。

八仙山

天然植物园和野生动物园

天津市蓟州区下营镇小港村南，县城东北30千米

45元，区内游览车单程30元，往返50元

驾车从天津市区沿邦喜公路东行至马伸桥，沿马营路往西，经孙各庄满族乡、小港乡即达或沿津围公路向北由下营镇往东沿马营路经小港乡向北即达

8:00~17:00　22711340

八仙山自然保护区群峰汇聚，900米以上的山峰有19座，主峰“聚仙峰”海拔1052米，是天津第二高峰。保护区内峰峦叠翠，林海茫茫，是一座天然的动物和植物园，生长着热带、亚热带、暖温带、温带、寒带等多种植物。

八仙山旅游景观独具特色。山体层峦叠嶂，群峰竞秀；山谷清幽深邃，山石千姿百态，嶙峋嵯峨；溪水奔流，生机勃勃。现已形成神水峡、八仙石、石洞沟、太平沟四大景区。

八仙石是一块两米见方的巨石，传说铁拐李等八仙遨游东海经此地，在这块巨石上野餐小憩，后来人们称这块巨石为“八仙石”，八仙石周围四面环山，环境优美，景色宜人。特别是以八仙山命名的“东陵八仙花”，更是争妍斗奇。

玩家攻略

徒步穿越八仙山两日游： 从天津出发，线

八仙山

路如果不熟可由老乡带领沿山路向八仙山穿越。第一天沿山路行走，难度不大，但沿途要翻越两道山梁，强度不小。4个小时到达八仙山主峰。再经过约1小时，沿传统线路下撤至八仙桌子景区露营，在管理站有水源。

第二日可先沿长毛沟游后山，此处的景色是整个八仙山最美的地方。返回后，再收拾营地，沿传统线路下山至八仙山正山门，约需2小时，当日可返回天津。

石洞沟探险：石洞沟谷深路险，始终保持着它的原始状态，沟内夏季三道瀑布飞流直下，春季5月份鲜花满坡，但沟底冰瀑布仍未融化成河，冰瀑布非常壮观。游走其中十分惊险刺激。

龙泉山游乐园

融山水和游乐为一体的游乐园

天津市蓟州区下营镇道古峪村西　驾车从天津市区沿邦喜公路东行至马伸桥，再沿马营路往西，经孙各庄满族乡、小港乡即达；或沿津围公路向北由下营镇往东沿马营路经小港乡向北即达

龙泉山游乐园毗邻八仙山自然保护区和九龙山国家森林公园，游乐园自然景观秀美，游乐设施多种多样。分为生态旅游区、水上游乐区、山野林间别墅区、生活服务区及山野纳凉园、松林沐浴园、湖畔垂钓园。有龙乐园、百杏园、金龟石、鸳鸯洞等50余个自然景点和观景长廊、望湖亭、玉龙桥等10余个人文景观。

游人还可在这里入住农家旅馆，吃农家饭，参加果园采摘，举办篝火晚会、湖内游船、湖边垂钓等游乐项目。

九龙山

天津市面积最大的山区国家森林公园

天津市蓟州区城东穿芳峪乡

40元。电瓶车往返15元，单程10元

从天津建昌道的客运站乘坐客车到蓟州，每10分钟一趟，然后乘坐蓟州到梨木台的中巴即达

29742072

九龙山森林公园东北部万丈深谷中连绵耸立着九条山脊，恰似九龙聚首，故名九龙山。

它集幽林、古洞、奇峰、秀水于一身，曾是清代的皇家园林。以其优美的森林环境、奇特的自然风光、丰富的人文景观成为京东独具特色的森林旅游区。整个景区辖九龙山、梨木台山、黄花山三大景区。

梨木台风景区总面积1000多公顷，地质景观奇特，属于典型的石英岩峰林峡谷地貌，这里峡谷雄险，森林景观秀幽，被专家学者称为“天津的神农架”。

景区内主要山峰80多座，其中500米以上的山峰65座，主峰梨木台山海拔997米，山势险峻，峭壁林立，自然形成“一线天、五指山、万卷天书、峰林岩画岭”等地质奇观。

景区森林覆盖率达90%以上，是中国北

玩家攻略

住宿：景区有林间小屋、情侣帐篷和空中吊床等住宿设施，满足了追求刺激的年轻人的需求。

采摘：公园各种水果众多，如樱桃、杏、李子、酸枣、甜梨、板栗、苹果应有尽有，每个季节都可以去采摘。

度假村：景区有一个九龙山森林度假村，里面各种服务设施都很完善，客房布置温馨典雅，推开窗户就可以呼吸大自然的新鲜空气。餐饮大都是纯天然的绿色食品。

赏杜鹃：每年4月，是杜鹃花盛开的时期，这时候公园随处可见灿烂的杜鹃花，仿佛火一样。

野外生存：公园依托丰富的森林资源，开展了拓展训练等多项野外生存技能，是企业员工培养团队凝聚力的好方式。

九龙山

方典型的原始森林生态系统，生长着热带、亚热带、暖温带、温带、寒带等区域的高等维管束植物100多科600多种，其中有国家重点保护植物如核桃楸、梳苏、野葡萄、猫眼草等几十种。这里还有华北地区罕见的野生杜鹃花1000多亩，春季形成千亩野杜鹃映红梨木台的胜景。

景区内还有丰富的历史文化遗迹，最具魅力的是北齐古长城，全长5600米，距今已有1400多年的历史；有敌楼5座，城墙全为毛石垒砌而成，城墙平均高5米左右，整个墙体全部修筑在了海拔500~900米的石英岩峰脊上；这里还是冀东抗日根据地的重要组成部分，是重要的爱国主义教育基地。

公园内还有众多古洞和涌泉。龙泉洞幽深莫测，石花洞为京东仅有。还有腾龙洞、通天洞、连环洞、子母洞等。洞中泉水喷涌，四季长流，既可古洞探险，又可静观流水，趣味无穷。

元古奇石林

以天然奇石景观著称

天津市蓟州区穿芳峪乡毛家峪

35元　22762003

元古奇石林风景区为距今13亿~8亿年前的中上元古界杨庄组、雾迷山组白云岩地层，其天然形成的奇石景观，巧夺天工。

奇石林风景区拥有五处奇石林，具有五大特色：一是分布范围广，东起石龙山，西至娘娘顶，东西长10千米；南起龙凤崖，北至大莲花峪梁顶，南北均宽4千米；总面积40平方千米。二是成群落分布，毛家峪奇石林有的连成一条线，有的扩成一大片，有的占满整个山头，有的跨越两个山谷，连片分布便于集中欣赏。三是高低错落体积悬殊，最高大的奇石露出地面高达8米，最小巧的岩石只有5厘米高，大小高低相差160倍。四是合而又分，分而又合，石林由三个区组合成为一个整体，每个核心区又分成若干个景观点，既体现了个体优势，又展示出整体之美。五是象形石多，这里的每一块石头几乎都像一个物体。各种象形石数不胜数，多达万种，令人目不暇接。

玩家 指路

(1) 蓟州以东、以南、以西的游客：先乘车至蓟州，后沿邦喜公路东行13千米，至跨路铁桥，左行2千米便到穿芳峪乡毛家峪长寿度假村。

(2) 兴隆承德方向的游客：从兴隆沿津围公路到蓟州，后沿邦喜公路东行13千米，至跨路铁桥，左行2千米便到穿芳峪乡毛家峪长寿度假村。

(3) 平谷顺义北京方向的游客：从平谷东行经金海湖至蓟州，后沿邦喜公路东行13千米，至跨路铁桥，左行2千米便到毛家峪长寿度假村。

黑峪神秘谷

南北合璧的京津唐新秀

天津市蓟州区穿芳峪乡东果园村　58元

82890606

黑峪神秘谷总面积537公顷，传说谷中早年间曾有“黑狼”和“黑人”共栖，故得名

延伸 毛家峪长寿度假村

毛家峪长寿度假村是华北地区目前唯一的一家以长寿为主题的长寿度假村。度假村周围群山环抱，奇石怪岩，风光秀美，拥有亿年石、万亩林、千亩果、百年树、长寿人、仿古亭等奇特景观。

毛家峪长寿度假村

“黑峪谷”。这里荆棘丛生，乱石遍野，多处怪异裸岩千姿百态，面目狰狞，带有一种独特的神秘感。谷中现建有来自云南和广西的少数民族居所，里面可以观看到精彩的民俗表演。

玩家 指路

天津出发： 从市区建昌道的长途汽车站乘中巴（6:30～19:00，每15分钟一班，车程约两个半小时，全票16元）到蓟州客车站下车，然后换乘面包车可抵达黑峪神秘谷景区。包车20元左右。

北京出发： 四惠长途汽车站6：30起每15分钟一班到蓟州（全票16元），两小时抵达。

玩家 攻略

黑风部落： 从云南邀请的依然保持原始习俗的佤族兄妹，展示野浴、吃生肉、饮生血等远古习俗及上刀山、下火海、踩烙板、踩玻璃等原始绝技，还有能歌善舞的少数民族少女，为游客唱山歌、跳彩舞，将南方少数民族风情与北方地域文化相融合，南北合璧，浑然一体，成为京津唐景区之新秀。

一门三路五区： 一门，由气势宏伟的大型假山、富含当地民间神话色彩的“娘娘送子”雕塑组成；三路，由宽敞蜿蜒的畜力车道、崎岖幽深的石板小道及自然独特的缆索小径组成；五区指民族歌舞迎宾区、佤族人原始生活演艺区、传统风格的游戏区、刺激诱人的“红艺人”表演区、琳琅满目的南方特色礼品售卖区等，游客将在惊险刺激中重温人类发展的历史，体味先人的劳动与生活。

住宿： 黑峪神秘谷所在的东果园村农家餐饮住宿：50元（含一晚住宿，两正一早）。如果游完黑峪返回蓟州城区，还可游览蓟州城区旁的独乐寺，夜宿独乐寺旁的东风宾馆，带独立卫生间的双标，60—80元/间，非常实惠。

天然食品： 景区盛产各种杂粮（小米、红豆、黑豆、架豆、绿豆）、蔬菜（野生蘑、香椿芽、花椒芽、黄花、干豆角、蕨菜）和各种果品（核桃、大枣、柿子、苹果、野酸枣），都是纯天然的食品，可以购买一些带回去。

黑峪神秘谷

攻略资讯

- 交通
- 住宿
- 美食
- 购物
- 娱乐

蓟州街景

交通

火车

蓟州共有蓟州、蓟州西和蓟州南三个火车站，其中蓟州西和蓟州南为货运站，蓟州站为客运站。经过蓟州站的主要是往返天津的车次6415/6416，从天津的发车时间是7:22，到达蓟州的时间为10:02，票价为8元；返程发车时间为15:18，到达时间为17:46，票价为8元。

公路

蓟州境内的高速主要为津蓟高速，是天津通往蓟州的主要交通干线。此外，国道G102横穿蓟州，将蓟州和河北省联系在一起。

蓟州站

公交

蓟州城内的公交线路主要有531、532、533、534和旅游专线11路。其中旅游专线11路从蓟州公交站发往盘山风景区，途经独乐寺、盘山滑雪场等景点。其他几路车贯穿城区，且均从时代花园站发车。

从天津市区的通莎客运站可乘坐大巴前往蓟州，每日3班次，发车时间分别是12:00、13:30、14:30，途经下仓、崔黄口、宝坻等几个地方。

通莎客运站位于天津市河东区真理道43号，电话为60533328。

通莎客运站

住宿

蓟州有着丰富的自然景观和人文景观，除了景区周边的农家乐及宾馆之外，其他的住宿宾馆主要有：

渔阳宾馆

名称	位置	电话
渔阳宾馆	蓟州城内迎宾路12号	29142814
星巴顿快捷酒店	蓟州人民东大街与东环路交口处	82819999
亿豪山水郡国际度假酒店	蓟州城关镇东大屯北侧	82758888
建设大厦酒店	蓟州中昌北大道与迎宾大街交叉口	29192222
格林豪泰酒店蓟州店	蓟州人民西路1号	29138102

亿豪山水郡国际度假酒店

美食

蓟州美食荟萃，比较有名的有白记水饺、曹记驴肉、恩发德蒸饺、锅贴、煎焖子等。

美食小吃

●白记水饺

以牛羊肋条、脂盖的肥中瘦肉，伴以青菜或西葫芦成馅。皮薄馅大，口松味鲜，不膻不腻，味道醇厚。

白记水饺

●曹记驴肉

因创始人姓曹而得名，至今已有二百余年历史。曹记驴肉，精选新鲜优质驴肉，配以多种香料，放进锅里慢火煮七至八个小时。驴肉富含蛋白，酥烂易嚼，味道鲜美，远近闻名。

曹记驴肉

●恩发德蒸饺

一种清真风味小吃。1921年由时文德创建。用洗净的西葫去皮去瓤，羊肉末用开水烙透。搅入酱油、花生油、香油、精盐、葱姜末。最后将西葫馅投入拌匀。将擀成的面挤捏成道士帽形的饺子生坯，上屉用旺火蒸

恩发德蒸饺

熟。蒸熟的饺子有咬劲、不渗油、肥而不腻、鲜嫩味美。

●煎焖子

以绿豆淀粉熬成，切为方丁，于热锅中油煎，佐以酱油、麻酱、醋、蒜等调料。清香适口，别有风味，与芝麻烧饼共食最佳。

美食去处

蓟州餐馆齐全，津菜和小吃一应俱全。

●津菜馆

静寄山庄餐厅（蓟州官庄镇营房村北静寄山庄宾馆）、金水庄园（蓟州官庄镇联合村北，29821688）、怀香酒楼（蓟州中昌路）、胖子活鱼馆（蓟州水库南路东山北头村）、秀霞饭店（蓟州罗庄子镇洪水庄S102路旁，22728327）。

●小吃店

李先生加州牛肉面蓟州鼓楼店（蓟州武定街鼓楼广场西侧29号，29192378）、永兴手工饺子城（蓟州武定街独乐寺旁）、云南过桥米线（蓟州鼓楼广场蓟州影剧院对面）、来来小食城（蓟州渔阳南路10号蓟州电影院附近）。

购物

蓟州土地肥沃，阳光充足，特产多以农产品和水果为主，如红薯、各种杂粮、山核桃、葡萄、大枣、板栗、杏仁、山楂、蜂蜜、野山菌等。可在城区的大小超市购买。

蓟州特产推荐

蓟州野山珍：主要包含山蘑菇、野生蘑菇、山野菜、山菜。经常食用野山菌既可补充微量元素的不足，又克服了盲目滥用某些微量元素强化食品而引起的微量元素失衡。

蓟州大枣：主要产自北部山区乡镇，营养十分丰富。含蛋白质、脂肪、糖类、纤维素，故享有“天然维生素丸”之赞誉。

蓟州核桃

蓟州核桃：誉满中外，产品远销世界各地。蓟州是中国最早种植核桃的地区之一，也是有名的“核桃之乡”。蓟州核桃主要分布在孙各庄、许家台、官庄、白涧等北部半山区乡镇。

购物场所

蓟州城区不大，主要的购物商场多集中在城区中心一带，里面可以买到服装、首饰、特产在内的各种货品。如金地商城（城内南大街）、恒宇通达百货（城内南大街36号，29031227）、蓟州世纪商业大厦（文昌街42号）、渔阳商厦（渔阳南路32号，29142965）。

节日和重大活动

节日活动	举办时间	举办地点
风筝节	4月	蓟州
黄崖关长城国际马拉松旅游活动	5月中旬	蓟州
渔阳金秋旅游节	9月下旬～10月上旬	蓟州

天津市文化和旅游局电话：83602700
天津便民服务专线：8890
消费者投诉电话：12315
天津旅游网：http://whly.tj.gov.cn

发现者旅行指南

旅游资讯

天津交通

天津滨海国际机场

飞机

天津市有一个仅次于北京首都机场的第二大国际机场——滨海国际机场，它是国家一类航空口岸和中国北方的主要交通枢纽之一。

机场目前有飞往上海、广州、香港、澳门、重庆、昆明、兰州、西安、青岛、厦门、台北等国内各主要城市的百余趟航班，还有飞往济州岛、仁川、清迈、普吉岛、大阪等二十余条航线。

滨海国际机场位于天津市东丽区张贵庄（津滨高速路口旁），距天津市中心13千米，距天津港30千米，咨询电话为24906363。机场到天津市区可乘机场巴士、出租车或自驾车等多种方式，十分便利。

●机场巴士

天津机场旅客巴士与市区及天津火车站相连，五条公共交通线路通达市区和滨海新区，另有大巴车可以直达北京市区。机场周边有发达的公路网络，乘坐出租车或驾驶私家车可以通过京津塘高速、京津高速、津汉公路、外环线非常便利地往来市区、滨海新区、北京市及天津周边地区。

1. 线路名称：天津机场—通莎客运站

运行方式：每半小时一发车。机场的首班发车时间为8:00，直至航班结束；通莎客运站的首班发车时间为6:00，末班发车时间为18:00。经停站为机场往市区方向经停，市区至机场方向不停车。

发车地点：天津机场发车地点为T2航站楼桥下出口5号门；通莎客运站的发车地点在客运站内。

售票地点：机场售票处在出港大厅6号门；其他发车地点售票处在通莎客运站内。

票价：15元

车辆运行线路：（非站点不停靠）

温馨提示：遇特殊情况机场巴士运行路线会临时调整，具体运行路线以当天路况为准。

2. 线路名称：天津机场—西站客运站

运行方式：每小时一发车。机场的首班发车时间为8:15，末班发车时间为16:15；西站客运站的首班发车时间为9:15，末班发车时间为17:15。

发车地点：天津机场发车地点为T2航站楼桥下出口5号门；西站客运站的发车地点在客运站内。

售票地点：机场售票处在出港大厅6号门；其他发车地点售票处在西站客运站内。

票价：20元

车辆运行线路：（非站点不停靠）

温馨提示：遇特殊情况机场巴士运行路线会临时调整，具体运行路线以当天路况为准。

天津站

3. 线路名称：天津机场—王顶堤客运站

运行方式：每两小时一发车，双向对开。机场的首班发车时间为8:30，末班发车时间为14:30，每日固定发车四班；王顶堤客运站的首班发车时间为9:30，末班发车时间为15:30，每日固定发车四班。

发车地点：天津机场发车地点为T2航站楼桥下出口4号门；王顶堤客运站的发车地点在客运站内。

售票地点：机场售票处在出港大厅6号门；其他发车地点售票处在王顶堤客运站内。

票价：20元

车辆运行线路：（非站点不停靠）

http://www.tbia.cn/cn/traffic/trafficList.do?columnId=LWJCJTSSJCBS

●出租车

从机场到市中心约需50元。

●地铁二号线

天津滨海国际机场为天津地铁二号线的东端终点站，向西经天津站、鼓楼等地横跨市区，乘车十分便利。

运营时间：首末车6:00~22:30。

单程最高票价：5元。

●自驾车

从天津市区沿津滨大道行驶至与外环线交会处，然后沿外环线—机场线方向行驶即到。停车场位于天津机场航站楼前，计费标准为小型客车每辆每半小时2元，每超半小时加收2元；大型客车每辆每半小时4元，每超半小时加收4元（不足半小时按半小时计收，不足一小时按一小时计算）；昼夜停车第一天60元，自第二天起每天50元。

●从北京前往天津机场

天津机场的一些国内航线在机票价格上比首都机场有优势，而且从北京到天津乘机可免费乘坐高铁。北京南站坐高铁到天津机场可先到天津站，然后转乘地铁前往机场。全程只需1小时，路费也仅需支付地铁票3元，因此吸引了不少身处北京的游客前往天津乘坐飞机。

火车

天津市区有天津站、天津南站和天津西站三个火车站。其中天津站和天津西站运送客流量最大。市郊有杨柳青站、塘沽站和天津北站三个火车站。铁路订票电话统一为95105105（外地订票需加拨出发地区号），客服电话统一为12306。

●天津站

天津站始建于1886年，当时称老龙头车站，是中国最早、规模最大的车站之一。1900年，车站毁于八国联军侵华战争的战火之

天津西站

中。战后重建了车站。1949年改为天津站。天津站是距离天津市区最近的火车站，也是天津市最主要的交通枢纽。有发往石家庄、广州、上海、西安、南京、满洲里、九龙等地的列车。北京到天津的城际列车均在此始发。

天津站位于天津市河北区解放桥东侧，市区乘坐24、27、50、715、824、832、858、951路等公交可达。或乘坐地铁2号线、地铁3号线、津滨轻轨地铁9号线可达。

●天津西站

天津西站曾是津浦铁路的起点，老站房为德国文艺复兴风格。新站现为天津市区第二大车站，车场总规模为24台24线。站台规模与“亚洲第一”的北京南站相同。与北京南、济南西、南京南、上海虹桥站一起成为京沪高铁线路上的五大始发站，具备始发和终到功能。列车主要发往上海（京沪高铁）、青岛、兖州、德州等地。

天津西站位于天津市区西北部津浦铁路南端，乘坐10、15、24、31、52、153、161、631、635、639、657、829、836、861、869、952、962路或地铁1号线可达。

●天津南站

天津南站位于天津市河东区九经路56号，是中国第一座铁路高架车站，同时也是京沪高速铁路正线北段唯一一座“站桥合一”结构的高架车站。车站目前主要经停前往北京、青岛、合肥、上海、杭州、宁波等地的高速动车。

天津南站位于天津市西青区张家窝镇，市区乘坐707路或地铁3号线可达。

●杨柳青站

杨柳青站建于1910年，位于天津市西青区杨柳青镇京沪铁路正线。目前有前往德州、邯郸、丹东、宁波、昆明、长春、西安、秦皇岛等地的列车经停。

杨柳青站位于天津市西青区西青道，市区乘坐153、175、669、672、688、824路等公交可达。

●塘沽站

1888年，塘沽站正式投入运营。历史上，塘沽站由今天的塘沽站、塘沽南站和新港站（三百吨站）构成。车站目前主要经停京津城际开行至滨海新区的列车，以及部分发往青岛、温州、重庆、成都、石家庄等地的普车。

塘沽站位于滨海新区塘沽大连道2543号，天津市区可乘坐621路、651路或津滨轻轨地铁9号线前往，也可从天津站乘火车抵达。

●天津北站

天津北站1903年建成，历史悠久，当年是袁世凯为慈禧而修。2014年，天津北站停办客运业务。然而欧式建筑风格的站房，怀旧气息浓郁，依旧吸引着不少游客前来参观。为方便市民及游客，北站旁边增设了一个火车票代售处。

天津北站位于天津市河北区中山路，市区乘坐地铁3号线或地铁6号线可达。

汽车

天津市内长途汽车站很多，各区县均有长途车可乘坐。主要有天环长途客运站、天津长途汽车西站、天津西站客运站等。

●天环长途客运站

发车方向：北京、上海、西安、沧州、瑞安、启东、乐陵等方向。

位置：天津市南开区红旗路与鞍山西道口。

交通：市区乘坐45、47、50、52、609路等公交可达。

电话：87612376，23050530。

●天津汽车西站客运站

发车方向：北京、河北、山东、山西、天津远郊区县等方向。

位置：天津市红桥区西青道与复兴北路交口。

交通：市区乘坐10、153、24区间、31、31区间、37、37区间等路公交可达。

电话：27321282。

天津长途汽车

海河大桥

●天津长途汽车西站

发车方向：北京（高速大巴1.5小时即到）、石家庄、保定、邢台、秦皇岛、太原、郑州等方向。

位置：天津市西青区西青道2号。

交通：市区乘坐10、24、31、37、52、631、635、639、657、836、837、852、859、861、869、952、962、观光1路等公交可达。

电话：27323854。

●天津长途汽车东北角站

发车方向：唐山、秦皇岛、河北南部、山东、安徽等方向。

位置：天津市红桥区大胡同商贸城8区。

交通：市区乘坐1、12、15、154大圈路等公交可达。

电话：27322956。

●天津—北京长途汽车站

发车方向：京津两地对发。

位置：天津市和平区台儿庄路。

交通：市区乘坐13、185、186、24、27、27小圈路等公交可达。

电话：22658948。

●天津长途汽车八里台站

发车方向：滨州、阳信、无棣、烟台、蓬莱、东营、太和、洛阳等方向。

位置：南开区卫津路218号。

电话：23531143。

交通：市区乘坐12、161、168、175、628路等公交可达。

●王串场客运站

发车方向：天津市远郊区县。

位置：天津市河北区真理道43号。

交通：市区乘坐42、327、653、828、841、861、907路等公交可达。

电话：26430794。

●地铁

天津地铁是中国大陆第二个地铁系统，于1970年4月7日建设，1976年1月10日通车运营。天津目前已开通地铁1号线、地铁2号线、地铁3号线、地铁5号线、地铁6号线和津滨轻轨地铁9号线。

票价： 起步价为乘坐5站（含5站）每人2元，乘坐5站以上10站以下（含10站）每人3元，乘坐10站以上16站以下（含16站）每人4元，乘坐16站以上每人每张5元。

总而言之，乘客在1、2、3、5、6号线及9号线市区段乘车时，最高票价为5元。只有9号线涉及市区段和郊区段，以中山门站为界，全程9元。

天津旅游集散中心

天津市旅游集散中心是游客来到天津开始旅游的集散点，中心配备的设施具有交通出行、信息咨询、组织接待、宣传促销等功能，另外，还拥有电脑查询、触摸屏查询和专业人员接待等服务项目。

游客在此可购买或预订包括都市观光游、滨海新区游、都市工业游、民俗生态文化游、空港工业博览游、主题教育科普游等六条线路的门票。这六条线路覆盖了天津市近30处景区景点。

天津市古文化街美博城东侧

集散中心配备豪华旅游巴士，每天8：30发车

天津地铁2号线

天津住宿

天津是全国四大直辖市之一，经济发达，商业繁荣，各种旅游设施都很健全。市区有众多酒店可以选择住宿。

滨江道附近

滨江道位于天津市河北区的中心地带，从西到东一直延伸到海河沿岸。这里旅游景点众多，风光旖旎，聚集了很多酒店。

●高档酒店

金黄大酒店：酒店地处天津商务中心区的核心地段，附近是滨江道步行街，交通便利。酒店集客房、公寓、餐饮、会议、健身、娱乐等多项设施为一体，基础设施齐全。

天津市河西区南京路18号 23038866

和平名致精品酒店公寓：天津和平名致服务公寓位于中央商务区，地处市中心繁华地段，临近伊势丹购物中心、滨江道步行街及津汇购物广场；周边汇聚餐饮、购物及娱乐场所，地理位置得天独厚，交通便利。

天津和平区西宁道37号 27812288

●中档酒店

康泰大酒店：前身是民国著名的悦宾楼，毗邻张学良少帅府，位于天津市中心最大购物街——金街和滨江道上。大酒店周围狗不理、桂顺斋等老字号林立，交通四通八达。酒店闹中取静，环境安静安全，衣食住行方便。

天津市和平区山东路121号

27120101

星程香槟小镇酒店：地处天津市中心城区和平区，紧靠最繁华的滨江道商业街，宾客可方便前往劝业场、狗不理总店等老字号，或光顾各大新兴百货。酒店拥有专属广场，不出广场即可乘坐机场巴士，格外便利。客房宽敞明亮，营造舒适、惬意的居住环境。

天津市和平区营口道82号 58829999

●连锁酒店

名称	位置	电话
如家快捷酒店滨江道店	南京路233号	58263333
汉庭连锁酒店小白楼店	和平区湖北路31号	58365688
格林豪泰滨江道店	和平区滨江道127号	27110998
莫泰168火车站北广场店	河东区华龙道与新兆路交口	24333030
全季酒店津湾广场店	和平区解放北路2号	59182666
汉庭连锁酒店鞍山道店	和平区四平西道11号	27311777

天津市区

●青年旅舍

名称	位置	电话
西开教堂国际青年旅舍	和平区兆丰路兆丰里30号	18722098250
耐尚庭院青年旅舍	河东区天津站后广场华碧道汇和家园小区	24420266
云雾之湾国际青年旅舍	哈尔滨道120号（新华路与哈尔滨道交口）	27230606

五大道附近

五大道是很多欧式风情建筑的集聚地。风景别有一番特色，这里也聚集了很多酒店。

●高档酒店

君隆威斯汀酒店：毗邻五大道风情区，靠近滨江道商业区，地理位置十分优越。酒店拥有超大客房和精美套房，设计风格时尚豪华，房间内设施齐全。酒店内有全天候餐厅、中餐厅及意大利特色餐厅，以及宽广的会议与活动空间、设施齐全的商务中心。还设有健身俱乐部、室内泳池以及提供多种健康护理的水疗中心，让您在这里彻底放松身心、焕发活力。天津市和平区南京路101号 23890088

亚朵酒店：位于南京路，临近小白楼地铁站，交通区位优越。酒店整体设计风格雅致，有数百幅优美人文摄影作品随处可见，有开放借阅的图书馆，文化氛围浓厚。酒店自助早餐丰富，是全家出行的好选择。天津市河西区南京路35号亚太大厦 23319922

●快捷经济酒店

名称	类型	位置	电话
天津友谊宾馆	三星级	和平区南京路94号	83126868
汉庭酒店小白楼店	经济型	和平区湖北路31号	58365688
香江假日酒店	经济型	和平区桂林路16号	23393888
如家酒店海信广场店	经济型	河西区徐州道1号	58372888
米阁精品服务公寓五大道店	公寓式	河西区小白楼国贸大厦C座	15122506658

和平路商业街附近

和平路商业街位于小白楼—劝业场地区，毗邻海河风景线，自然风光秀丽多姿，周边云集了很多的商业中心，住宿设施发展完善。

●高档酒店

瑞吉金融街酒店：天津瑞吉金融街酒店位于天津市极负盛名的和平区，风景如画的海河从辖区顺流穿行而下。毗邻市内金融商业中心和天津环球金融中心公寓，周边有万达广场、天津劝业场及光明电影城等，地理位置优越，交通便利。

✉ 天津和平区张自忠路158号（近天津环球金融中心公寓） ☎ 58309999

喆啡酒店：位于天津市中心，坐落在天津市古老的金融一条街上，毗邻海河，地理位置优越，交通便利。酒店建筑古朴典雅，充满欧式风情，拥有多套客房，风格独特、宽敞明亮、陈设美观大方，能满足不同客人的需求。✉ 和平区解放北路158号 ☎ 23309988

其他酒店	类型	位置	电话
富蓝特大酒店	三星级	和平区新华路231号	83326398
全季酒店	三星级	和平区南京路209号	27306633
南苑e家商务酒店	经济型	和平区和平路277号渤海大楼	58829666
如家快捷酒店多伦道店	经济型	和平区河南路10号	58996288

老城厢

老城厢指的是天津市鼓楼周边地区，这里是旧时天津最繁华的地方之一和体验老天津民俗风情的地方，旅游设施十分健全，是游客住宿的集聚之地。

●高档酒店

天津海河悦榕庄：拥揽无与伦比的海河

天津风光

美景，区位优势明显。海河悦榕庄整体设计现代感十足，其高贵典雅的气质令人眼前一亮，为之驻足。且拥有商务行政房、豪华河景房、河景套房等多种房型供顾客选择，可满足顾客不同的入住需求。✉ 天津河北区海河东路34号 ☎ 58619999

天津易精品奢华酒店：位于海河之畔的意式风情区，以拥有百年历史的易兆云旧居改建而成，历史文化底蕴深厚。酒店拥有11间顶级配置的客房，令顾客的居停彰显专属的高雅品位，且与老城厢区域仅一河之隔，是游览意式风情区与老城厢的佳选之处。✉ 天津市河北区民族路52—54号（近博爱道、自由道） ☎ 24455511

其他酒店	类型	位置	电话
水游城假日酒店	舒适型	红桥区芥园道6号	58776666
易佰连锁西南角店	经济型	南开区永基花园南大道	27587918
汉庭快捷酒店广开四马路店	经济型	红桥区复兴路170号	87773966

天塔周边

天塔是天津的标志性景点，周边湖光山色，高校众多，风景秀丽，以自然风光取胜。周边聚集了不少酒店，是天津难得的一处休闲之地。

●高档酒店

天津宾馆：酒店位于河西区宾水道上，各类宽敞明亮的客房设计现代时尚，装潢独具匠心，设施完备，并拥有超大的宴会及会议场地，其规模之大在天津酒店业屈指可数。还可品尝到各类美味的菜肴，边就着茶香，让美好旅程在您的记忆里永远蔓延。✉ 天津河西区宾水道16号（近紫金山路） ☎ 58223388

燕园国际大酒店（原喜来登大酒店）：环境郁郁葱葱，繁花盛草，四周环水，是市内独一无二的花园式酒店。酒店设有多种不同类型的客房及公寓，并设有各类餐厅和酒吧及可同时容纳500位客人的大宴会厅。此外酒店还设有SPA、室内游泳池、康体中心等娱乐健身设施，让宾客在繁忙的商务之余得到更好的休闲和放松。✉ 天津河西区紫金山路31号（近天塔湖）
☎ 27313388

●更多酒店

名称	位置	电话
麗枫酒店	河西区平山道43号增8号	58536777
爱思爱思酒店	南开区士英路翠泉公寓2号楼	23861880
天津金皇大酒店	河西区南京路18号	23038866

燕园国际大酒店

围堤道沿线

围堤道是位于天津市河西区的一条大道，北接马场道，南连友谊路。周围云集了很多天津知名的博物馆，住宿设施也很发达。

●高档酒店

新桃园酒店：酒店拥有各类客房、套房及总统套房，房间温馨舒适；并备行政酒廊吧、书吧、桌球室、大中小型会议室、3D小影院、大堂音乐吧等，设计装修风格独特，集现代、舒适、人性化为一体，尽显尊贵与雍逸，是商务聚会、友朋宴请的理想场所。✉ 河西区广东路围堤道交口 ☎ 58688888

津利华大酒店：地处金融会展区的核心地段，比邻文化中心、银河购物中心，与国际展览中心连为一体，为天津标志性建筑之一。酒店设计新颖，装修豪华，拥有装修精美的各式客房。酒店配套设施齐全，环境幽雅宁谧，是商务居停、旅游度假的上乘选择。✉ 河西区友谊路32号 ☎ 28352222

●中档酒店

名称	位置	电话
宝丽金大酒店	河西区乐园道1号	28337502
全季酒店	河西区友谊路2号	28367755
和平宾馆	和平区大理道66号	23191588

新桃园酒店

●快捷酒店

名称	位置	电话
如家快捷酒店天津围堤道市文化中心店	河西区围堤道55号	58915555
汉庭快捷酒店友谊路店	河西区友谊路5号	58370818
全季酒店	河西区友谊路和围堤道交口	28367755

中山路附近

中山路是位于天津市河北区的一条东北—西南走向的道路，东北至天津北站，西南接海河沿岸，周边云集了不少景点，这里同时也是河北区的商业中心，酒店设施都很健全。

●高档酒店

维多利亚国际大酒店：位于著名的中山

路商贸街和律纬路交口，地处优越地段，交通非常便利。酒店拥有各种舒适豪华的客房，极力打造宜人的氛围。还推出“满意+惊喜”的个性化服务，关注顾客的每一个细节。✉ 天津市河北区中山路66号（近地铁3号线昆纬路站） ☎ 26298888

海河假日酒店：毗邻天津之眼摩天轮，坐拥海河两岸宁谧秀美的风光。古文化街、中心文化广场、海河公园等景点近在咫尺，交通位置优越。拥有设施完备的舒适客房，房间设计极具现代感，且眩吧、威尼斯咖啡厅、中餐厅，日式料理等各类美食汇聚，值得体验。✉ 天津市河北区海河东路凤凰商业广场A座 ☎ 26278888

●中档酒店

名称	位置	电话
全季酒店	河北区昆纬路85号	26293000
吉泰精品酒店	河北区中山北路31号	60518888
正达酒店	河北区万柳村大街6号	60592602
红宝石精品酒店	河北区律纬路27号中汇大厦A栋	86381188

●快捷酒店

名称	位置	电话
7天连锁酒店中山路店	河北区律纬路31号中汇大厦院内	59953567
如家酒店中山北路店	河北区中山北路6号	26011666
锦江之星酒店中山路店	河北区中山路日纬路日光里1号	26216288
汉庭中山路美院店	河北区中山路196号	58222255

南市附近

南市位于和平区南门外大街，为皇宫建筑风格，青砖红柱琉璃瓦，飞檐斗拱，雕梁画栋，气韵生动。这里是天津著名的食品街，里面有很多带有天津特色的美食。附近住宿也非常方便，有一个南市旅馆街，聚集了一些酒店。

名称	类型	位置	电话
舒泊花园大酒店	舒适型	和平区荣业大街2号	58997778
斯维登精品公寓	舒适型	和平区南市大街与清和大街交口	27270693
鼓楼亚朵	舒适型	南开区南马路与南开三马路交口	27768999
99旅馆连锁食品街店	经济型	南开区南门外大街272号（第二南开中学对面）	27241968

南市旅馆街

大直沽附近

大直沽与天津有着密不可分之渊源，它是天津城市最早的聚落，如今，这里依然是天津市的一个商业中心。

●高档酒店

万达文华酒店：是一家涉外酒店，紧靠美丽的海河，可饱览海河迷人风光。酒店周边交通便利，共有各类客房与套房近300间。

天津市河东区大直沽八号路486号　24626888

天津海河英迪格酒店：拥有各类客房近百间，穿越大堂进入酒店庭院，11幢怀旧式日耳曼风格的别墅由精致绿野小道相连，自然形成一个美妙花园。酒店内再现的海河船运码头、时光倒流的大华影院、奢华的欧式贵族格调，无不引人入胜、徜徉流连。

天津河西区解放南路314号　88328888

如家快捷酒店

●快捷连锁酒店

名称	位置	电话
亚朵酒店小白楼店	河西区南京路35号亚太大厦	23319922
如家酒店河东体育场店	河东区津塘路42号	58078188
斯维登精品公寓	河西区解放南路铂津湾南苑	28308822
海景花园酒店	河西区黑牛城道19号	28327788

海河城市夜景

天津美食

南市食品街

天津是一个盛产美食的城市，无论是传统美食，还是时尚西餐，在天津都能寻觅到。走在天津大街小巷里随处可见经营着各种风味的餐馆，成为天津一道独特的风景线。

天津人有燕赵遗风，饮食文化也受到影响。天津菜源于民间，得势于地利，制作方法考究，口味以咸为主，加之吸收不少旧时宫廷御膳元素，菜肴风格粗犷豪迈中又带有些许华贵派头。

天津是退海之地，古有九河下梢之说，盛产鱼、虾、蟹，民间素有“吃鱼吃虾，天津为家”的说法。“八大碗”“四大扒”、冬令四珍等筵席必备菜品，盛菜多用大碗大盘，鱼、肉更是大快朵颐，虽精致不比南方菜讲究，但分量十足，味道浓重，自有几分酣畅的豪爽之气。

天津的名菜

天津菜肴以鲜咸为主，主料突出，配料考究，色鲜味俱全。代表菜有扒鱼翅、官烧目鱼、美宫山药、七星紫蟹、白汁银鱼、罾蹦鱼等。最有特色的是八大碗、四大扒和冬令四珍。

●八大碗

八大碗是使用炖、扒、蒸、烩等多种烹饪方法烹制的菜肴筵席的统称，有粗细之分，指的是大碗内所盛菜品的档次高低。

粗八大碗：熘鱼片、烩虾仁、全家福、桂花鱼骨、烩滑鱼、独面筋、川肉丝、川大丸子等，或是黄焖鸡块、南煎丸子、扣肉、素什锦、侉炖鱼、烩什锦丁、烩三丝、赛螃蟹等。

细八大碗：炒青虾仁、烩鸡丝、烧三丝、全炖蛋羹蟹黄、海参丸子、元宝肉、清汤鸡等，或是红烧鱼、全家福戴帽、烩虾仁、山东菜、荤素扣肉、鱼脯丸子、黄焖整鸡、罗汉斋等。🍴赵记老铺（和平区南京路128号乐宾百货7楼滨江道，27168239）、老天津卫食府（和平区兴安路6号，27251345）。

●四大扒

四大扒

四大扒不是可单独成席的菜肴，而是为成桌酒席的“八大碗”起衬托作用的配菜。四大扒并非只有四种，而是由于其相对“八大碗”而言只是配菜，所以称为“四大扒”。

“四大扒”多为熟料，码放整齐，兑好卤汁，放入勺内小火烤透入味至酥烂，挂芡，用津菜独特技法“大翻勺”将菜品翻过来，仍保持不散不乱，整齐美观之状。选料一般为鸡、鸭、羊、牛、肘子、鱼翅、鱼块、海参等，选其四种即可组成“四扒”。民间“四扒”多以鸡、鸭、鱼、肉为主。🍴 天一坊饭庄（红桥区海河三岔河口的大胡同金钢桥，27338978）

●罾蹦鱼

罾蹦鱼是天津传统名菜之一，其特点是鳞骨酥脆，

罾蹦鱼

肉质鲜嫩，大酸大甜，尤其是上桌后趁热浇上滚烫的卤汁，香气四溢，滋滋声不断，视听嗅味四觉俱佳。🍴 天一坊饭庄（红桥区海河三岔河口的大胡同金钢桥，27338978）、红旗饭庄南开店（南开区黄河道480号，27536566）、天津菜馆（和平区荣业大街南市食品街4区20号，27339998）

●冬令四珍

冬令四珍是指铁雀、银鱼、紫蟹、韭黄。铁雀是麻雀的一种，冬季捕食后用油烹，是下酒佳肴。银鱼是一种北方美味，最常见的吃法是用银鱼蘸蛋清置油中炸熟，做银鱼坨，吃到嘴里有一种特殊的清香味道。紫蟹是蟹的一种，体积小如铜钱，虽然小但蟹黄饱满且肥，在吃火锅时汤中如添了蟹黄就增加了香味，身价十倍。而韭黄炒鸡蛋更是一种虽普遍但又十分可口的佐餐小菜。

●贴饽饽熬鱼

贴饽饽熬鱼是天津人的一种家常饭。北方人把煮菜叫熬菜，把鱼洗净后放入大锅内，加上各色作料和清水熬鱼汤。而所谓贴饽饽熬鱼，是为了节省时间，在熬鱼的锅边上端周围，贴上一圈棒子面(玉蜀黍面)饽饽饼子，锅熟后把饽饽取出，不仅鱼鲜，而且饽饽里吸收鱼汤后也带有鲜味，十分美味。

成品饽饽颜色金黄、底面焦脆，小鱼味鲜汤浓，鱼骨酥软。市内有一些专卖“贴饽饽熬鱼”的小馆摊档，其中以南市“杨奶奶熬鱼”较有名气。

●水爆肚

水爆肚为天津风味特色菜品，创于1920年。特点是肚丝鲜、脆、嫩、爽口。吃时趁热蘸料，滋味醇厚，还具有一定的健

水爆肚

脾养胃之功效。以南市食品街上的知味斋所经营的较为有名。

●七星紫蟹

七星紫蟹是以紫蟹和成菜后的形状定名。紫蟹是天津市郊区所产的一种毛腿河蟹，大者如银圆，小者如铜钱，每值冬季，聚栖于河堤泥洞之中，须破冰掏捕。此物虽小，但腹部洁白无泥，滋味鲜美。因其蟹黄异常丰厚，透过薄薄的蟹盖，呈现出一层紫色，故名。明、清时曾为贡品。天津厨师取用此蟹烹制而成的“七星紫蟹”入口奇鲜，其香无比，成为津沽冬令的传统名菜。

天津的小吃

说到天津风味小吃，著名的“天津三绝”（狗不理包子、十八街桂发祥麻花、耳朵眼炸糕）自不必多说，除此之外，还有果仁张、崩豆张、棒槌馃子、京东肉饼、石头门坎素包、恩发德蒸饺、马记茶汤、明顺斋烧饼等当地风味小吃。

●狗不理包子

狗不理包子，天津的百年金牌老字号，是中华饮食文化的典范之作，津门三绝居魁首。其面皮制作，采用“一拱肥”的制作方法，柔软而有咬劲且不易走形；馅心的调制，

采用制水馅方法，稀软适度。故其汤汁盈口，鲜香醇酽，肥而不腻。此外，天津有名气的包子还有“陈傻子包子”“北塘包子”“鸭油包”等。

天津有句俗话说：“到天津，不尝一尝狗不理包子，等于没来过天津。”给您推荐几家吃处：

狗不理（山东路总店）：其门脸和大堂都透着浓浓的中国特色，装修气派，包子有传统肉馅、三鲜馅、蟹黄馅、什锦馅……刚出屉的包子不走形，不掉底，不漏油，个个就像薄雾之中的含苞秋菊，爽眼又舒心，咬一口，直流油，但又不觉肥腻，十分鲜美。天津市和平区山东路77号 乘4、35、693、808等路公交到山东路站下 27302540

其他门店	位置	电话
食品街店	和平区南市食品街	27271116
和平路店	和平区和平路	23031118
十一经路店	河东区十一经路	24223999
中山路店	河北区中山路中山国际大厦1—3楼	26218999
水上旗舰店	南开区水上北路金龙公寓16号	23371999
解放北路店	和平区解放北路1438号	12412414
津湾广场店	和平区解放北路48号津湾广场3号楼	23219088
小白楼店	和平区浙江路28—30号	23020933
同安道店	南开区同安道80号	23042987
海光寺店	和平区南门外大街405号	27024319
新华路店	和平区新华路175号	27112290

●桂发祥麻花

桂发祥麻花因为其店铺原来开设在天津东楼十八街，所以大家又都叫它“十八街大麻花”，已有百余年历史。

桂发祥麻花

桂发祥麻花制作考究、料精货实。每个麻花中都夹有一根由桃仁青梅、桂花等十几种小料配制成的什锦馅酥条，再和麻条、白条拧成5个花。用花生油微火炸透。出锅后放上冰糖和青红丝。其特点是香、酥、脆、甜，在干燥通风处放置数月不走味，不绵软、不变质。

桂发祥十八街麻花（总店）：麻花品种多，既有常见的，也有粗粮的，还有适合糖尿病人吃的无糖型的，嚼起来酥、脆、香。天津市河西区大沽南路566号 市区乘20、858、868等路公交到东楼站下 28309298

其他门店	位置	电话
南市店	和平区南市食品街一区17号1~3楼	27865948
和平路店	和平区和平路263号	27112758
前进道店	河西区前进道25号增1号	28369443
南楼店	河西区大沽南路816号	28333735
下瓦房店	河西区大沽南路474号	83815326
洞庭路店	河西区小海地洞庭路32号	88112002-8078
古文化街店	和平区古文化街宫南西街117号	27275198
气象台路店	南开区气象台路52号	23358151
万德庄店	南开区万德庄南北大街13~15号	27467133
苑东路店	南开区王顶堤苑东路	23622306
本溪路店	红桥区本溪路19号	26561496
长春道店	和平区长春道109号	27810100
程林庄路店	河东区程林庄路前进17号楼3门底商	24553787
黄河道店	南开区黄河道165－167号	27495015
山东路店	和平区山东路74号	26548932

●耳朵眼炸糕

耳朵眼炸糕是天津传统特色小吃，起源于晚清光绪年间，第一代掌柜刘万春做的炸糕选料精、做工细、味道好、口感妙，物美价廉，在众多的炸糕中出类拔萃，因炸糕店紧靠耳朵眼胡同，人们便风趣地称为耳朵眼炸糕。

耳朵眼（食品街店）：采用特产的黄米、江米、朱砂红小豆做原料，温油锅，勤翻勤转，炸出的炸糕，色泽金黄爆刺儿，炸糕外皮酥脆不艮，内里柔软糯黏，豆馅细甜爽口，别有风味。

天津市和平区南市食品街1区16号

市区乘606、611、672等路公交到南市食品街站下

27354978

其他门店	位置	电话
和平路店	和平区和平路139号	27306102
大胡同店	红桥区大胡同商业街	26359874
环湖中路店	河西区体院北环湖中路	26548231
体北总店	河西区环湖中路北头	23658941

●锅巴菜

天津的风味小吃，除了天津老“三绝”，真正具有极强的天津地方个性的，还得数锅巴菜。绿豆面爽滑，馃子脆香，还有酱的浓郁和芝麻的诱人，能解毒清热，开胃健脾，化瘀，疗便秘，有益健康，百吃不厌。

大福来（丁字沽店）：大福来是享誉津门的清真风味小吃，多年来始终保持着传统的制作工艺和风味特色，招牌小吃锅巴菜是天津传统早点，外地很难吃到。卤汁很香，锅巴有嚼头，配上刚出炉的烧饼，香而不腻。

天津市红桥区丁字沽一号路26号 市区乘649路公交到丁字沽四段站下 26575737

其他门店	位置	电话
小白楼店	河西区小白楼米旗蛋糕店旁	26874921
红旗路店	红桥区红旗路	29876215
西青道店	红桥区西青道126号	27726610
南丰桥店	南开区南丰路华育里	27466290

●明顺斋烧饼

明顺斋烧饼为天津传统风味小吃，创始于20世纪20年代，做法讲究，具有外皮金黄酥脆、内层绵软适口的特点。现在在原有的大肉、白糖芝麻烧饼的基础上，又增加了豆沙、豌豆黄、香肠、枣泥、红果、咖喱牛肉、萝卜丝等不同馅料的什锦烧饼。

河北区中山路美食街

市区乘坐1、12、18、22、27路公交可到

明顺斋烧饼

●京东馅饼

京东馅饼为清真风味食品，馅料选用鲜嫩的羊肉，加上各种调料，用和好的面把馅包好，拍压后略擀成为6～7厘米的圆饼，放到打底油的热铛加上油烙熟即可。成品表面呈金黄色，口感肥而不腻，清香适口。

京东馅饼

●石头门坎素包

天津传统风味小吃，由清末天后宫旁的真素园餐馆发明。其馅料讲究，做工精细，以木耳、花菜、豆皮、口蘑、香干、面筋、豆菜、腐乳、麻酱、香油等作为馅料，每个包子都捏成同样的21个褶，旺火蒸十几分钟即熟。成品馅大皮薄、香味浓郁。 石头门坎素包店南市食品街店（和平区慎益大街南市食品街1区12号1～2楼，27348551）、辽宁路店（和平区辽宁路小吃街）、中山路店（河北区中山路劝业会场附近）、慎益大街店（和平区慎益大街南市食品街1区12号1楼外卖窗）

●罗汉肚

罗汉肚

罗汉肚是由天津狗不理包子总店采用传统的酱制方法制作的酱制食品，因肉肚皮层次分明，形似罗汉的肚子而得名。罗汉肚是在猪肚内灌注肉皮与精瘦肉酱而制成，成品紧固不散、光泽透明，口感咸鲜，适口不腻，酱香醇厚，略带甜味。

见“狗不理包子门店”一栏

●崩豆张

“崩豆张”是天津最有名的一家专做各种豆类干货小吃食品的老字号，创始于清代，最初为清宫廷御膳房专做给达官贵人磨牙消食的小食品。现在的主要产品有糊皮正香崩豆、去皮夹心崩豆、桂花酥崩豆、豌豆黄、三豆凉糕、冰糖奶油豆、冰糖怪味豆、儿童珍珠豆、去皮麻辣豆等。特点为脆而不绵、不硬、不含胆固醇、久嚼成浆、浓香满口。南市店（和平区荣业大街南市食品街二区1楼，27334232）、古文化街店（和平区古文化街南街，27275606）

●鲜果馅汤圆

鲜果馅汤圆为天津风味小吃。制作方法是采用新鲜水果，切碎后用糖腌制，按配方做成肉馅，将上等江米碾成粉，滚制成型。特点是清香爽口，粉糯软滑，果味浓厚。街上一般餐馆都有提供。

鲜果馅汤圆

●杜称奇火烧

杜称奇火烧为津门特色风味小吃，因其创始人的姓名而得名，迄今已有六十余年历史。杜称奇火烧制作时有个绝招，就是用大葱和大茴香先把油炼制一下，然后再合酥，这样烙出的火烧味道分外纯正、清香。成品外层焦酥，里层软嫩，馅心细腻，口感醇香。目前在南市食品街开有分店，有什锦、豆馅、甜咸、红果、玫瑰等不同馅心的品种可供选购。

●棒槌馃子

“棒槌馃子”即油条，为津门传统早点食品，因成品呈棒槌形，所以得名。棒槌馃子制作讲究，按照不同的季节，用不同比例的碱、矾、盐加清水和面，把面开成长条，放入热油中炸透后即可食。口感咸、香、脆，滋味俱全。一般早晨的街边都有出售棒槌馃子的小摊。

棒槌馃子

●陆记烫面炸糕

陆记烫面炸糕创始于1918年，是历史悠久的传统清真食品，与耳朵眼炸糕各有千秋。陆记烫面炸糕与其他炸糕最大不同点是制作时要用开水烫面，然后再揉面、下剂、包馅炸制。成品呈褐红色，扁圆状，外酥里嫩，面软而不粘牙，吃起来松软酥脆，细沙香甜。馅心目前有豆馅、红果、白糖三种，由于是烫面，所以易于咀嚼和消化，最宜老人、儿童食用。

●喇嘛糕

喇嘛糕是津门传统风味小吃。特点是色泽金黄，甜爽适口，松软，营养。以辽宁路京津餐厅经营的较为有名。

●马记茶汤

马记茶汤为津门风味小吃，起源于明朝末年。茶汤与冲好的藕粉比较相似，加有其他配料，有多种口味可供选择，色泽粉红，质地细腻，香甜润口。在南市食品街有售。

●恩发德蒸饺

恩发德蒸饺为天津地区的一种清真风味小吃，创始于1921年。蒸饺形如道士帽，馅料为西葫芦羊肉，拌有酱油、花生油、香油、精盐、葱姜末等调味料，上屉由旺火蒸熟。吃起来有咬劲，不渗油，肥而不腻，鲜嫩味美。

●芝兰斋糕干

芝兰斋糕干为津门著名风味小吃，始于1928年。这种食品物美价廉，农历正月间食者最多。糕干制作时选用天津特产小站稻米和上等糯米所磨米粉，辅以豆沙、白糖、红果、菠萝等多种馅心，上撒松干仁、瓜子仁、核桃仁、青红丝等辅料。成品松软洁白，馅心、馅料多色多样，各具滋味，入口绵软而有韧性，不粘牙，越嚼越香，凉吃热食均可。

●糖炒栗子

天津板栗又称甘栗，产于蓟州。糖炒栗子是秋冬季时令风味食品，呈深棕色，油光锃亮，皮脆易剥，香甜可口。秋冬之际，在天津街道两旁，常可看到卖栗子的小摊，现炒现卖，趁热食之，味甜松软。

糖炒栗子

果仁张

●果仁张

果仁张为天津传统小食品，创始于1830年，创始人张氏两代是清朝宫廷御膳房名厨师。果仁张制作的各种美味果仁，自然显色和放香，甜而不腻，酥脆可口，久储不绵。传统产品有琥珀花生仁、琥珀核桃仁、虎皮花生仁、净香花生仁、奶香瓜子仁、五香松子仁等。南市食品街上即可买到。

●什大酥烧饼

什大酥烧饼以蒸熟干面粉和大油成酥皮；以豆沙、白糖、红果、枣泥、白萝卜丝、香蕉、橘子、芝麻盐、焖干菜等调配成馅；经包馅、制饼、烘烤而成。皮薄色白，松酥香甜，馅种繁多。

●上岗子面茶

上岗子面茶是津门著名早餐小吃。它色泽淡黄、咸淡适口、味美清香、营养滋补。其主要原料是糜子米。先把米泡涨，再加入大料瓣、大盐一同磨成浆。水锅用大火烧沸，加入碱面、姜熬一会儿，把浆调成细流往水翻花的地方浇，要一直保持水翻花，边浇边搅。最后用细火慢熬十来分钟，封上火保温。

天津的美食街

天津的美食街有很多，比较著名的有南市食品街（天津最著名的小吃街）、辽宁路小吃街、十月美食街、郎香街和天地烩国际美食街等。如果要吃西餐的话，可去1902欧式风情街、意式风情区、五大道周边和远洋地中海风情街。

●南市食品街

南市食品街坐落在和平区的繁华地带，采用民族风格建筑，整条街像一座城池，雄伟壮观，古朴典雅。街内四门贯通，玻璃穹顶，800米长的汉白玉回廊挑台，气势宏伟，如同一座宫城，古色古香。四门分别命名为振羽门、兴歌门、中圣门、华胰门，意即“振兴中华”。

南市食品街上聚集了百家名店，集佳肴美食于一体：既有正宗天津名菜和风味小吃，又荟萃全国各大菜系特色菜品；既有久负盛名的宫廷御膳，又有乡土风味的农家便饭；既有清真大菜和素餐，又有各式西餐西点。这里还有鲁迅描写的“咸亨酒店”，以及为儿童过生日而建的“三毛餐厅”等。

天津市和平区荣业大街附近　市区乘坐观光1、606、611、634、642、652、659路等公交可达

●十月美食街

十月美食街在设计上采用浅灰砖墙附贴，运用民国时期的砖体线条与中国传统的砖雕装饰手法，还原了天津民国时期的历史风貌，也为百年老街做了很好的诠释。

在全长100多米的街道上汇聚了明顺斋什锦烧饼铺、南洋烧烤店、全发德锅贴店、振发祥耳朵眼炸糕分店、鲁来春蒸食店、清香斋、知味斋饭庄等众多知名小吃店铺。逢年过节，这里还会举办正月十五灯节、夏季夜市场和各种优质食品展销活动。天津市河北区中山公园对面　市区乘坐1、12、18、22、27、670、901路等公交辰纬路站下

●辽宁路小吃街

辽宁路小吃街2009年修整开业，街上汇集了南北风味餐馆、各地名特小吃，其中著名的有天津烤鸭店、宴宾楼饭庄、天宝楼、月盛斋等。在品尝南北大菜之余，食品街上还有上百种传统风味小吃，值得一尝的有缸炉烧饼、三鲜锅贴、铜壶茶汤以及各种蒸食。

1902欧式风情街

远洋地中海风情街

除此之外，在这里还可以品尝到国内外美食，让人大快朵颐。

不论是集香、麻、辣于一体令人回味无穷的精武鸭脖；风靡中国港台地区及东南亚，倾倒无数食客的“撒尿牛丸”；还是用特殊配方秘制香料腌制，阿拉伯风味烤肉；抑或是入口鲜嫩而不失筋道的大连铁板鱿鱼……在辽宁路小吃街都可以一网打尽。

天津市和平区辽宁路　市区乘坐858、901路等公交到口腔医院下，或乘坐地铁3号线至和平路站下车

●1902欧式风情街

1902欧式风情街地处小白楼商业中心区，经过整修后延承了小白楼百年的洋气与时尚，街上随处可见欧式风格的建筑和有着古典色彩的路灯。星巴克、西班牙蒙哈丁酒吧、欧罗巴西餐厅等别有风味的餐馆，个个都打出诱人的招牌，用最好的美食和美酒招揽着每一位路人。天津市和平区开封道　市区乘坐地铁1号线到小白楼站下车

●远洋地中海风情街

远洋地中海风情街在造型上颇有特色，以“船”形主体建筑为依托，采用特殊造型和工艺，突出白色和蓝色主基调，利用搭建的木栈道做成甲板形式，沿木栈道外侧围绕

花坛竖立犹如船舷的白色金属栏杆，并悬挂红白救生圈，营造出了巨轮和甲板效果，突出体现了地中海风情。必胜客、如一牛扒工厂、画布咖啡、水都风情等几家餐厅都很值得品尝，如果你想尽情地享受美景，露天就餐不失为一个好选择。✉ 天津市河东区新开路远洋新天地旁 🚌 市区乘坐96、528、600、640、663、868路等公交到李公楼下即可

天津的著名餐馆

●吃津菜

在天津可以吃到津菜的餐馆有很多。

卫鼎轩：餐馆坐落在一座中欧建筑风格相结合的宅邸中，这里原是北洋政府总统曹锟的故居。内有花园、亭台、天井等，菜主要是北方家常菜，口味香美，服务周到。✉ 南开区城厢中路鼓楼北街36号(鼓楼北门西侧) ☎ 27280123

津菜典藏：餐馆环境非常幽雅，装修金碧辉煌，结合了中式与欧式两种风格。菜品中多数是天津菜，味道十分正宗，食客络绎不绝。✉ 河北区天纬路22号底商（近大悲院商业街博远商城） ☎ 26223333

红旗饭庄：著名的天津风味餐馆，具有70余年的历史，前身"同聚楼"。红旗饭庄是天津人的老味道，也是天津菜的老味道，罾蹦鲤鱼、老爆三、独面筋都很正宗。✉ 红桥区临水道11号(红桥区委旁) ☎ 26370432

登瀛楼饭庄：是中华老字号企业，在天津具有近百年的历史，以经营津鲁大菜、风味炒菜、各种面点小吃而著称。在此吃饭看海河夜景、摆婚宴的年轻人不少。✉ 河东区十一经路81号天星河畔广场5楼 ☎ 24152288

更多津菜馆

名称	位置	电话
砂锅李九江路店	河西区九江路46号	23260075
青年餐厅河东万达店	河东区津滨大道53号万达广场综合楼5楼	58036586
大铁勺迎水道店	南开区迎水道138号物美生活广场3楼	23857081
正泰福轩	红桥区白酒厂大道	26551199
昊鑫顺老菜馆	北辰区瑞景居住区紫瑞园33号	86676677
静赢鱼头	津南区双港镇仁永名居1号楼5门	13072298221

●吃海鲜

天津临近渤海，来到这里自然要品尝海鲜了。这里海鲜种类有很多，做法十分讲究，味道也很鲜美。

更多海鲜餐馆

名称	位置	电话
宝轩渔府永安道店	河西区永安道10号安德公寓底商	23256666
大兴海酒楼	河西区郁江道21号	88341999
东瀛海鲜酒楼十一经路总店	河东区十一经路47号空军大院	24124848

卫鼎轩

名称	位置	电话
太亨海鲜酒楼	河北区张兴庄大道82号旁	86320977
北塘海鲜酒家	南开区吴家窑大街51号	23344432
金宝岛海鲜大酒楼红桥店	红桥区咸阳北路18号	87786868
集贤阁海鲜酒楼北辰总店	北辰区新宜白大道万科新城内	26316666
宝德福酒家	津南区二道闸茶金路18号	88692222

●吃西餐

在天津要找到正宗的西餐厅并不难，除了意式风情区、五大道周边和1902欧式风情街集中分布之外，其他几个城区也分布着一些西餐厅。

成桂西餐厅（河北路店）：隶属于“天津成桂餐饮有限公司”，创建于1984年，是天津最早的西餐厅之一。1990年扩建到河北路287号“疙瘩楼”。此楼建于1937年，由意大利著名建筑设计师保罗·鲍乃弟设计，它以独特的缸瓦砖装饰于楼体外延立面而得名“疙瘩楼”。是天津市政府颁布的首批“风貌保护建筑”之一。里面用餐的每个单间都不大，但布置得温暖舒适，就餐时还有钢琴声相伴。做出来的西餐味道很正宗。✉ 和平区河北路287~289号疙瘩楼旁（近睦南道） ☎ 23311702

路德维格1308啤酒坊：是天津唯一一家经营自酿啤酒的德国啤酒坊。啤酒坊聘请德国建筑设计师，按照德国经典啤酒坊的风格进行了精心的设计与规划。一层营造的是热情欢快的传统德国啤酒坊风情，二层是在欣赏海河风光的同时，享用德国美食。餐厅源于德国巴伐利亚的设计，古董柜里装满了从德国带回的琳琅满目的礼品，每一件饰品和家具都能使人感受到德国啤酒坊的文化气息。✉ 和平区解放北路48号津湾广场5号楼D座1~2楼（滨江道口） ☎ 23219199

巴伐利亚啤酒坊：是意式风情区内规模最大的餐厅，上下三层，面积达千余平方米，里面的设施包括具有浓厚德国色彩的户外啤酒花园，具备传统德国风格的室内用餐

路德维格1308啤酒坊

区，精心设计的舞台、灯光、音响搭配与令人流连忘返的现场乐队演奏和舒适宽敞的酒吧。再现了巴伐利亚古朴温馨的格调。✉ 河北区自由道41号意大利风情区 ☎ 24456112

LaVilla地中海餐厅：餐厅能容纳四百多人，包含三种不同的风格：分别是Momo、Cabaret和LaPlaya。Momo是一个混合了摩洛哥和西班牙风格的酒吧。用摩洛哥的饰品来装饰细节，拥有纯正的地中海情调，并伴有丰富的异国小吃。菜单的特色以地中海菜肴为主，冷热开胃菜来自地中海的各个国家，包括法国、意大利、西班牙、希腊、土耳其、摩洛哥和阿尔及利亚的菜肴。✉ 河北区自由道4号广场 ☎ 24460388

更多西餐厅

名称	位置	电话
sevenDays	和平区南京路108号伊势丹7楼	27188384
Prego意大利餐厅	和平区南京路101号威斯汀酒店3楼	23890088
季诺意式休闲餐厅佟楼店	河西区佟楼马场道231号	23526530
萨莉亚意式餐厅河东万达店	河东区津滨大道53号万达广场3楼	58036918
塞纳河法国餐厅	河北区自由道50号	24460388
星期五餐厅	南开区复康路7号增2号泰达国际会馆1楼	58695555
我家老杰克牛排馆红桥店	红桥区河北大街139号泰达城内	87585277
得来客西青店	西青区大学城一号路姚村景福花园	58161832
乐天利餐厅北辰店	北辰区辰昌路乐天玛特1楼	26660389
麦肯姆西餐店	津南区咸水沽镇体育场路光明里8号楼底商	60302469

链接

天津的特色餐厅

粤园（粤来海）：位于天津市和平区澳门路3号，在国际大厦楼下后面的楼群里，为照顾不抽烟的人，店内有专门的吸烟区与非吸烟区。环境布置较有情调，西味较浓。菜品以粤菜为主，酒水较贵，消费水准为中等偏上。✉ 和平区澳门路3号近国际大厦 ☎ 233177386

红色主题餐厅：位于天津市河西区友谊南路梅江蓝调街区龙水园A25号一楼，以中国所经历过的“红色”“文革”时期为主题，无论是装修风格，还是桌椅摆设都显现这一风格。红色主题餐厅不仅有属于传统台菜的三杯鸡、卤肉饭、酥炸蚵仔等纯正的台湾家常菜，还充分发挥烹饪创意，糅合川菜、粤菜和西餐的特色，定期推出创新菜肴 ✉ 河西区友谊南路梅江蓝调街区龙水园A25号1楼 ☎ 88382816

津味菜

吃西餐的礼仪

时下吃西餐已经是一件很平常的事，但西餐的口味、吃法与中餐是有着很大区别的。一般来说，正统的西餐礼仪很讲究以下几点：

● 用刀叉吃有骨头的肉

吃有骨头的肉时，可以用手拿着吃。如果想吃得更优雅，就用刀。用叉子将整片肉固定（可将叉子朝上，用叉子背部压住肉），再用刀沿骨头插入，把肉切开。最好是边切边吃。

如果必须用手吃时，会有洗手水附上。当洗手水和带骨头的肉一起端上来时，则表明“请用手吃”。用手指拿东西吃后，将手指放在装洗手水的碗里洗净。吃一般的菜时，如果把手指弄脏，也可请侍者端洗手水来，注意洗手时要轻轻地洗。

● 用叉子和汤匙吃甜点

上甜点时大都会附上汤匙和叉子。冰激凌之类的甜点容易滑动，可用叉子固定并集中，再放到汤匙里吃。大块的水果可以切成一口的大小，再用叉子叉来吃。侍者会经常注意客人的需要，若需要服务，可用眼神向他示意或微微把手抬高，侍者会马上过来。如果对服务满意，想付小费时，可用签账卡支付，即在账单上写下含小费在内的总额再签名。最后切记口头致谢。

● 吃面包可蘸调味汁

吃面包时注意不要使面包盘子很干净，要用叉子叉住已撕成小片的面包，再蘸一点调味汁来吃，才是雅观得体的。

● 用餐巾内侧擦拭

如果吃西餐弄脏嘴巴时，一定要用餐巾擦拭，不要用自己的手帕。用餐巾反折的内侧来擦，不要弄脏正面，这是应有的礼貌。手指洗过后也是用餐巾擦的。如果餐巾太脏了，请侍者重新更换一条。

● 凡事由侍者代劳

在一流餐厅里，客人除了吃以外，诸如倒酒、整理餐具、捡起掉在地上的刀叉等事，都应让侍者去做。

● 任意选择乳酪

高级餐厅上甜点之前，会送上一个大托盘，摆满数种乳酪、饼干和水果，挑多少种都没问题，关键是应把它们吃完。

● 聊天切忌大声喧哗

在餐厅吃饭时就要享受美食和社交的乐趣，沉默地各吃各的会很奇怪。但旁若无人地大声喧哗，是极失礼的。音量要保持对方能听见的程度，别影响到邻桌。中途离席时，最好是上菜的空当，要向同桌的人打声招呼，把餐巾放在椅子上再走，别打乱了整个吃饭的程序和气氛。吃完饭后，将餐巾随意放在餐桌即可，不必特意叠整齐。

天津购物

天津经济繁荣，市区分布有多个商业中心，购物非常便捷。还有许多特色街市可以购买到很多别具特色的工艺品。

天津的特产

天津著名的特产和工艺品有很多，饮食类有小站稻米、狗不理包子、十八街麻花、银鱼、崩豆张等，上文大都已介绍过；工艺品有泥人张彩塑、天津风筝、天津砖雕、杨柳青年画等。

●五加啤酒

是天津名酒，它用天津特产的上等高粱，配以十多种中药材加工而成。其味微甜，有祛风湿、舒筋活血之功效，加上采用传统的陶瓷瓶装，古色古香，深受东南亚和南洋群岛等地的喜爱，为天津市传统的出口商品之一。

●王朝半干白葡萄酒

选用麝香葡萄为原料，经压榨、果汁净化、控温发酵、除菌过滤、隔氧操作、恒温瓶贮存等工序酿成。酒色微黄近似无色，澄澈透明，果香浓郁，酒体丰满，微酸适口，回味舒适。

●小站稻

是中国著名的优质水稻之一，原产于天津南郊小站地区，始于宋辽时期，成名于清

津门故里

朝末年，曾作为宫廷御膳米。当年军事重镇“小站”位于此地，故名为小站稻。“白里透青，油光发亮、黏香适口，回味甘醇”是小站稻的特有风味。

●泥人张彩塑

为天津市所产独具风格的民间艺术品。因创始人张明山精于以人物为主题的敷彩泥塑，并世代相承，不断发展，世人称之为泥人张彩塑。

●天津风筝

天津民间艺术珍品，与泥人张彩塑、杨

五加啤酒

柳青年画、天津地毯合称“天津四艺”。已有百余年历史，以高级真丝、纯纸、上等毛竹为原料。以冷暖色对比为着色手法，做工精细，造型逼真，飞行平稳。还创制了平板式、弓子式、串式和袖珍式等200余种风筝。

●天津地毯

天津著名的特种工艺品，已有300多年历史，产品远销国外许多国家和地区。它做工精良，图案优美，色泽光润，具有浓厚的民族艺术风格。

●天津砖刻

天津民间艺术之一，兴盛于明、清。清道光年间，砖刻艺人马顺清独创“堆贴法”，使砖刻具有远景、中景、近景层次分明的效果，在艺苑中别开一葩。1949年后，马氏砖刻艺术的继承人刘凤鸣，创作了《草原奔马》《九狮图羚》《龙凤图》等精美的砖刻艺术品。

天津地毯

天津砖刻

天津市区购物场所

●南京路/滨江道/和平路

是天津的商业中心，各大商场都集中在这里。档次较高的有天津伊势丹百货、国际商场、津汇广场、世纪商厦等。滨江道商业街包括：劝业场、华联商厦、稻香村食品店、亨得利钟表店、光明影院、登瀛楼饭庄等老字号，新建滨江商厦、吉利大厦、国际商场等。和平路商业街：不仅有劝业场、百货大楼等大型百货商场，还有中华百货售品所、天津鞋店、冠生园食品店、佳顺斋糕点店、正兴德茶庄、盛锡福帽店、中国和鼎章照相馆、南京理发店等许多老字号。🚌 市区乘坐3、45、50、503、600、606、650等路公交或地铁1号线到营口道站下车

●南京路另一头至小白楼商业区

可谓天津的CBD，几乎集中了天津所有的高层写字楼。小白楼商业区包括：和平商业大厦、凯旋门大厦、滨江购物中心、滨江国际大酒店等。🚌 市区乘坐600、643、673、840、866路等公交或地铁1号线到小白楼站下车

●天津音乐街

位于天津市河东区八纬路，以天津音乐学院为核心，延伸辐射周边地区的音乐艺术文化产业市场。以音乐器材租售、音像图书、音乐制作、音乐艺术培训为主体，同时汇集形象设计、服装道具、灯光音响、文化用品等相关业态，发展文艺演出、礼仪庆典、文化艺术交流、艺术咨询、文化中介代理等业务。🚌 市区乘坐642、673路等公交到丰盈西苑站下车即达

●安吉里精品购物街

位于意式风情区内，购物街共有商铺35个，商亭14个，其中包括意大利水晶制品、泰国手工艺品，以及其他具有异国特色的珠宝及小礼品等。🚌 市区乘坐27、570、634、635、638、639、645、806、832、905路等公交可达

天津古文化街

●古文化街

详见“古文化街旅游区”章节。

●估衣街

位于红桥区，全长800米，是一条有600余年历史的老商业街，曾是天津商业的摇篮。有130多家新老店铺，可以来这里购买富有天津特色的艺术品。市区乘坐5、15、37、605、635、657、658、688、801、829、855、便民61、906路等公交可达

●沈阳道古物市场

位于和平区沈阳道与山东路交口处，始建于1987年，原为街道组织的旧物交换市场，后来逐步发展成为古物交易场所，现已成为全国最大古文物集散地。从古瓷、家具、钟表、字画、文房四宝到金、银、铜、铁、木、玉各类工艺品，大小新旧货各色齐全。市区乘坐1、8、9、35、50、329、611、619、650、808、901、962路等公交可达

●图书批发市场

位于南开区长虹公园附近，市场云集了各种门类的图书，可以淘到市面上大部分的新书和杂志，价格一般打7~8折。市区乘坐3、700、802、905路等公交可达

●人人乐淘宝街

位于河东区体育场附近人人乐超市旁，淘宝街是一个大棚式的小商品市场，里面聚集了各个种类的商品，如服装、鞋子、帽子、包等。价格一般较为便宜。市区乘坐17、28、185、621、806、847、862路等公交至大直沽后台站下车即达

●天津曙光市场

位于南开区黑牛城道与紫金山路交口，主营的是鞋子和各类服装，还有一些特色小店卖一些剪标的衣服或是出口的工艺品、杯盘。市区乘坐快速1、628、686、698、800、846路等公交可达

●曹庄观赏鱼专业批发市场

位于天津市西青区外环线7号桥北，室内大厅面积6000平方米，主营名贵观赏鱼品种（红龙、罗汉、七彩神仙、鳄鱼龟等），进口、国产精品水族箱、水族器材、鱼粮和鱼药等，并提供采用世界领先技术为鱼身上刻绘彩色文字的服务。市区乘坐616、620、645、714路等公交可达

天津娱乐

天津南翠屏公园

天津不仅商业繁荣，而且娱乐业也十分兴盛。天津市内的娱乐场所众多，无论是传统的相声、戏曲，还是时尚的KTV、游乐场等等应有尽有。

相声

天津素有“曲艺之乡”的美誉，来到天津听相声是游客不可缺少的娱乐活动。大家围坐一起，品着香茶，听着相声。茶馆相声文化已成为天津的一张城市名片，一道鲜活的城市人文旅游风景。

●名流茶馆

是天津市最有名的听相声的地方，已在天津市开设多家分店。这里几乎天天满场，从周一到周日晚上均有相声专场，此外，周四、五、六、日还有下午场。演出团体有众友、哈哈笑、九河相声队，其中周六下午场是哈哈笑，周日下午场是众友。

相声表演陶艺

名称	位置	电话
名流茶馆新华路店	和平区新华路177号和平文化宫1楼	27116382
名流茶馆古文化街店	南开区古文化街主街2楼	27286420
名流曲艺博物馆	南开区古文化街通庆里10号院	27286430
名流茶馆鼓楼店	南开区鼓楼商业街52号	88252627

●中国大戏院小剧场

已有70年的历史，小剧场能够坐约100人，环境比一般茶馆要好。最受年轻人欢迎，晚上到这里听相声被认为是小资的休闲方式。每周二、六、日21:30为哈哈笑相声队相声专场；每周五21:30为众友相声队相声专场。票价雅座20元、10元。茶水免费。周末人多，最好17:00之前买票。 和平区哈尔滨道104号喜缘宾馆2楼（近和平路） 27111827

●中华曲苑

始建于民国初年，相继演出过曲艺、河北梆子、秦腔等。在当时已是十分有名气的剧场，新中国成立后一直作为一个小型演出阵地，活跃着天津市和外地演艺界的演员。1980年后，中华曲苑成为天津市曲艺团的演出阵地。每周五晚哈哈笑艺术团相声大会；每周日晚众友相声队相声大会。 和平区和平路72号 27333974

●更多听相声的地方

名称	位置	电话
大金台相声茶馆	和平区赤峰道57号	85788185
天华景	和平区劝业场6楼	27310159
和谐剧场	和平区荣业大街新文化花园新秀居215底商	58056037
金乐茶楼	和平区荣安大街新文化花园底商2楼	27232777
谦祥益茶楼	红桥区估衣街64号	27053206

茶馆

喝茶是天津人喜欢的休闲活动，天津的茶馆遍布大街小巷，它不仅可以听包括相声在内的各种曲艺，而且是品茗休憩的好地方。

●七碗香茶楼

茶楼南邻南市食品街、旅馆街。其建筑风格为明清江南庭院式，占地约500平方米，大厅内青瓷白墙，榕树成荫配以青山环绕，小桥流水，在民族背景音乐的陪衬下，真可谓环境清幽。十余间清雅的茶室，室内配置了名贵木质家具、名人字画、古玩玉器，游客可以在这里品茗饮茶，叙怀畅旧。✉ 和平区庆善大街15号（南市新世界花园底商） ✆ 27267890

●金乐茶楼

茶楼面积470多平方米，整体装潢为仿明清制式，古香古色，环境幽雅、清静，融入了中国古典文化和茶文化。茶楼荟萃各地名优红茶、绿茶和花茶，并准备了各种精美的茶具，可以尽享饮茶乐趣。茶楼还将品茗与相声、戏曲、河北梆子、鼓曲欣赏融为一体，还可观赏到风格浓郁的茶艺表演。✉ 和平区荣安大街新文化花园底商2楼（第二南开中学操场对面） ✆ 27232777

●清茗雅轩茶艺馆

是天津最大的茶馆之一，现已形成三家连锁店，均坐落于天津繁华地区。茶艺馆集现代名茶50余种，如西湖龙井、庐山云雾、黄山毛峰、安溪铁观音及台湾高山茶、冻顶乌龙、天梨乌龙等。茶艺馆泡茶器具考究精致，选用台湾陆羽茶具系列和宜兴紫砂茶具，在品茗时还能感受到茶具文化的艺术魅力。

✉ 和平区常德道22号（常德道店） ✆ 23301958

●更多天津茶馆

名称	位置	电话
清茗雅轩常德道店	和平区常德道22号	23301958
洋楼茶园B座分店	和平区昆明路140号	23398882
曼禾茶园	河东区八纬路金玫瑰公寓底商127号	24131200
中华花戏楼	河西区徽州道29号人民公园东门内	23258288

天津的曲艺

天津是北方曲艺的大码头，除相声之外，还有以下曲艺形式：

● 太平花鼓会

相传最早出现于清咸丰年间，由凤阳人传到西沽，所以沾了“凤阳花鼓”的名儿。行会时由8名十三四岁的少年依据《水浒》故事表演，台上四人为一班，轮流托唱，调子以凤阳花鼓调或昆曲为主，有时也唱新编的曲词，词意新奇有趣。台后是伴奏的二锣、三锣、笛师和保护少年会众的武会众。行会时的四对乐器分别为霸王鞭、小太平鼓、小锣和花鼓。

● 法鼓会

原为佛教音乐，乐器由鼓、钹、铙、铬子、铛子组成。演奏时，鼓在中央，两旁是钹和铙，铬子、铛子都在鼓后，开始时，先击鼓数声，继之头钹连敲四声，之后各乐器按谱齐奏。法鼓曲牌大约有十几套，常用的有《老西河》《摇通鼓》等。

● 铁片大鼓

又名乐亭大鼓，是天津著名曲艺表演艺术家王佩臣先生所创立，它源于民国初年在河北方向流传的部分小调。唱腔主要从河北民歌《妓女告状》衍变发展而来。传统曲目有《蓝桥会》《小寡妇上坟》《朱买臣休妻》《洪月娥做梦》《玉堂春》等。

● 西河大鼓

又名西河调、河间大鼓。源于清代中叶的河北省中部农村，至民国初年进入天津。初期主要以说唱长篇书的故事情节吸引观众，随编随唱的“淌水”唱法比较普遍，唱腔并不讲究。经过一段时期的实践，改变成节奏明快、华丽流畅的曲调吸引了更多的观众。其传统曲目有《杨家将》《呼家将》等一百五十余部。

● 单弦

原为八角鼓的一种演唱形式，以一人操三弦自弹自唱而得名。单弦兴起于清乾隆、嘉庆年间，它是一种曲牌联套体的曲艺形式，曲牌众多，曲调丰富，艺术表现力强，适合于表现多方面的题材和反映现实生活。传统曲目有《四支枪》《荆江蓄洪区说话》《青年英雄潘天炎》《反浪费》《地下苍松》等。

另外，相声、京韵大鼓、京东大鼓、天津时调、天津快板详见前文解读部分内容。

名称	位置	电话
同悦兴茶社	南开区城厢东路龙庭家园底商	87581859
贵和祥茶楼	南开区水上东路翠泽园12-4号	23915858

酒吧

天津是一个中西风情结合的城市，这里不仅可以欣赏中国传统的艺术，还可去充满异域风情的酒吧逛逛。

●马场道108号俱乐部

成立于2008年12月8日，一楼为演艺型酒吧，二楼为复古式茶社，是游客交友、豪饮、交流的最佳场所。✉ 河西区马场道与友谊路交口108号 ✆ 23240181

●莫拉克酒吧

酒吧内部设计时尚豪华，引进世界顶级音响，拥有大型高清晰LED屏幕墙，全彩高功率激光灯，动感十足的全息投影，全新的音乐风格让人享受到前所未有的听觉和视觉的多重轰炸。✉ 和平区解放北路48号津湾广场D座1楼（滨江道口） ✆ 23219111

莫拉克酒吧

●时间咖啡西餐酒吧

酒吧空间不大，但装修风格十分有特色，酒类十分齐全，尤其是特别调制的鸡尾酒味道颇为正宗，菜品味道也不错。✉ 和平区成都道54号（芷江路口） ✆ 23306835

●更多天津酒吧

名称	位置	电话
昔唐酒吧	和平区成都道126号盛捷奥林匹克大厦B1楼	23377177
云景	和平区南京路219号天津中心莱佛士酒店50楼	23215293
菲林feeling慢摇酒吧	河西区大沽南路津河交口东楼	28321818
威尼斯酒吧	河北区新意街自由道48号	87613413
思陌吧	南开区长江道92号C92创意集聚区302号	87600176
喜来登酒店JV酒吧	南开区紫金山路喜来登大酒店1层	23343388
GooGooPunk	南开区天塔道上谷商业街D座60号1楼	23418995

KTV

天津除了可以在KTV泡酒吧外，还可以去KTV放声高歌，感受劲歌热舞的刺激。

●东方之珠KTV

被誉为“老百姓的KTV”。在天津市内开设多家分店，店面装修时尚豪华，里面音乐设施采用最先进的标准制造，价格公道。✉ 河东区十一经路81号天星河畔广场3楼（河东店） ✆ 24136688

●活力动感量贩式KTV

装修时尚新颖，包厢全部采用国际品牌BMB专业音响，日本YAMAHA最新演唱系统，是各界人士交流聚会、商务联谊、休闲、娱乐的多元化场所。✉ 河东区十三经路100号（天津市河西区友谊路酒吧街内） ✆ 24121188

●米乐星KTV

来自中国台湾专业KTV第一品牌，里

天津的酒吧街

KTV豪华包房

面的音响都是采用顶级标准打造，演唱台超炫，灯光变化绚丽多姿，包厢大小齐全，适合举办各式PARTY。✉ 南开区东马路138号新世界百货5楼（水阁大街口） ✆ 27287888

●更多天津KTV

名称	位置	电话
好乐迪量贩KTV南京路店	和平区南京路108号伊势丹9楼	27188555
AGogo自助KTV	和平区南京路209号吉利大厦8楼	27220055
同一首歌量贩KTV	河西区南京路20号金皇大厦群楼	23029988
津港之夜KTV	河东区十一经路三联大厦2楼	24252222
星光灿烂KTV大沽南路店	河西区大沽南路878号	28336666
东方之珠KTV红桥店	红桥区河北大街139号泰达城4楼	87585888
天赐情缘娱乐城	红桥区丁字沽一号路与中环线交口	26371950

电影院

天津的电影院在每个区都有分布，会

上映一些紧跟时尚潮流和同阶段的好莱坞大片。

●中影国际影城

位于津湾广场6号楼3层的中影国际影城是超五星级全数字化国际豪华影城，也是目前天津档次最高、设备最为先进的现代化影城。该影城共有8个放映厅，2号厅就是最受关注的IMAX影院，IMAX银幕巨大，相当于5层楼的高度，是亚洲最大的数字IMAX巨幕，观众戴上特制的3D偏光镜，能欣赏到震撼的3D大片。✉ 和平区解放北路48号津湾广场6号楼3楼（近赤峰桥） ☎ 23219060

●天津万达电影城（金街店）

影城占地6000多平方米，拥有10个目前国际最先进的数码放映厅，可同时容纳2700名观众，是华纳在中国第一家电影院，同时也是中国目前唯一一个座位最多的五星级标准影院。万达影城有优质的数码音效设备和超大银幕。除了在影院的硬件设施方面拥有绝对的优势外，标准化的服务也是该影院推崇的，影院中的每一位观众都能拥有最好的观影角度。✉ 和平区和平路168号天津万达商业广场E座2层 ☎ 27226619

●更多天津影院

名称	位置	电话
天影朗香国际影城	和平区建设路88号小白楼朗香街B2楼	23393998
八一礼堂	和平区鞍山道28号	27300188
星美国际影城中山门店	河东区津塘公路138号天润中山门商业广场6楼	84259908
万达电影城河东店	河东区津滨大道53号万达广场娱乐楼4楼	24189008
左岸国际影城	河西区大沽南路1118号天邦购物乐园4楼	28155888
博纳国际影城	南开区东马路55号七向街购物中心G座	27283343
金逸国际影城奥城店	南开区宾水西道奥城商业广场8号B区3楼	23855062
万达电影城劝业场店	南开区三马路6号劝业场西南角店6楼	27359191
金逸国际影城鞍山西道店	南开区鞍山西道259号时代数码广场5楼	58112952
大地数字影城	北辰区京津路长瀛商业广场2—B3区	86882985
瑞景横店电影城	北辰区辰昌路1901号	58236211

天津城市风光

索引

内画

我们的理念

做发现者，才能走得更远。发现秀美景色、探寻历史痕迹、体验文化脉络、寻找地理起源等深层次的旅行知识，是我们不停脚步的动力。我们不仅是在做一本旅行指南，能为旅途上的行者做出一部内容丰富、态度严谨、值得边走边读的行囊书，是我们永恒不变的追求。

《发现者旅行指南》编辑部

总 策 划 丁海秀
执行策划 李荣强　安颖侠

项目统筹 周国宝　龚道军
内容编辑 刘　挺　王叶青　方明杨
刘秀红　丁天丰　张文齐
商子微　张亚飞　苏雪莹
沈　皓　魏建飞　张灵燕
许晨晨　杨康健　张　鑫
刘晓璐　刘慧慧　王春雪
刘智勇　李荣强
美术总监 左小文
美术编辑 侯心如　王春晓
图片编辑 朱盼盼　马志鹏
插图绘制 尚祖山　李秋红
排　　版 水长流　赵媛媛

图片提供 微图网　汇图网
中国图库网　全景网
锐景创意　集成图像
站酷海洛　shutterstock
fotoe　dreamstime
孙西国　马林宏　徐　行
高应胜　薛　冬
西部老马　钱多多

出炉过程

在编辑部成员的共同努力下，这套耗时两年有余的旅行指南终得以付梓。其间，我们亲历景点，翻遍资料，只为确保撰写的内容准确有效；我们实地考察，联系景区，只求绘得一幅精美的景区图；我们花尽心思，几易版式，只为呈现出前所未有的阅读体验。如今，这套精心打造的旅行指南，能放到您的行囊或书架，我们深感荣幸。我们期待与您一起走向远方，重新发现旅行的价值。

联系我们

我们的成长需要您的支持。您对本书的每一条意见我们都会珍视。同时也欢迎您与我们一起分享旅游体验，稿件一旦被采用，您将会获取相应稿酬。您可以将意见和稿件投递到我们的邮箱（tepfx@163.com）。

丛书策划 丁海秀
责任编辑 李红丽

图书在版编目（CIP）数据

天津 /《发现者旅行指南》编辑部编. -- 北京：旅游教育出版社，2016.6（2019.8）
（发现者旅行指南）
ISBN 978-7-5637-3375-0

Ⅰ. ①天… Ⅱ. ①发… Ⅲ. ①旅游指南—天津市 Ⅳ. ①K928.921

中国版本图书馆CIP数据核字（2016）第082672号

天 津（第2版）

《发现者旅行指南》编辑部 / 编

出版单位 旅游教育出版社
地 址 北京市朝阳区定福庄南里1号
邮 编 100024
发行电话 （010）65778403 65728372 65767462（传真）
本社网址 www.tepcb.com
E-mail tepfx@163.com
印刷单位 北京华联印刷有限公司
经销单位 新华书店
开 本 905毫米×1100毫米 1/32
印 张 10.5
字 数 403千字
版 次 2019年8月第2版
印 次 2019年8月第1次印刷
定 价 68.00元

特别提醒

本书信息在出版前已经认真核实过。但由于现实发展太快，旅游信息随时可能发生变化，我们无法承诺保证本书信息的准确性和完整性，并只能在法律规定范围内承担责任。如因此给读者带来不便，我们深表遗憾。

中国地图

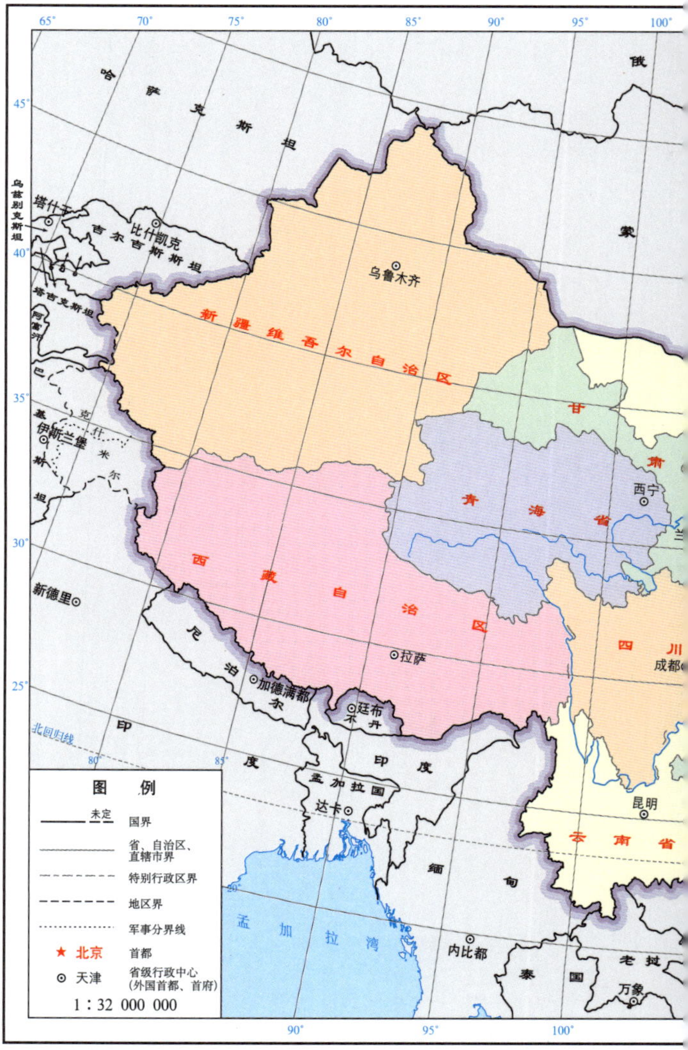

审图号：GS(2016)1582号